国土资源·土地整理

土地开发整理项目预算编制实务

国土资源部财务司　国土资源部土地整治中心／编著

中国财政经济出版社

图书在版编目（CIP）数据

土地开发整理项目预算编制实务 / 国土资源部财务司，国土资源部土地整治中心编著．—北京：中国财政经济出版社，2012.5

ISBN 978-7-5095-3645-2

Ⅰ.①土… Ⅱ.①国… ②国… Ⅲ.①土地资源-资源开发-预算编制-中国 Ⅳ.①F323.211

中国版本图书馆 CIP 数据核字(2012)第 080141 号

责任编辑：杨　静　　　　责任校对：胡永立

封面设计：郁　佳

中国财政经济出版社 出版

URL：http：//www.cfeph.cn

E-mail：cfeph @ cfeph.cn

社址：北京市海淀区阜成路甲 28 号　邮政编码：100142

营销中心电话：88190406　北京财经书店电话：64033436　84041336

北京财经印刷厂印刷　各地新华书店经销

787×1092 毫米　16 开　21.5 印张　493 000 字

2012 年 5 月第 1 版　2012 年 5 月北京第 1 次印刷

印数：1—5 060　　定价：75.00 元

ISBN 978-7-5095-3645-2/F·2998

（图书出现印装问题，本社负责调换）

本社质量投诉电话：010-88190744

《土地开发整理项目预算编制实务》
编委会

前　言

近年来，党中央、国务院高度重视土地整治工作。2011年8月23日，胡锦涛总书记在中央政治局集体学习会上强调“要推进农村土地整治，加快农村土地整理复垦，着力提高耕地质量建设，大规模建设旱涝保收高标准农田，夯实农业现代化基础。”各地认真贯彻落实党中央、国务院的决策部署，每年投入上千亿元专项资金，大力开展土地整治工作，取得了显著成效。

为加强土地整治专项资金使用管理，规范土地开发整理项目预算编制和评审工作，2005年4月，财政部、国土资源部联合印发《土地开发整理项目预算定额标准》（试行稿）。但是，随着近年来我国社会经济的快速发展及土地整治工作的深入推进，试行稿在定额子目、费用构成、造价水平等方面已滞后于土地整治实践发展，成为制约土地整治综合效益充分发挥的因素之一。

为进一步加强新增建设用地土地有偿使用费用与土地开发整理项目的预算管理，提高预算编制的科学性、规范性，适应土地整治工作实际需要，财政部、国土资源部重新制定了《土地开发整理项目预算定额标准》（以下简称《标准》），于2011年12月31日颁布执行。《标准》对于促进土地整治专项资金更加规范、合理地使用，推动土地整治工作规范、有序开展具有重大意义。

为确保《标准》得到有效贯彻执行，我们编写了这本书。根据《标准》的特点，我们重点编写了以下内容：土地开发整理项目预算构成，人工预算单价、材料预算价格、机械台班使用费单价等基础单价的编制，设备购置费单价的确定，定额子目的选用及工程施工费单价分析，工程量计算及工料统计分析，工程施工费和相关费用的编制。我们力图通过本书为广大读者破解在《标准》执行过程中遇到的以下难点问题：如何正确理解工程施工费计算中的主要材料限价和未计价材料等新规定，如何准确计算材料价差、编制工程施工费单价分析表，如何正确理解其他费用中采用的分档定额计费和差额累进计费方式，如何正确理解构成项目预算的各项费用内涵并按规定计取相关费用。

本书在编写过程中，得到了安徽、湖南、黑龙江、河北、广东、浙江等省级土地整治机构有关领导和技术人员的大力支持；在校稿付梓时，得到了中国财政经济出版社有关人员的指导和帮助；云南农业大学的有关专家学者参与了该书的编写工作，在此一并致谢！由于编写时间、编者水平所限，书中难免存在疏忽错漏之处，敬请广大读者批评指正。

编　者

2012年4月

前 言

编 者

2012年

名 词 简 称

1. 2011 年 12 月 31 日，财政部、国土资源部《关于印发土地开发整理项目预算定额标准的通知》（财综［2011］128 号）颁布的《土地开发整理项目预算定额标准》，在本书中简称《标准》。

2. 2005 年 4 月 21 日，财政部、国土资源部《关于印发土地开发整理项目预算定额标准的通知》（财建［2005］169 号）颁布的《土地开发整理项目预算定额标准》（试行稿），在本书中简称原《标准》。

3. 《土地开发整理项目预算定额》，在本书中简称《预算定额》。

4. 《土地开发整理项目施工机械台班费定额》，在本书中简称《机械台班费定额》。

5. 《土地开发整理项目预算编制规定》，在本书中简称《编规》。

目　录

上　篇

下 篇

上 篇

第一章　土地开发整理项目预算编制

编写目的：让读者掌握土地开发整理项目预算的组成及费用构成，领会预算编制的基本原理及方法；掌握项目预算书的构成及相关预算表格，理解表内和表间勾稽关系；熟悉项目工程划分和预算编制规定，掌握使用《标准》编制项目预算的基本程序和要求。

重点及难点：土地开发整理项目预算的组成及费用构成，各类预算表格内及表格间的勾稽关系。难点是预算编制涉及各类表格之间的勾稽关系。

第一节　土地开发整理项目预算的组成与费用构成

土地开发整理项目预算是反映完成土地开发整理项目任务所必需的人、才、物的经济方案。土地开发整理项目预算由项目承担单位组织具备相应资质的项目预算编制单位，根据项目规划设计确定的工作任务、设计工程量、施工工艺和施工方法，按照《标准》[①] 等有关文件要求进行编制。项目预算编制单位对所编制项目预算的真实性、完整性、合理性负责。

一、土地开发整理项目预算的组成

土地开发整理项目预算主要包括资金来源和预算支出。

（一）资金来源

资金来源主要反映土地开发整理项目资金的来源渠道。土地开发整理项目资金来源主要包括新增建设用地土地有偿使用费、耕地开垦费、土地复垦费和土地出让金中用于农业土地开发的资金等。

（二）预算支出

预算支出是反映土地开发整理项目资金的支出计划。土地开发整理项目预算支出包括：

---

① 《标准》由《预算定额》、《机械台班费定额》和《编规》三部分构成，是土地开发整理项目预算编制的重要依据。《预算定额》是计算和确定一个规定计量单位的土地开发整理项目分项工程的人工、材料和施工机械台班消耗量标准。《机械台班费定额》是指在一个土地开发整理项目施工机械台班中，为使机械正常运转需要支出和分摊的折旧、维修、安装拆卸、辅助设施以及人工、动力燃料等各项费用消耗的标准，即确定机械台班单价的定额。《编规》是指为适应财政预算体制改革和实行部门预算管理的要求，规范土地开发整理项目预算的编制，依据国家有关法律、法规制定的专门规定，由土地开发整理项目预算文件组成、费用构成、编制方法和计算标准、表格样式等方面的规定组成。

工程施工费预算、设备购置费预算、其他费用预算和不可预见费预算。

二、土地开发整理项目费用构成

土地开发整理项目费用由工程施工费、设备购置费、其他费用和不可预见费四部分构成。具体内容如图1－1：

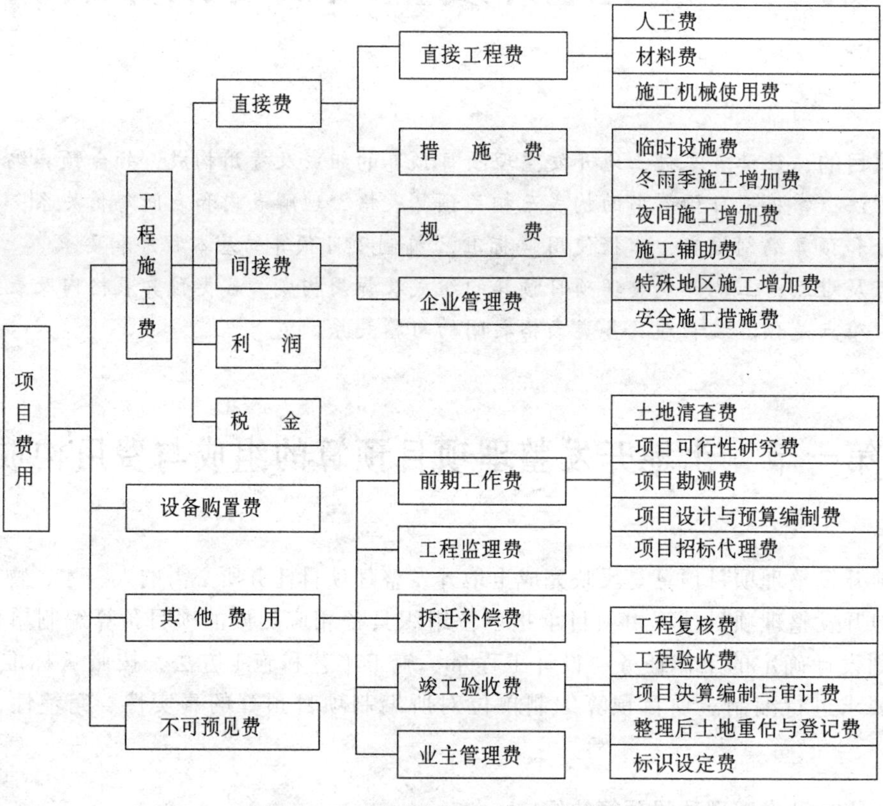

图1－1　土地开发整理项目费用构成

（一）工程施工费

工程施工费包括直接费、间接费、利润和税金。

1. 直接费。直接费指工程施工过程中直接消耗在项目工程上的活劳动和物化劳动。由直接工程费、措施费组成。直接工程费包括人工费、材料费和施工机械使用费。措施费包括临时设施费、冬雨季施工增加费、夜间施工增加费、施工辅助费、特殊地区施工增加费和安全施工措施费。

（1）直接工程费。

1）人工费：直接从事工程施工的生产工人开支的各项费用。包括基本工资、辅助工资和工资附加费。

①基本工资。包括岗位工资、年功工资以及年应工作天数内非作业天数的工资。

a. 岗位工资：按照职工所在岗位各项劳动要素测评结果确定的工资。

b. 年功工资：按照职工工作年限确定的工资，随工作年限增加而逐年累加。

c. 年应工作天数内非作业天数的工资：职工开会学习、培训期间的工资，调动工作、探亲、休假期间的工资，因气候影响停工的工资，女工哺乳期间的工资，病假在6个月以内的工资及产、婚、丧假期的工资。

②辅助工资：在基本工资之外，以其他形式支付给职工的工资性收入。包括根据国家有关规定属于工资性质的各种津贴：地区津贴、施工津贴、夜餐津贴、节日加班津贴等。

③工资附加费：按照国家规定提取的职工福利基金、工会经费、养老保险费、医疗保险费、工伤保险费、职工失业保险基金、住房公积金等。

2）材料费：指用于项目工程上的消耗性材料费、装置性材料费和周转性材料摊销费。材料预算价格一般包括材料原价、包装费、运杂费、运输保险费和采购及保管费五项。

①材料原价：购买原材料并运至指定交货地点的价格。

②包装费：材料在运输和保管过程中的包装费和包装材料的折旧摊销费。

③运杂费：材料从指定交货地点至工地分仓库或材料堆放场所发生的全部费用。包括运输费、装卸费、调车费及其他杂费。

④运输保险费：材料在运输途中的保险费。

⑤采购及保管费：材料在采购、供应和保管过程中所发生的各项费用。包括材料的采购、供应和保管部门工作人员的基本工资、辅助工资、工资附加费、教育经费、办公费、差旅交通费及工具用具使用费；仓库、转运站等设施的检修费、固定资产折旧费、技术安全措施费和材料检验费；材料在运输、保管过程中发生的损耗等。

3）施工机械使用费：消耗在项目工程上的机械磨损、维修和动力燃料费用等。包括折旧费、修理及替换设备费、安装拆卸费、机上人工费和动力燃料费。

①折旧费：施工机械在规定使用年限内回收原值的台班折旧摊销费用。

②修理及替换设备费：修理费指施工机械使用过程中，为了使机械保持正常功能而进行修理所需的摊销费用和机械正常运转及日常保养所需的润滑油料、擦拭用品的费用，以及保管机械所需的费用；替换设备费指施工机械正常运转时所耗用的替换设备及随机使用的工具用具等摊销费用。

③安装拆卸费：施工机械进出工地的安装、拆卸、试运转和场内转移及辅助设施的摊销费用。

④机上人工费：施工机械使用时机上操作人员的人工费用。

⑤动力燃料费：施工机械正常运转时所耗用的风、水、电、油和煤等费用。

（2）措施费。措施费指为完成项目工程施工，发生于该工程施工前和施工过程中不构成工程实体成本的费用。

1）临时设施费：施工企业为进行工程施工所必需的生活和生产用的临时建筑物、构筑物和其他临时设施费用等。

2）冬雨季施工增加费：在冬雨季施工期间为保证工程质量所需增加的费用。

3）夜间施工增加费：在夜间施工而增加的费用（注：农用井工程需连续工作部分计取此项费用）。

4）施工辅助费：包括已完工程及设备保护费、施工排水及降水费、检验试验费、工程定位复测费、工程点交等费用。

①已完工程及设备保护费：竣工验收前，对已完工程及设备进行保护所需费用。

②施工排水及降水费：为确保工程在正常条件下施工，采取各种排水、降水措施所发生

的各种费用。

③检验试验费：对建筑材料、构件和建筑安装物进行一般鉴定、检查所发生的费用。包括自设试验室进行试验所耗用的材料和化学药品费用等，以及技术革新和研究试验费。不包括新结构、新材料的试验费和建设单位要求对具有出厂合格证明的材料进行检验，对构件进行破坏性试验及其他特殊要求检验试验的费用。

④工程定位复测费：对单项工程的坐标、标高、走线等按照施工图纸进行复测所发生的费用。

⑤工程点交：因工程交工所发生的费用。

5）特殊地区施工增加费：在高海拔、酷热、风沙等特殊地区施工而增加的费用。

6）安全施工措施费：指根据国家现行的施工安全、施工现场环境与卫生标准和有关规定，购置和更新施工安全防护用具及设施，改善安全生产条件和作业环境所需要的费用。

2. 间接费。间接费由规费和施工企业管理费组成。

（1）规费。规费指施工现场发生并按政府和有关权利部门规定必须缴纳的费用。如：工程排污费。

（2）施工企业管理费。施工企业管理费指施工企业组织、管理施工所发生的费用。包括管理人员工资、差旅交通费、办公费、固定资产使用费、工具用具使用费、劳动保险费、工会经费、职工教育经费、财产保险费、财务费用和税金等。

1）管理人员工资：管理人员的基本工资、辅助工资、工资附加费和劳动保护费。

2）差旅交通费：施工企业管理人员因公出差、工作调动的差旅费、误餐补助费，职工探亲路费，劳动力招募费，离退休职工一次性路费及交通工具油料、燃料、牌照、养路费等。

3）办公费：施工企业办公用具、印刷、邮电、书报、会议、水电、燃煤（气）等费用。

4）固定资产使用费：管理和试验部门及附属生产企业使用的属于固定资产的房屋、设备仪器等的折旧、大修、维修或租赁费。

5）工具用具使用费：施工企业管理使用的不属于固定资产的生产工具、器具、家具、交通工具和检验、试验、测绘、消防用具等的购置、维修和摊销费用。

6）劳动保险费：由施工企业支付离退休职工的易地安家补助费、职工退职金、六个月以上的病假人员工资、职工死亡丧葬补助费、抚恤费、按规定支付给离休干部的各项经费。

7）工会经费：施工企业按职工工资总额计提的工会经费。

8）职工教育经费：施工企业为职工学习先进技术和提高文化水平，按职工工资总额计提的费用。

9）财产保险费：施工管理所用财产、车辆的保险费。

10）财务费用：财务费用是指施工企业为筹集项目工程资金而分摊的各项费用，主要包括短期贷款利息支出、金融机构手续费以及投标和承包工程发生的保函手续费等。

11）税金：施工企业按规定缴纳的房产税、车船使用税、土地使用税、印花税等。

12）其他：包括技术转让费、技术开发费、业务招待费、广告费、公证费、法律顾问费、审计费、咨询费等。

3. 利润。利润指施工企业完成所承包工程获得的盈利。

4. 税金。税金指国家税法规定的应计入工程造价内的营业税、城乡维护建设税和教育费附加等。

（1）营业税：对在我国境内提供应税劳务、转让无形资产或销售不动产的单位和个人，就其所取得的营业额征收的一种税。按营业额乘以营业税税率确定，税率按3%计取。

（2）城乡维护建设税：国家为了加强城乡的维护建设，稳定和扩大城市、乡镇维护建设的资金来源，而对有经营收入的单位和个人征收的一种税。按应纳营业税税额乘以城乡维护建设税税率确定，纳税人所在地为市区的，其适用税率按7%计取；所在地为县镇的，其适用税率按5%计取；所在地为农村的，其适用税率按1%计取。

（3）教育费附加：按应纳营业税税额乘以教育费附加税率确定。

（二）设备购置费

设备购置费包括设备原价、运杂费、运输保险费和采购及保管费。

1. 设备原价。设备原价是指设备制造厂的交货价格或订货合同价格。拆装设备分瓣运至工地后的组装费用，应包括在设备原价内。

2. 运杂费。运杂费指设备由厂家运至工地安装现场所发生的一切运杂费用。包括运输费、调车费、装卸费、包装绑扎费及可能发生的其他杂费。

3. 运输保险费。运输保险费指设备在运输过程中的保险费用。

4. 采购及保管费。采购及保管费指项目实施单位和施工企业在负责设备的采购、保管过程中发生的各项费用。包括：

（1）采购及保管部门工作人员的基本工资、辅助工资、工资附加费、劳动保护费、教育经费、办公费、差旅交通费、工具用具使用费等。

（2）临时仓库、转运站等设施的运行费、维修费、固定资产折旧费、技术安全措施费和设备的检验、试验费等。

（三）其他费用

其他费用包括前期工作费、工程监理费、拆迁补偿费、竣工验收费和业主管理费。

1. 前期工作费。前期工作费指土地开发整理项目在工程施工前所发生的各项支出。包括土地清查费、项目可行性研究费、项目勘测费、项目设计与预算编制费和项目招标代理费。

（1）土地清查费：项目承担单位组织有关单位或人员对土地开发整理项目区进行权属调查、地籍测绘、耕地质量等级评定等所发生的费用。

（2）项目可行性研究费：项目承担单位委托具有相关资质的单位对土地开发整理项目进行可行性研究所发生的费用。

（3）项目勘测费：项目承担单位委托具有相关资质的单位对土地开发整理项目区进行地形测量、工程勘察所发生的费用。

（4）项目设计与预算编制费：项目承担单位委托具有相关资质的单位对土地开发整理项目进行规划设计与预算编制所发生的费用。

（5）项目招标代理费：项目承担单位委托具有相关资质的单位对土地开发整理项目进行招标所发生的费用。

2. 工程监理费。工程监理费指项目承担单位委托具有工程监理资质的单位，按国家有关规定对工程质量、进度、安全和投资进行全过程监督与管理所发生的费用。

3. 拆迁补偿费。拆迁补偿费指土地开发整理项目实施过程中，针对零星房屋拆迁、林木及青苗损毁等所发生的适当补偿费用。

4. 竣工验收费。竣工验收费指土地开发整理项目工程完工后，因项目竣工验收、决算、成果的管理等发生的各项支出。包括工程复核费、工程验收费、项目决算编制与审计费、整理后土地重估与登记费和标识设定费。

（1）工程复核费：项目承担单位完成土地开发整理项目实施任务并向项目批准部门提出验收申请后，由项目批准部门指定的土地整理专业机构（第三方）对工程任务的完成情况，如净增耕地面积、工程数量、质量等，进行复核并编制相应报告所发生的费用。

（2）工程验收费：项目中期验收及竣工验收所发生的会议费、资料整理费、印刷费等。

（3）项目决算编制与审计费：按现行项目管理办法及竣工验收规范要求编制竣工报告和决算以及审计所需要的费用。

（4）整理后土地重估与登记费：项目建成后对耕地质量等级再评定与耕地登记所发生的费用。

（5）标识设定费：设立土地开发整理项目标志牌及标识农田水利设施等所发生的费用。

5. 业主管理费。业主管理费指项目承担单位为项目的立项、筹建、管理工程施工等工作所发生的管理性支出费用，包括工作人员的工资、工资性补贴、施工现场津贴、社会保障费用、住房公积金、职工福利费、工会经费、劳动保护费；办公费、会议费、差旅交通费、工具用具使用费、固定资产使用费、零星购置费；乡镇协调费、宣传费、培训费、咨询费、业务招待费、技术资料费、印花税和其他管理性开支等。

（四）不可预见费

不可预见费指在施工过程中因自然灾害、设计变更及其他不可预见因素的变化而增加的费用。

第二节　土地开发整理项目工程的划分

土地开发整理项目是在一定的时间和地域范围内，通过资金、人力和物力等的投入，由相关部门或单位组织开展的对田、水、路、林、村进行综合整治，以达到增加有效耕地面积、提高耕地质量、改善农业生产条件和生态环境等目标的活动。土地开发整理项目管理程序主要包括立项、规划设计、工程施工、竣工验收、后期管护等。土地开发整理项目工程内容可划分为土地平整工程、灌溉与排水工程、田间道路工程、农田防护与生态环境保持工程和其他工程，工程各部分设一、二、三、四共4级。

一、一级项目——单项工程

单项工程，一般是指具有独立的设计文件，建成后能够独立发挥生产能力或效益的工程。土地开发整理工程中的土地平整工程、灌溉与排水工程、田间道路工程、农田防护与生态环境保持工程及其他工程等都是单项工程。土地平整工程是指为满足农业生产需要，对拟开发整理的土地进行田面平整等工作的总称。灌溉与排水工程是指在对洪、涝、旱、渍、盐、碱等进行综合治理和水资源合理利用的原则下，对拟开发整理的土地进行水土资源、灌排渠系及其建筑物等统筹安排工作的总称。田间道路工程是指布设在项目区内，为未来农业生产、运输服务所必要的交通道路建设等工作的总称。农田防护与生态环境保持工程是指为保护农田生态环境而系统安排的预防性工作的总称。

一级项目应按项目划分的规定（详见《标准》第208页，《编规》第三章）并视工程具体情况设置，一般不宜合并。

二、二级项目——单位工程

单位工程一般是指在单项工程中具有单独设计文件和独立的施工图，并且单独作为一个施工对象的工程。单位工程一般是进行施工成本核算的对象。土地开发整理项目的单位工程一般是指土地平整工程中的耕作田块修筑工程、耕作层地力保持工程等；灌溉与排水工程中的水源工程、输水工程、喷微灌工程、排水工程、渠系建筑物工程、泵站及输配电工程等；田间道路工程中的田间道和生产路等；农田防护与生态环境保持工程中的农田林网工程、岸坡防护工程、沟道治理工程、坡面防护工程等。

三、三级项目——分部工程

分部工程是将单位工程按工程结构、所用工种、材料和施工方法的不同而划分为若干部分，其中的每一部分称为分部工程，对应土地开发整理工程的三级项目，如耕作田块修筑工程下设的条田修筑和梯田修筑、其他田块工程，输水工程下设的明渠、管道等。

四、四级项目——分项工程

分项工程一般是指通过较为单纯的施工过程就能生产出来，并且可以用适当计量单位计算的建筑或设备安装工程。如一套设备的安装或10m^3砼现场浇筑等。分项工程是建筑与安装工程的基本构成要素，是为了便于确定建筑及设备安装工程费用而划分出来的一种假定产品。这种产品的工料消耗标准，作为建筑产品计价的基础。土地开发整理工程中最末一级子目，即预算定额中多数子目，如土（石）方开挖和回填及运输、砼、砌石、垫层、砂砾石铺筑、PVC管、水泵和电动机安装等为分项工程。

编制项目预算时，二、三、四级项目应按照工程的实际情况设项。

土地开发整理工程项目具体划分情况详见表1－1。

表1－1　　土地开发整理工程

序号	一级项目	二级项目	三级项目	四级项目	技术经济指标
一	土地平整工程				
1		耕作田块修筑工程			
(1)			条田修筑		
				土（石）方开挖	元/m^3
				土（石）方回填	元/m^3
				土（石）方运输	元/m^3
				水力冲挖土方	元/m^3
(2)			梯田修筑		
				土（石）方开挖	元/m^3

续表

序号	一级项目	二级项目	三级项目	四级项目	技术经济指标
				土（石）方回填	元/m^3
				土（石）方运输	元/m^3
				水力冲挖土方	元/m^3
				砌石	元/m^3
(3)			其他田块工程		
2		耕作层地力保持工程			
(1)			客土回填		
				土（石）方开挖	元/m^3
				土（石）方运输	元/m^3
				土（石）方回填	元/m^3
(2)			表土保护		
				表土剥离	元/m^3
				表土回填	元/m^3
			土地翻耕①		元/m^2
二	灌溉与排水工程				
1		水源工程			
(1)			塘堰（坝）		
				土（石）方开挖	元/m^3
				土（石）方回填	元/m^3
				混凝土	元/m^3
				砌石	元/m^3
				钢筋	元/t
				垫层	元/m^3
				抹面	元/m^2
(2)			小型拦河坝（闸）		
				土（石）方开挖	元/m^3
				土（石）方回填	元/m^3
				混凝土	元/m^3
				砌石	元/m^3
				钢筋	元/t
				垫层	元/m^3
				抹面	元/m^2
				闸门安装	元/套
(3)			农用井		
				人工成孔	元/m
				钻机成孔	元/m
				透水层填封	元/m
				非透水层填封	元/m

① 此项目未明列在《编规》中，可根据实际情况增设。

续表

序号	一级项目	二级项目	三级项目	四级项目	技术经济指标
				机械洗井	元/m
				PVC 管安装	元/m
				铸铁管安装	元/m
				混凝土管安装	元/m
				水泵安装	元/台
				电动机安装	元/台
(4)			小型集雨设施		
				土（石）方开挖	元/m^3
				土（石）方回填	元/m^3
				混凝土	元/m^3
				砌石	元/m^3
				钢筋	元/t
				垫层	元/m^3
				抹面	元/m^2
2		输水工程			
(1)			明渠		
				土（石）方开挖	元/m^3
				土（石）方回填	元/m^3
				混凝土	元/m^3
				砌石	元/m^3
				钢筋	元/t
				垫层	元/m^3
				抹面	元/m^2
(2)			管道		
				土（石）方开挖	元/m^3
				土（石）方回填	元/m^3
				钢管安装	元/m
				铸铁管安装	元/m
				PVC 管安装	元/m
				PE 管安装	元/m
				PP 管安装	元/m
				铝合金管安装	元/m
(3)			地面灌溉		
				土（石）方开挖	元/m^3
				土（石）方回填	元/m^3

续表

序号	一级项目	二级项目	三级项目	四级项目	技术经济指标
				混凝土	元/m^3
				砌石	元/m^3
				抹面	元/m^2
3		喷微灌工程			
(1)			喷灌		
				土（石）方开挖	元/m^3
				土（石）方回填	元/m^3
				钢管安装	元/m
				铸铁管安装	元/m
				PVC 管安装	元/m
				PE 管安装	元/m
				PP 管安装	元/m
				铝合金管安装	元/m
				首部枢纽安装	元/套
				喷头安装	元/套
(2)			微灌		
				土（石）方开挖	元/m^3
				土（石）方回填	元/m^3
				钢管安装	元/m
				铸铁管安装	元/m
				PVC 管安装	元/m
				PE 管安装	元/m
				PP 管安装	元/m
				铝合金管安装	元/m
				首部枢纽安装	元/套
				滴灌带安装	元/m
4		排水工程			
(1)			明沟		
				清淤	元/m^3
				土（石）方开挖	元/m^3
				土（石）方回填	元/m^3
				混凝土	元/m^3
				钢筋	元/t

续表

序号	一级项目	二级项目	三级项目	四级项目	技术经济指标
				砌石	元/m^3
				垫层	元/m^3
				抹面	元/m^2
(2)			暗渠（管）		
				土（石）方开挖	元/m^3
				土（石）方回填	元/m^3
				混凝土	元/m^3
				钢筋	元/t
				砌石	元/m^3
				垫层	元/m^3
				抹面	元/m^2
				暗管安装	元/m
5		渠系建筑物工程			
(1)			水闸		
				土（石）方开挖	元/m^3
				土（石）方回填	元/m^3
				混凝土	元/m^3
				钢筋	元/t
				砌石	元/m^3
				垫层	元/m^3
				抹面	元/m^2
				闸门安装	元/套
(2)			渡槽		
				土（石）方开挖	元/m^3
				土（石）方回填	元/m^3
				混凝土	元/m^3
				钢筋	元/t
				砌石	元/m^3
				垫层	元/m^3
				抹面	元/m^2
(3)			倒虹吸		

续表

序号	一级项目	二级项目	三级项目	四级项目	技术经济指标
				土（石）方开挖	元/m^3
				土（石）方回填	元/m^3
				混凝土	元/m^3
				钢筋	元/t
				砌石	元/m^3
				垫层	元/m^3
				抹面	元/m^2
(4)			农桥		
				土（石）方开挖	元/m^3
				土（石）方回填	元/m^3
				混凝土	元/m^3
				钢筋	元/t
				砌石	元/m^3
				垫层	元/m^3
				抹面	元/m^2
(5)			涵洞		
				土（石）方开挖	元/m^3
				土（石）方回填	元/m^3
				混凝土	元/m^3
				钢筋	元/t
				砌石	元/m^3
				垫层	元/m^3
				抹面	元/m^2
(6)			跌水、陡坡		
				土（石）方开挖	元/m^3
				土（石）方回填	元/m^3
				混凝土	元/m^3
				钢筋	元/t
				砌石	元/m^3
				垫层	元/m^3
				抹面	元/m^2

续表

序号	一级项目	二级项目	三级项目	四级项目	技术经济指标
(7)			量水设施		
				土（石）方开挖	元/m^3
				土（石）方回填	元/m^3
				混凝土	元/m^3
				砌石	元/m^3
				垫层	元/m^3
				抹面	元/m^2
6		泵站及输配电工程			
(1)			泵站		
				土（石）方开挖	元/m^3
				土（石）方回填	元/m^3
				混凝土	元/m^3
				钢筋	元/t
				砌石	元/m^3
				垫层	元/m^3
				抹面	元/m^2
				泵房	元/m^2
				水泵安装	元/台
(2)			输电线路		
				10KV 线路架设	元/km
				380V 线路架设	元/km
				照明线路架设	元/km
				电缆敷设	元/km
				线路移设	元/km
(3)			配电装置		
				变压器安装	元/台
				断路器安装	元/台
				互感器安装	元/台
				配电箱（屏）安装	元/台
				起动器安装	元/台
三	田间道路工程				

续表

序号	一级项目	二级项目	三级项目	四级项目	技术经济指标
1		田间道			
(1)			路基	土（石）方开挖	元/m^3
				土（石）方回填	元/m^3
				原土夯实	元/m^2
				灰土回填	元/m^2
				砂砾石铺筑	元/m^2
				碎石铺筑	元/m^2
				煤矸石铺筑	元/m^2
(2)			路面		
				素土面层	元/m^2
				泥结碎石面层	元/m^2
				砂砾石面层	元/m^2
				煤矸石面层	元/m^2
				沥青碎石面层	元/m^2
				沥青混凝土面层	元/m^2
				水泥混凝土面层	元/m^2
2		生产路			
(1)			路基	土（石）方开挖	元/m^3
				土（石）方回填	元/m^3
				原土夯实	元/m^2
				灰土回填	元/m^2
				砂砾石铺筑	元/m^2
				碎石铺筑	元/m^2
				煤矸石铺筑	元/m^2
(2)			路面		
				素土面层	元/m^2
				泥结碎石面层	元/m^2
				砂砾石面层	元/m^2
				煤矸石面层	元/m^2
				沥青碎石面层	元/m^2
				沥青混凝土面层	元/m^2

续表

序号	一级项目	二级项目	三级项目	四级项目	技术经济指标
				水泥混凝土面层	元/m^2
四	农田防护与生态环境保持工程				
1		农田林网工程			
(1)			农田防风林		
				土(石)方开挖	元/m^3
				土(石)方回填	元/m^3
				栽植灌木	元/株
				栽植乔木	元/株
(2)			梯田埂坎防护林		
				土(石)方开挖	元/m^3
				土(石)方回填	元/m^3
				栽植灌木	元/株
				栽植乔木	元/株
(3)			护路护沟林		
				土(石)方开挖	元/m^3
				土(石)方回填	元/m^3
				栽植灌木	元/株
				栽植乔木	元/株
(4)			护岸林		
				土(石)方开挖	元/m^3
				土(石)方回填	元/m^3
				栽植灌木	元/株
				栽植乔木	元/株
2		岸坡防护工程			
(1)			护堤		
				土(石)方开挖	元/m^3
				土(石)方回填	元/m^3
				混凝土	元/m^3
				钢筋	元/t
				砌石	元/m^3
				垫层	元/m^3
				抹面	元/m^2
(2)			护岸		
				土(石)方开挖	元/m^3

续表

序号	一级项目	二级项目	三级项目	四级项目	技术经济指标
				土（石）方回填	元/m^3
				混凝土	元/m^3
				钢筋	元/t
				砌石	元/m^3
				抹面	元/m^2
3		沟道治理工程			
（1）			谷坊		
				土（石）方开挖	元/m^3
				土（石）方回填	元/m^3
				混凝土	元/m^3
				砌石	元/m^3
				抹面	元/m^2
（2）			沟头防护		
				土（石）方开挖	元/m^3
				土（石）方回填	元/m^3
				混凝土	元/m^3
				砌石	元/m^3
				抹面	元/m^2
（3）			拦沙坝		
				土（石）方开挖	元/m^3
				土（石）方回填	元/m^3
				混凝土	元/m^3
				钢筋	元/t
				砌石	元/m^3
				抹面	元/m^2
4		坡面防护工程			
（1）			截水沟		
				土（石）方开挖	元/m^3
				土（石）方回填	元/m^3
				砌石	元/m^3
				混凝土	元/m^3
				抹面	元/m^2
（2）			排洪沟		
				土（石）方开挖	元/m^3
				土（石）方回填	元/m^3

续表

序号	一级项目	二级项目	三级项目	四级项目	技术经济指标
				砌石	元/m^3
				混凝土	元/m^3
				抹面	元/m^2
五	其他工程				
		……			
			……		
				……	……

综上所述，一个土地开发整理项目由一个或几个单项工程组成，一个单项工程又是由几个单位工程组成，一个单位工程又可划分为若干个分部工程，分部工程还可以细划分为若干个分项工程。《编规》中列出的项目划分表仅为较为常见的子目，具体编制项目预算时，可结合实际情况进行必要的增加和删减。因此，有些土地整理项目，尤其是基本农田整理项目不包括喷灌工程、农用井工程、农田林网工程工程建设内容是较为正常的；同时，对于土地开发整理项目，缺少必要的土地平整或灌溉与排水工程建设内容是较为异常的，如确实存在，应进行必要的解释说明。

第三节　土地开发整理项目预算编制基本原理和方法

土地开发整理项目预算应在项目设计、施工组织设计或施工方案等已完成的基础上，依据《标准》，按以下原则、依据、要求、程序和方法进行编制。

一、项目预算编制的原则和依据

（一）项目预算编制的原则

1. 依规编制的原则。随着我国社会主义市场经济体制不断完善，国家不断健全完善了预算管理的有关法律，特别是《中华人民共和国预算法》和《中华人民共和国预算法实施条例》，对项目预算编制、预算审查和批准、预算执行、预算调整、决算与监督等具有极强的约束力和重要指导意义。财政部、国土资源部也根据我国经济社会的不断发展，结合土地开发整理工作的深入推进，重新制定了预算定额标准，完善了用于土地开发整理项目的新增费等专项资金的管理规定。土地开发整理项目预算必须按照相关法规的有关规定进行编制。

2. 实事求是的原则。土地开发整理项目所在地及项目区的社会、经济、自然、地理、人文等区域条件不尽相同，项目预算中资金来源、基础单价、定额选套、费用选取等均应按照项目的实际情况进行编制，不能盲目高套虚编预算。

3. 全面准确的原则。土地开发整理项目预算的编制应坚持全面准确的原则。全面是指项目预算文件的组成要齐全，确保项目预算编制的依据充分，避免遗漏和重复现象发生。准确是指项目预算编制中选取的各项费用标准、定额标准等要恰当，预算文件的结构、内容及文件之间应相互衔接，勾稽关系及计算结果应当准确无误。

（二）项目预算编制的依据

项目预算编制的依据主要是国家及有关部门的政策性文件、项目批准文件，预算定额标准和其他相关资料等。

1. 国家及有关部门的政策性文件。主要指国家及有关部门针对土地开发整理的政策、法规文件：

（1）《中华人民共和国预算法》、《中华人民共和国预算法实施条例》；

（2）财政部 国土资源部《关于中央分成的新增建设用地土地有偿使用费分配使用及管理有关事项的通知》（财建［2009］286号）；

（3）财政部 国土资源部《关于加强土地整治相关资金使用管理有关问题的通知》（财建［2009］625号）；

（4）财政部 国土资源部《关于印发土地开发整理项目预算定额标准的通知》（财综［2011］128号）；

（5）财政部 国土资源部《关于印发新增建设用地土地有偿使用费资金使用管理办法的通知》（财建［2012］151号）。

2. 相关技术标准：

（1）《土地开发整理标准》（TD/T1101－1013－2000）；

（2）《高标准基本农田建设规范（试行）》（国土资发［2011］144号）；

（3）《土地开发整理项目预算定额》、《土地开发整理项目机械台班费定额》、《土地开发整理项目预算编制规定》（财综［2011］128号）。

3. 其他相关文件：

（1）项目立项批准文件；

（2）项目设计文本、设计图件及说明；

（3）其他资料：如材料价格信息、来源地及运距等资料。

二、项目预算编制的基本要求

（一）符合预算管理规定

《中华人民共和国预算法》、《中华人民共和国预算法实施条例》对预算编制的依据、内容、方法和审查等做出了明确规定。财政部对部门预算的编制，包括项目预算编制的文本、表格格式、具体内容、报送时间和支出预算科目等方面，也提出了具体要求。财政部、国土资源部制定了《土地开发整理项目预算定额标准》等部门规章制度。编制土地开发整理项目预算时，必须遵循预算管理的各项规定，确保项目预算编制的合规性。

（二）规范出具预算文件

按《编规》的要求，项目预算文件应由封面、目录、预算编制说明、预算计算表格、预算附表及附件组成。因此，在编报土地开发整理项目预算时，应按规定的预算文件组成和内容提供齐全、完整和规范的相关材料，确保项目预算编制依据充分。

（三）合理选套定额标准

编制土地开发整理项目预算时，必须严格按照项目设计中所确定的工程内容，结合施工组织设计或施工方案确定的施工方法等，选套合理的定额标准。各项费用标准也应充分考虑土地开发整理项目所在区域的社会经济发展水平和项目自身特点等多种因素进行科学选取，不能盲目照搬照抄。如果土地开发整理项目设计中出现《标准》中未涉及的工程内容，各省自治区、直辖市财政、国土资源部门可根据实际情况制定补充预算定额标准，报财政部、国土资源部备案后，可以在编制本省（区、市）土地开发整理项目预算时使用。

（四）明晰表内表间勾稽关系

按照《编规》的要求，土地开发整理项目预算编制过程中将会涉及大量的预算表格。在编制土地开发整理项目预算时，要确保预算收支科目、工程内容和成本费用不重不漏。预算表格内部和各预算表之间的勾稽关系要核对一致，确保勾稽关系明朗清晰。

（五）确保数据处理准确无误

土地开发整理项目预算编制时，将会涉及大量繁杂的数据处理，稍有不慎将会影响项目预算的科学性和准确性。土地开发整理项目预算数据处理的准确性包括数字本身选用的准确性和计算的准确性两个方面。因此，在编制土地开发整理项目预算时，必须严格按照核定的项目设计中的工程内容和《标准》等有关规定，选用准确的预算数据和正确的计算方法，确保预算数据准确无误。

三、项目预算编制的前期准备工作

（一）学习并掌握预算管理的各项规定

为确保土地开发整理项目预算编制的科学性和合理性，项目预算编制人员必须认真学习有关法律法规和《标准》等有关文件，掌握《编规》、《预算定额》和《机械台班费定额》中的项目划分、费用构成、定额各子目的工程内容、施工方法、材料价格、质量要求、计量单位等内容，做到熟练查找和准确使用。

（二）科学制定工作计划

土地开发整理项目预算编制与项目设计是一个整体，在工作程序上稍后于项目设计。项目预算编制人员应在项目设计开始时，制订项目预算编制的工作计划，合理确定项目预算编制的工作时间、人员分工等内容。

（三）全面系统收集资料

在编制项目预算前，应详细编列各类资料清单，收集和熟悉各种与编制预算相关的文件资料，收集项目所在地取费依据文件、工程材料价格和相关文件等，准确把握项目的具体过程、分部工程和分项工程每个子目的施工内容及计算规则。

（四）熟悉项目设计图纸及其说明

项目设计图纸及其说明是编制预算重要的基础资料，在编制预算前，必须认真阅读、仔细研究，以了解和掌握项目设计和工程的全貌。具体步骤是：

1. 熟悉项目设计图纸及其说明，了解项目的性质、类型、规模、项目承担单位、设计单位等总体情况，做到对项目有初步认识。

2. 熟悉项目各项工程设计图，了解各项工程的地理位置、布局和规模等情况，分项核对各工程的比例尺、长度、宽度、高度、技术等级和质量要求等。

3. 熟悉各建筑物及其构件、配件标准图集、材料做法等资料，把握其设计依据、使用范围、选用条件、施工要求及注意事项等，为正确列项和计算工程量做好准备工作。

（五）熟悉施工组织设计和施工现场

施工组织设计是根据土地开发整理项目工程特点、施工现场、材料、构件供应时间、用量及有关条件编制的，其直接关系到工程的预算价格。首先，要熟悉和掌握施工方法，因为方法不同，相应的预算单价就不一样。如土方开挖工程，有人工开挖和机械开挖之分，两者的工程量虽一样，但预算单价不一样，工程预算就不同。其次，要熟悉和掌握施工机械、工具和设备的选用，因为不同的施工机械、工具和设备的选用，会产生不同预算单价，进而产生不同的工程预算。再次，要查看并熟悉施工现场，因为项目施工现场不仅直接关系到项目类型，而且不同的施工现场，要求选择不同的施工方法。如平原的开发整理就不同于丘陵、滩涂的开发整理，平原项目的施工方法也不同于丘陵项目的施工方法，不同的项目类型和施工方法其预算价格区别明显。

四、项目预算编制的基本程序

在完成项目预算编制前的各项准备工作后，便进入到项目预算的具体编制阶段。在具体编制项目预算时，应按以下程序进行：

（一）编写项目预算编制大纲

项目预算编制大纲的主要内容包括：

1. 确定编制依据、定额和计费标准；

2. 划分工程科目，校核分部或分项工程量；

3. 列出人工、主材等基础单价或计算条件；

4. 明确设备的价格和拆迁工作量及补偿标准依据；

5. 确定有关费用的取费标准和费率；

6. 列出工程预算编制的难点、重点及其对策和其他应说明的问题。

（二）确定工程项目，计算工程量

工程量是计算直接工程费的基础，工程量计算精确程度、是否重算或漏算、多算或少算，直接影响到工程造价的准确程度。因此，列项计量是项目预算编制过程中工作量最大、最繁重、最费时，要求最具体、最细致的重要工作。为了准确列项计量，必须根据设计图纸和说明书及标准图提供的工程类型、工程结构、设计尺寸和作法要求，结合施工现场的施工条件、土质、水文、气候和平面布置等具体情况，按照《标准》中的项目划分、工程量计算规则和计量单位等规定，确定每个分项工程，计算其工程量。

（三）了解工程的工序内涵，确定可套用的定额

每项工程的工序是编制项目预算的基础，只有了解工序才能保证在编制预算时不漏项、有条理，并有助于套用合理的定额。例如：田间道路工程的工序一般为路基工程（土石方、碾压、整修等）和路面工程（垫层和面层等）。按照工序的分类情况，准确选定定额子目，并注意子目计量单位与工程量计算结果的单位换算关系。

（四）编制项目预算表

工程量计算经复核无误后，应严格按照《标准》中有关子目的内容及顺序，认真填写预算表，使预算表中所列每一个分项工程的定额编号、工程项目名称、规格、计量单位、单位基价及人工消耗量等均与定额的口径一致、要求相符。项目预算表编制程序如下：

1. 分析计算基础单价。基础单价是计算工程定额单价的依据，包括人工预算单价、材料预算价格和施工机械台班费等。基础单价按照工程所在地现场条件和编制年的价格水平，

根据施工组织设计和现行规定进行编制。切忌生搬硬套定额或取费标准，与施工组织设计脱节的做法。对于次要的、投资小的、计算繁杂的非主体工程项目，可根据类似工程实例采用经济指标，也可直接估算费用，但应针对此类情况进行特殊说明。

2. 选套定额编制工程施工费单价。项目预算编制人员根据设计提供的工程项目和施工方法，按照工程项目划分的分项工程内容，在基础单价计算的基础上，结合施工方法正确套用预算定额子目，按照《编规》要求确定相关费用的取费标准，计算工程施工费单价。具体计算步骤如下：

（1）首先确定直接工程费（包括人工费、材料费和施工机械使用费），以直接工程费为基数，计算措施费；汇总直接工程费和措施费，得到直接费；

（2）以直接费为基数，按取费标准计算间接费；

（3）以直接费和间接费之和为基数，按取费标准计算利润；

（4）以直接费、间接费、利润、材料价差、未计价材料费之和为基数，按取费标准计算税金；

（5）最后汇总直接费、间接费、利润、材料价差、未计价材料费税金得出工程施工费单价。

由于工程施工技术的不断发展，新材料、新技术、新工艺的不断出现，《标准》中可能会出现个别工程内容不能满足实际需要的情况。如果出现此种情况，项目预算编制人员可以根据土地开发整理项目工程的具体要求，按照新材料的价格及新技术和新工艺所需的人工、材料、机械台班，依照预算单价的编制规定与程序，编制补充单价或换算单价，作为预算附表附于预算书后。

3. 汇总工程施工费。工程施工费是计算其他费用和不可预见费的基础。土地开发整理项目工程施工费应按分项工程、分部工程、单位工程、单项工程的顺序由小到大逐级计算并汇总。

4. 汇总人工及主要材料用量。人工及主要材料用量不仅是项目预算中人工、材料和机械使用费调差及计算其他各种费用的基数，还是项目承担单位和施工企业进行经济核算的重要依据。人工及主要材料用量的汇总是根据分项工程的工程量和相应定额中所列用工、用料的数量，计算出各分项工程所需的人工及主要材料数量，然后分类汇总，得出分部或单位工程所需的人工和主要材料数量，逐级汇总，最后得到单项工程所需人工和主要材料数量。

5. 计算设备购置费等相关费用，汇总项目总预算。根据项目设计的有关内容，按照《编规》的要求编制设备购置费预算。按照相应的费用标准和计算方法，分项据实编制前期工作费、工程监理费、拆迁补偿费、竣工验收费、业主管理费和不可预见费。最后，汇总各项费用形成项目总预算。

（五）编写预算编制说明

预算编制说明是对土地开发整理项目预算编制相关内容进行的分析和说明。预算编制说明主要包括：项目概况，预算编制的依据，编制方法、计算方法及定额标准换算关系，主要经济指标分析，其他需要说明的问题等内容。预算编制说明应做到简明扼要，经济指标分析科学合理。

（六）编制分年度投资预算

根据施工组织设计总进度、单项工程分年度完成的工程量和相应的预算单价合理安排并编制分年度投资预算。

（七）预算复核、装订、签章与审批

项目预算编制单位和项目承担单位应及时组织有关人员对项目预算的主要内容、主要工程、工程量、预算单价、费用标准、补充单价和换算表等内容进行检查和复核，发现问题及时纠正，确保项目预算的科学性与合理性。经审核无误后，土地开发整理项目预算应按规定签字、盖章并顺序装订成册，按规定程序报有关部门审批。

第四节　土地开发整理项目预算文件组成

一、土地开发整理项目预算文件组成

项目预算文件由封面、目录、预算编制说明等文本文件和预算表及附件组成。预算表主要包括：总预算及分年度预算表、预算总表、工程施工费预算表、设备购置费预算表、其他费用预算表、不可预见费预算表、季度分月用款计划表、预算附表等。

二、土地开发整理项目预算文本文件

（一）封面

封面的首页和扉页应按规定格式制作。

1. 封面——首页。封面的首页须明确填写项目名称及项目承担单位和预算编制单位全称，标注编制日期。字号及字体按统一要求制作。

2. 封面——扉页（签署页）。封面的扉页即签署页，须明确填写项目名称，项目承担单位和预算编制单位均须加盖公章，负责人、复核人和编制人均须加盖人名章或签字，编制日期须如实填写。

（二）目录

目录由项目预算文本文件各部分主要内容的标题和预算表格名称及其对应的页码组成。目录应按预算表的表号顺序编排。

（三）预算编制说明

预算编制说明应力求文字简明扼要。主要内容包括：

1. 项目概况。说明项目的性质、类型、建设规模（总规模；开发、整理、复垦的规模），项目地点及地貌类型，预计净增耕地面积，预计净增耕地率，项目工程布置形式、工程内容及工程量、主要材料用量，施工工期，项目预算总投资，申请投资金额，其他资金来源情况，按年度说明项目实施内容及分年度投资计划等。

2. 预算编制依据。

（1）预算编制原则和依据；

（2）人工预算单价，主要材料预算价格，施工用电、水、风，施工机械台班费等基础预算单价的计算依据；

（3）主要设备预算价格的编制依据；

（4）指标、定额、费用的计算标准及依据；

（5）拆迁规模、拆迁补偿标准的确定依据；

（6）项目规划设计图纸、说明；

（7）项目施工组织设计或施工方案（涉及拆迁补偿工程的应含拆迁补偿方案）。

3. 主要工程量计算及确定说明。应简要说明项目预算表中涉及的分部工程主要工程量的计算方法、过程和确定依据等。

4. 项目技术经济指标分析。项目技术经济指标分析是判断项目造价合理性的重要基础，为项目投资决策提供重要支撑。项目技术经济指标分析应着重分析投入与产出的社会、经济和生态环境效益，内容主要包括实物工程量与投资估算的比较分析，施工方案与技术需要的可能分析，单项工程技术手段、生产组织对工程成本的影响分析等。

5. 其他需要说明的事项。主要说明项目的建设优势及预算编制中需特殊说明的事项，其他与预算有关但未能在表格中反映的事项。

三、土地开发整理项目预算表

1. 总预算及分年度预算表见表 1－2 所示。

表 1－2　　总预算及分年度预算表

编制单位：　　　　金额单位：万元

类别 / 项目名称	项目地点	项目性质及建设规模（公顷）				项目资金预算										预计净增耕地面积（公顷）
						总预算			分年度预算							
									第一年			第二年			……	
		合计	开发	整理	复垦	合计	新增费	其他资金	小计	新增费	其他资金	小计	新增费	其他资金	……	
总计															……	

填表说明：项目性质分为土地开发、土地整理和土地复垦三种。

2. 预算总表见表 1－3 所示。

表 1－3　　预算总表

项目名称：　　项目规模（公顷）：　　金额单位：万元

序号	工程或费用名称	预算金额	各项费用占总费用的比例（%）
	（1）	（2）	（3）
一	工程施工费		
二	设备购置费		
三	其他费用		
四	不可预见费		
	总计		

3. 工程施工费预算表见表1－4所示。

表1－4　　工程施工费预算汇总表

项目名称：　　　　金额单位：万元

序号	单项名称	预算金额	各项费用占工程施工费的比例（%）
	(1)	(2)	(3)
1	土地平整工程		
2	灌溉与排水工程		
3	田间道路工程		
4	农田防护与生态环境保持工程		
5	其他工程		
总计	—		

填表说明：表中预算金额（2）见表1－4－1。

表1－4－1　　工程施工费预算表

项目名称：　　　　金额单位：元

序号	定额编号	单项名称	单位	工程量	综合单价	合计
	(1)	(2)	(3)	(4)	(5)	(6)
一		土地平整工程				
1		耕作田块修筑工程				
(1)		条田修筑				
		土方开挖	m^3			
		……				
二		灌溉与排水工程				
1		输水工程				
(1)		支渠				
		土方回填	m^3			
		……				
三		田间道路工程				
1		田间道				
(1)		路基				
		土方开挖	m^3			
		……				
四		农田防护与生态环境保持工程				
1		农田林网工程				
(1)		农田防风林				
		土方回填	m^3			
		……				
五		其他工程				
		……				
总计		——				

填表说明：1. 表中（6）＝（4）×（5）；

2. 表中（5）见表1－4－2。

表 1－4－2　　**工程施工费单价汇总表**

项目名称：　　　　　　　　　　　　　　　　　　　　金额单位：元

序号	定额编号	单项名称	单位	直接费						间接费	利润	材料价差	未计价材料费	税金	综合单价
				人工费	材料费	机械使用费	直接工程费	措施费	合计						
	(1)	(2)	(3)	(4)	(5)	(6)	(7)	(8)	(9)	(10)	(11)	(12)	(13)	(14)	(15)
一		土地平整工程													
1		耕作田块修筑工程													
(1)		条田修筑													
		土方开挖	m^3												
		……													
二		灌溉与排水工程													
1		输水工程													
(1)		支渠													
		土方回填	m^3												
		……													
三		田间道路工程													
1		田间道													
(1)		路基													
		土方开挖	m^3												
		……													
四		农田防护与生态环境保持工程													
1		农田林网工程													
(1)		农田防风林													
		土方回填	m^3												
		……													
五		其他工程													
		……													

填表说明：表中（4）～（15）见附表 1－6。

4. 设备购置费预算表见表 1－5 所示。

表 1－5　　设备购置费预算表

项目名称：　　　　金额单位：元

序号	设备名称	规格	单位	数量	单价	合计	说明
	(1)	(2)	(3)	(4)	(5)	(6)	(7)
	总计		—	—	—		—

填表说明：1. 本表应根据具体的设备购置情况进行计算，包括设备规格（2）、单位（3）、数量（4）、单价（5）以及说明（7）。

2. 表中（6）＝（4）×（5）。

5. 其他费用预算表见表 1－6 所示。

表 1－6　　其他费用预算表

项目名称：　　　　金额单位：万元

序号	费用名称	计算式	预算金额	各项费用占其他费用的比例（%）
	(1)	(2)	(3)	(4)
1	前期工作费			
(1)	土地清查费			
(2)	项目可行性研究费			
(3)	项目勘测费			
(4)	项目设计与预算编制费			
(5)	项目招标代理费			
2	工程监理费			
3	拆迁补偿费			
4	竣工验收费			
(1)	工程复核费			
(2)	工程验收费			
(3)	项目决算编制与审计费			
(4)	整理后土地重估与登记费			
(5)	标识设定费			
5	业主管理费			
	总计			

表 1-6-1　　**拆迁补偿费预算表**

项目名称：　　金额单位：万元

序号	名称	单位	数量	单价	合计	备注
	(1)	(2)	(3)	(4)	(5)	(6)
总计		—	—	—		—

填表说明：1. 备注中应简要阐述拆迁补偿标准确定依据。
2. 表中（5）=（3）×（4）。

6. 不可预见费预算表见表 1-7 所示。

表 1-7　　**不可预见费预算表**

项目名称：　　金额单位：万元

序号	费用名称	工程施工费	设备购置费	其他费用	小计	费率（%）	合计
	(1)	(2)	(3)	(4)	(5)	(6)	(7)
总　计		—	—	—		—	

填表说明：1. 表中的（5）=[(2)+(3)+(4)]，（2）见表 1-4 总计，（3）见表 1-5 总计，（4）见表 1-6 总计。
2. 表中的（7）=(5)×(6)。

7. 季度分月用款计划表见表 1-8 所示。

表 1-8　　**季度分月用款计划表**

项目名称：　　金额单位：万元

工程名称	项目地点	具体用款科目	合计	项目各月用款数															
				第一年												第…年			
				第一季度			第二季度			第三季度			第四季度			第一季度			…
				1月	2月	3月	4月	5月	6月	7月	8月	9月	10月	11月	12月	1月	2月	3月	…
总计	—	—																	

8. 预算附表见附表 1－1 至附表 1－9 所示。

附表 1－1　**人工预算单价计算表**

地区类别		定额人工等级	
序号	项目	计算式	单价（元）
1	基本工资		
2	辅助工资		
(1)	地区津贴		
(2)	施工津贴		
(3)	夜餐津贴		
(4)	节日加班津贴		
3	工资附加费		
(1)	职工福利基金		
(2)	工会经费		
(3)	养老保险费		
(4)	医疗保险费		
(5)	工伤保险费		
(6)	职工失业保险基金		
(7)	住房公积金		
4	人工工日预算单价		

附表 1－2　**主要材料预算价格计算表**

序号	名称及规格	单位	原价依据	单位毛重（t）	每吨运费（元）	价格（元）					
						原价	运杂费	采购及保管费	到工地价格	保险费	预算价格

附表 1－2－1　**主要材料运杂费计算表**

编号		材料名称			运输起止地点	
运距		毛重系数		装载系数	计算单位	
序号	费用名称	计算公式				小计　（元）
	合计					

附表 1－3　**次要材料预算价格表**

序号	名称及规格	单位	预算价格

附表 1-4

机械台班预算单价计算表

定额编号	机械名称及规格	台班费	一类费用小计	二类费用													
				二类费合计	人工费（元/日）		动力燃料费小计	汽油（元/kg）		柴油（元/kg）		电（元/kw·h）		水（元/m^3）		风（元/m^3）	
					工日	金额		数量	金额	数量	金额	数量	金额	数量	金额	数量	金额

附表 1－5　　**混凝土、砂浆单价计算表**

编号	砼强度等级	水泥强度等级	级配	水泥		砂		碎石		水		外加剂		单价（元）
				kg	单价	m^3	单价	m^3	单价	m^3	单价	kg	单价	

附表 1－6　　**工程施工费单价分析表**

定额编号：　　　　金额单位：元

序号	项目名称	单 位	数 量	单 价	小 计
一	直接费				
（一）	直接工程费				
1	人工费				
	甲类工				
	乙类工				
	……				
2	材料费				
	……				
3	机械费				
	……				
（二）	措施费	%			
二	间接费	%			
三	利　润	%			
四	材料价差				
	块石	m^3			
	汽油 90#	kg			
	……			……	
五	未计价材料费				
	PE 管	m			
	……				
六	税金	%			
合　计		—	—	—	

注：1. 材料价差 = Σ（材料预算价格 - 限价）×定额数量；

2. 未计价材料费是指安装工程中只计取材料费和税金的管材、管件、闸阀、法兰、出水栓等构件的材料费；

3. 税金 = 综合税率×（一～五之和）。

附表 1-7

补充定额子目计算表（略）

（参照实物定额）

附表 1-8

补充机械台班费计算表（略）

（参照机械台班定额）

附表 1-9　　人工及主要材料用量汇总表

序号	名称及规格	单位	数量
(1)	(2)	(3)	(4)

附表 1-10　　工程量统计表

序号	名称及规格	单位	工程量合计
(1)	(2)	(3)	(4)

预算附表后应附材料信息价复印件。

四、土地开发整理项目预算附件

附件包括项目申报书、项目支出预算明细表、可行性研究报告和项目评审报告，附件中相关文件的内容、格式及要求详见《标准》中《编规》的相应章节。

第二章 工程量计算与工料统计

编写目的：让读者理解土地开发整理项目预算工程量计算的基本要求，熟悉各单项工程量计算的基本规定，掌握常用分部分项工程量计算的基本规定和工料统计分析方法，能按照预算编制的有关规定，正确区分各类工程量，熟练进行项目工程量计算和工料统计分析。

重点及难点：各单项工程量和常用分部分项工程量计算的基本规定，工料统计分析及其注意事项。难点是如何正确理解、运用土地开发整理项目预算工程量计算一般规定进行工程量计算和统计。

第一节 工程量计算

土地开发整理项目的分部或分项工程预算是用工程量乘以工程单价计算的。工程量计算的准确性，是衡量工程预算质量好坏的重要标准之一。因此，预算人员除应具有本专业的知识外，还应具有一定的水工、施工、机电等专业知识，能够正确查阅项目设计图纸和设计说明，掌握工程量计算的基本要求、计算方法和计算规则。

一、工程量计算的基本要求

（一）合理设置项目工程的划分

项目工程的划分必须与预算定额子目的划分相适应。例如，土石方开挖工程应按不同的土壤和岩石类别分别列项；土石方填筑应按土方、堆石料、反滤层和垫层料等分列。

（二）计量单位保持一致

工程量的计量单位要与定额子目的单位相一致。如伸缩缝用“m^2”而不用“m”表示。土方分自然方、松方和实方，土方的开挖采用自然方，运输大多对应的是松方，填土对应的是实方；石方开挖对应自然方，建筑物中实体中有抛投方、砌体方和实方；但材料定额中的砂石料计量单位，砂和碎石堆石料为堆方，块石和卵石为码方，条石和料石为清料方。因此，设计提供的工程量单位要与选用的定额单位相一致，否则应按有关规定进行换算，使其一致。

（三）正确处理几种工程量

1. 设计工程量。目前，可行性研究和规划设计阶段的设计工程量是按照建筑物和工程的几何轮廓尺寸计算的数量（图纸工程量）乘以表 2 - 1 中所列的不同设计阶段系数而得出的数量；而施工设计阶段系数均为 1. 00，即施工设计工程量就是图纸工程量。

表 2－1　　设计工程量计算阶段系数表

类别	设计阶段	钢筋砼	工程量（万 m^3）									钢筋	钢材
			砼			土石方开挖			土石方填筑				
			300以上	100～300	100以下	500以上	200～500	200以下	500以上	200～500	200以下		
永久水工建筑物	可行性研究	1.05	1.03	1.05	1.1	1.03	1.05	1.1	1.03	1.05	1.1	1.05	1.05
	规划设计	1.03	1.01	1.03	1.05	1.01	1.03	1.05	1.01	1.03	1.05	1.03	1.03
施工临时建筑物	可行性研究	1.1	1.05	1.1	1.15	1.1	1.1	1.2	1.05	1.1	1.15	1.1	1.1
	规划设计	1.05	1.03	1.05	1.1	1.03	1.05	1.1	1.03	1.05	1.1	1.05	1.05
金属结构	可行性研究											1.15	1.15
	规划设计											1.1	1.1

2. 施工超挖、超填量及施工附加量。施工超挖量是指因在土地开发整理工程施工中一般不允许欠挖，为保证建筑物的设计尺寸，施工中发生一定的超过设计尺寸的挖方量。施工附加量是指为完成本项工程而必须增加的工程量，如土方工程中的取土坑、试验坑所需增加的工程量。施工超填量是指由于施工超挖及施工附加量而相应增加的回填工程量。

《标准》已按有关施工规范计入了合理的超挖量、超填量和施工附加量，故编制预算时，工程量不应再计算这三项工程量。

3. 施工损耗量。施工损耗量包括运输及操作损耗、体积变化损耗及其他损耗。运输及操作损耗量指土石方和砼在运输及操作过程中的损耗。体积变化损耗量指土石方填筑工程中的施工期沉陷而增加的数量，或砼因体积收缩而增加的工程数量等。其他损耗量包括土石方填筑工程施工中的削坡或雨后清理的损失数量。

《标准》对这几项损耗已按有关规定计入相应的定额之中。因此，采用不同的定额编制工程单价时应仔细阅读有关定额说明，以免漏算或重算。

4. 损耗率。计算安装工程中的装置性材料时，应按定额规定的损耗率计入工程量。工程量计算时凡涉及材料体积、比重、容重或比热换算的，均应以国家标准为准；如果没有适宜的国家标准可执行，可参考厂家合格证或产品说明书。

二、单项工程量计算的基本要求

（一）上地平整工程量计算基本要求

根据项目区的地形、土壤条件，确定田面高程，计算挖填土石方工程量，应分别计算土石方开挖、土石方回填、土石方运输、平整土地等分项工程。工程量计算中应分为人工挖土、人工平土、推土机推土、人工装卸、载重汽车运土、石方开挖、推土机推运石渣等分项。

（二）灌溉与排水工程量计算基本要求

1. 土石方开挖工程量，应根据开挖图按不同的土壤和岩石类别分别计算，例如将明挖、槽挖、水下开挖或暗挖等分开计算。

2. 土石方填筑工程量应根据建筑物设计断面中的不同部位及其不同材料分别计算，注意其沉陷量已包括在定额之内。

3. 常态砼、沥青砼及预制砼均应分别计算其工程量，其中不同标号或不同部位的砼须分开计算。

（三）田间道路工程量计算基本要求

田间道路工程分为田间道路和生产道路，应分别计算路面和路基的分项工程量。其中土方工程量包括道路基础的土方开挖、回填及土方运输等分项工程量。

（四）农田防护与水土保持工程量计算基本要求

树木种植的工程量，以株为单位计算；种草以播种类别不同分别以 hm^2 或 m^2 为单位计算。水土保持工程，要分别计算土（石）方开挖、土（石）方回填、浆砌砖、浆砌石块、砼、抹面等分项。

（五）金属结构与设备及安装工程量计算基本要求

1. 水工建筑物各种钢闸门的重量，在可行性研究阶段，可参照其他已建工程资料用类比法确定；在规划设计阶段应按设计图纸中各种门型的自重计算方法进行计算，并需按已建工程资料用类比法综合研究确定。

与各种钢闸门配套的门槽埋件及各种启闭机的重量，无论可行性研究或规划设计阶段，均可参考现行启闭机系列标准的有关资料用类比法确定。

2. 在可行性研究阶段，设备及安装工程量根据可行性研究报告并按已建工程资料用类比法综合研究确定。

在规划设计阶段，设备及安装工程量应根据设计内容，依据预算定额及相关取费标准分别计算其设备及安装工程量。

三、常用分部分项工程量计算的基本要求

（一）土方工程量计算基本要求

1. 土方定额的名称：

自然方：指未经扰动的自然状态的土方。

松方：指自然方经人工或机械开挖而松动过的土方。

压实方：指填筑、回填经过压实后的成品方。

土方松实换算系数详见《预算定额》附录1——《土石方松实系数换算表》。

2. 土方工程量计算规则见表2－2：

表2－2　　土方工程量计算表

工程类别		计算规则
土地平整工程	土地平整	方格网法、横截面法、散点法等，按自然方计算
	土方运输（余土外运、外购土方土等）	余土工程量＝挖方体积－填方体积 外购土方＝填方体积－挖方体积 按自然方计算
	土地翻耕	按其水平投影面积计算其工程量

续表

工程类别		计算方法
灌溉与排水工程	沟渠、坑槽土方开挖	按开挖断面计算
	土方回填	回填工程量＝挖土体积－地坪以下埋设的砌筑量（包括砌筑物内空间体积，直径不小于500mm的管道体积等） 按自然方计算
	原土夯实	按所需原土夯实工程的尺寸，以m^2为单位
	土方压实	按设计尺寸以实方计算
	土方运输（余土外运、外购土方土等）	余土工程量＝挖方体积－填方体积 外购土方＝填方体积－挖方体积 按自然方计算
	管沟挖方	$D\leqslant200mm$，$B=D+300mm$ $D>200mm$，$B=D+500mm$ 按自然方计算 D：管道外径　B：开挖宽度
田间道路工程及其他工程	土方回填	按自然方计算
	土方压实	按实方计算
	土方运输（外购土方土等）	按自然方计算

3. 几点具体说明：

（1）坝体压实按压实成品方计，土料的备料量和运输量按下列公式进行计算：

$$每100m^3压实成品方需要的自然方量=(100+A)\frac{设计干密度}{天然干密度}$$

其中：①A值查表可得，详见表2－3。

表2－3　　压实成品方与自然方换算系数表

项　　目	A（%）
机械填筑混合坝坝体土料	5.86
机械填筑匀质坝坝体土料	4.93
机械填筑心（斜）墙土料	5.70
人工填筑坝体土料	3.43
人工填筑心（斜）墙土料	3.43
坝体砂砾料、反滤料	2.20
坝体堆石料	1.40

②设计干密度、天然干密度由设计单位或实测资料确定。这项为自然方与坝上方的折合系数，也称为折实系数。

（2）管道沟槽回填，以挖土方体积减去管径所占体积计算。管径在500mm以下（含500mm）的不扣除管道所占体积；管径超过500mm以上时按下表规定扣除管道所占体积，详见表2－4。

表 2-4 **管道扣除土方体积表** 单位：m^3/m

管道类型	管道直径（mm）					
	501~600	601~800	801~1000	1001~1200	1201~1400	1401~1600
钢　管	0.21	0.44	0.71			
铸铁管	0.24	0.49	0.77			
混凝土管	0.33	0.60	0.92	1.15	1.35	1.55

（3）客土造地的土方工程量，按下列规定计算：

①客土运距按道路距离计算。

②客土土方量为造地的实体方量，按自然方计算。

③取土场在项目区内，应与相关工程统一设计，兼顾经济合理性；取土场在项目区外，取土工作完成后应另计防护、排水及绿化等水土保持工程的工程量。

④取土场中非适用材料的挖除、弃运及场地清理、施工便道便桥的修建与养护、临时排水与防护作为客土挖方的附属工程，不另行计算。

（4）土方开挖和填筑工程，除定额规定的工作内容外，还包括挖小排水沟、修坡、清除场地草皮杂物、交通指挥、安全设施等所需的其他用工和费用，不能再套用“清理表土”子目。

（5）土方运距，按下列规定计算：

①推土机推土运距，按挖方区重心至回填区重心之间的直线距离计算。

② 铲运机运土运距，按挖方区重心至卸土区重心加转向距离 45m 计算。

③自卸汽车运土运距，按挖方区重心至填土区（或堆放地点）重心的最短道路距离计算。

（二）石方工程量计算基本要求

1. 石方的界定：用不小于 165kw（220 匹马力）推土机单齿松土器无法勾动，须用爆破、钢楔或气钻方法开挖，且体积大于 $1m^3$ 的孤石为石方。

2. 石方工程量计算规则：石方开挖各个定额子目的人工、材料和机械用量是指完成每一定额单位设计断面工程量所需的消耗量，在编制预算时应按设计断面工程量列项计算。定额计量单位，除注明者外，均按自然方计算。

（三）砌石工程量计算基本要求

1. 砌石定额的计量单位，均以砌体成品方计算，即垫层为压实方，干砌石、浆砌石（砖）为砌体方；定额材料中砂、碎石为堆方，块石、卵石为码方，条石、料石为清料方。

2. 砌体工程量应按设计几何轮廓尺寸计算，施工规范允许的超填量、施工附加量、操作损耗及体积变化（码方、清料方和实方间的体积变化）等因素已包含在定额中。

3. 施工现场堆放点至工作面的场内运输已包括在砌石工程定额内，不得重复计算场内运输费用。

4. 石方计算过程中应注意自然方、堆方和码方的体积换算，其换算关系详见《标准》第 166 页，《预算定额》附录 1——《土石方松实系数换算表》。

5. 浆砌砖石定额中工作内容已包括一般要求的勾缝工作，对于防渗要求较高的部位，如设计要求开槽勾缝，应增加开槽勾缝所需的费用。

6. 砌筑用胶结材料均按设计强度等级及配合比计算单价，定额数量不作调整。

（四）混凝土工程量计算基本要求

1. 混凝土换算系数。

（1）混凝土强度等级与设计龄期的换算系数。定额附录中各强度等级混凝土配合比（碾压混凝土除外）是按28d龄期用标准试验方法测得的具有95%保证率的抗压强度标准值确定的，当设计龄期为60d、90d、180d时，则应将设计龄期的强度等级乘以换算系数，折算为28d的强度等级，才可使用定额附录中混凝土配合比表材料用量。换算系数见表2－5（详见《标准》第170页表6－1）：

表2－5　混凝土设计龄期与强度等级换算系数表

设计龄期（d）	28	60	90	180
强度等级折合系数	1.00	0.83	0.77	0.71

当换算后的结果介于定额附录混凝土配合比表中两种强度等级之间时，应取高一级的混凝土强度等级。例如：某大坝混凝土采用180d龄期设计强度等级为C20，则换算为28d龄期时其混凝土强度等级为：C20×0.71≈C14，其结果介于C10与C15之间，此时，换算为28d龄期时其混凝土强度等级取C15，即应按定额附录中强度等级C15混凝土配合比表的材料预算量计算混凝土材料单价。

（2）水泥强度等级换算系数。当工程采用水泥的强度等级与配合比表不同时，应对配合比表的水泥用量进行调整，换算系数见表2－6（详见《标准》第180页表6－16）：

表2－6　水泥强度等级与用量换算系数参考表

代换强度等级 原强度等级	32.5	42.5	52.5
32.5	1.00	0.86	0.76
42.5	1.16	1.00	0.88
52.5	1.31	1.13	1.00

（3）骨料种类、粒度换算系数。定额附录中混凝土配合比表是按卵石、粗砂拟定的，如实际采用碎石、中细砂时，应对配合比表中的各材料用量按表2－7进行换算（注：粉煤灰的换算系数同水泥的换算系数）（详见《标准》第170页表6－2）：

表2－7　骨料种类、粒度换算系数表①

项目	水泥	砂	石子	水
卵石换碎石	1.10	1.10	1.06	1.10
粗砂换中砂	1.07	0.98	0.98	1.07
粗砂换细砂	1.10	0.96	0.97	1.10
粗砂换特细砂	1.16	0.90	0.95	1.16

① 1. 水泥按重量计；砂、石子、水按体积计；
2. 若实际采用碎石及中细砂时，则总的换算系数应为各单项换算系数的连乘积。

混凝土的细骨料的划分标准见表 2 – 8：

表 2 – 8　**细骨料划分标准表**

细骨料名称	细度模数	平均粒径（mm）
粗砂	3.19 ~ 3.85	1.2 ~ 2.5
中砂	2.5 ~ 3.19	0.6 ~ 1.2
细砂	1.78 ~ 2.5	0.3 ~ 0.6
特细砂	0.9 ~ 1.78	0.15 ~ 0.3

（4）埋块石混凝土材料用量的调整①。埋块石混凝土，应按混凝土配合比表中的材料用量，扣除埋块石实体的数量计算，公式如下：

块石混凝土材料用量 = 定额混凝土配合比表中的材料用量 ×（1 – 埋块石率）

其中：上式中“（1 – 埋块石率）”称为材料用量调整系数，埋块石率由施工组织设计确定。

埋块石混凝土应增加的人工工时见表 2 – 9（详见《标准》第 171 页表 6 – 3）：

表 2 – 9　**埋块石混凝土浇筑定额应增加的人工工时数量表②**

埋块石率（%）	5	10	15	20
每 100m^3 块石混凝土增加人工工时	24.0	32.0	42.4	56.8

进行工程单价计算时，埋块石混凝土用量，一般分成“混凝土”与“块石（以码方计）”材料两项，二者的用量均可由埋块石率求得：

每 m^3 块石混凝土中的混凝土用量 = 定额混凝土配合比表中的材料用量 ×（1 – 埋块石率）

每 m^3 块石混凝土中的块石用量（m^3 码方）= 定额混凝土配合比表中的材料用量 × 埋块石率 × 1.67（m^3 码方）

2. 混凝土配合比材料用量的有关说明。

（1）定额附录的混凝土配合比中材料用量，已考虑了混凝土的强度保证率（P）及强度的离差系数（性）对混凝土材料用量的影响，其值已反映在该定额配合比表的“预算量”中，因此，可直接按设计提供的设计标号来选择。

（2）应同时考虑设计上要求的混凝土强度指标、抗渗指标和抗冻指标来选择水灰比。

（3）定额附录的配合比表中的水泥用量是按机械拌和拟定，若用人工拌和水泥用量应增加 5%。

（4）定额附录的配合比表中的材料用量，已考虑了材料的场内运输及操作损耗（至拌和楼进料仓止），混凝土拌制后的熟料运输、操作损耗，已反映在不同浇筑部位定额的“混凝土”材料量中，所以在材料用量计算时采用“预算量”。

材料运输、提升损耗系数 = 预算量 ÷ 计算量

① 调整后的混凝土单价仍用未埋块石的混凝土单价计算方法。“块石”在浇筑定额中的计量单位以码方计，相应块石开采、运输单价的计量单位亦以码方计。

② 表列工时不包括块石运输及影响浇筑的工时。

损耗系数可参考表 2－10。

表 2－10　**材料运输、提升损耗参考系数表**

材料名称	砂	石子	水泥	水
损耗系数	1.03	1.04	1.02	1.0

（5）按照国际标准（ISO3893）的规定，且为了与其他规范相协调，将原规范混凝土的名称改为混凝土强度等级。新强度等级与原标号对照见表 2－11（详见《标准》第 171 页表 6－5）：

表 2－11　**混凝土新强度等级与原标号对照表**

原用标号（kgf/cm^2）	100	150	200	250	300	350	400
新强度等级 C	C9	C14	C19	C24	C29.5	C35	C40

（6）有抗渗抗冻要求时，按《标准》第 171 页表 6－4 水灰比选用混凝土强度等级（具体见表 2－12）：

表 2－12　**混凝土抗渗抗冻等级与水灰比对照表**

抗渗等级	一般水灰比	抗冻等级	一般水灰比
W4	0.60～0.65	F50	<0.58
W6	0.55～0.60	F100	<0.55
W8	0.50～0.55	F150	<0.52
W12	<0.50	F200	<0.50
		F300	<0.45

（7）纯混凝土材料配合比及材料用量。纯混凝土材料配合比及材料用量详见《标准》第 172 页表 6－7。

（8）掺外加剂混凝土材料配合比及材料用量。掺外加剂混凝土材料配合比及材料用量详见《标准》第 174 页表 6－8。

（9）掺粉煤灰混凝土材料配合比及材料用量。掺粉煤灰混凝土材料配合比及材料用量详见《标准》第 176～177 页表 6－9～表 6－11。

3. 混凝土工程定额的计量单位除注明者外，均为建筑物及构筑物的成品实体方。

4. 混凝土工程量均按图示尺寸实体体积以 m^3 计算，不扣除构件内钢筋、预埋铁件及墙、板中 0.3 m^2 以内的孔洞所占体积。

5. 钢筋工程量，分别按设计长度乘以单位质量，以吨计算。

（五）管道安装工程量计算基本要求

1. 不同材质的管材，其定额的计量单位不一致。铁管、钢管和混凝土管以“10m”为计量单位，PVC、PP 和 PE 等塑料管以“100m”为计量单位。各种管件连接不分种类，以“10 个”为计量单位。

2. 管道安装均按施工图中心线的长度计算（支管长度从主管中心开始计算到支管末端交接处的中心），均不扣除管件、阀门所占长度。

（六）农用井工程量计算基本要求

农用井成孔工程量按孔径、地层类别分别计算井孔深度。填封工程量按管井设计图纸计算。井口工程按砌体或混凝土工程规定计算。

（七）设备安装工程量计算基本要求

1. 工程量计算尺寸，以设计图纸表示的或设计图纸能读出的尺寸为准。除另有规定外，工程量的计量单位应按下列规定计算：

①以体积计算的为立方米（m^3）。

②以面积计算的为平方米（m^2）。

③以长度计算的为米（m）。

④以重量计算的为吨（t）。

⑤以台（组、套或件等）计算的为台（组、套或件等）。

2. 关于水平和垂直运输：

（1）设备：包括自安装现场指定堆放地点运至安装地点的水平运输，取定为100m。

（2）材料、成品、半成品：包括自施工企业现场仓库或指定堆放地点运至安装地点的水平运输，取定为300m。

（3）设备、材料、成品、半成品的实际运距与定额取定不符时均不得调整。

（4）垂直运输基准面：室内以室内地平面为基准面，室外以安装现场地平面为基准面。

（5）设备及材料、成品、半成品垂直吊装按 ±10m 考虑。

3. 平面钢闸门安装定额按焊接方式考虑。

4. 闸门埋设件安装按垂直位置计算，如在倾斜位置（≥10°）安装时，人工乘以 1.2 的系数。

5. “闸门与构件安装”是以“t”为计量单位，包括本体及其附件的全部重量，按设计量进行计算；

6. “启闭机安装”中启闭机为单吊点和双吊点卷扬式及手动或手、电两用螺杆式，如为台车式，则安装费乘以相应子目的 1.2 系数。

7. 固定式启闭机安装，以“台”为计量单位，按启闭机自重“t”（包括本体及其附件等全部重量，按设计量进行计算）和不同类型的启闭机分列定额项目。

8. 小型金属结构构件安装以“t”为计量单位，按金属结构件单体重量计列定额项目。

9. 电动葫芦及单轨小车安装，以“台”为计量单位，按起重量“t”和不同名称分列定额项目。定额工作内容包括安装和调试，轨道安装工作内容另计。

10. 钢轨安装以单组轨道长度每“2 ×10m”为计量单位，I 字钢轨道安装以单根轨道长度每“10m”为计量单位，均按轨道型号分列定额项目。

11. 滑触线安装以“三相 10m”为计量单位，其附加和预留长度可按表 2－13 规定计算，按起重能力分列定额项目。

表 2－13　预留长度表　单位：m/根

序号	项目	预留长度	说明
1	圆钢、铜母线与设备连接	0.2	从设备接线端子接口起算
2	圆钢、铜滑触线终端	0.5	从最后一个固定点起算
3	角钢滑触线终端	1.0	从最后一个支持点起算
4	扁钢滑触线终端	1.3	从最后一个固定点起算

续表

序号	项目	预留长度	说明
5	扁钢母线分支	0.5	分支线预留
6	扁钢母线与设备连接	0.5	从设备接线端子接口起算
7	轻轨滑触线终端	0.8	从最后一个支持点起算
8	安全节能及其他滑触线终端	0.5	从最后一个固定点起算

12. 水泵安装以“台”为计量单位，按设计量进行计算，以设备重量“t”分列定额项目。在计算设备重量时，直联式泵以本体及电机、底座的总重量计算；非直联式泵以本体和底座的总重量计算，不包括电动机重量。

13. 深井泵的设备重量以本体、电动机、底座及设备扬水管的总重量计算。

14. 变压器安装说明：

（1）变压器安装中的枕木、绝缘导线、石棉布是按一定的折旧率摊销，实际摊销量与定额不符时，不作换算。

（2）变压器系统的调试已包括避雷器、自动装置、特殊保护装置和接地网的调试。

（3）电力变压器如有“带负荷调整装置”的调试时，定额乘以 1.12 的系数，单相变压器如带一台备用变压器时，定额乘以 1.2 的系数。

（4）设备安装工程中所涉及的构件的制作，均不包括镀锌；所涉及的设备安装定额均不包括二次重新喷漆。

15. 变压器安装，以“台”为计量单位，依设计量进行计算，按不同容量分列定额项目。杆上变压器安装以“台”或“组”为计量单位，定额内包括杆上钢支架及设备的安装工作，但钢支架主材、连引线、线夹、金具等应按设计规定另行计算，设备的接地装置安装和调试应按相应定额另行计算。

16. 变压器通过试验，判定绝缘受潮时才需进行干燥，所以只有需要干燥的变压器才能计取此项费用（编制施工图预算时可列此项，工程结算时根据实际情况再作处理），以“台”为计量单位。

17. 变压器油过滤不论过滤多少次，直到过滤合格为止，以“t”为计量单位，其具体计算方法如下：

（1）变压器安装定额未包括绝缘油的过滤，需要过滤时，可按制造厂提供的油量计算。

（2）油断路器及其他充油设备的绝缘油过滤，可按制造厂规定的充油量计算。

18. 电力变压器系统调试，以每个电压侧有一台断路器为准。多于一个断路器的，按相应电压等级送配电设备系统调试的相应定额另行计算。

19. 电气设备元件的本体试验均包括在相应定额的系统调试之内，不得重复计算。在系统调试定额中各工序的调试费用如需单独计算时，可按表 2－14 所列比例计算：

20. 法兰水表安装以“组”为计量单位，定额中旁通管及止回阀如与设计规定的安装形式不同时，阀门及止回阀可按设计规定进行调整，其余不变。

（八）道路工程量计算基本要求

1. 道路工程定额的计量单位除注明外，按 $1000m^2$ 计算。

2. 软土地基处理的工程量按图示面积乘以处理厚度，以“$100m^3$”计算。路床（槽）

表 2-14　**电力变压器系统调试费用单独计算比例表**

工序 / 比例（%） / 项目	电力变压器系统
一次设备本体试验	30
附属高压二次设备试验	30
一次电流及二次回路检查	20
继电器及仪表试验	20

压实、路基、路面工程量按设计图示计算。

3. 道路工程量计算不扣除各种交叉建、构筑物所占的工程量。路基和路面面积计算应以各结构的层底面面积和顶面面积的平均值为准。

（九）植物工程量计算基本要求

1. 植物工程定额的计量单位分别按株、平方米（m^2）、公顷（hm^2）计量。

2. 种草定额中草籽用量由于种类、地点和用途不同，用量相差悬殊，定额中仅以范围值列示，使用时应根据设计需要量计算，人工和其他定额不作调整。

（十）辅助工程量计算基本要求

1. 塑料薄膜、土工膜、土工布等，设计工程量按设计有效面积计算。

2. 线路架设分支接头线的长度已综合考虑在定额中，不得另行计算。灯具、开关、插座、按钮等的预留线，以综合在相应定额中，不另行计算。

3. 无底盘、卡盘的电杆坑，其挖方体积按下式计算：

$$V = 0.8 \times 0.8 \times h$$

式中：h——坑深（m）。

4. 带卡盘的电杆坑，如原计算的尺寸不能满足卡盘安装时，因卡盘超长而增加的土（石）方量另计。

5. 横担安装按施工图设计规定，分不同形式和截面，以“根”为计量单位，定额按单根拉线考虑，若安装 V 形、Y 形或双拼型拉线时，按 2 根计算。拉线长度按设计全根长度计算，设计无规定时可按表 2-15 计算：

表 2-15　**横担安装不同类型拉线长度计算表**

项目		普通拉线	V（Y）形拉线	弓形拉线
杆高（m）	8	11.47	22.94	9.33
	9	12.61	25.22	10.10
	10	13.74	27.48	10.92
	11	15.10	30.20	11.82
	12	16.14	32.28	12.62
	13	18.69	37.38	13.42
	14	19.68	39.36	15.12
水平拉线		26.47		

四、工程量统计

工程量统计是指按照《标准》的有关要求，对土地开发整理项目拟建工程的分部分项工程名称和相应数量的明细计算结果进行分类汇总。

（一）工程量统计的目的

工程预算中要求统计所有工程量，并将统计结果写入“项目预算的编制说明”中。这样做的目的是让审核及编制人员能一目了然了解工程规模、工程主要工作的类型和数量，从而了解工程的特点，以便审核人员将该工程的相关参数与类似工程进行比较，初步判断该工程的技术经济指标是否合理。

（二）工程量统计的内容

工程量需统计土石方明挖、土石方填筑、砼、模板、钢筋、金属结构安装等项目。

统计工程量时，一般应按相关单项工程量计算规定的要求进行计算，统计采用的单位应与预算定额中采用单位一致。统计结果应列入“工程量汇总表”中。表 2－16 是某灌区渠道改造工程的工程量汇总表。

表 2－16　　工程量汇总表

序号	项目	挖土方	回填土	砌石方	砼	钢筋制安	膜料
		（m^3）	（m^3）	（m^3）	（m^3）	（t）	（m^2）
1	渠道改造工程	98445	111985		42859		386801
2	渠道隐患处理工程	13755	14990	2388			
3	渠道建筑物工程	10050	6930	2681	1186	95.74	
	合计	122250	133905	5069	44045	95.74	386801

第二节　工料分析

一、工料分析的概念及作用

工料分析就是对项目工程建设所需的人工及主要材料数量进行分析计算，进而统计出单位工程及分部分项工程所需的人工数量及主要材料用量，最后汇总出整个工程的劳动力和主材用量。主要材料一般包括钢筋、钢材、水泥、木材、汽油、柴油、炸药、沥青、粉煤灰和砂石等，不同的工程其主要材料的种类一般不同。

工料分析的目的主要是为施工企业调配劳动力、做好备料及组织材料供应、合理安排施工及核算工程成本提供依据。工料分析是工程预算的一项基本内容，也是施工组织设计中安排施工进度不可缺少的资料。

二、工料分析计算

工料分析计算就是按照预算项目内容中所列的工程数量乘以相应单价中所需的定额人工数量及定额材料用量，计算出每一工程所需的工日和材料用量，然后按照预算编制的步骤逐级向上合并汇总。工日、材料计算表格式见表 2 – 17。

表 2 – 17　　工日、材料计算表

序号	工程项目名称	单位	工程量	定额工日（个）		分计工日（个）			水泥（kg）		钢筋（t）	
				甲类	乙类	甲类	乙类	合计	定额用量	合计	定额用量	合计

计算步骤及填写说明如下：

1. 按照预算项目的分级顺序逐项填写表格中的工程项目名称及工程数量。工程项目的填写范围为单项或单位工程。

2. 按照各工程项目所对应的定额编号，查找该单价所对应的单位定额用工数量、单位定额材料用量以及单位定额机械台班用量，逐项填写。对于汽油和柴油用量，除须填写单位定额机械台班用量外，还要填写不同施工机械的台班用油数量（查施工机械台班费定额）。需要强调的是，单位定额用工数量，既要考虑单价表中的用工量，同时还要计算施工机械台班费中的用工数量，不能漏算。

3. 计算工日及材料数量。表 2 – 17 中的定额用量指单位定额用量、工日用量以及水泥、钢筋、钢材、木材、炸药、沥青和粉煤灰等材料用量，按照单位定额的工日和材料用量分别乘以本项工程数量即得本工程项目工日及材料合计数量；对于汽油或柴油材料用量，按照单位定额台班用量乘以台班耗油量，再乘以各自相应的工程数量，即得本项汽油或柴油的合计用量。

4. 按照上述计算方法逐项计算，然后再逐级向上合并汇总，即得所需计算的工日和材料用量。

5. 按照预算表格要求填写主要工程工日数量汇总表及主要工程主要材料量汇总表。

可以看出，工料分析的关键是要求出各工程单价所对应的人工和材料消耗数量，统计时不要重算和漏算。对人工，除单价中人工外，还有施工机械的用工数量。水泥、砂、石等的数量部分必须由砼、砂浆材料用量通过配合比推导出来。另外，对不是直接由定额计算得到的工程项目，也须设法估算工料。

三、主要材料量和工日数量汇总表

主要材料量汇总表和工日数量汇总表是工程预算的重要组成部分。它是反映工程规模的重要参数，是编写项目预算编制说明的重要内容。将按上述方法所得到的计算结果，分别填入规定的“主要材料量汇总表”和“工日数量汇总表”中。表 2 – 18 和表 2 – 19 分别是某灌溉与排水工程的主要材料量汇总表和工日数量汇总表。

表 2 – 18　　主要材料量汇总表

序号	项目	钢筋 (t)	原木 (m^3)	炸药 (t)	汽油 (t)	柴油 (t)	水泥 (t)	块石 (m^3)	砂 (m^3)	石子 (m^3)
1	桥涵工程	315	293	87	242	329	247	2078	836	291
2	道路工程	96	53	1.2	2	3	252	500	440	1043
3	渠道工程			7			123	649	496	2217
4	机井工程						90		157	372
	合计	411	346	95.2	244	332	712	3227	1929	3923

表 2-19　　**工日数量汇总表**

序号	项目	工时数量（工日）	
		甲类工	乙类工
1	桥涵工程	16000	30500
2	道路工程	4400	46000
3	渠道工程	24800	123000
4	机井工程	41500	112000
	合计	86700	311500

第三章　土地开发整理项目基础单价的编制

编写目的： 让读者掌握土地开发整理项目基础单价的类型和计算方法，熟悉人工工资预算单价的组成内容；掌握材料预算单价的编制过程，理解材料限价相关规定；掌握施工机械台班单价的组成及计算过程、方法，掌握施工用水、电、风的计算方法。

重点及难点： 人工工资预算单价编制、主要材料预算价格的编制、主要材料限价规定，施工机械台班单价的编制。难点是如何正确编制自产和外购材料预算价格；如何合理选用施工机械台班定额子目编制施工机械台班单价；如何计算不同地区的水、电、风基础单价。

土地开发整理项目的基础单价是计算工程单价的基本依据，需要根据土地开发整理行业的有关规定、材料来源、施工方案、工程所在地区的情况等进行确定。

土地开发整理项目基础单价包括人工预算单价，材料预算单价，施工机械台班费，施工用电、水、风单价等。基础单价是组成定额人工费、材料费、施工机械使用费的基础。

第一节　人工预算单价

人工预算单价是在确定工程造价中计算各种生产工人人工费时所采用的人工单价，是计算工程施工费单价和施工机械台班费中人工费的基础单价。

一、人工预算单价的组成

人工预算单价由基本工资、辅助工资及工资附加费三部分组成。

1. 基本工资。由岗位工资、年功工资及年应工作天数内非作业天数的工资组成。

2. 辅助工资。根据国家有关规定属于工资性质的各种津贴：地区津贴、施工津贴、夜餐津贴及节日加班津贴等。

3. 工资附加费。按照国家规定提取的职工福利基金、工会经费、养老保险费、医疗保险费、工伤保险费、职工失业保险基金和住房公积金。

可见，影响人工预算单价的直接因素有基本工资、职工全年月平均工作时间、国家规定的各项社会保险和住房公积金等。

基本工资是人工预算单价中最重要的组成部分，因辅助工资中的节日加班津贴以基本工资为计算基础，工资附加费以基本工资与辅助工资之和为计算基础。

职工全年月平均工作时间对人工预算单价有直接影响，“月平均工作天数、年应工作天数”的多少与全年法定假日总天数相关，职工全年月平均工作时间应随着国家全年法定假日制度的调整而调整。

人工预算单价中的工资附加费包括“职工福利基金、工会经费、养老保险费、医疗保险费、工伤保险费、职工失业保险基金和住房公积金”等内容，将随社会经济的发展而不断调整，工资附加费的相关费率应随之作相应调整。

二、人工预算单价的计算标准

（一）有效工作时间

1. 年应工作天数：250 工日（年日历日 365 天减法定假 11 天，减 52 周双休日 104 天）。

2. 年非工作天数：指探亲假、气候影响停工、学习培训、六个月以内病假等在年应工作天数之内而未工作的天数。甲类、乙类平均按 10 天计。

（二）基本工资标准

1. 基本工资标准（六类工资区）：甲类工为 540 元/月，乙类工为 445 元/月。

2. 地区工资系数。根据国家劳动部的规定，六类以上工资区的工资系数如表 3－1 所示。

表 3－1　六类以上工资区的工资系数表

序号	工资区类别	工资系数
1	七类工资区	1.0261
2	八类工资区	1.0522
3	九类工资区	1.0783
4	十类工资区	1.1043
5	十一类工资区	1.1304

（三）辅助工资

1. 辅助工资标准如表 3－2 所示。

表 3－2　辅助工资标准表

序号	项目	甲类	乙类
1	地区津贴	按国家、省、自治区、直辖市的规定	
2	施工津贴	3.5 元/天	2.0 元/天
3	夜餐津贴	4.5 元/夜班，3.5 元/中班	

2. 辅助工资系数如表 3－3 所示。

表 3－3　辅助工资系数表

项目	甲类	乙类
K_1	0.95	0.95
K_2	0.20	0.05
K_3	0.35	0.15

3. 工资附加费标准如表 3－4 所示。

表 3－4　工资附加费标准表

序号	项　目	费率标准（%）
		甲（乙）类
1	职工福利基金	14
2	工会经费	2
3	养老保险费	按各省、自治区、直辖市规定
4	医疗保险费	按各省、自治区、直辖市规定
5	工伤保险费	1.5
6	职工失业保险基金	2
7	住房公积金	按各省、自治区、直辖市规定

三、人工预算单价的计算方法

根据《标准》规定，人工预算单价包括以下 12 项内容，各分项计算方法如下：

（一）基本工资

基本工资（元/工日）＝基本工资标准（元/月）×地区工资系数×12 月÷（年应工作天数－年非工作天数）

（二）辅助工资

1. 地区津贴（元/工日）＝津贴标准（元/月）×12 月÷（年应工作天数－年非工作天数）

2. 施工津贴（元/工日）＝津贴标准（元/天）×365 天×K_1÷（年应工作天数－年非工作天数）

3. 夜餐津贴（元/工日）＝（中班津贴标准＋夜班津贴标准）÷2×K_2

4. 节日加班津贴（元/工日）＝基本工资（元/工日）×（3－1）×法定假天数÷年应工作天数×K_3

（三）工资附加费

1. 职工福利基金（元/工日）＝[基本工资（元/工日）＋辅助工资（元/工日）]×费率标准（%）

2. 工会经费（元/工日）＝[基本工资（元/工日）＋辅助工资（元/工日）]×费率标准（%）

3. 养老保险费（元/工日）＝[基本工资（元/工日）＋辅助工资（元/工日）]×费率标准（%）

4. 医疗保险费（元/工日）＝[基本工资（元/工日）＋辅助工资（元/工日）]×费率标准（%）

5. 工伤保险费（元/工日）＝[基本工资（元/工日）＋辅助工资（元/工日）]×费率标准（%）

6. 职工失业保险基金（元/工日）＝[基本工资（元/工日）＋辅助工资（元/工日）]×费率标准（%）

7. 住房公积金（元/工日）＝[基本工资（元/工日）＋辅助工资（元/工日）]×费率标准（%）

（四）人工工日预算单价

人工工日预算单价（元/工日）＝基本工资＋辅助工资＋工资附加费

四、人工预算单价编制示例

[例 3－1－1]　某土地开发整理项目所在地为六类地区，无地区津贴，养老保险费率标

准为20%，医疗保险费率标准为4%，住房公积金费率标准为8%，试计算生产工人的人工预算单价。

解：土地开发整理项目的人工预算单价分甲类工和乙类工两种类型，计算过程见表3-5：

表3-5　人工预算单价计算表

序号	项目	公式	工种类别
1	基本工资	445×12×1÷（250-10）=22.250	乙类
		540×12×1÷（250-10）=27.000	甲类
2	辅助工资	3.384	乙类
		6.689	甲类
（1）	地区津贴	0	乙类、甲类
（2）	施工津贴	2.0×365×0.95÷（250-10）=2.890	乙类
		3.5×365×0.95÷（250-10）=5.057	甲类
（3）	夜餐津贴	（3.5+4.5）÷2×0.05=0.200	乙类
		（3.5+4.5）÷2×0.20=0.800	甲类
（4）	节日加班津贴	22.25×（3-1）×11÷250×0.15=0.294	乙类
		27.00×（3-1）×11÷250×0.35=0.832	甲类
3	工资附加费	13.203	乙类
		17.351	甲类
（1）	职工福利基金	（22.25+3.384）×14%=3.589	乙类
		（27.00+6.689）×14%=4.717	甲类
（2）	工会经费	（22.25+3.384）×2%=0.513	乙类
		（27.00+6.689）×2%=0.674	甲类
（3）	养老保险	（22.25+3.384）×20%=5.127	乙类
		（27.00+6.689）×20%=6.738	甲类
（4）	医疗保险	（22.25+3.384）×4%=1.025	乙类
		（27.00+6.689）×4%=1.348	甲类
（5）	工伤保险	（22.25+3.384）×1.5%=0.385	乙类
		（27.00+6.689）×1.5%=0.505	甲类
（6）	职工失业保险基金	（22.25+3.384）×2%=0.513	乙类
		（27.00+6.689）×2%=0.674	甲类
（7）	住房公积金	（22.25+3.384）×8%=2.051	乙类
		（27.00+6.689）×8%=2.695	甲类
人工费单价			
甲类		27.000+6.689+17.351=51.04	
乙类		22.250+3.384+13.203=38.837≈38.84	

第二节 材料预算价格

材料费是指用于项目工程上的实体性材料、消耗性材料费、装置性材料费和周转性材料摊销费，通过项目工程所需材料的定额消耗量乘以材料预算单价计算。材料定额消耗量由预算定额决定，理论上只要预算定额编制科学、合理，不会对项目工程造价产生较大影响。因此，材料预算价格就成为影响材料费甚至项目总预算的重要因素，尤其是那些用量多、单价高的主要材料，如砂石料、水泥、钢筋、标准砖、汽油、柴油、锯材、生石灰和树苗等一般需编制材料预算价格。材料预算价格是确定定额材料费的价格资料。

按照材料价格适用范围，有地区材料价格和专项工程材料价格之分。同一种类的材料，由于材料来源地、运输方式、运输距离的不同，其材料价格也不相同。各地区一般是以一个中心城市为对象，采用加权平均的方法，制定地区统一的材料价格，供该地区内所有工程使用。专项工程材料价格则是以某项工程（通常为大中型重点工程）为编制对象，专供该工程使用。土地开发整理项目所使用的材料价格主要是地区材料价格。

一、工程材料分类

材料根据使用性质可分为实体性材料、消耗性材料、周转性材料和装置性材料。实体性材料指直接构成工程实体，在施工完成后直接成为工程的组成部分材料，如预制块、块石、砌石、砂料、钢筋、水泥、砖等。消耗性材料指直接消耗在工程的生产过程中的材料，如石方开挖工程中的火工材料，内燃机械运转中消耗的油料等。周转使用的材料指施工过程只局部消耗（磨损）可重复使用的材料，如浇筑砼用的模板、支撑件等。装置性材料指施工过程中作为安装对象的材料，如安装工程中的电缆、管道、轨道等。

根据对项目预算的影响程度可分为主要材料和辅助材料。主要材料指土地开发整理项目中对项目预算影响大的材料，一般是工程用量大或用量小但价格昂贵的材料。可根据工程具体条件选水泥、钢材、木材、油料、火工产品、砂石料、客土等为主要材料。辅助材料指除主要材料以外的所有材料。

二、材料预算价格

材料预算价格是指材料从其来源地到达施工工地仓库后（或相当于工地分仓库的材料堆放场地）出库的综合平均价格。一般包括材料原价、包装费、运杂费、运输保险费和采购保管费五项费用。由于辅助材料对项目工程造价影响不大，定额消耗量较少，而且数量众多，可直接参考项目工程所在地区就近县（市）工业与民用建筑安装工程材料预算价格或信息价；对在信息价中无法获取的辅助材料价格，可由通过市场调查获取，由县级以上的材料价格发布部门签章确认。因此，材料预算价格主要是指主要材料预算价格。

（一）计算公式为：

材料预算价格 =（材料原价 + 包装费 + 运杂费）×（1 + 采购及保管费率）+ 运输保险费

需要说明的是，材料包装费和运输保险费并不是对每种材料都会发生。例如，散装材料不存在包装费；包装材料费用已计入出厂价的材料就不必再计算包装费；不参加运输保险的材料无运输保险费。

（二）主要材料限价

对块石、水泥及钢筋等十一类主要材料进行限价。当主要材料预算价格等于或小于“主材规定价格表”中所列的规定价格时，直接计入工程施工费单价；当主要材料预算价格大于“主材规定价格表”（见表3－6）中所列的规定价格时，超出限价部分单独计算材料价差（只计取材料费和税金），不参与取费。

表3－6　主材规定价格表

序号	材料名称	单位	限价（元）
1	块石、片石	m^3	40
2	砂子、石子	m^3	60
3	条石、料石	m^3	70
4	水泥	t	300
5	标砖	千块	240
6	钢筋	t	3500
7	柴油	t	4500
8	汽油	t	5000
9	锯材	m^3	1200
10	生石灰	t	180
11	树苗	株	5

说明：上述材料名称所含各种规格材料均须限价。

（三）电缆和管道安装工程中的管材、管件、闸阀、法兰、出水栓等只计取材料费和税金（相当于全额限价），其材料费直接计入工程施工费单价计算表中的“未计价材料费”，不参与其他取费。

三、主要材料预算价格的编制

（一）编制方法

材料预算价格由材料原价、包装费、运杂费、运输保险费和采购及保管费五项组成。

1. 分析确定材料原价。

（1）确定材料的来源地和供货比例。土地开发整理项目用的材料不仅数量大、品种多，并且同一种材料可能有几个供货点，而材料的来源地对材料运价和运输费影响很大，所以在分析材料预算价格时应综合考虑计算。选择材料的来源地时应调查工程涉及的交通情况和现行的运输费用政策，分析确定货物的最佳运输方式和运输路线；应保证货源的可靠性；应尽量就近定点并以厂家直供方式为主采购材料。

（2）材料原价确定。材料原价指材料指定交货地点的价格。一般按工程所在地区就近大的物质供应公司、材料交易中心的市场成交价或设计选定的生产厂家的交货价计算。在确定原价时，当出现同一种材料供应来源地、交货地、供货单位、生产厂家不同，有几种价格时，要根据不同来源地的供应数量比例，采取加权平均的方法计算其材料的原价。即：

材料加权平均原价 = $(A_1B_1 + A_2B_2 + A_3B_3 + \cdots + A_nB_n) / (A_1 + A_2 + A_3 + \cdots + A_n)$

式中：A_1，A_2，…，A_n——各不同供应地点的供应量或各不同使用地点的需要量；

B_1，B_2，…，B_n——各不同供应地点的原价。

①水泥。水泥产品的价格由工程所在地就近厂家根据市场供求状况和水泥生产成本自主定价。水泥市场价可统一按袋装水泥的采购价格计算。

②砂石料。砂石料是土地开发整理项目中使用量最大的材料，可通过如下几种方式确定原价：一是当地自产砂石料的，生产成本价即为材料原价；二是通过外地购买的，指定地点成交价即为材料原价。(后文对其进行详细论述)

③钢材。钢材的原价按工程所在地县城或就近大城市的金属材料公司、钢材交易中心、钢铁厂的市场批发价格计算。

④木材。木材的原价按工程所在地就近的木材公司或林区储木场的市场价计算。凡工程所需的各种木材，由林区贮木场直接提供的，原则上均执行设计选定的贮木场的大宗市场批发价；由工程所在地木材公司供给的，执行地区木材公司提供的大宗市场批发价。

⑤油料。汽油和柴油全部按工程所在地区的市场价计算其预算价格。汽油的代表规格为90#，柴油的代表规格为0#。

2. 分析确定包装费。包装费是指材料在运输和保管过程中的包装费和包装材料的折旧摊销费。包括厂家所进行的包装以及在运输过程中所进行的捆扎、支撑等费用。按工程所在地区的实际资料及有关规定计算。凡由生产厂家负责包装并已将包装费计入材料原价的，在计算材料的预算价格时不再计算包装费。除以下几种情况下，一般材料须计算包装费。

(1) 袋装水泥的包装费按规定计入出厂价，不计包装费；

(2) 散装水泥有专用罐车运输，一般不计包装费；

(3) 钢材一般不进行包装，特殊钢材存在少量包装费，但与钢材价格相比，所占比重很小，编制预算价格时可忽略不计；

(4) 火工产品包装费已包括在出厂价中；

(5) 油料用油罐车运输，一般不存在包装费；

(6) 其他特殊情况不需要计算包装费情况。

3. 分析确定运杂费。运杂费是指材料从指定交货地点至工地分仓库或材料堆放场所发生的全部费用。包括运输费、装卸费、调车费及其他杂费。在编制材料预算价格时，应按施工组织设计中所选定的材料来源和运输方式、运输工具，以及厂家和交通部门规定的取费标准，计算材料的运杂费。土地开发整理项目一般采用公路汽车运输和内河船舶水路运输。

(1) 公路汽车运输，按工程所在地交通部门颁发的《汽车运价规则实施细则》中运输市场运价标准计算运杂费。因一般按实际装载量，故不再加计装载系数。但要考虑毛重系数。

(2) 内河船舶水路运输，按工程所在地航运部门运价规则（一般附有各种表）计算。

(3) 同一品种的材料有若干个来源地，应采用加权平均的方法计算材料运杂费。计算公式如下：

材料加权平均运杂费 = $(A_1C_1 + A_2C_2 + A_3C_3 + \cdots + A_nC_n)/(A_1 + A_2 + A_3 + \cdots + A_n)$

式中：A_1，A_2，…，A_n——各不同供应地点的供应量或各不同使用地点的需要量；

C_1，C_2，…，C_n——各不同运价的运杂费。

运杂费计算方法详见“主要材料运杂费计算表”（见表3-7）。

4. 分析确定运输保险费。材料运输保险费是指材料在运输途中的保险费。可按工程所在省、自治区、直辖市或中国人民保险公司的有关规定计算。其计算公式为：

材料运输保险费 = 材料原价 × 材料运输保险费率

5. 分析确定采购及保管费。材料采购及保管费是指材料在采购、供应和保管过程中所发生的各项费用。主要包括材料的采购、供应和保管部门工作人员的基本工资、辅助工资、工资附加费、教育经费、办公费、差旅交通费及工具用具使用费；仓库、转运站等设施的检修费、固定资产折旧费、技术安全措施费和材料检验费；材料在运输、保管过程中发生的损耗等。按材料运到工地仓库价格（不包括运输保险费）的2%计算。材料采购保管费的计算公式为：

材料采购保管费 = （材料原价 + 包装费 + 材料运杂费） × 采购及保管费率

因此，主要材料的预算价格计算公式为：

材料预算价格 = 材料原价 + 包装费 + 运杂费 + 运输保险费 + 采购保管费

= （材料原价 + 包装费 + 运杂费） × （1 + 采购保管费率） + 运输保险费

主要材料预算价格计算过程可通过“主要材料预算价格计算表”（见表3-8）体现。

对于多数土地开发整理项目而言，如项目区周边不具备自采原材料条件或自采成本高于购买，其主材预算价格也可直接采用当地建设工程造价管理部门公布的信息价，但需增加运费的应特殊加以说明原因，并按上述要求详细加以计算。

表3-7　主要材料运杂费计算表

编号		材料名称				运输起止地点	
运距		毛重系数		装载系数		计算单位	
序号	费用名称	计算公式					小计（元）
	合计						

表3-8　主要材料预算价格计算表

序号	名称及规格	单位	原价依据	单位毛重（t）	每吨运费（元）	价格				
						原价	运杂费	运输保险费	采购及保管费	预算价

（二）砂石料预算单价

1. 自采砂石料预算单价。

（1）基本资料的收集。砂石料的采备方案是根据料场的具体情况、施工企业的设备情况和工程的施工组织等条件确定的。因此，在选取砂石料生产工艺前，必须深入现场，调查研究。调查的主要内容有：

①料场的位置、分布、地形条件、工程地质和水文地质特点、岩石种类及物理特性等。

②料场的储量及可开采量，设计砂石料的用量。

③砂石料场的天然级配与设计级配，级配平衡的计算成果。

④各料场覆盖层的清理厚度、数量及其占毛料开采量的比例和清理方法。

⑤毛料的开采、运输、堆存方式。

⑥砂石料加工工序流程、成品堆放、运输方式及废渣处理方法。

（2）砂石料单价及其计算。砂石料单价指从覆盖层清除、毛料开采、运输、堆存、破碎、筛分、冲洗、成品料运输、堆存以及到弃料处理等全部工序流程所发生的直接费用。砂石料的单价计算步骤：

①砂石料级配平衡计算。根据地质勘探资料，编制砂砾料天然级配表；根据砼、砂浆的配比列表计算骨料需要量；然后根据天然级配表和骨料需要量进行砂石料级配平衡计算。若骨料级配供求不平衡，则需进行调整。如砾石多而缺砂时，则可用砾石制砂；若中小石不足时可用超径石或大石破碎补充。

②拟定砂石生产流程和工厂规模。砂石生产流程可根据具体情况拟定，砂石加工厂规模由施工组织设计确定。参考有关规定，小型工程的砂石加工厂按一班制生产时，每月有效工作小时按 180 小时计。计算求得需要成品的小时生产能力后，再加上损耗，即可求得按进料量计算的小时处理能力，据此套用相应定额。

③选用定额计算工序单价，确定单价系数，各工序单价乘以单价系数之和组成基本单价。

④选用合适的定额计算覆盖层清除单价、弃料处理单价，并计算覆盖层清除摊销率和弃料处理摊销率；单价和相应的摊销率相乘之和即为附加单价。

⑤砂石料的基本单价与附加单价之和组成砂石料的综合单价。

一般来讲，砂石料作为一种材料，在用定额计算工序单价时，只计算人工费、材料费和机械费，不计算别的费用。若某些生产过程委托给别的施工企业生产，则可计算其他费用，但在编制工程单价时，注意不要重复计算。

2. 外购砂石料单价。对于一些工程，因当地砂石料缺乏或料场储量不能满足工程需要，或者因砂石料用量较少，不宜自采砂石料时，可从附近砂石料场采购。

外购砂石料单价按材料预算价格计算办法，根据市场实际情况和有关规定计算。外购砂石料单价包括原价、运杂费、损耗、采购及保管费四项费用，其计算公式为：

外购砂石单价 =（原价 + 运杂费）×（1 + 损耗率）×（1 + 采购及保管费率）

原价指砂石料产地的销售价。运杂费指由砂石料产地运至工地砂石料堆料场所发生的运输费、装卸费等。据统计，每转运一次其运输损耗率为：砂子 1.5%，石子 1%。

堆存损耗率 = 砂（石）料仓（堆）的容积 ×4%（石子用 2%）÷ 通过砂（石）料仓（堆）的总堆存量 ×100%

采购及保管费率应为 4%。由于砂石料运输及堆存过程中的损耗较大，应单独列项计算。砂石料的采购及保管费应扣除损耗因素。扣除损耗后的采购及保管费率一般采用 2% ~3%。

3. 块石、条石、料石单价计算。块（片）石、条（拱）石、料石单价是指将符合要求的石料运至施工现场堆料点的价格。一般包括料场覆盖（风化层、无用夹层）清除，石料开采、加工（修凿），石料运输、堆存，以及石料在开采、加工、运输、堆存过程中的损耗等。

块（片）石、条（拱）石、料石单价计算方法与砂石料计算方法类似。应注意的几个问题：

（1）对于块石、片石、条石、拱石、料石，各地区、各部门有不同的名称和定义，编制预算时应按定额规定的定义，以免混淆。

（2）块石、片石计量单位为码方，条石、拱石、料石的计量单位为清料方。

（3）覆盖层的清除率应根据地质报告确定。

（4）为降低工程造价，应尽可能从石方开挖的弃渣中捡集块石、片石。利用石渣料的数量、运距由设计确定。

（三）砂浆、砼材料单价

1. 砼、砂浆配合比及材料用量，详见《预算定额》附录。

2. 砼材料的单价计算。砼材料单价是指按级配计算的砂、水泥、水、掺和料和外加剂等每一立方米砼的材料费用的价格，但不包括拌制、运输、浇筑等工序的费用，也不包括除搅拌损耗外的施工操作损耗及超填量等。

在计算砼材料单价时，应按本工程的砼级配试验资料计算。如无试验资料，可参照定额附录中的砼级配表及配合比的调整规定计算。

3. 砂浆材料的单价计算。砂浆材料的单价计算方法除配合比中无石子外，其他的计算内容和方法与砼的完全相同，在此不再赘述。

四、材料预算价格汇总表

用以上方法计算出各种材料预算价格后，便可将各计算结果对应地填入表 3－9、表 3－10的材料汇总表中，以备计算工程施工费单价时用。

需要说明的是，对有限价规定的材料应注明限定价和预算价，并计算和填入材料价差。

表 3－9　　主要材料预算价格汇总表

序号	名称和规格	单位	预算价格（元）	设定限制价（元）	差价（元）
1					
2					
3					
4					

表 3－10　　次要材料预算价格汇总表

序号	名称和规格	单位	预算价格
1			
2			

五、影响材料原价变动的主要因素

1. 市场供需变化。材料原价是材料价格中最基本的组成，材料市场供求关系的变化将会导致材料价格上下波动。当市场供大于求，材料原价就会下降，反之，材料原价上涨。

2. 材料生产成本的变动。材料的生产成本直接涉及材料价格的波动，生产成本上升，材料价格上涨，反之，材料价格下降。

3. 流通和运输因素。流通环节的多少、运输方式的选择、运输距离的长短和材料供应体制等也会影响材料的价格。

4. 国际市场行情。国际市场行情会对进口材料价格产生影响。

六、材料预算价格应注意的几个问题

1. 当土地开发整理项目所在县和市州均有材料预算价时，优先选取县材料预算价格，县价格中未包括的材料可采用市州材料预算价格，市州材料预算价格未包括的材料价格可以通过市场调查获取，由当地物价管理部门或材料价格信息发布部门进行确认。

2. 编制预算时，应优先采用距离编制日期最近的材料预算价格，有特别规定的从其规定。

3. 材料预算价格必须是公开、公平、合理的价格，不允许为单独地区、单独的项目出具单方面的材料预算价格。

4. 通过市场调查获取的材料预算价，须提供材料生产厂家名称和联系方法，也可以提供材料报价单。

第三节　施工机械使用费预算单价

施工机械使用费是指施工机械进行工程施工所发生的机械使用费及机械安拆费和场外运费，一般以台班为单位进行计算。土地开发整理项目施工机械使用费预算单价即施工机械台班费单价，是指一台机械工作一个班（8 小时）所发生的机械使用费以及机械安拆费（一般不计算场外运输费用）。施工机械使用费预算单价是确定定额机械费的价格资料。在不同工程上使用的同一种类的施工机械，由于机械的来源地不同，使用周期不同，管理方式不同，其施工机械台班预算单价也不尽相同。

《施工机械台班费定额》共包括 207 个机械台班费定额子目，涉及土石方机械、基础处理设备、混凝土机械、运输机械、起重机械、辅助设备及其他机械七个类别。

一、施工机械台班费的组成

施工机械台班费由第一类费用和第二类费用组成。

（一）第一类费用

第一类费用包括折旧费、修理及替换设备费（含大修理费、经常性修理费）、安装拆卸。各费用计算方法如下：

1. 折旧费。指施工机械在规定使用年限（寿命期）内收回原值的台时（1 台班 =8 台时）折旧摊销费用。计算公式为：

$$台时折旧费=\frac{机械预算价格\times(1-残值率)}{机械经济寿命总台时}$$

或　$台时折旧费 = \frac{机械预算价 \times 年折旧率}{机械年工作台时}$

机械预算价格 = 机械市场价 + 运杂费

$$残值率 = \frac{机械残值 - 清理费}{机械预算价格} \times 100\%$$

机械经济寿命总台时 = 经济使用年限 × 年工作台时

式中：运杂费——一般按原价的5% ~7%计算，若有实际资料则按实际资料计算；

残值率——机械达到使用寿命需要报废时的残值扣除清理费后占机械预算价格的百分率，残值率一般可取4% ~5%；

机械经济寿命总台时——机械在经济使用期内所运转的总台时数；

经济使用年限——国家规定的该种机械从使用到报废的平均工作年数（在经济使用年限内该种机械花费的年费用最少）；

年工作台时——该种机械在经济使用期内平均每年运行的台时数。

2. 修理及替换设备费。修理费指机械使用过程中，为了使机械保持正常功能而进行修理所需的摊销费用和机械正常运转及日常保养所需润滑油料费、擦拭用品费以及机械保管费。替换设备费指施工机械正常运转时所耗用的替换设备、随机使用的工具附具等所需的台时摊销费用。

（1）大修理费的计算：

$$台时大修理费 = \frac{一次大修理费 \times 大修理次数}{机械经济寿命总台时}$$

大修理次数是指机械在经济使用期限内需大修理的次数，计算公式为：

$$大修理次数 = \frac{机械经济寿命总台时}{大修理间隔台时} - 1$$

一次大修理费用可按一次大修理所需人工、材料、机械等进行计算，也可参照实际资料按占机械预算价格的百分数计算。

（2）经常性修理费的计算。经常性修理费包括修理费、润滑及擦拭材料费。

①修理费。修理费包括中修和各级保养费。计算公式为：

$$修理费 = \frac{中修费用 + 各级保养费用}{大修理间隔台时}$$

中修和各级保养费的计算可按大修理消耗工时、材料为基数，按资料确定出中修和各级保养所耗用工时和材料所占的比例。

②润滑及擦拭材料费：

$$台时润滑及擦拭材料费 = \frac{机械年润滑及擦拭材料费}{年工作台时}$$

其中，润滑油脂的耗用量按机械台时耗用燃料油量的百分比计算，柴油机械按6%，汽油机械按5%。棉纱头及其他油耗用量按实际计算。

在实际计算中，一些单位据统计资料按下列公式计算：

台时经常性修理费 = 台时大修理费 × 经常性修理费率

$$经常性修理费率 = \frac{典型机械台时经常修理费}{典型机械台时大修理费} \times 100\%$$

（3）替换设备及工具、附具摊销费的计算：

$$台时替换设备及工具、附具摊销费=\frac{年替换设备及工具、附具费}{年工作台时}$$

表3－11是几种施工机械替换设备及工具、附具的参考数量。

表3－11　施工机械替换设备及工具、附具的参考数量表

机械名称	替换设备及工具、附具名称	年需要数量（m）
空压机	胶皮管	50
电焊机	橡皮软线 $50mm^2$	100
对焊机	橡皮软线 $50mm^2$	20
混凝土振捣器	软线	30
水泵	弹簧软管	8

在实际中，也可按占大修理费的百分比的方法计算。

3. 安装拆卸费。安装拆卸费指施工机械进出工地的安装、拆卸、试运转和场内转移及辅助设施的摊销费用。不需要安装拆卸的施工机械、台班费中不计列此项费用。

计算公式为：

台时安装拆卸费＝台时大修费×安拆卸费率

$$安拆卸费率=\frac{典型机械安装拆卸费}{典型机械台时大修理费}\times 100\%$$

（二）第二类费用

第二类费用分为人工、动力、燃料或消耗材料等费用。现行施工机械台班费定额中的第二类费用以工日数量和实物消耗量表示。

1. 人工。人工指机械使用时机上操作人员的工日消耗。包括机械运转时间、辅助时间、用餐、交接班以及必要的机械正常中断时间。台班费中人工费按甲类工计算。

2. 动力、燃料或消耗材料。动力、燃料或消耗材料指机械正常运转所需的风（压缩空气）、水、电、油及煤等。其中，机械消耗电量包括机械本身和最后一级降压变压器低压侧至施工用电点之间的线路损耗，风、水消耗包括机械本身和移动支管的损耗。

二、施工机械台班费的计算

施工机械台班费根据施工机械台班费定额进行编制。对其中未列的施工机械，按本书相关章节所述公式及有关规定编制补充台班费并计算其费用；对定额中列出的施工机械，计算公式为：

施工机械台班费＝第一类费用＋第二类费用

第一类费用可根据施工机械的型号和规格，直接查阅土地开发整理项目施工机械台班费定额获取。该费用为不变费用，可直接使用参与施工机械台班费计算。

第二类费用可根据施工机械的型号和规格，通过查阅土地开发整理项目施工机械台班费定额获得人工工日、燃料、动力消耗量，用下式计算：

第二类费用＝定额人工日时×甲类工人工预算单价＋$\sum$（定额材料消耗量×材料预算单价）

在土地开发整理项目材料预算价格中对油料（汽油、柴油）规定有最高限价。编制时，上式的材料预算价应改为材料规定价。材料价差只计算材料费和税金，不参与取费。

三、补充施工机械台班费计算方法

土地开发整理项目工程类型多，涉及面广，而且随着新设备、新技术的广泛应用，土地开发整理项目施工机械台班费定额中的207个定额子目不可能涵盖所有预算编制时的施工机械台班费定额子目，对在编制台班费时不能直接使用的定额子目，可以通过如下方式进行编制：

（一）土地开发整理项目施工机械台班中存在但无对应规格的机械可采用直线内插法

当所求设备的容量、吨位、动力等设备特征指标在“施工机械台时费定额”范围之内时，常采用“直线内插法”编制补充台时费。

计算公式为：

$$X=(B-A)\times(x-a)\div(b-a)+A$$

式中：X——所求设备的定额指标；

A——在定额表中，较所求设备特征指标小而最接近的设备的定额指标；

B——在定额表中，较所求设备特征指标大而最接近的设备的定额指标；

x——所求设备特征指标，如容量、吨位、动力等；

a——A设备特征指标，如容量、吨位、动力等；

b——B设备特征指标，如容量、吨位、动力等。

（二）土地开发整理项目施工机械台班中不存在的机械

1. 换算替换法。对使用方式和功能类型较为相近的施工机械台班，可用土地开发整理项目施工机械台班中包含的台班定额子目进行换算，然后根据两种机械的性能系数特征，确定一个综合换算系数。

2. 编制补充施工机械台班费计算表。土地开发整理项目施工机械台班定额中不存在的机械，可以参照水利、建筑、交通、市政等行业定额中的机械台班费计算，第一类费用可通过查阅相应定额子目直接采用其行业定额确定的费用额度，第二类费用可通过查阅相应定额子目确定其消耗量，乘以土地开发整理项目中的甲类工人工预算单价和材料预算单价计算，需限价的材料进行限价。如有第三类费用，一并计入土地开发整理项目机械台班费中。

上述两种方式均对应不同类型的机械台班定额，在实际使用时可灵活运用，综合各种因素选取最为合理的施工机械台班定额。各种类型的施工机械台班预算单价均可通过“机械台班预算单价计算表”（见表3－12）进行计算。

表3－12　　机械台班费预算单价计算表

定额编号	机械名称及规格	台班费	一类费用小计	二类费用													
				二类费用合计	人工费（元/日）		动力燃料费小计	汽油（元/kg）		柴油（元/kg）		电（元/kw·h）		水（元/m³）		风（元/m³）	
					工日	金额		数量	金额	数量	金额	数量	金额	数量	金额	数量	金额

四、施工机械台班单价应注意的几个问题

1. 土地开发整理项目施工机械台班单价计算中，不论是哪个行业机械定额子目，人工费预算单价均采用土地开发整理项目中甲类工人工预算单价计算。

2. 电、风、水等消耗性材料单价不得直接从信息价中套用，需按照定额规定的计算方法，通过计算确定其材料预算单价。

3. 柴油、汽油超过材料预算价格规定的限价标准部分不得参与其他取费，只计算材料费和税金。

4.《机械台班费定额》中的第一类费用为全国统一费用，均以金额的形式表示，不论施工的特点和条件都需要支出，是一种比较固定的费用，各地区在使用时不得进行调整。

5. 对于补充机械台班定额子目，需说明定额的来源，适用范围和使用条件，在预算书中其他需要说明的问题中阐述。

第四节　施工用电、水、风单价

电、水、风的预算价格直接影响到施工机械台班费的高低。土地开发整理项目施工中，对电、风、水的耗用量较大，需要根据施工组织设计中确定的电、水、风供应布置方式、供应形式，编制其预算价格。

一、电价计算

土地开发整理项目工程施工用电电源包括电网供电和柴油机发电两种形式。由国家、地方电网供电电价低廉，电源可靠，是施工时的主要电源。由施工企业自有柴油机发电机组供电，成本较高。依据施工现场情况及施工组织设计的供电方式，确定不同电源的电量所占比例。

施工用电的价格由基本电价、电能损耗摊销费和供电设施维修摊销费三部分组成，即：

电价 = 基本电价 + 供电设施维修摊销费 + 电能损耗摊销费

（一）电网供电价格计算

电网供电价格 = 基本电价 ÷（1 - 高压输电线路损耗率）÷（1 - 变配电设备及配电线路损耗率）+ 供电设施维修摊销费

式中：高压输电线路损耗率取4% ~6%；

变配电设备及配电线路损耗率取5% ~8%；

供电设施维修摊销费取0.02 ~0.03 元/（kw·h）。

[例3－4－1]　某土地开发整理项目工程施工采用电网供电，基本电价为0.58 元/（kw·h），试计算电网供电的预算价格。其他资料：

1. 高压输电线路损耗率取5%；

2. 变配电设备及配电线路损耗率取7%；

3. 供电设施维修摊销费取0.03 元/（kw·h）。

解：电网供电价格 =0.58 ÷（1 -5%）÷（1 -7%）+0.03

=0.686 元/（kw·h）

（二）柴油机发电价格计算

柴油发电机供电价格 =［柴油发电机组（台）班总费用 ÷（柴油发电机额定容量之和 ×8 小时 ×K_1 × K_2）］÷（1 - 厂用电率）÷（1 - 变配电设备及配电线路损耗率）+ 单位循环冷却水费 + 供电设施维修摊销费

式中：K_1——时间利用系数，一般取 0.7 ~0.8；

K_2——发电机出力系数，一般取 0.8 ~0.85；

厂用电率取 4% ~6%；

变配电设备及配电线路损耗率取 5% ~8%；

单位循环冷却水费取 0.03 ~0.05 元/（kw·h）

供电设施维修摊销费取 0.02 ~0.03 元/（kw·h）

［例 3 -4 -2］ 某土地开发整理项目部分工程的施工采用柴油机组发电供电，一台容量为 80kw，另一台容量为 50kw，试计算自供电的施工用电预算价格。其他条件：K_1 时间利用系数取 0.75；K_2 发电机出力系数取 0.80；厂用电率 取 5%；变配电设备及配电线路损耗率取 7%；单位循环冷却水费取 0.04 元/（kw·h）；供电设施摊销费取 0.03 元/（kw·h）。

解：参照相关水利工程预算定额计算得，80kw·h 柴油机台班费为 1192 元/台班，50kw·h柴油机台班费为 971 元/台班。

将台班费及已知的相关参数代入公式得：

柴油发电机供电价格 =（1192 +971）÷［（80 +50）×8 ×0.75 ×0.8］÷（1 -5%）

÷（1 -7%）+0.04 +0.03

=3.993 元/（kw·h）

（三）综合电价计算

［例 3 -4 -3］ 某土地开发整理项目工程采用电网供电和柴油机组供电两种方式，其供电比例为 9∶1，电网供电预算价为 0.686 元/（kw·h），柴油机组供电预算价为 3.268 元/（kw·h），试计算施工综合电价。

解：若工程同时采用两种或两种以上供电电源，各用电量比例应按施工组织设计确定，综合电价经加权平均后求得。

综合电价 =0.686 ×0.9 +3.268 ×0.1

=0.944 元/（kw·h）

取定综合电价为 0.94 元/（kw·h）。

二、水价计算

土地开发整理项目工程用水包括生产用水和生活用水两部分。生产用水是指直接进入工程成本的施工用水，包括钻孔灌浆用水、混凝土拌制养护用水、施工机械用水等。生活用水主要是指工作人员的饮用水和洗涤用水等。土地开发整理项目工程施工用水水价，仅指生产用水水价。生活用水属于间接费用开支，不在水价计算范围之内。

（一）水价的组成及计算公式

施工用水价格由基本水价、供水损耗摊销费和供水设施维修摊销费用组成，即：

施工用水价格 = 基本水价 + 供水损耗摊销费 + 供水设施维修摊销费

基本水价 = 水泵组（台）班总费用 ÷ 水泵台班总出水量

水泵台班总出水量 = 水泵额定容量之和 × 8 小时 × K_1 × K_2

因此，施工用水的计算公式为：

施工用水价格 = [水泵组(台)班总费用 ÷ (水泵额定容量之和 × 8 小时 × K_1 × K_2)] ÷ (1 - 供水损耗率) + 供水设施维修摊销费

式中：K_1——时间利用系数，一般取 0.7 ~ 0.8；

K_2——能量利用系数，一般取 0.75 ~ 0.85；

供水损耗率取 5% ~ 8%；

供水设施维修摊销费取 0.02 ~ 0.03 元/m^3。

（二）水价计算时应注意的问题

1. 如果生产用水分区设置供水系统，需按各系统供水量的比例加权计算综合水价。

2. 在计算台班总出水量和台班总费用时，如果在总出水量中计入备用水泵的出水量，则在台班总费用中也应包括备用水泵的台班费；反之，若不计备用水泵的出水量，则台班总费用中也不计入备用水泵的台班费。

3. 水泵台班总出水量及台班费用应根据施工组织设计确定的水泵型号及其水泵的扬程—流量关系计算。

功率 = 流量 × 扬程 × 重力加速度 ÷ （3600 × 泵的效率）

式中：流量单位——m^3/h；

扬程单位——m；

功率单位——kw；

泵的效率——一般取 0.6 ~ 0.7。

4. 若供水系统全部为一级供水，水泵台班总出水量及总台班费按全部工作水泵计算；若供水系统为多级供水并且全部通过最后一级水泵，台班总出水量按最后一级水泵出水量计算；若一部分水量不通过最后一级而由其他各级分别供水时，台班总出水量为各级出水量之和，台班总费用应按各级工作水泵的台班费总和进行计算。

（三）施工用水价格计算

[例 3 - 4 - 4] 某土地开发整理项目分两个片区，工程施工用水分两个区设置供水系统，其中一个片区抽取河水施工，另一片区需要抽取地下水（井水）施工。在河水区设计 2 台 7kw 单级离心水泵（其中备用一台）供水，包括管道损失在内的扬程为 20m。在井水区设计 2 台 7kw 潜水泵供水，包括管道损失在内的扬程为 80m。整个项目区工程河水区与井水区施工用水比例约为 6:4，水泵的时间利用系数 K_1 为 0.7，能量利用系数 K_2 为 0.8，供水损耗率取 6%，供水设施维修摊销费取 0.02 元/m^3。泵的效率取 0.65。试计算该土地开发整理项目工程的施工用水水价。

解：依据施工现场情况，河水区水泵抽水采用柴油机发电，机井区水泵抽水采用电网供电，依据《标准》计算得出，7kw 单级离心水泵台班费 154.55 元，7kw 潜水泵台班费 96.82 元。

依据公式：功率 = 流量 × 扬程 × 重力加速度 ÷ （3600 × 泵的效率）

将河水区和井水区水泵功率、扬程，以及重力加速度、泵的效率分别代入公式计算流量：

河水区流量：

7 = 流量 ×20 ×9.8 ÷ （3600 ×0.65）

流量 = 83 m^3/h

井水区流量：

7 = 流量 ×80 ×9.8 ÷ （3600 ×0.65）

流量 = 20 m^3/h

依据公式：

施工用水价格 = [水泵组(台)班总费用 ÷ (水泵额定容量之和 ×8 小时 ×K_1 ×K_2)] ÷ (1 − 供水损耗率) + 供水设施维修摊销费

河水区水价：

施工用水价格 = [154.55 ×2 ÷ (83 ×2 ×8 ×0.7 ×0.8)] ÷ (1 − 6%) + 0.02

= 0.462 （元/m^3）

井水区水价：

施工用水价格 = [96.82 ×2 ÷ (20 ×2 ×8 ×0.7 ×0.8)] ÷ (1 − 6%) + 0.02

= 1.170 （元/m^3）

综合水价 = 0.462 ×0.6 + 1.170 ×0.4 = 0.745 （元/m^3）

取定综合水价为 0.75 元/m^3。

三、风价计算

在土地开发整理项目工程施工中，施工用风主要用于石方爆破钻孔、混凝土浇筑、基础处理、金属结构、机电设备安装工程等风动机械所需的压缩空气。

（一）风价的组成与计算公式

施工用风价格由基本风价、供风损耗和供风设施维修摊销费组成，根据施工组织设计所配置的空气压缩机系统设备组（台）班总费用和组（台）班总有效供风量计算。风价计算公式：

施工用风价格 = [(空气压缩机组(台)班总费用) ÷ (空气压缩机额定容量之和 ×60 分钟 ×8 小时 ×K_1 ×K_2)] ÷ (1 − 供风损耗率) + 单位循环冷却水费 + 供风设施维修摊销费

式中：K_1——时间利用系数，一般取 0.7 ~ 0.8；

K_2——能量利用系数，一般取 0.70 ~ 0.85；

供风损耗率取 8% ~ 12%；

单位循环冷却水费取 0.005 元/m^3；

供风设施维修摊销费取 0.002 ~ 0.003 元/m^3。

（二）施工用风价格计算

[例 3 − 4 − 5]　某土地开发整理项目工程施工用风，设计配置 6m^3/min 的移动式空压机 3 台，试计算施工用风风价。其他资料：压气系统台班时间利用系数取 0.75，空气压缩机能量利用系数取 0.80，供风损耗率取 10%，单位循环冷却水费取 0.005 元/m^3，供风设施维修摊销费取 0.002 元/m^3。

解：3 台空压机用电分配，考虑其中 2 台采用柴油机发电，1 台依靠电网供电，依据《预算定额》计算得出 6m^3/min 的移动式空压机台班预算价格为 238.09 元/台班。

依据风价计算公式，将相关数据代入得：

施工用风价格 = [(238.09 × 3) ÷ (6 × 3 × 60 × 8 × 0.75 × 0.8)] ÷ (1 − 10%) + 0.005 + 0.002
= 0.160 (元/m^3)

取定综合风价为 0.16 元/m^3。

若土地开发整理项目工程施工用风分区设置供风系统，需按各系统供风量的比例加权计算综合风价。

第四章　土地开发整理项目工程施工费预算的编制

编写目的： 让读者掌握土地平整工程、灌溉与排水工程、田间道路工程、农田防护与生态环境保持工程和其他工程工程量计算方法，掌握项目工程施工费预算编制的程序、方法，理解工程施工费预算单价表与其他表格之间的勾稽关系；掌握工程施工费预算单价表编制和预算定额子目套用的方法。

重点及难点： 土地平整工程及灌溉与排水工程工程量的计算；工程施工费预算单价表的编制；材料价差及未计材料费的计算；工程施工费税金税率的确定及计算。难点是如何科学合理确定土地平整工程土方量及运距；对于较为复杂的灌溉与排水工程如何准确计算工程量；如何根据预算定额标准编制工程施工费单价表；如何计算材料价差和未计材料费。

工程施工费是土地开发整理项目预算中的重要组成部分。工程施工费包括直接费（直接工程费和措施费）、间接费、利润和税金。土地开发整理项目工程由土地平整工程、灌溉与排水工程、田间道路工程、农田防护与生态环境保持工程以及其他工程等五个部分组成。

第一节　工程施工费预算编制程序及方法

工程施工费是指土地平整工程、灌溉与排水工程、田间道路工程、农田防护与生态环境保持工程以及其他工程等各项工程直接施工和管理施工发生的各项费用之和。具体编制程序及方法如下：

一、收集相关资料

1. 项目规划设计文本、规划图、单体设计图等；
2. 项目预算编制涉及的定额标准，如《标准》等；
3. 当地材料预算价格及信息价文件；
4. 预算编制相关的政策文件和技术标准；
5. 类似工程的施工组织设计及施工工序等相关实施方面的资料；
6. 其他与预算编制相关的资料。

二、确定工程量计算子目与计算方法

在熟悉各单项工程的施工设计图件和施工方法的基础上，根据图纸内容和定额的规定，确定单位工程量的计算子目。例如：田间道路工程量计算子目可分为土（石）方开挖、土（石）方回填、路基铺筑、路面等子目。

三、计算工程量

阅读《标准》的总说明，相应的土方工程、石方工程、砌体工程、混凝土工程、管道安装工程、农用井工程、设备安装工程、道路工程、植物工程和辅助工程等分部工程说明及有关分节说明和附注内容，根据定额规定的适用范围，确定设计的工程量计算子目。

根据确定的工程量计算子目，认真熟悉并理解各工程量计算子目定额规定的工程量计算规则，按分部工程遵循定额顺序计算法，逐项计算各分项工程量。

将计算好的实物工程量和分项工程的单位工程量相乘，即可得出各项工程的明细工程量。如渠道工程通过实物工程量统计，新修斗渠 A 条，共计 Xm；通过单位分项工程量计算，每米新修斗渠，需开挖 Y_1m^3 土方，回填 Y_2m^3 土方，衬砌 Y_3m^3 混凝土，伸缩缝 Y_4m^2。通过计算得出 Xm 渠道需要开挖、回填土方工程量、衬砌工程量及伸缩缝工程量。

四、编制工程施工费单价分析表

工程施工费预算单价指完成工程单位工程量（如 $1000m^2$、$100m^3$、1t 等）所耗用的直接费、间接费、利润和税金四部分的总和。工程施工费单价是编制土地开发整理项目预算的基础。

（一）套用相应定额子目计算分项直接工程费

工程量计算完毕核对无误后，应根据定额及计量单位的要求，整理列项并选套相应的定额单价，计算直接工程费。在选用定额单价时，如遇到定额的计价方式与规定的表格不符时，应对预算定额进行换算，换算后再计算分项直接工程费，换算表格作为附件附后。根据分项工程的工程内容和施工方法，在预算中应采用相关的土地开发整理工程预算定额子目。计算中所涉及的台班费定额应使用《施工机械台班费定额》。

（二）其他费税的计算及汇总

措施费、间接费、利润和税金的计算关键在于费率选取，预算编制人员应认真学习《编规》，理解措施费、间接费、利润和税金应计取的费用及相应费用的统一计取。

1. 措施费。

（1）临时设施费：按直接工程费的百分率计算，根据不同的工程性质选取费率，土方工程临时设施费率为 2%，石方工程临时设施费率为 2%，砌体工程临时设施费率为 2%，混凝土工程临时设施费率为 3%，农用井工程临时设施费率为 3%，其他工程临时设施费率为 2%，安装工程临时设施费率为 3%。

（2）冬雨季施工增加费：按直接工程费的百分率计算，费率确定为 0.7% ~1.5%。对在不同季节施工的项目规定采用以下方法确定费率：不在冬雨季施工的项目取最小值，部分工程在冬雨季施工的取中值，在冬雨季施工的项目取大值。

（3）夜间施工增加费：指工程中需要连续作业工程部分，按直接工程费的百分率计算，其中安装工程为0.5%，建筑工程为0.2%。

（4）施工辅助费：按直接工程费的百分率计算，其中安装工程为1.0%，建筑工程为0.7%。

（5）特殊地区施工增加费：高海拔地区的高程增加费，按规定计入定额；其他特殊增加费（如酷热、风沙等），应按工程所在地区规定的标准进行计算，地方没有规定的不得计算此项费用。

（6）安全施工措施费：按直接工程费的百分率计算，其中：安装工程为0.3%，建筑工程为0.2%。

2. 间接费。根据工程性质不同进行选取，土方工程按直接费的5%计算，石方工程按直接费的6%计算，砌体工程按直接费的5%计算，混凝土工程按直接费的6%计算，农用井工程按直接费的8%计算，其他工程按直接费的5%计算，安装工程按人工费的65%计算。

3. 利润。按直接费和间接费之和的3%计算。

4. 税金。按营业税、城乡维护建设税和教育费附加之和计算，其中综合税率取值见表4-1。其公式为：

税金 =（直接费 + 间接费 + 利润）× 综合税率

$$综合税率 = \frac{营业税税率 \times （1 + 城乡维护建设税税率 + 教育附加税率）}{1 - 营业税税率 \times （1 + 城乡维护建设税税率 + 教育附加税率）}$$

表4-1　综合税率取值表

项目所在地	农村	县镇	市区
综合税率	3.22%	3.35%	3.41%

说明：表中教育费附加税率按3%计取，可按各地实际制定征收的教育费附加税标准计取。

5. 材料价差。根据《编规》中十一种材料的限制价，结合材料预算价格，计算价差。按照核实完毕的工程量和定额子目消耗量，计算出须进行材料限价的消耗量；汽油和柴油须结合机械台班费定额子目计算出单位台班消耗量，再依据定额机械台班消耗量计算出单位工作量消耗量，最后再乘以统计工程量即可计算出汽油和柴油消耗量。各种材料的消耗量与价差的乘积即为材料价差。

6. 未计价材料费。未计价材料费的计算方法与材料价差类似，可以理解成全单价限价。对于电缆和管道安装工程中的管材、管件、闸阀、法兰、出水栓等在定额子目计算时，不计取材料费；根据定额子目消耗量和统计工程量计算出未计价材料消耗量，乘以材料预算价即为未计价材料费。

措施费、间接费、利润和税金的计算关键在于计费基础和费率选取。预算编制人员应熟悉《编规》中预算编制办法的内容，掌握措施费、间接费、利润和税金可以计取的范围，参照预算定额中的相应费用合理计取。

其他费用的计算应按照《编规》中的要求进行计算、填写。

工程施工费单价是进行工程施工费预算编制的依据，工程施工费单价分析表（见表4-2），应作为附表附后。

表 4-2　工程施工费单价分析表

定额编号：　　　　金额单位：元

序号	项目名称	单位	数量	单价	小计
一	直接费				
(一)	直接工程费				
1	人工费				
	甲类工				
	乙类工				
	其他				
2	材料费				
	……				
	其他				
3	机械费				
	……				
	其他				
(二)	措施费	%			
二	间接费	%			
三	利润	%			
四	材料价差				
	块石	m^3			
	汽油 90#	kg			
	……				
五	未计价材料费				
	PE 管	m			
	……				
六	税金	%			
合计					

（三）工程示例

［例 4-1-1］　现以某农村项目区 C20 现浇混凝土明渠为例，说明组合套用定额时工程施工费单价分析表的编制过程。该现浇混凝土明渠设计边坡 1:0.75、衬砌厚度为 20cm，混凝土搅拌站距施工现场 100m，项目区地势平坦，混凝土拌制及运输均采用机械作业，混凝土搅拌机出料容量为 0.4m^3。项目区人工及主要材料价格见表 4-3，相关施工机械台班单价见表 4-4，混凝土配合单价见表 4-5。

表 4-3　项目区人工及主要材料价格表

名称	单位	单价（元）
甲类工	工日	51.04
乙类工	工日	38.84
水	m^3	0.75
水泥	kg	0.64
柴油	kg	9.47
板枋材	m^3	2519
碎石	m^3	104.42

表 4-4　　**机械台班预算单价表**

定额编号	机械名称及规格	台班费（元）	一类费用小计（元）	二类费用												
				二类费合计（元）	人工费（元/日）		汽油（元/kg）		柴油（元/kg）		电（元/kW·h）		水（元/m³）		风（元/m³）	
					工日	金额	数量	金额	数量	金额	数量	金额	数量	金额	数量	金额
3002	混凝土搅拌机 0.4m³	211.19	62.11	149.08	2.00	51.04					50.00	0.94				
3005	插入式振捣器 2.2kW	25.68	14.4	11.28							12.00	0.94				
3008	风水（砂）枪 耗风量 2~6m³/min	160.72	3.22	157.50									18.00	0.75	900.00	0.16
4039	机动翻斗车 1t	93.75	11.21	82.54	1.00	51.04			7.00	4.50						
4040	双胶轮车	3.22	3.22	0.00												

表 4-5　　**掺外加剂混凝土配合单价计算表**①　　单位：m³

编号	砼砂浆名称标号	级配	水泥标号	水泥		粗（中/细）砂		碎（卵）石		外加剂		水		聚丙烯纤维		单价（元）
				预算量（kg）	限价	预算量（m³）	单价	预算量（m³）	限价	预算量（kg）	单价	预算量（m³）	单价	预算量（kg）	单价	
1	C20 F200	2.00	32.50	298.96	0.30	0.54	39.08	0.85	60.00	0.52	16.00	0.18	0.75			170.31

① 说明：依据《预算定额》附表 6-2（系数换算）中规定“卵石换为碎石，水泥、砂、石子、水的消耗量分别乘 1.10、1.10、1.06、1.10 的系数”；“粗砂换为中砂，水泥、砂、石子、水的消耗量分别乘 1.07、0.98、0.98、1.07 的系数”。

1. 定额选取与子目套用。根据明渠边坡及衬砌厚度确定应套用定额40013“现浇混凝土渠道 明渠（边坡1:0.75 衬砌厚度15～25cm）”。在定额40013中，有混凝土拌制及混凝土运输的耗用量，根据施工选用的混凝土搅拌机出料容量、混凝土运输方式和运输距离，选择混凝土拌制定额40160“搅拌机拌制混凝土　搅拌出料0.4m^3”及混凝土运输定额40184“机动翻斗车运混凝土　运距100m”与定额40013组合使用[①]。在组合使用这三个定额时，将各个定额人工、材料、机械的耗用量叠加。需要注意的问题是：①应根据各个定额中其他费用费率的不同，分别计取其他费用；②在定额40013中，混凝土的耗用量为103m^3，而定额40160和定额40184分别为拌制和运输100m^3的混凝土，因此在组合使用时，定额40160和定额40184的人工、材料、机械耗用量均应乘以1.03，才能与定额40013中混凝土的耗用量一致。定额40013、定额40160及定额40184详见表4－6、表4－7、表4－8。

表4－6　　明渠（边坡陡于1:0.75）　　单位：100m^3

定额编号				40012	40013	40014	40015	40016
顺序号	名称		单位	衬砌厚度（cm）				
				10～15	15～25	25～35	35～45	45以上
1	人工	甲类工	工日	29.3	23.8	20.4	20.1	19.4
		乙类工		92.8	75.5	64.7	63.7	61.6
		合计		122.1	99.3	85.1	83.8	81
2	材料	板枋材	m^3	0.18	0.16	0.14	0.13	0.12
3		钢滑模	kg	78.4	49	32.6	24.5	19.6
4		混凝土	m^3	103	103	103	103	103
5		水	m^3	180	180	160	160	140
6	机械	混凝土振捣器（2.2kw）	台班	11	11	8.9	8.9	8.9
7		风水（砂）枪	台班	22	11	7.33	5.5	4.4
8	其他费用		%	2.1	2.1	1.9	1.4	1.3
9	混凝土拌制		m^3	103	103	103	103	103
10	混凝土运输		m^3	103	103	103	103	103

① 说明：本例在选择套用定额时仅是为了最大限度说明主要材料限价管理对工程施工费单价分析表编制的影响，不代表实际项目预算编制时必须按照所选定额子目进行套用。在实际编制项目预算时，应按照项目施工组织实际情况选择套用相应的定额子目，且实际选择套用定额子目时应注意在满足施工需要的条件下，尽可能少使用不同类型的机械，以方便组织项目施工。

表 4-7　　搅拌机拌制混凝土　　单位：100m³

定额编号				40160	40161
顺序号	名称		单位	搅拌出料（m³）	
				0.4	0.8
1	人工	甲类工	工日	12.9	9.6
		乙类工		30	22.3
		合计		42.9	31.9
2	机械	搅拌机 0.4m³	台班	4	
3		搅拌机 0.8m³	台班		1.92
4		双胶轮车	台班	16.6	16.6
5	其他费用		%	1	1

表 4-8　　机动翻斗车运混凝土　　单位：100m³

定额编号				40184	40185	40186	40187	40188	40189
顺序号	名称		单位	运距（m）					每增运 100m
				100	200	300	400	500	
1	人工	甲类工	工日	0.7	0.7	0.7	0.7	0.7	
		乙类工		12.4	12.4	12.4	12.4	12.4	
		合计		13.1	13.1	13.1	13.1	13.1	
2	机械	机动翻斗车	台班	3.87	4.52	5.13	5.69	6.24	0.53
3	其他费用		%	3	3	3	3	3	

2. 其他费用的计算及汇总。

（1）措施费。

临时设施费：混凝土工程临时设施费率为3%。

冬雨季施工增加费：混凝土工程不在冬季施工，取最小值0.7%；

夜间施工增加费：按照《编规》中相关规定，混凝土工程不计取夜间施工增加费。

施工辅助费：建筑工程为0.7%。

特殊地区施工增加费：地方没有规定，不计算此项费用。

安全施工措施费：建筑工程为0.2%。

该明渠工程措施费应为：3% +0.7% +0.7% +0.2% =4.6%。

（2）间接费。混凝土工程间接费率为6%。

（3）利润。按直接费和间接费的3%计算。

（4）材料价差。定额40013中的材料“板枋材”及C20混凝土配合时用到的水泥、碎石属于限价材料，定额40184中使用的机械“机动翻斗车”所需的燃料“柴油”为限价材料，应根据材料预算价格的相关规定计算价差。

（5）税金。综合税率应为3.22%。

3. 编制明渠工程施工费单价分析表。根据选用定额及其他费率的计算和汇总，编制明渠工程施工费单价分析表（见表4-9）。

表 4－9　C20 现浇混凝土渠道

定额编号：40013＋（40160×1.03＋40184×1.03）　单位：100m³

序号	项目名称	单位	数量	单价（元）	小计
一	直接费				29910.13
（一）	直接工程费				28594.77
（1）	人工费				6680.24
	甲类工（定额编号 40013）	工日	23.80	51.04	1214.75
	乙类工（定额编号 40013）	工日	75.50	38.84	2932.42
	其他费用（以定额编号 40013 子目人工费为计费基础）	%	2.10	4147.17	87.09
	甲类工（定额编号 40160×1.03）	工日	13.29	51.04	678.32
	乙类工（定额编号 40160×1.03）	工日	30.90	38.84	1200.16
	其他费用（以定额编号 40160×1.03 子目人工费为计费基础）	%	1.00	1878.48	18.78
	甲类工（定额编号 40184×1.03）	工日	0.72	51.04	36.75
	乙类工（定额编号 40184×1.03）	工日	12.77	38.84	495.99
	其他费用（以定额编号 40184×1.03 人工费为计费基础）	%	3.00	532.74	15.98
（2）	材料费				18501.38
	板枋材（定额编号 40013）	m³	0.16	1200.00	192.00
	钢滑模（定额编号 40013）	kg	49.00	5.14	251.86
	C20 F200（定额编号 40013）	m³	103.00	170.31	17541.98
	水（定额编号 40013）	m³	180.00	0.75	135.00
	其他费用（以定额编号 40013 子目材料费为计费基础）	%	2.10	18120.84	380.54
（3）	机械使用费				3413.15
	插入式振捣器　2.2kw（定额编号 40013）	台班	11.00	25.68	282.48
	风水（砂）枪　耗风量 2～6m³/min（定额编号 40013）	台班	11.00	160.72	1767.92
	其他费用（以定额编号 40013 子目机械使用费为计费基础）	%	2.10	2050.40	43.06
	混凝土搅拌机 0.4m³（定额编号 40160×1.03）	台班	4.12	211.19	870.10
	双胶轮车（定额编号 40160×1.03）	台班	17.10	3.22	55.06
	其他费用（以定额编号 40160×1.03 子目机械使用费为计费基础）	%	1.00	925.16	9.25
	机动翻斗车　载重量 1t（定额编号 40184×1.03）	台班	3.99	93.75	374.06
	其他费用（以定额编号 40184×1.03 子目机械使用费为计费基础）	%	3.00	374.06	11.22
（二）	措施费	%	4.60	28594.77	1315.36
二	间接费	%	6.00	29910.13	1794.61
三	利润	%	3.00	31704.74	951.14

续表

序号	项目名称	单位	数量	单价（元）	小计
四	材料价差				14716.69
	板枋材（定额编号40013）	m^3	0.16	1319.45	211.11
	水泥32.50（定额编号40013）	kg	30792.67	0.34	10469.51
	碎石（定额编号40013）	m^3	87.74	44.42	3897.41
	柴油（定额编号40184×1.03）	kg	27.90	4.97	138.66
五	未计价材料费				0.00
六	税金	%	3.22	47372.57	1525.40
合计（元）	—	—	—	—	48897.97

五、工程施工费预算编制

根据确定的工程量子目、工程量及确定的工程施工费单价进行工程施工费预算编制。

编制工程施工费时，必须注意工程施工费单价分析表中的单位为定额子目的单位，一般为“$100m^3$、$1000m^2$、10个”等，而工程施工费单价汇总表及工程施工费预算表中工程量的单位为“m^3、m^2、个”，需要进行换算。

六、编写工程施工费预算的编制说明

工程施工费预算部分的预算编制说明是对工程施工费预算和其他需要说明的问题进行的分析和说明，应包括以下内容：

1. 编制方法、工程量计算方法及定额标准换算关系。

2. 其他需要说明的问题，例如施工机械的选取、沟渠开挖中人工施工和机械施工比例的选取、施工用电中电网用电和柴油机自发电比例的选取等。

第二节　土地平整工程施工费预算编制

土地平整工程是土地开发整理项目工程建设的重要组成部分，是进行农业机械化生产和农田水利、道路等工程建设的实施基础，其目的是通过土地平整达到机械化耕作，发挥机械效率，提高机耕质量，灌水方便均匀，利于压盐、排水、改良土壤等，满足作物高产稳产对水分及土质的需要。

一、土地平整工程类型

土地平整工程包括耕作田块修筑和耕作层地力保持工程。耕作田块修筑有条田修筑、梯田修筑和其他田块工程三种类型，耕作层地力保持工程有客土回填和表土保护两种类型。土地平整工程主要由土石方开挖、土石方回填、土石方运输、平整土地、表土剥离和回填等施工工序组成。

二、土地平整工程的工程量确定

（一）表土剥离与回填工程量确定

表土是土地恢复的重要基础，是非常珍贵的资源。优质农田的复垦往往严格要求构造土壤剖面，对表土和心土的构造都有特定的要求，以保证复垦土壤的生产力等于或优于原土壤。

1. 条带复垦表土外移剥离法。根据拖式铲运机（或其他施工机械）宽度，由外到里（塌陷中心）预算出每一拖式铲运机（或其他施工机械）宽度范围内的土方量，然后将整理区划分成不同的整理条带和取土区，每一条带大致为拖式铲运机（或其他施工机械）宽度的倍数，最后由外向里层层剥离。该方法主要适用于地下潜水位较高，需要“挖深垫浅”的整理区。

其操作流程如下：先将第1条带的表土层和取土区的表土层剥离，并堆积在整理区外，然后从取土区取生土填在第1条带，再将第2条带表土移至第1条带，以此类推，最后将剥离的第1条带表土层和取土区表土层回填到第n条带及各层整平。整理后土层的剖面结构可表示如下：

第i条带土壤剖面＝第i条带下部生土＋取土区下部生土＋第（i+1）条带表土　（i＝1，2，……，n－1）

第n条带土壤剖面＝第n条带下部生土＋第1条带与取土区表土回填

2. 梯田模式表土剥离法。在地下潜水位较低的采矿区，当潜水位对农作物及植物生长没有影响时，可修筑梯田，对塌陷区进行平整，能够提高净增耕地数量。对于梯田的修筑，可借鉴梯田表土保留的施土方法，采用表土逐行置换法、表土中间堆置法、上挖下填与下挖上填等工艺。

选取好客土土源后，按照下面公式计算工程量：

$$W = \sum VH$$

式中：W——工程量；

V——土方量，m^3；

H——运距，m。

（二）客土调运工程量确定

客土调运是指当运余土石工程量计算结果为负值时，表明挖土石工程量小于回填土石工程量，它们的差额为外购土石方的工程量。

在确定项目区土地平整方案时，最好能实现项目区土方挖填内部平衡。若项目区需要客土回填时，应考虑到：

1. 客土土源要“舍远求近”，尽量接近项目区，减少运输距离，节约运输费用；

2. 土壤质地较好，尤其是耕作田块的表土应没有污染、避免大的砂砾，能够保墒保水保肥；

3. 取土区的安全问题，即防止土源地接近铁路、公路路基，大江大河及水库堰塘的堤岸，避免事故发生；

4. 应与当地的生产生活需要有机结合。即取土与当地的塘堰清淤、河流清障等水利兴修、道路修建、鱼池开挖等结合起来，做到一举两得；若项目区需要挖方、外运土石方时，也应考虑到当地的生产和生活，就近运输，降低外运成本。

（三）田块内土方工程量确定

土地平整工程的基本单元是标准田块——即由田间灌排渠系、道路、林带等固定工程设施所围成的地块，是进行田间耕作、管理与建设的最基本单位。土地平整规划首先应确定耕作田块的布置形式，然后依据土地利用要求，并结合项目区的实际地形，采取填挖措施，平整田块，保持田块内高差在一定控制范围内，以满足耕作需要与灌排水要求。

土地平整挖填土方量的计算方法有多种。传统计算方法有方格网法、梯形法（断面法）、辛卜生法（抛物线法）、等高线法等。近年来，随着计算机技术的发展，一些软件被广泛地应用到土方量计算中。常用的有 MAPGIS 制图计算软件、TFT 土方计算绘图软件、数字高程模型（Digital Elevation Model，DEM）等。采用相关软件计算土方量，精度高，速度快，效率高。但其运算原理，与传统计算方法并无实质性差异，而且必须以精度较高的地形图作为基础图件。而平原地区的大多数土地整理项目区，总体地形平坦，微地貌复杂，地面高差常常在 1m 以内，项目区地形图中甚至没有一条等高线。这样的地形图当然不能作为土方量计算的基础图件。必须先按照一定规律采集项目区各离散点的地面标高，然后才能进行土方量的计算。

（四）田块间土方调配工程量确定

在土方的施工标高、挖填区面积、挖填区土方量算出后，应考虑各种变更因素（如土的松散度、压缩率、沉降量等），对土方进行综合平衡调配。土方平衡调配工作是土地平整工程的一项重要内容。它的目的是在土方运输量或土方运输成本最低的条件下，确定填、挖方区土方的调配方向和数量，从而达到缩短工期和提高经济效益的目的。

进行土方平衡调配，必须综合考虑工程和现场情况、有关技术资料、进度要求和土方施工方法以及分期分批施工工程的土方堆放和调运等问题，经过全面分析后，才可着手进行土方平衡调配工作，如划分土方调配区、计算土方的平均运距、单位土方的运价、确定土方的最优调配方案等。

1. 土方平衡调配原则。

（1）挖方和填方基本达到平衡，在挖方的同时进行填方，减少重复倒运。

（2）挖（填）方量与运距的乘积之和尽可能为最小，即运输路线和路程合理，运距最短，总土方运输量或运输费用最小。

（3）取土或弃土应尽量不占农田或少占农田。

（4）应考虑土地权属、标段划分情况分区调配与全场调配相协调、相结合，避免只顾局部平整，任意挖填而破坏全局平衡。

（5）调配应与地下构筑物的施工相结合，有地下设施需要填土，应留土后填。

（6）选择恰当的调配方向、运输路线。做到施工顺序合理，土方运输无对流和乱流现象，同时便于机械化施工。

2. 土方平衡调配方法与土方调配图的编制。

（1）划分调配区。在场地平面图上先划出挖、填区的分界线，并根据地形及地理等条件，在挖方区和填方区适当地划分出若干调配区，确定调配区的大小和位置。划分时应注意以下几点：

①调配区的划分应与房屋和构筑物的平面位置相协调，并考虑它们的开工顺序，工程的分期施工顺序。

②调配区的大小应满足土方施工主导机械的行驶操作要求。

③调配区的范围应和土方工程量计算划分的方格网相协调，通常可由若干个方格组成一个调配区。

④当土方运距较大或场地范围内土方不平衡时，可考虑就近借土或弃土，此时一个借土

区或一个弃土区可作为一个独立的调配区。

(2) 计算各调配区的土方量并标明在图上。

(3) 计算各挖、填方调配区之间的平均运距。挖、填方调配区之间的平均运距就是挖方区土方重心至填方区土方重心的距离。取场地或方格网中的纵横两边为坐标轴，以一个角作为坐标原点，按下式求出各调配区土方重心位置：

$$X_o = \frac{\sum (V_i x_i)}{\sum V_i} \qquad Y_o = \frac{\sum (V_i y_i)}{\sum V_i}$$

式中：X_o、Y_o——挖方调配区或填方调配区的重心坐标；

V_i——每个方格的土方量；

x_i、y_i——各方格的重心坐标（通常近似的取方格的形心）。

填、挖区之间的平均运距 L_o 为：

$$L_o = \sqrt{(x_{or} - x_{ow})^2 + (y_{or} - y_{ow})^2}$$

式中：x_{or}、x_{or}——填方区的重心坐标；

x_{ow}、x_{ow}——挖方区的重心坐标。

一般情况下，可用作图法近似地求出调配区的几何中心（即形心位置）以代替重心位置。重心求出后，标于图上，用比例尺量出每对调配区的平均运输距离（L_1，L_2，L_3……）。当填、挖方调配区之间的距离较远，采用自行式铲运机或其他运土工具沿现场道路或规定的路线运土时，其运距应按实际情况进行计算。

所有填挖方调配区之间的平均运距都需要逐一计算，并将计算后的结果列于土方平衡与运距表内。

(4) 确定土方最优调配方案。对于线性规划中的运输问题，可以用"表上作业法"来求解，使总土方运输量 $V = \sum_{i=1}^{m}\sum_{j=1}^{n} L_{ij}X_{ij}$ 为最小值，即为最优调配方案。

(5) 绘出土方调配图。根据以上计算，标出土方调配方向、土方数量及运距（平均运距再加施工机械前进、倒退和转弯必须的最短长度）。

三、土地平整工程的定额选取与子目套用

（一）不同工程的定额套用与选取

1. 表土剥离与回填工程。在表土剥离与回填工程当中，定额的套用要考虑项目区土的类型、选用的机械以及运距。如某土地整理项目的土地平整工程中，土的类型为二类土，运距为55m，根据《标准》，如果选用推土机推土，在选用定额时应套用定额编号为"10307"的定额；如果选用2.5～2.75m^3铲运机，则应该选用定额编号为"10158"的定额。因此，应该根据不同的实际情况，选用切合实际的定额标准。

2. 客土调运工程。在客土调运工程中，定额的套用根据选用的运输机械和机械运距的不同而不同，在套用定额时可根据实际情况选套不同的定额。如某土地整理项目的土地平整工程中，需要调运客土，运距是2.5km，根据《标准》，如果选用人工装拖拉机运土，应该套用定额编号为"10130"的定额子目；如果选用人工装自卸汽车运土，则应该选用定额编号为"10138"的定额子目；而如果选用人工装载重汽车运土，则应该选用定

额编号为“10150”的定额子目。有时要根据项目的实际情况，选用两种或者两种以上的运输机械同时运输，在套用定额时要分开来套。总之，要依据实际情况来选套合适的定额子目。

3. 田块内土方工程。在田块内土方工程当中，定额的套用要依据不同的施工方法，要根据田块的规格选用不同的定额子目。

4. 土方调配工程。在土方调配工程中，定额的套用根据运输机械和机械运距以及土的类型等的不同套用的定额标准也不同，在选用定额时要依据实际情况而定。如在某土地整理项目的土地平整工程中，需要调配土方，调配的经济运距为350m，土的类型为三类土，根据《标准》，如果选用3～4m^3拖式铲运机铲运土，则应该套用定额编号为“10181”的定额子目；如果选用1m^3挖掘机装自卸汽车运土，则应该套用定额编号为“10218”的定额子目。

（二）定额套用存在的问题

定额子目选用存在重复与高套的问题。

1. 定额重复套用。定额重复套用常出现在“土地平整工程”中。土地平整工程通常包括挖方、填方、运输、平整和辗压等工程。以常用的施工机械推土机推土为例：其工作内容包括推松、卸除、推平和空回，在选用该定额时，既包括了移动土方又包括了平整土方。如果选用该定额后，把这部分工程量同时又选用如“平地机平整”、“人工平整场地”等定额，就是定额子目重复套用。

2. 定额高套。在土地平整工程中，机械运距选用的不合理，套用大运距的机械，根据《预算定额》，则人工费、材料费和施工机械费都相应地增加，预算工程造价偏高。

四、土地平整工程施工费预算编制示例

［例4－2－1］　项目区处于山前洪积扇上，有一定的地势起伏，但起伏不大，在比例尺为1∶10000、等高距为10m的地形图上，相邻等高线的水平距离约为3cm，设计水平梯田田面宽度为30m，田坎高1m，标准田块长L为100m，如图4－1所示，采用半挖半填法施工，计算土方工程的工程施工费。图4－1中虚线代表设计整理后水平梯田的田面；B为设计田块宽度，在本例中B＝30m；H为设计田坎高度，在本例中H＝1m。项目区人工及主要材料价格如表4－10所示。

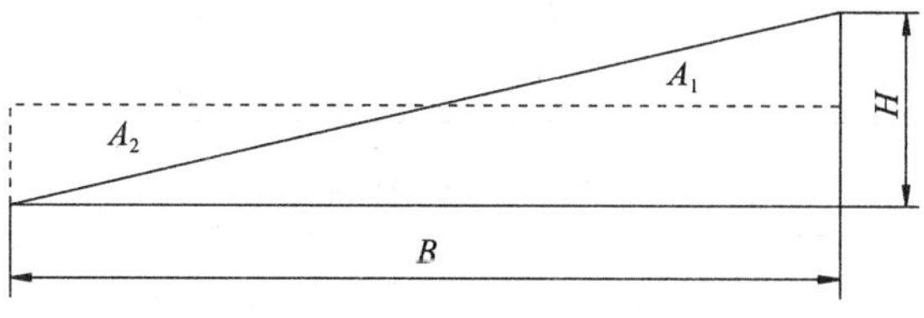

图4－1　梯田断面图

表4－10　　**项目区人工及主要材料价格表**

名称	单位	单价（元）
甲类工	工日	51.04
乙类工	工日	38.84
电	kwh	0.98

（一）确定工程量

1. 确定工程量计算项目。通过对《标准》的总说明及土石方工程说明的了解，根据定额规定的适用范围，确定本例土地平整工程的工程量计算项目为：人工挖装双胶轮车运土、回填压实。

2. 计算各分项工程的工程量。利用截面法计算土方量，则：

挖土方截面积：$A_1=(H\times B)/8=(30\times 1)/8=3.75m^2$

挖土方工程量：$V_1=A_1\times S/2=3.75\times 100/2=187.5m^3$

填土方截面积：$A_2=-(H\times B)/8=-(30\times 1)/8=-3.75m^2$

填土方工程量：$V_2=-(A_2\times S/2)=-3.75\times 100/2=-187.5m^3$

运土方量：$V=(A_1+A_2)S/2=(3.75-3.75)\times 100/2=0m^3$

因采用半挖半填法，故填挖土方量大致相当。但需要指出的是，上例是在一种理想状态下计算的土方量。在实际工作中，坡面不会如此平滑，因而造成填挖土方量是不尽相同的，故存在项目区田块间的土方运输。项目区田块间的土方运输工程量依据确定的土方调配图计算。

如果项目区存在土层瘠薄、砂石含量大、保水保肥性低等农业生产条件较差的问题，需要客土外运，此时也存在土方运输，需要对项目区土层状况、挖填区相对高程、客土区位等条件细加分析以得到准确的土方运输量。土方运输常采用人工挖装拖拉机运土、汽车运输等方式进行，因工程量较大，预算费用较高，在实际编制预算中应加以注意。

（二）选用定额子目和编制工程施工费单价分析表

1. 人工挖装双胶轮车运土的定额编号为10112，土方回填压实的定额编号为10334（见表4－11和表4－12）。

表4－11　　人工装双胶轮车运土　　单位：$100m^3$

定额编号				10112
顺序号	名称		单位	人工挖双胶轮车运土50m内
				三类土
1	人工	甲类工	工日	1.3
2		乙类工		25.1
3		合计		26.4
4	机械	双胶轮车	台班	15.90
5	其他费用		%	3.5

表4－12　　建筑物土方回填　　单位：$100m^3$

定额编号				10334
顺序号	名称		单位	土方回填
				机械夯填
1	人工	甲类工	工日	1.3
2		乙类工		25.1
3		合计		26.4
4	机械	蛙式打夯机	台班	2.20
5	其他费用		%	4.5

2. 计算定额人工费。根据最新颁布的《编规》，项目区属于六类工资区，其甲类工人工单价为 51.04 元/工日，乙类工人工单价为 38.84 元/工日；查定额编号为“10112”人工消耗量为甲类工 1.3 工日、乙类工 25.1 工日，“10334”人工消耗量为甲类工 1.3 工日、乙类工 25.1 工日，分别计算其定额人工费。

3. 计算定额材料费。由于该土地平整未涉及材料消耗，所以定额材料费计为零。

4. 计算定额施工机械使用费。查定额编号为“10112”得双胶轮车施工机械台班为“15.90”；查定额编号为“10334”得蛙式打夯机施工机械台班为“2.20”。

5. 其他费用。其他费用是指完成该项工作内容所需耗用少量和临时的零星用工、用料和辅助机械所发生的摊销费用，以费率形式表示，其计算基数为人工费、材料费和机械使用费。

6. 确定相关费率。根据《编规》中费率选取的要求，并结合《预算定额》中的相关内容，确定各相应费用见表 4－13 和表 4－14。

表 4－13　　人工挖双胶轮车运土 50m 内

定额编号：10112　　单位：$100m^3$

序号	项目名称	单位	数量	单价	小计（元）
一	直接费				1171.36
（一）	直接工程费				1130.66
1	人工费				1077.67
	甲类工	工日	1.3	51.04	66.35
	乙类工	工日	25.1	38.84	974.88
	其他费用（以定额编号 10112 子目人工费为计费基础）	%	3.5	1041.23	36.44
2	材料费				0.00
3	机械费				52.99
	双胶轮车	台班	15.9	3.22	51.20
	其他费用（以定额编号 10112 子目机械使用费为计费基础）	%	3.5	51.20	1.79
（二）	措施费	%	3.6	1130.66	40.70
二	间接费	%	5	1171.36	58.57
三	利润	%	3	1229.93	36.90
四	材料价差				
五	未计价材料费				
六	税金	%	3.22	1266.83	40.79
合计	—	—	—	—	1307.62

表 4-14 **土方回填**

定额编号：10334 单位：$100m^3$

序号	项目名称	单位	数量	单价	小计（元）
一	直接费				1428.82
（一）	直接工程费				1379.17
1	人工费				1088.09
	甲类工	工日	1.3	51.04	66.35
	乙类工	工日	25.1	38.84	974.88
	其他费用（以定额编号 10334 子目人工费为计费基础）	%	4.5	1041.23	46.86
2	材料费				0.00
3	机械费				291.08
	蛙式打夯机	台班	2.2	126.61	278.54
	其他费用（以定额编号 10334 子目机械使用费为计费基础）	%	4.5	278.54	12.53
（二）	措施费	%	3.6	1379.17	49.65
二	间接费	%	5	1428.82	71.44
三	利润	%	3	1500.26	45.01
四	材料价差				
五	未计价材料费				
六	税金	%	3.22	1545.27	49.76
合计	—	—	—	—	1595.03

（三）进行土地平整工程工程施工费单价汇总

按照《编规》中要求的格式，对土地平整工程工程施工费单价进行汇总。工程施工费单价汇总表见表 4-15。

（四）编制土地平整工程工程施工费计算表

根据已计算出的工程量和汇总的综合单价，进行土地平整工程工程施工费的预算编制。新修斗渠工程工程施工费预算见表 4-16。

表 4－15　　工程施工费单价汇总表

金额单位：元

序号	定额编号	单项名称	单位	直接费						间接费	利润	材料价差	未计价材料费	税金	综合单价
				人工费	材料费	机械使用费	直接工程费	措施费	合计						
	(1)	(2)	(3)	(4)	(5)	(6)	(7)	(8)	(9)	(10)	(11)	(12)	(13)	(14)	(15)
一		土地平整工程													
1		耕作田块修筑工程													
(1)	10112	人工挖双胶轮车运土 50m 内	$100m^3$	1077.67	0.00	52.99	1130.67	40.70	1171.37	58.57	36.90	0.00	0.00	40.79	1307.62
(2)	10334	土方回填	$100m^3$	1088.09	0.00	291.08	1379.17	49.65	1428.82	71.44	45.01	0.00	0.00	49.76	1595.03

表 4－16　　土地平整工程施工费预算表　　金额单位：元

序号	定额编号	单项名称	单位	工程量	综合单价	合计
一		土地平整工程				
1		耕作田块修筑工程				
(1)		条田修筑				
	10112	人工挖双胶轮车运土 50m 内	m^3	187.5	13.08	2452.5
	10334	土方回填	m^3	187.5	15.95	2990.63
总计		—				5443.12

第三节　灌溉与排水工程施工费预算编制

灌溉与排水工程是土地开发整理项目的重要内容，是土地开发整理工程设计的重要组成部分。因此，科学、合理、准确的编制灌溉与排水工程施工费预算是整个项目预算编制的关键点之一。本节将从灌溉与排水工程类型、预算编制的程序和方法、工程量计算、定额选取和子目套用、直接工程费编制、工程施工费汇总等方面进行论述。

一、灌溉与排水工程类型

灌溉与排水工程是为防治旱、涝、渍和盐碱等灾害而采取的调节农田水分状况的工程措施总称。灌溉与排水工程包括水源工程、输水工程、喷微灌工程、排水工程、渠系建筑物、泵站及输配电工程等二级工程和塘堰（坝）、小型拦河坝（闸）、农用井、小型集雨设施、明渠、管道、地面灌溉、喷灌、微灌、明沟、暗渠（管）、水闸、渡槽、倒虹吸、农桥、涵洞、跌水、陡坡、量水设施、泵站、输电线路、配电装置等三级工程（详见《标准》第 208 ~ 213 页）。三级工程根据各自的建筑材料和施工工艺分可为若干个分项工程，这些分项工程应与《预算定额》中分项定额子目保持一致。

（一）水源工程

水源工程是指保证项目区灌溉用水的蓄水或取水工程。土地开发整理项目中的水源工程主要包括塘堰（坝）、小型拦河坝（闸）、农用井、小型集雨设施等四种不同类型。其中塘堰（坝）等可根据库容大小和修建性质（新修和整修）作进一步细分，如整修山塘（5 万立方米），至此才能进行直接工程费预算的编制。其他的水源工程类似，也应分解到分项工程项目。

（二）输水工程

输水工程是将水从水源工程引灌至田间的线性工程。土地开发整理项目中的输水工程主要包括明渠、管道、地面灌溉等三种不同类型。其中明渠根据控制面积大小和水量分配层次分为干渠、支渠、斗渠、农渠，斗渠进一步根据断面形式分为 U 形斗渠、梯形斗渠、矩形斗渠，再根据施工工艺分为现浇矩形斗渠、预制矩形斗渠，再根据断面大小分为现浇矩形斗渠类型Ⅰ、现浇矩形斗渠类型Ⅱ、现浇矩形斗渠类型Ⅲ……最后根据修建性质分为新修和整修，直至分解到现浇矩形新修斗渠类型Ⅰ才能进行直接工程费预算的编制。其他的输水工程类似，也应分解到分项工程。

（三）喷微灌工程

喷微灌工程是针对缺水地区进行灌溉的一种节水工程措施，土地开发整理项目中的喷微灌工程包括喷灌工程、微灌工程。喷微灌工程根据可移动程度分为固定管道式、半固定管道式、移动式喷微灌工程，对于固定管道式喷灌工程可根据出水量大小进一步分为固定喷灌工程类型Ⅰ、固定喷灌工程类型Ⅱ……一般可以根据土地开发整理项目预算定额中分项工程进行直接工程费计算。

（四）排水工程

排水工程是将田间多余的水排至排水承泄区的田间线性工程。土地开发整理项目中的排水工程主要包括明沟、暗渠（管）等两种不同类型。其中明沟根据沟道等级首先分为干沟、支沟、斗沟、农沟，进一步根据断面形式分为梯形斗沟、矩形斗沟，再根据施工工艺分为现浇梯形斗沟、预制梯形斗沟、土质梯形斗沟，再根据断面大小分为土质梯形斗沟类型Ⅰ、土质梯形斗沟类型Ⅱ、土质梯形斗沟类型Ⅲ……最后根据修建性质分为新修和整修，直至分解到类似土质梯形新修斗沟类型Ⅰ才能进行直接工程费预算的编制。其他的排水工程类似，也应分解到分项工程。

（五）渠系建筑物工程

为了安全输水，合理配水，精确量水，以达到灌溉、排水及其他用水目的而在渠道上修建的水工建筑物。在灌溉与排水工程建设中，蓄水、引水等枢纽工程，只有与渠系工程配套使用，才能达到兴利的目的，故渠系建筑物又称灌区配套建筑物。灌区工程配套是挖掘现有灌溉设施潜力、发挥工程效益的重要措施。土地开发整理项目中的渠系建筑物主要包括：水闸、渡槽、倒虹吸、农桥、涵洞、跌水、陡坡、量水设施等七种不同类型。其中水闸按其所承担的任务，可分为节制闸、分水闸和排水闸等；按闸室结构分类，可分为开敞式和涵洞式两种；闸门根据材料可分为钢闸门、钢筋混凝土闸门和铸铁闸门等类型。然后根据各类型计算单位工程量，至此才能进行直接工程费预算编制。其他渠系建筑物可根据需要进行分类，分解到分项工程。

（六）泵站及输配电工程

泵站工程及输配电工程是利用机电设备、管路及配套建筑物将水从低处提到高处的一种工程措施，根据灌排要求不同可采用灌溉泵站或排水泵站。土地开发整理项目中的泵站工程主要是中小型泵站，应根据装机流量与装机功率分等，如装机功率55kw小（2）型排水泵站，再根据设计图确定的泵房、泵室、进出水池、机组安装等组成内容编制直接工程费预算。输配电工程主要是农村电网线路架设工程，可直接按《标准》中定额子目计算直接工程费。

二、灌溉与排水工程工程量计算

工程量计算是工程施工费预算编制的重要环节，工程量计算的合理性和准确性直接影响工程施工费预算的准确性。依据灌溉与排水工程的主要内容，工程量计算主要包含单体工程涉及的土石方开挖、回填、夯实、浆砌石护砌、混凝土浇筑、管道安装、设备安装等各项工程量，现以沟渠、管道、渠系建筑物为例介绍工程量计算方法。

（一）沟渠系统工程量计算

1. 沟渠系统的分类。明沟渠一般分为梯形和U形两种类型。

（1）梯形沟渠：由于渠道过水断面和渠道沿线地面的相对位置不同，渠道断面有挖方断面、填方断面和半挖半填断面三种形式。

①挖方渠道断面结构。当沿渠地面高程高于设计水位而又不宜开挖隧洞时，需修建挖方渠道。挖方渠道必须保持边坡稳定，对于土渠来说，要选择合适的边坡；对于石渠，还必须注意岩层的结构和走向，防止坍塌，如图4－2所示。

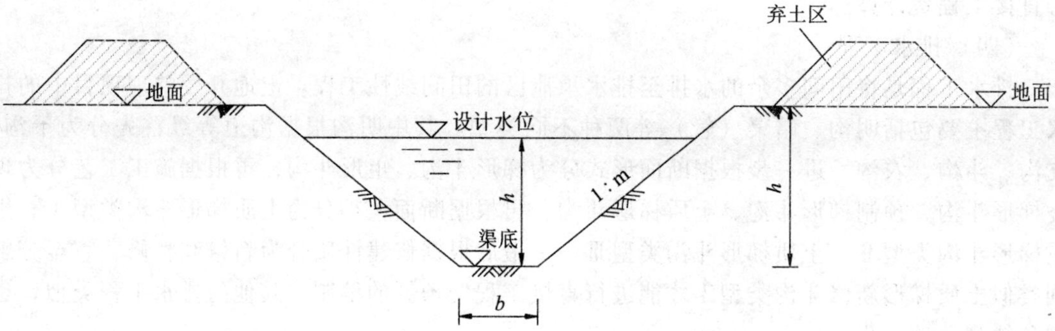

图4－2　挖方渠道断面形式

②填方渠道断面结构。填方渠道易于溃决和滑坡，因此要认真选择内、外边坡系数，严格控制施工质量。当填方高度大于3m时，应通过稳定分析确定边坡系数，有时需在外坡脚处设置排水的滤体。填方高度大于5m时，宜在其底部以上每隔5m设宽度不小于1.0m的戗道。填方渠道会发生沉陷，施工时应预留沉陷高度，一般增加设计填高的10%。在渠底高程处，堤宽应等于（5～10）h，根据土壤的透水性而定，h为渠道水深。填方渠道断面结构如图4－3所示：

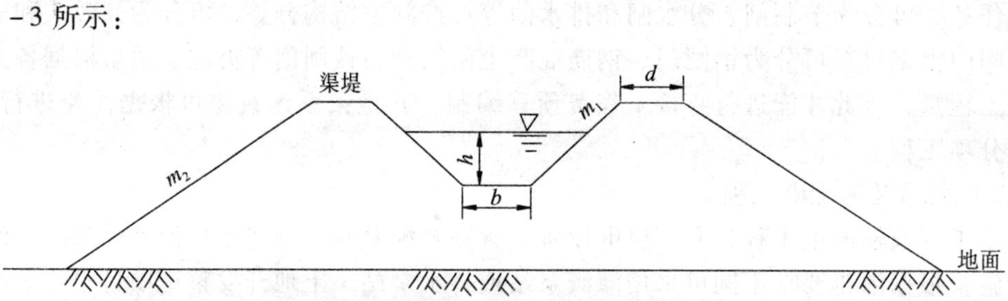

图4－3　填方渠道断面形式

③半挖半填渠道断面结构。支渠以下配水渠道，一般多采用半挖半填渠道。土地开发整理工程中多数梯形渠道采用该断面形式，当挖方量等于填方量（考虑沉陷影响，外加10%～30%的土方量）时，工程费用最少。挖填土方相等时的挖方深度x可按下式计算：

$$(b+m_1x)x=(1.1\sim1.3)2a(d+\frac{m_1+m_2}{2}a)$$

式中符号的含义如图4－4所示。系数1.1～1.3是考虑土体沉陷而增加的填方量，砂质土取1.1，壤土取1.15，粘土取1.2，黄土取1.3。

为了保证渠道的安全稳定，半挖半填渠道堤底的宽度 B 应满足以下条件：

$B \geq (5 \sim 10)(h - x)$

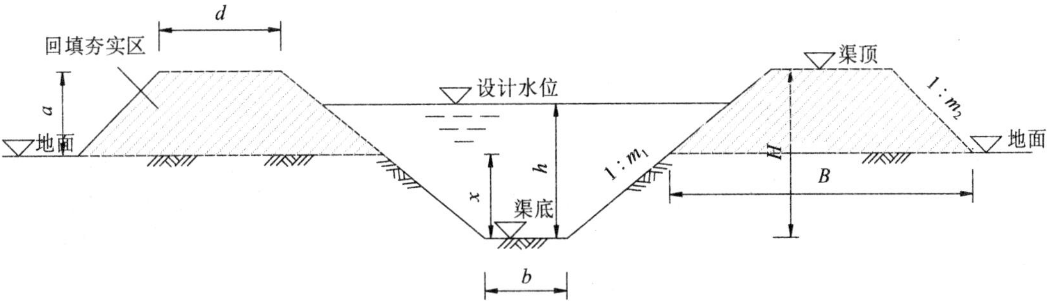

图 4－4　半填半挖渠道断面

（2）U 形沟渠：U 形断面接近水力最优断面，具有较大的输水输沙能力，占地较少，省工省料，而且由于整理性好，抵抗基土冻胀破坏的能力较强。因此，U 形断面在我国已广泛使用，一般适用于斗、农沟渠，多用预制混凝土。图 4－5 为 U 形断面示意图，下部为半圆形，上部为稍向外倾斜的直线段。直线段下切于半圆，外倾角 $\alpha = 5° \sim 20°$，随渠槽加深而增大。较大的 U 形渠道采用较宽浅的断面，深宽比 $H/B = 0.65 \sim 0.75$，较小的 U 形渠道则宜窄深一点，深宽比可增大至 1.0。U 形渠道的衬砌超高 a_1 和渠堤超高 a 可参考表 4－17 确定。

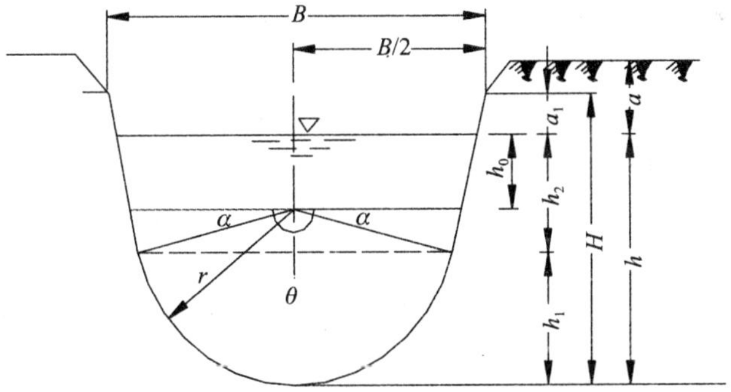

图 4－5　U 形断面

表 4－17　　U 形渠道衬砌超高和渠堤超高参数表

加大流量（m^3/s）	<0.5	0.5 ~ 1.0	1.0 ~ 10	10 ~ 30
a_1	0.1 ~ 0.5	0.15 ~ 0.2	0.2 ~ 0.35	0.35 ~ 0.5
a	0.2 ~ 0.3	0.3 ~ 0.4	0.4 ~ 0.6	0.6 ~ 0.8

2. 沟渠工程量的计算方法。

（1）土石方开挖工程量计算。在沟渠工程建设中土方开挖是最普遍的施工方法，主要包括各类沟渠地面以下的土石方开挖以及填方型梯形沟渠的土坯工程中的开挖部分。

梯形沟渠土方开挖工程量计算规则是开挖截面面积乘以开挖长度，以 m^3 计算。其计算公式为：

$$V=\frac{(a+b)\cdot H}{2}\cdot L$$

式中：V——开挖土石方体积，m^3；

a——开挖截面下底底宽，m；

b——开挖截面底上底宽，m；

H——开挖截面的高度，m；

L——开挖长度，m。

U 形沟渠土方开挖工程量计算规则是首先把 U 形分为两部分计算，上半部分是长方体，下半部分是半圆形体，长方体面积 = 长 × 宽，半圆形体面积 = $\pi r^2/2$，把两个计算出的面积相加，其和乘以沟渠长度就是土方开挖量。

暗沟渠开挖一般采用矩形断面形式，由于埋在地下属于封闭沟渠，其土石方开挖截面有梯形和矩形两种，其工程量计算规则是开挖截面积乘以开挖长度，以 m^3 计算。矩形断面计算公式为：

$$V=a\cdot H\cdot L$$

式中：V——开挖土石方体积，m^3；

a——开挖截面的宽度，m；

H——开挖截面的高度，m；

L——开挖长度，m。

（2）土石方回填工程量计算。沟渠工程中土石方回填主要包括沟渠中地面线以上的土石方的填筑、夯实，渠道堤岸的修筑也往往采用土石方的回填砌筑，其工程量计算主要也是根据砌筑断面面积确定。

回填土工程有夯填和松填两种，应按设计要求分别以 m^3 为单位计算。

回填土体积 = 挖土体积 - 地坪以下埋设地砌筑量

其中，地坪以下埋设地砌筑量包括：砌筑物内涵空间体积，如涵工程中涵洞体积、直径不小于 500mm 地管道体积等。

（3）运土方工程工程量计算。土方工程中，对多余的土方需要运至指定点，回填土方不足时，要从指定地点取土回填。

沟渠工程中的土方运输一般都是“就地取材”，将多余的开挖土方就地堆放，用以道路工程的修筑或对田块的修缮，而回填所需的土石方主要来自于开挖部分及土地平整工程。

运土方以天然密实体积计算。沟渠槽及基坑挖出的土方是否全部运出，或只运填后的余土，应根据施工组织设计的要求计算。如果无施工组织设计时，可按下列公式计算：

余土运输体积 = 挖土体积 - 回填土体积

取土运输体积 = 回填土体积 - 挖土体积

土壤经开挖后，组织松散，体积比原来天然密实体积增大，因此，为了准确计算工程量，要乘以系数计算。系数由各地区自行规定。

用什么方式运土以及运距远近等，均应按施工组织设计规定，并套用相应的预算定额子目。

（4）砌体工程工程量计算。沟渠工程中的砌体工程主要包括沟渠的衬砌、垫层及堤岸的修筑等。按其施工材料的不同，可分为砌砖工程和砌石工程。

砌砖工程工程量一般按实体积或外形体积计算。多用于斗（农）沟渠及水工建筑物。其工程量计算公式：

$$V=(a\cdot H+S)\cdot L$$

式中：V——砌砖体体积，m^3；

a——砖砌体的宽度，m；

H——砖砌体的高度，m；

S——砖砌体放脚部分截面积，m^2；

L——砖砌体的长度，m。

砌石工程工程量一般按实体积或外形体积计算。有矩形和梯形两种截面类型，其工程量计算公式：

矩形截面：

$$V=a\cdot H\cdot L$$

式中：V——石砌体体积，m^3；

a——石砌体的宽度，m；

H——石砌体的高度，m；

L——石砌体的长度，m。

梯型截面：

$$V=\frac{(a+b)\cdot H}{2}\cdot L$$

式中：V——石砌体体积，m^3；

a——石砌体截面的下底宽，m；

b——石砌体截面的上底宽，m；

H——石砌体截面的高度，m；

L——石砌体的长度，m。

计算实砌体工程量时，不同砌筑砂浆标号应分别计算。

（5）混凝土及钢筋混凝土工程。沟渠工程中的混凝土工程主要包括沟渠边坡及底坡的砼衬砌等，一般情况下，渠道的护砌主要采用（钢筋）混凝土护砌，而排水沟主要采用人工夯实，较少采用混凝土护砌。

混凝土及钢筋混凝土工程量一般均按实体积计算，以 m^3 为单位计算。

预制板体积 = 板长 × 板宽 × 板厚

现浇砼及钢筋砼体积 = 现浇截面面积 × 高度

在现浇钢筋砼构件设计图中，一般均附有“钢筋材料表”，材料表内列有钢筋型式、长度和重量。计算钢筋图示用量时，则应依据构件大样图中的有关尺寸和有关规定，分别计算各种规格钢筋的总长度，再乘以单位长度的理论重量，最后求出总重量。钢筋长度的计算方法：

①直钢筋长度的计算：

无弯勾直钢筋长度 = 构件长度 - 两端保护层厚度

有弯勾直钢筋长度 = 构件长度 - 两端保护层厚度 + 两端弯勾长度

②钢筋弯勾长度的计算：

半圆弯勾的弯勾长度为6.25d（d为钢筋直径），直弯勾长度为3.5d，斜弯勾长度为8.5d。

钢筋的砼保护层厚度，应按设计规定，如设计无规定时，按相关规范中钢筋保护层厚度规定计算。

在计算混凝土及钢筋砼的实体积时，不扣除钢筋、铁件和螺栓所占体积。

（二）管道地槽工程量计算

管槽的断面形式根据现场土质、地下水位、管材种类和规格、最大冻土层深度以及施工方法确定。目前管道铺设多采用沟埋式，其断面形式主要有矩形、梯形和复合式三种（见图4－6）。土地开发整理工程中管道地槽多采用矩形断面形式。管槽的底部开挖宽度和深度一般按下式计算：

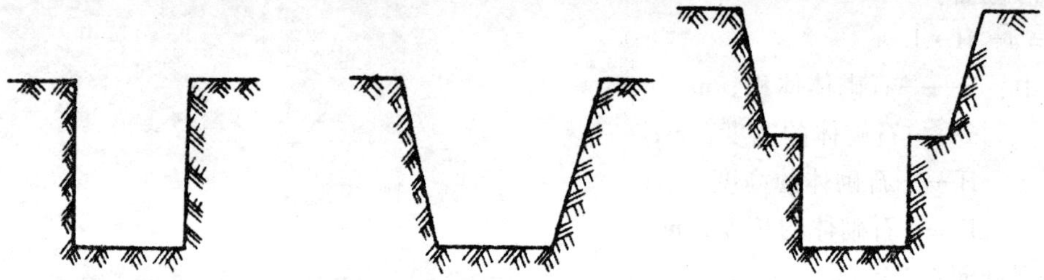

(a)　(b)　(c)

（a）矩形断面；（b）梯形断面；（c）复式断面

图4－6　管槽断面形式

D≤200mm 的管材　$B = D + 0.3$

D＞200mm 的管材　$B = D + 0.5$

$H \geq D + h + 0.1$

式中：B——管槽底部宽度，m；

D——管子的外径，m；

H——管槽的开挖深度，m；

h——最大冻土深度，m。

管槽的开挖深度除满足以上条件外，还应满足外载结构设计要求，如对于塑料管，其最小埋深不能小于0.7m。人工开挖并将土抛于槽边的管槽壁的最大允许坡度可参考表4－18。

表4－18　管槽最大允许坡度

土质	砂土	亚砂土	亚粘土	粘土	含砾石卵石土	泥碳岩白垩土	干黄土	石槽
边坡坡度	1:1.0	1:0.67	1:0.5	1:0.33	1:0.67	1:0.33	1:0.25	1:0.05

注：1. 表中砂土不包括细砂和粉砂，干黄土不包括类黄土。

2. 在个别情况下，如有足够依据或采用机械挖槽，均不受此表限制。

管槽工程量主要包括土石方的开挖和回填，其工程量计算规则是开挖截面积乘以开挖长度，以 m^3 为单位计算。其计算方法与沟渠土石方工程的计算方法类似。

（三）渠系建筑物工程量计算

1. 水闸。水闸是一种利用闸门的启闭来调节水位、控制流量的输配水交叉建筑物，具有挡水和泄（引）水的双重功能，在土地开发整理工程中防洪、灌溉、供水、治涝的应用十分广泛。

（1）水闸按所承担的任务可分为以下几类：

①进水闸（又叫取水闸）。常在天然河道、水库或天然湖泊的岸边及灌溉引水渠道的首部建造，用于引水，并控制引水流量，以满足农田灌溉或其他用水需要。位于干渠首部的进水闸，又称渠首闸。位于支渠首部的进水闸，常被称为分水闸。位于斗、农渠首部的进水闸，常称斗门、农门。

②节制闸。横跨河道或渠道，并位于干、支、斗渠分水门的下游。用于在枯水期抬高水位，以满足上游取水的需要；在洪水期提闸泄水，控制下泄流量，以保证下游河道安全；或根据下游用水需要调节放水流量。

③分水闸。建在上级渠道向下级渠道分水的地方，上级渠道的分水闸就是下级渠道的进水闸，斗、农渠的进水闸惯称为斗门、农门。分水闸的作用是控制和调节向下级渠道的配水流量。

④冲沙闸（又叫排沙闸）。多建在多泥沙河流上的引水枢纽或渠系中沉沙池的末端，也可设在引水渠内布置有节制闸的分水枢纽处，并常与节制闸并排布置，用于排除进水闸、节制闸前河道或渠系中沉积的泥沙，防止闸前河段或渠道的淤积，也可利用泄水闸排沙。

⑤排水闸。常建于江河沿岸，用于在外河水位高时关闸以防外河水倒灌，外河水位较低时开闸排除其附近低洼地区的积水，使农田不受涝渍。因此，排水闸具有闸身高度较大而闸底板高程较低的特点，且受双向水头作用。

⑥挡潮闸。建在入海口附近河道上，涨潮时关闭，防止海水倒灌，退潮时开闸泄水，具有双向挡水的特点。

土地开发整理项目中最为常用的水闸是进水闸、节制闸和分水闸三种类型，其他类型的水闸只在个别项目中出现。

（2）节制闸工程量计算。节制闸的设计应该根据各地的实际情况，结合《标准》，运用各个分项工程的计算公式对工程量进行计算。

工程量计算结果如表 4－19 和图 4－7 至图 4－9 所示。

表 4－19　　节制闸工程量表

土方开挖	土方回填	M5 浆砌石护底	M5 浆砌块石护坡	M10 浆砌块石挡土墙	干砌块石护坡	干砌块石护底	C25 钢筋砼底板	C25 钢筋砼闸墩	C25 启闭机台排架	C30 钢筋砼闸门	钢筋
$168m^3$	$102m^3$	$1.42m^3$	$12.96m^3$	$28.14m^3$	$6.48m^3$	$0.99m^3$	$2.46m^3$	$3.6m^3$	$1.49m^3$	$0.33m^3$	456.8kg

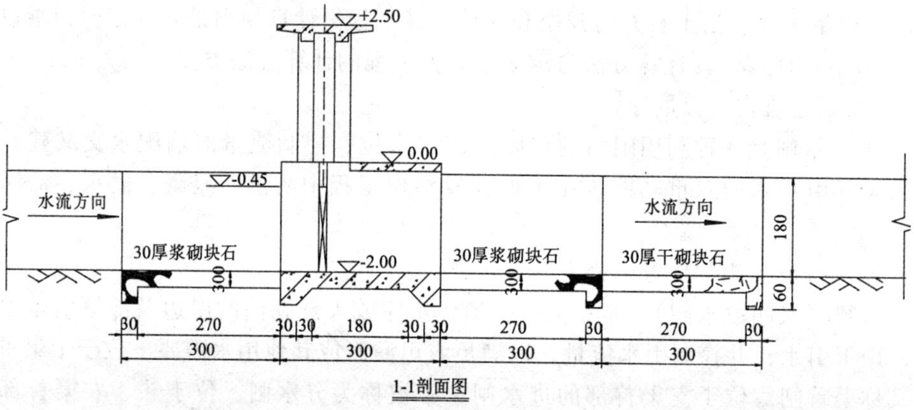

图 4－7　节制闸纵剖面图

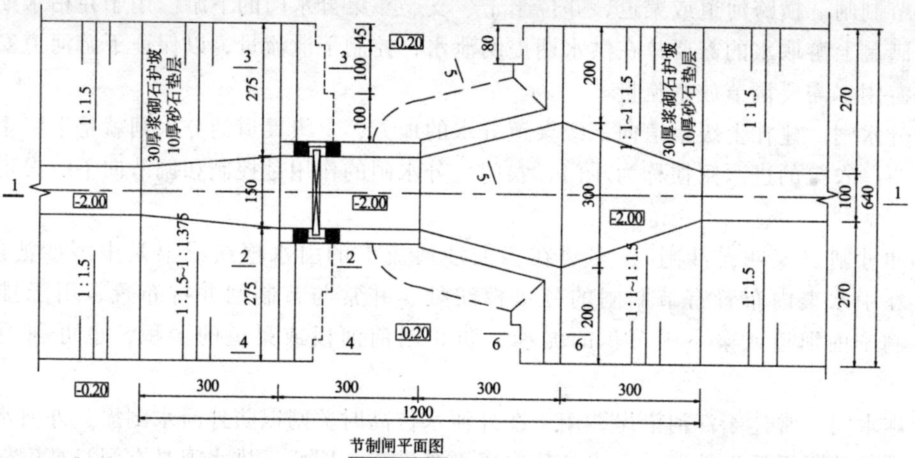

图 4－8　节制闸平面图

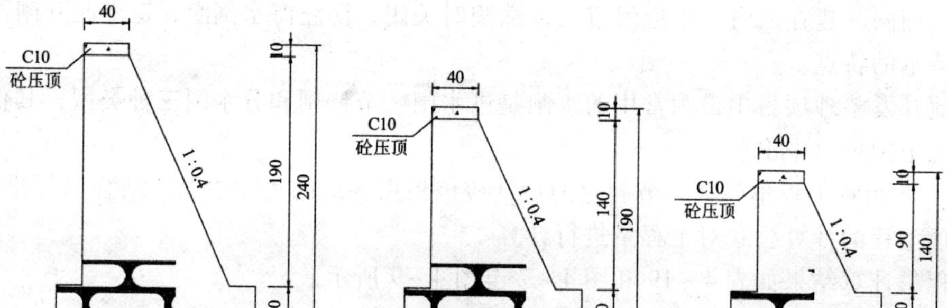

图 4－9　节制闸主要剖面图

说明：

①图中尺寸单位为 cm，高程单位为 m。

②水泥砂浆标号：护坡、护底为 M5，挡土墙为 M10；混凝土标号：垫层、压顶为 C10，闸门为 C30，其余为 C25。

③闸门采用预制钢筋砼平板闸门，配 30KN 螺杆式启闭机。

配筋明细计算结果如表 4－20 和图 4－10 至图 4－11 所示。

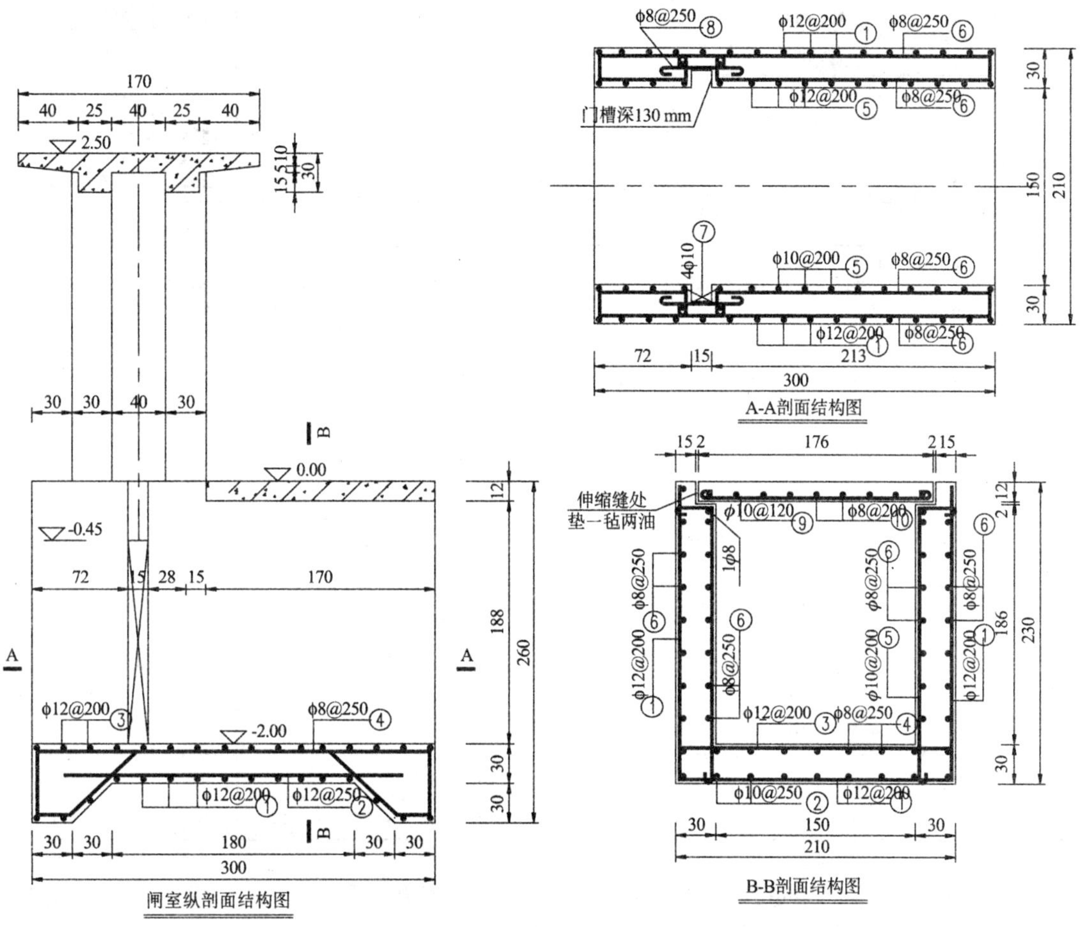

图 4－10　闸室配筋图

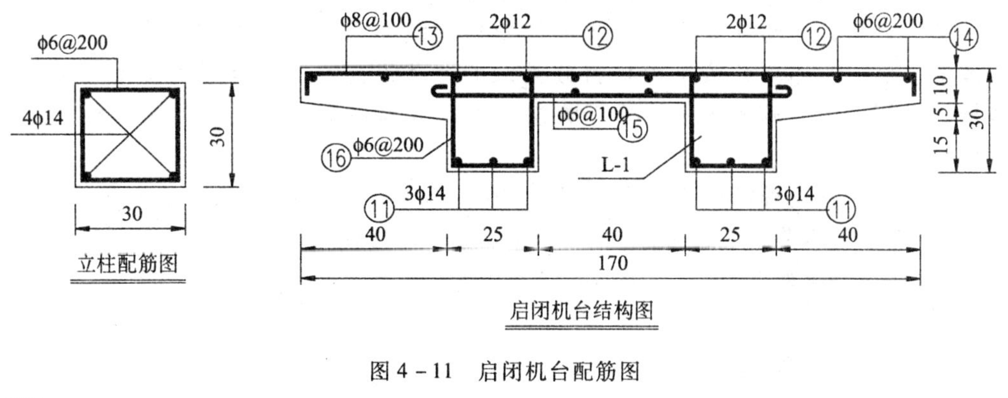

图 4－11　启闭机台配筋图

说明：

①图注尺寸单位为 cm，钢筋直径为 mm。

②Φ 为 I 级钢筋，Φ 为 II 级钢筋。

③闸室部分保护层厚度 4cm，梁、柱 3.5cm，板 2.5cm。

④排架柱钢筋伸入闸墩长度为 36d。

表 4－20　　　　闸室钢筋明细表

部位	编号	直径	间距 (mm)	图示	根数	根长 (cm)	总长 (m)	总重 (kg)
闸室	1	12	200	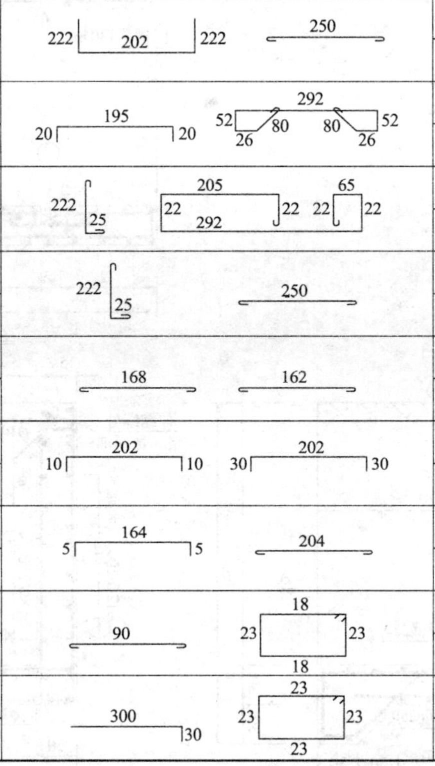	16	646	103.36	91.78
	2	10	250		9	265	23.85	14.72
	3	12	200		16	235	37.60	33.39
	4	8	250		9	608	54.72	21.61
	5	10	200		32	257	82.24	50.74
	6	8	250		16	650	104.00	41.08
	7	10			4	260	10.40	6.4
	8	8	250		16	65	10.40	4.1
桥板	9	10	120		15	180	27.0	16.66
	10	8	200		9	172	15.48	6.12
启闭机台	11	14			6	222	13.32	16.12
	12	12			4	262	10.48	9.31
	13	8	100		21	174	36.54	14.43
	14	6	200		10	212	21.20	47.1
	15	6	100		21	98	20.58	4.57
	16	6	200		16	90	14.40	3.20
	17	14			16	330	52.80	63.89
	18	6	200		52	100	52.00	11.55

2. 渡槽。渡槽是渠道跨越河流、渠沟、洼地、道路等的架空输水建筑物，由槽身、支承结构、基础及进出口建筑物等部分组成。渠道通过进出口建筑物与槽身相连接，槽身置于支承结构上，槽身重及槽中水重通过支承结构传给基础，再传至地基。按槽身断面型式分类，主要有 U 形槽、矩形槽及抛物线形槽等；按支承结构分类，主要有梁式渡槽、拱式渡槽等；按所用材料分类，主要有砖石渡槽、混凝土渡槽、钢筋混凝土渡槽、钢筋网水泥渡槽等；按施工方法不同，分为现浇整体式、预制装配式及预应力渡槽。

渡槽的设计应该根据各地的实际情况，结合《标准》，运用各个分项工程的计算公式对工程量进行计算。本节以单跨钢筋混凝土矩形渡槽为例计算。

工程量计算结果如表 4－21 和图 4－12 至图 4－14 所示。

表 4－21　　　　渡槽工程量表

土方开挖	土方回填	M5 浆砌块石护底	M5 浆砌块石护坡	M10 浆砌块石挡土墙	C15 砼压顶	C25 钢筋砼槽身	钢筋	止水橡皮
86m^3	49m^3	3.21m^3	11.25m^3	21.04m^3	0.86m^3	2.24m^3	286kg	1.02m^2

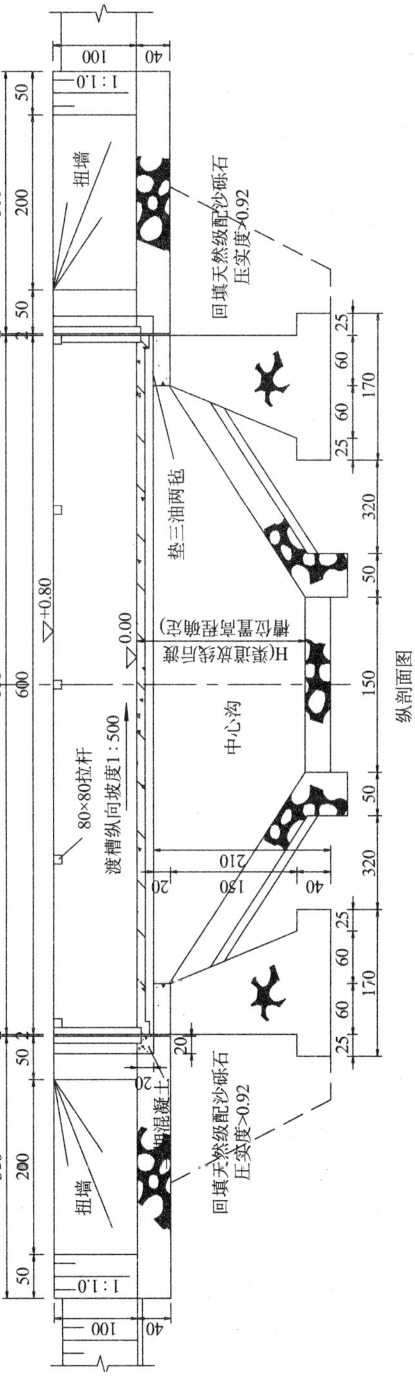

图 4－12　渡槽平面图

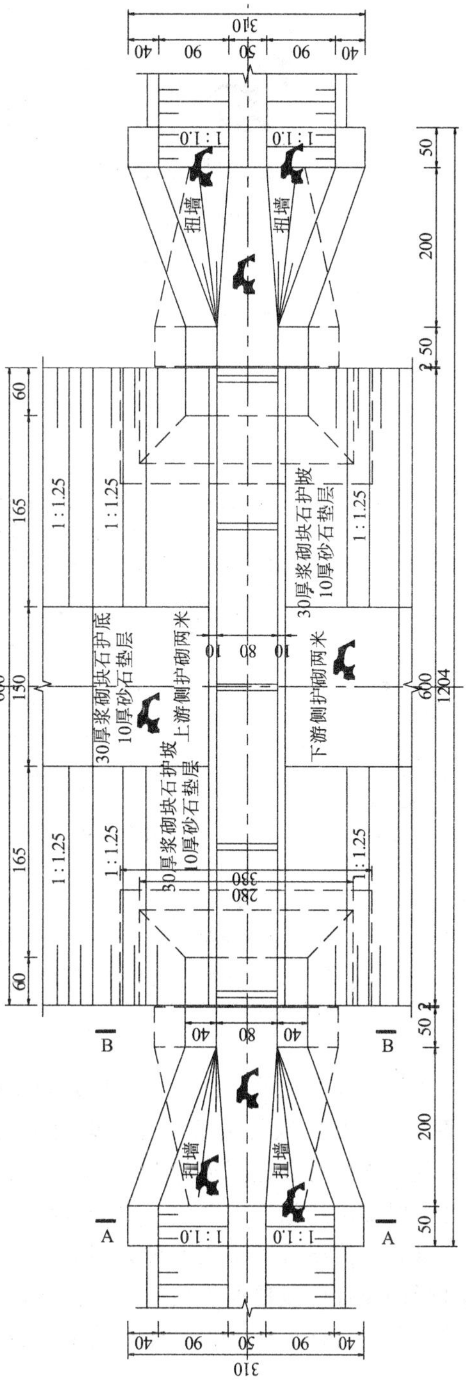

图 4－13　渡槽纵剖面图

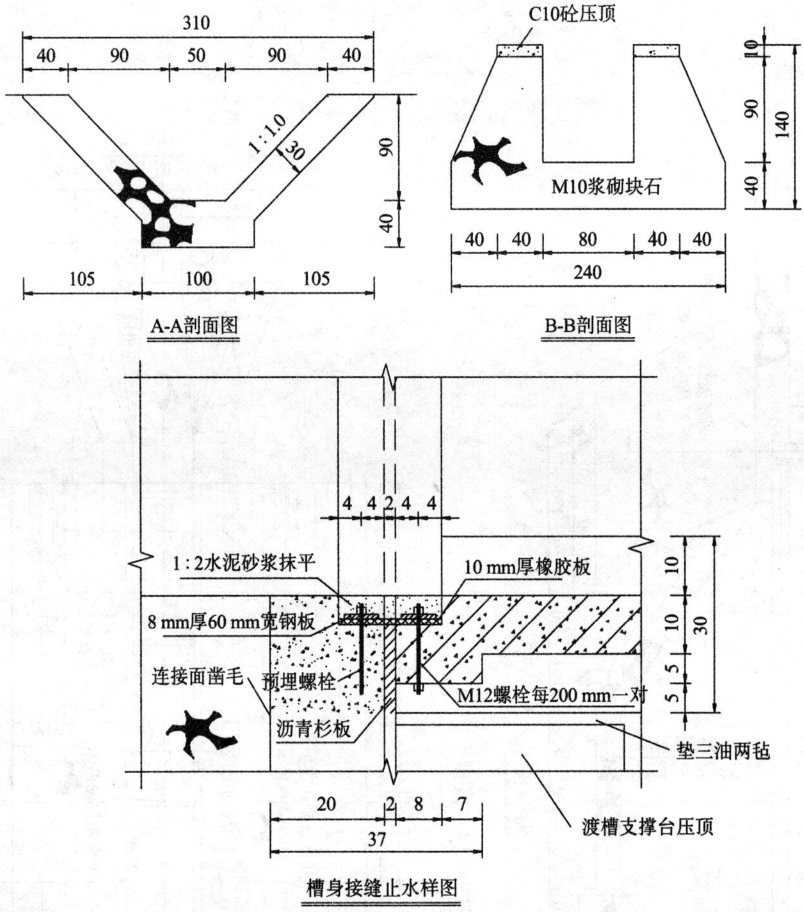

图 4 - 14　渡槽工程主要剖面图

说明：

①图中尺寸标注单位为 cm，高程单位为 m。

②水泥砂浆标号：护坡、护底为 M5，挡土墙为 M10；混凝土标号：垫层、压顶为 C10，其余为 C25。

③渡槽基础应落于老土上，地基承载力应大于 100kpa。

④渡槽净高为水深 + 30cm。

配筋明细计算。配筋明细计算结果如表 4 - 22 和图 4 - 15 所示。

3. 倒虹吸。倒虹吸管是指设置在渠道与河流、山沟、谷地、退路等相交叉处的压力输水管道，其管道的特点是两端与渠道相接，而中间向下弯曲。倒虹吸管的组成，一般分为进口段、管身段和出口段三大部分。根据管路埋设情况及高差的大小，倒虹吸管通常可分为竖井式、斜管式、曲线式和桥式四种类型。

倒虹吸的设计应该根据各地的实际情况，结合《预算定额》，运用各个分项工程的计算公式对工程量进行计算。工程量计算结果如表 4 - 23 和图 4 - 16 至图 4 - 18 所示。

表 4－22　　渡槽钢筋用量表

部位	编号	直径	间距(mm)	图示	根数	根长(cm)	总长(m)	总重(kg)
槽身	1	16		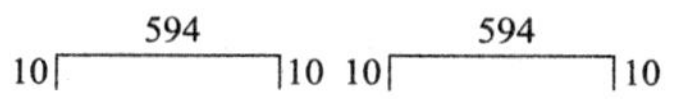	8	614	49.12	77.61
	2	12			4	614	24.56	21.81
	3	6	150	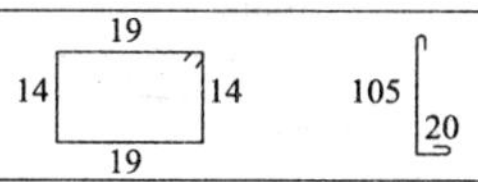	41	73	29.93	6.64
	4	8	100		122	135	164.7	65.06
	5	8	100		122	105	128.1	50.56
	6	8	150		8	604	48.32	19.09
	7	8	100		122	40	48.8	19.28
	8	6	200		10	602	60.2	13.36
	9	10			12	157	18.84	11.63
	10	6	150		18	23	4.14	0.92

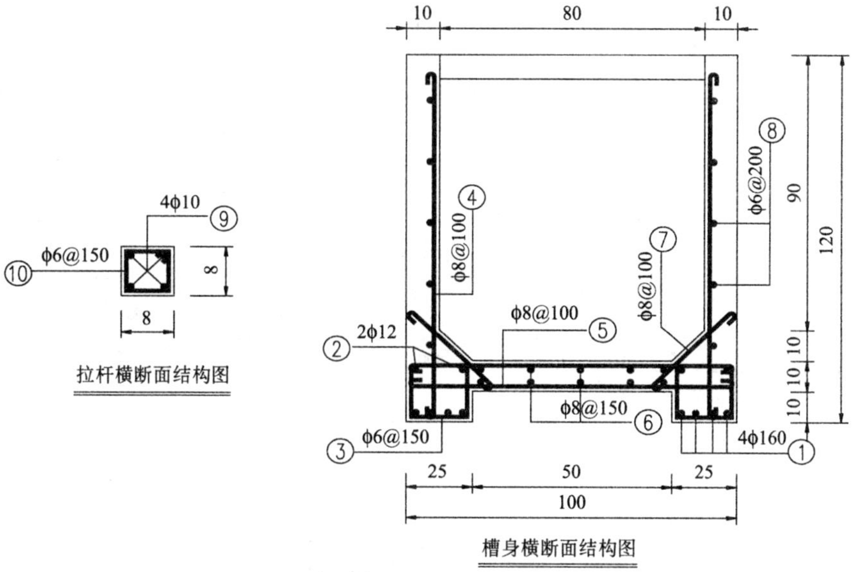

图 4－15　渡槽配筋图

说明：

①图注尺寸单位为 cm，钢筋直径为 mm。

②Φ 为Ⅰ级钢筋，Φ 为Ⅱ级钢筋。

③保护层厚度为 2.5cm。

表 4－23　　倒虹吸工程量表

名称	承插式涵管直径	洞长	挖方	填方	浆砌石挡土墙	浆砌石底板	C10 砼基础	C10 砼压顶
	cm	cm	m^3	m^3	m^3	m^3	m^3	m^3
倒虹吸	φ80	700	22.50	15.50	15.64	3.70	1.26	0.46

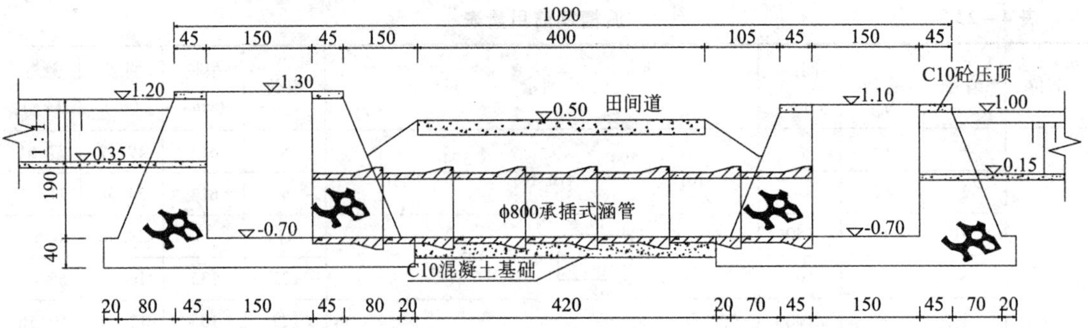

图 4－16　倒虹吸剖面图

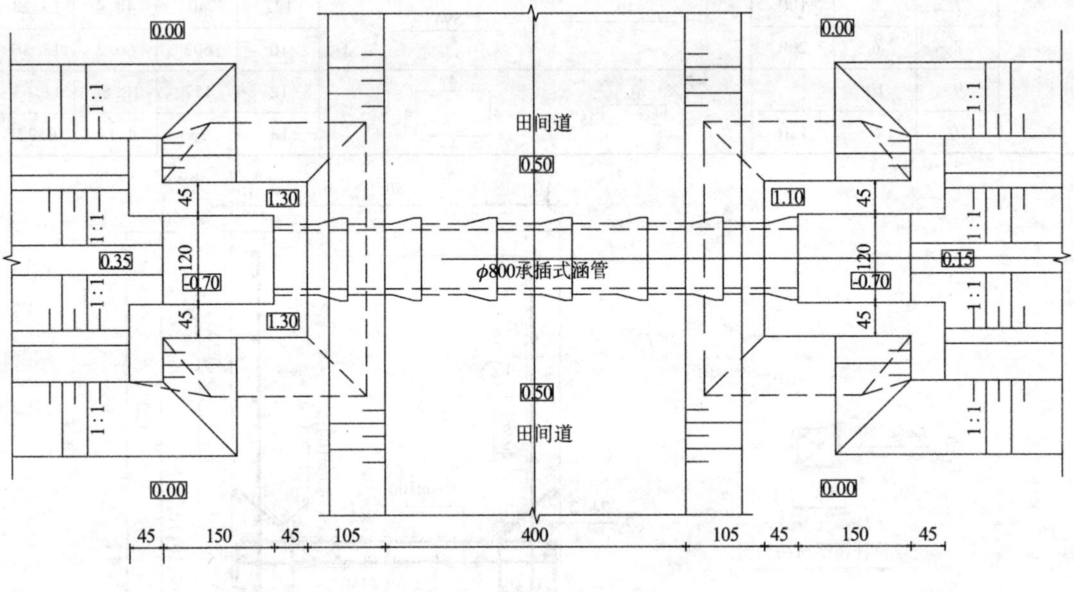

图 4－17　倒虹吸平面图

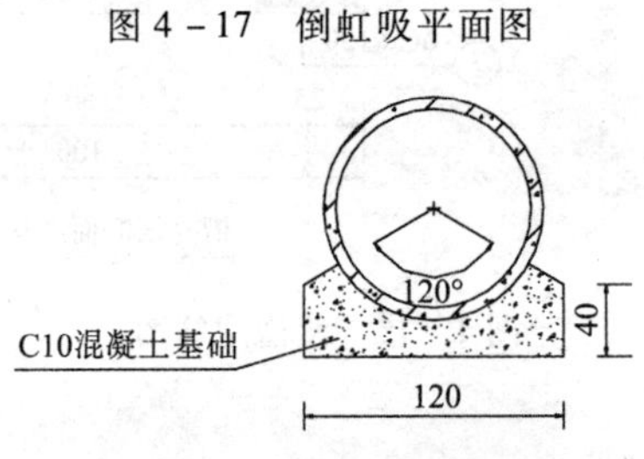

图 4－18　管座基础图

说明：

①本图为渠道过田间道倒虹吸设计图。

②图中高程为相对高程，以田面高程为 ±0.00，单位为 m；尺寸单位为 cm。

③材料标号：涵管为 φ800 承插式 C20 预制砼涵管，涵管护底、压顶均为 C10 砼，浆砌石挡土墙用 M10 水泥砂浆砌筑，护底为 M5 水泥砂浆砌筑。

4. 涵洞。涵洞是指渠道与道路、溪沟、谷地等进行交叉时，为了输送渠道水流或排泄溪谷中的来水，而在道路或填方渠道下面修建的交叉建筑物。这种输水涵洞与排水涵洞，一般不设置闸门、通常所说的涵洞主要是指这两种。

涵洞的类型较多，一般可以按洞内水流条件、断面型式、涵洞的作用及建筑材料等将其分为不同的型式。按照涵洞断面型式，可分为圆管涵、盖板涵、拱涵和箱形涵等几种。

（1）圆管涵。圆管涵是涵洞中较常见的一种形式，其水流条件和受力条件较好时，有压、无压均可以采用，主要优点是构造简单、工程量较小、施工方便。当泄流量较大时，可以采用双管或多管的布置型式。这种涵洞多用砼或钢筋砼修建。

（2）盖板涵。盖板式涵洞的断面为矩形或方形，由底板、侧墙和盖板组成。底板和侧墙一般采用浆砌石或混凝土做成，盖板一般为预制钢筋混凝土板。

设计时，可以将盖板和底板视为侧墙的支撑，考虑填土的抗力，以减少工程量。按照地基条件的好坏，可将底板分为整体式和分离式两种，盖板的厚度，一般为路径的 1/5 ~ 1/12，盖板设置 2% 坡度向两侧倾斜，以便于排水。

（3）拱涵。拱形涵洞由内拱圈、侧墙和底板组成，其特点是受力条件较好，对于填土较高、跨度较大和泄流量较大的明流涵洞较为适用。拱涵的底板，分为整体式和分离式，一般可以根据地基条件和跨度的大小选定。有时为了改善整体式底板的受力条件，将其做成反拱式底板。

（4）箱形涵。这种涵洞的断面为矩形，为四周封闭的钢筋砼整体结构，对于地基的不均匀沉陷适应性较好，随着水深度增加，涵洞的泄流能力增加较为显著，对于明流涵较为有利。箱形涵适用于洞顶填土较厚、洞跨较大、地基条件较差的无压或低压的情况。洞身可以直接敷设在砂石地基和砌石、混凝土垫层上。小跨度的箱涵，可以采用分段预制、现场安装的方法。

此外，按照涵洞的作用不同，可将其分为输水涵洞与排水涵洞；按照涵洞的建筑材料，又可分为钢筋混凝土涵、混凝土涵、石涵和砖涵等。

涵洞的设计应该根据各地的实际情况，结合《预算定额》，运用各个分项工程的计算公式对工程量进行计算。工程量计算结果如表 4 – 24 和图 4 – 19 至图 4 – 21 所示。

表 4 – 24　　涵洞工程量表

涵长（m）	宽度 b（m）	高度 h（m）	土方开挖（m^3）	土方回填（m^3）	浆砌石挡土墙（m^3）	浆砌石护坡（m^3）	浆砌石底板（m^3）	C25 砼盖板（m^3）	钢筋（Kg）
4.60	0.60	0.80	6.24	3.74	11.53	1.36	1.55	0.59	22.02

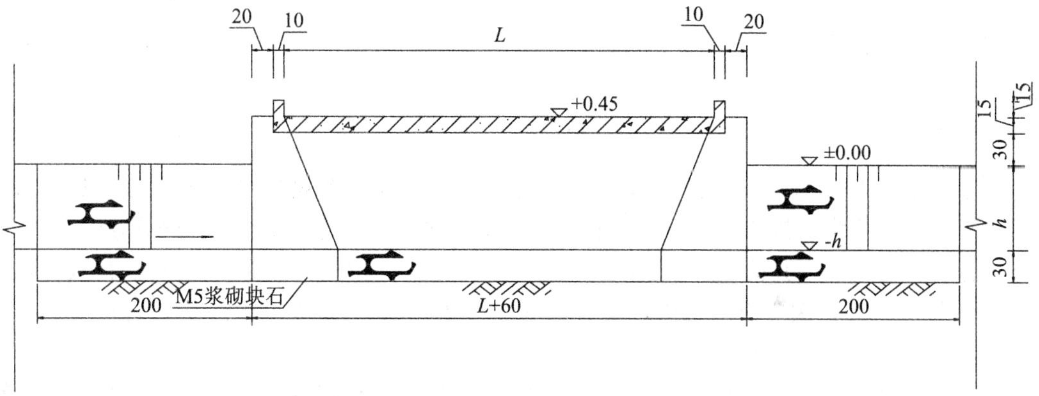

图 4 – 19　涵洞纵剖面图

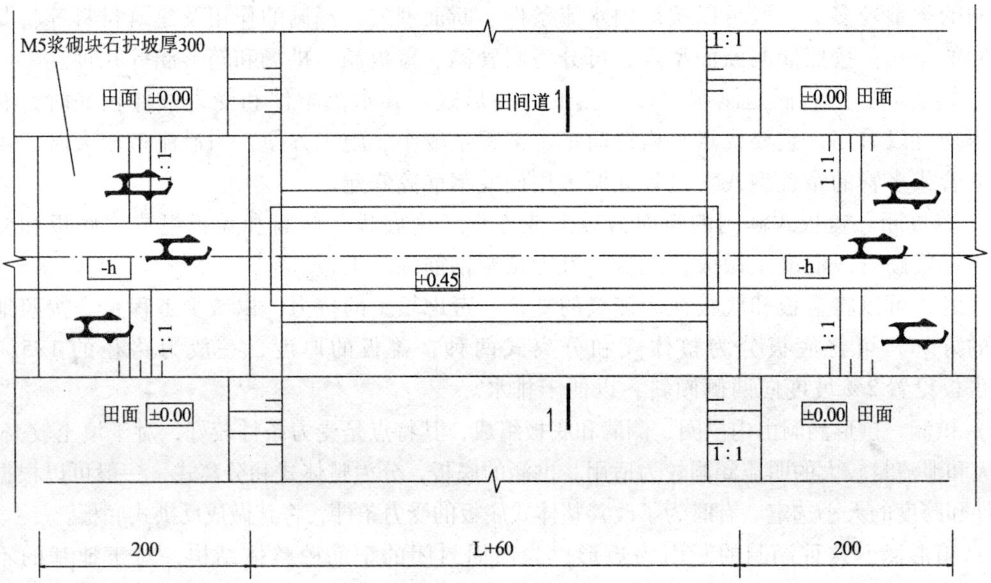

图4-20 涵洞平面图

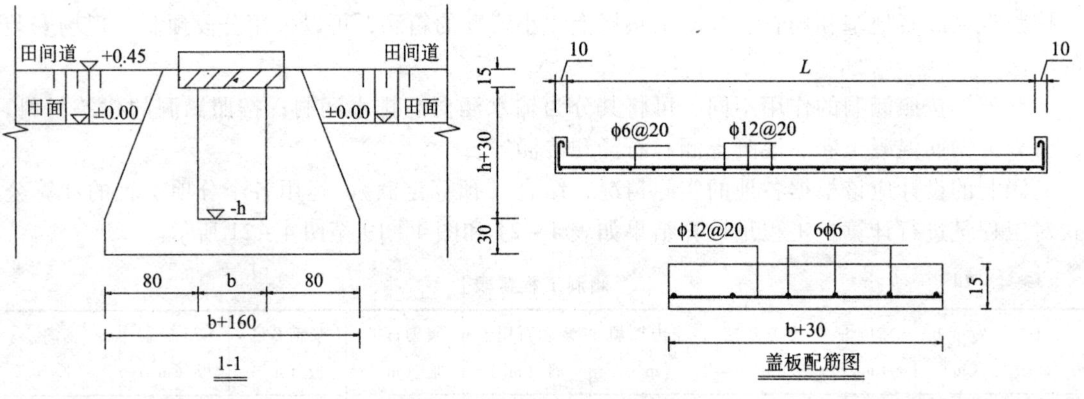

图4-21 涵洞特征断面剖面图

说明：

①图中尺寸单位以cm计，高程单位为m。

②图示按4m宽桥面绘制。

③桥面设计荷载为汽-10级。

④水泥砂浆标号：挡土墙为M10，底板和护坡为M5。

5. 农桥。农桥是重要的灌排渠系交叉构筑物，在灌排渠系规划中应用十分广泛，按照通行功能分类可分为机耕桥和人行桥两种，其荷载标准一般低于公路桥梁荷载标准，但随着农村经济建设的发展，其荷载标准在设计时应适当提高，其中主要田间道机耕桥荷载标准一般可采用汽-20级，次要田间道机耕桥荷载标准可采用汽-10级，生产路人行桥荷载标准可采用拖-10级或按相应规范选取人群荷载。

由于各级道路上的农桥具有量大面广、型式相近等特点，因此定型设计和装配式结构应用较多。

农桥的设计应该根据各地的实际情况，结合《标准》，运用各个分项工程的计算公式对工程量进行计算。

工程量计算结果如表 4－25 和图 4－22 至图 4－24 所示。

表 4－25　　**工程量表**

类别	跨度 L	高度 B	宽度 H	土方开挖	土方回填	C10 砼垫层	M7.5 浆砌块石桥台	C25 砼台帽	C30 桥面铺装层	C25 钢筋砼桥板
	cm	cm	cm	m^3	m^3	m^3	m^3	m^3	m^3	m^3
农桥	300	170	400	44.8	35.4	2.01	20.82	1.14	0.79	3.68

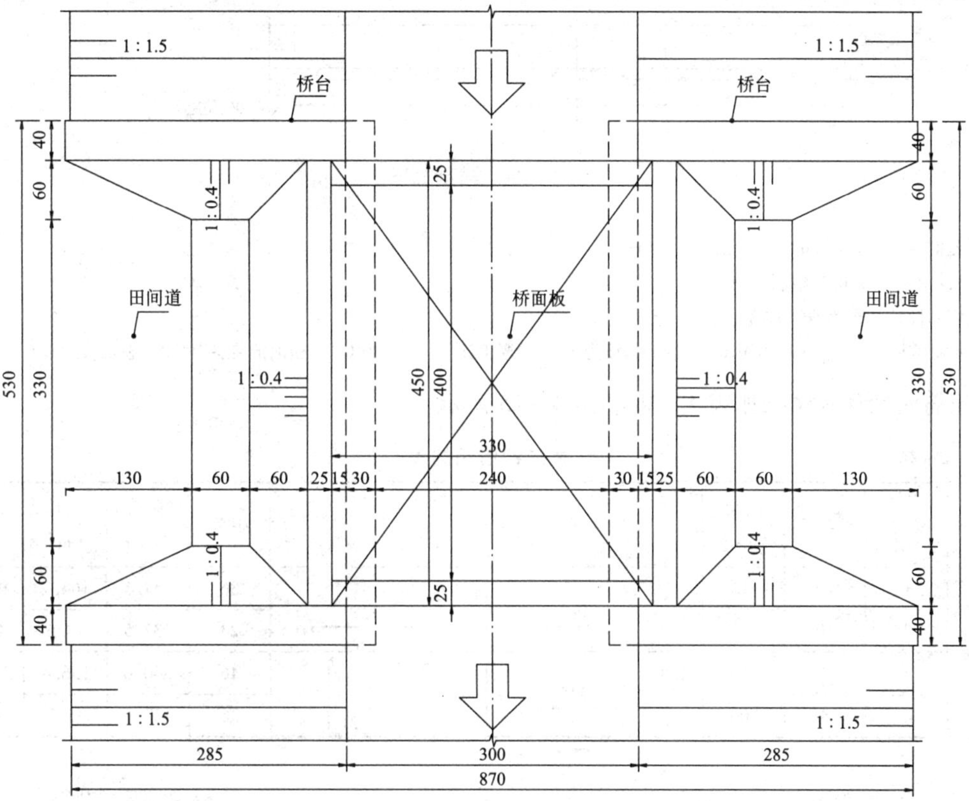

图 4－22　平面图

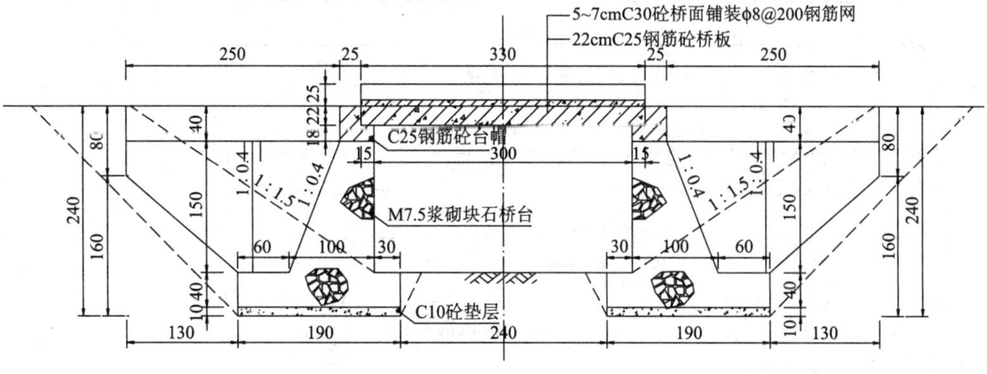

图 4－23　纵剖面图

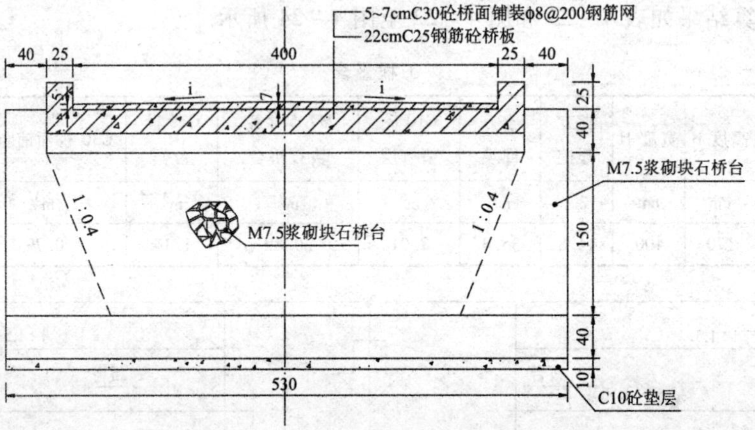

图 4 – 24　横剖面图

说明：

①图中尺寸单位以 cm 计，高程单位为 m。

②图示按 4m 宽桥面绘制。

③桥面设计荷载为汽 – 10 级。

④水泥砂浆标号：挡土墙为 M10，底板和护坡为 M5；混凝土标号：垫层为 C10，桥面铺装层为 C25，桥面板为 C30。

配筋明细计算结果如表 4 – 26 和图 4 – 25 所示。

表 4 – 26　　　　　　　　　　桥的钢筋明细表

部位	编号	直径	间距（mm）	图示	根数	根长（cm）	总长（m）	总重（kg）
桥面板	1	10		1：445	36	457.5	164.7	101.6
	2	10		2：325	23	337.5	77.6	47.9
	3	12	150	3：325	46	340.0	156.4	138.9
	4	6	100	4：42，21	36	127.0	45.7	10.15

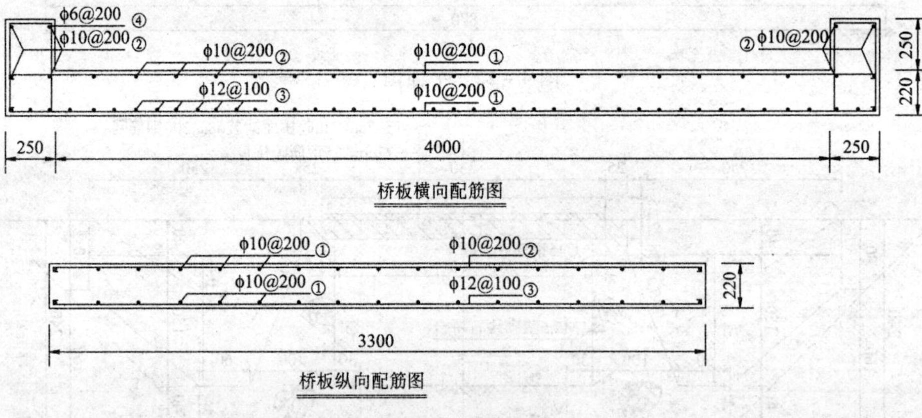

图 4 – 25　桥板配筋图

说明：

①本图尺寸单位为 cm；

②土方回填相对密度不小于 0.65。

6. 跌水与陡坡。渠道经过地面有天然陡坎或坡度过陡的地段时，为了避免大填方或深挖方，一般根据实际地形状况，将高程差适当集中，而修建落差建筑物，以连接上下游渠道。落差建筑物主要有跌水与陡坡两种。

跌水是使水流自跌水口自由跌落到下游消力池的建筑物。根据上下游渠道间跌差（上下游水位差）的大小，跌水分为单级跌水和多级跌水两种形式。一般单级跌水的跌差小于3～5m，超过此值时，宜采用多级跌水，二者的构造基本相同。

陡坡是建在地形过陡的地段，用于连接上下游渠道的倾斜渠槽，由于该渠槽的坡度一般陡于临界坡度而得名。陡坡的落差、比降，应根据地形、地质以及沿渠调节分水需要等进行确定。一般陡坡的落差比跌水大，陡坡的比降不陡于1:1.5。陡坡段的横断面型式主要有矩形和梯形，梯形断面的边墙可以做成护坡式。

7. 蓄水池。蓄水池主要是指蓄积雨水的池子，在水资源缺乏的地区，人们通过雨水汇集的工程措施，拦蓄夏秋之水灌溉春天的耕地，它是雨水集蓄技术的一种。目前成熟的雨水集蓄工程大致分为水窖、旱井、蓄水池、涝池、塘坝等。

渠系建筑物除了土石方开挖工程量计算方法外，其他计算方法基本上与沟渠工程类似，在此不再赘述。

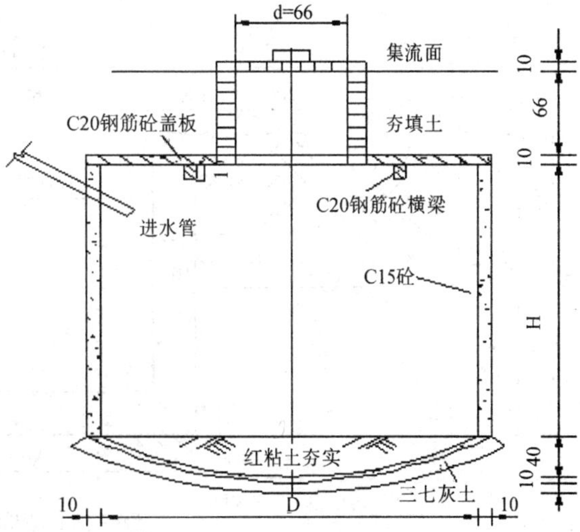

图4-26　蓄水池横断面图

蓄水池的设计应该根据各地的实际情况，结合《预算定额》，运用各个分项工程的计算公式对工程量进行计算。砼蓄水池底部反拱和池壁为现浇砼，标号C15，在砼表面抹砂浆0.5～1.5cm，横梁为钢筋砼，盖板为铁丝网预制砼，标号C20。池颈为砂浆抹面，反拱底部地基用三七灰土翻夯，其结构如图4-26和表4-27所示。

表4-27　圆柱形蓄水池工程量表

容积（m^3）	直径（m）	壁厚（cm）	窖深（m）	挖方（m^3）	填方（m^3）	砼（m^3）
15	2.5	10	3.1	24.9	4.22	3.72
20	2.5	10	4.1	29.8	4.22	4.52
25	3.0	10	3.6	39.0	6.84	5.16
30	3.0	10	4.3	44.6	6.84	5.85

三、灌溉与排水工程的定额选取与子目套用

土地开发整理项目灌溉与排水工程的预算编制应选用《标准》。对于《预算定额》中未包括的定额子目可参照其他行业定额标准，制定补充定额子目。

四、灌溉与排水工程施工费预算编制示例

［**例4－3－1**］ 灌溉与排水工程包括的分项工程类型众多，无法一一穷举，但不管哪种类型的分项工程，计算原理均一致。以灌溉与排水工程中最为常见的新修斗渠为例，说明灌溉与排水工程施工费的计算过程。本次选取某土地综合整治项目为例，分析新修斗渠工程施工费的计算过程。

（一）确定工程量

根据专家最终审定的设计图册，直接从规划图中统计新修斗渠总长。本项目新修斗渠3条，总长1702.42米。根据《预算定额》中的工程量计算规则和有关要求，结合单体设计图（见图4－27），可计算出新修斗渠单位工程量。

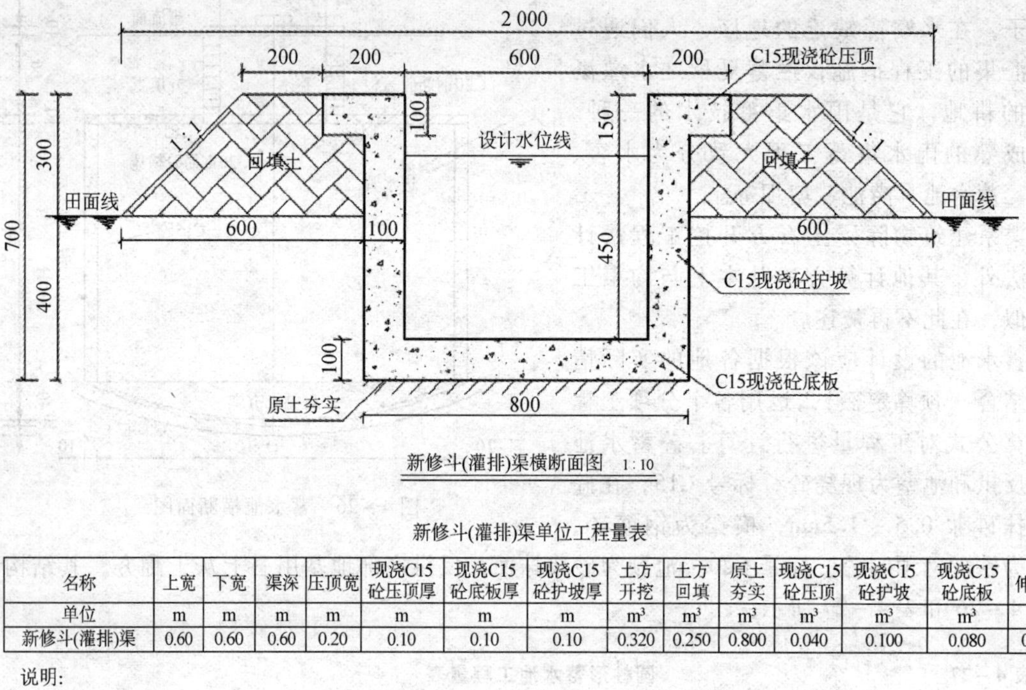

新修斗(灌排)渠横断面图　1:10

新修斗(灌排)渠单位工程量表

名称	上宽	下宽	渠深	压顶宽	现浇C15砼压顶厚	现浇C15砼底板厚	现浇C15砼护坡厚	土方开挖	土方回填	原土夯实	现浇C15砼压顶	现浇C15砼护坡	现浇C15砼底板	伸缩缝
单位	m	m	m	m	m	m	m	m^3	m^3	m^3	m^3	m^3	m^3	m^2
新修斗(灌排)渠	0.60	0.60	0.60	0.20	0.10	0.10	0.10	0.320	0.250	0.800	0.040	0.100	0.080	0.055

说明:
1. 本图单位为毫米；
2. 新修斗渠共计3条，总长1702.417米；新修斗灌排渠共计1条，总长181.690米。
3. 每隔4米设置沥青木板伸缩缝一道。

工程量计算:
1. 土方开挖: $0.80*0.40=0.320m^3$
2. 土方回填: $(0.30+0.60)\times0.3\times2/2-0.1\times0.1\times2=0.25m^3$
3. 原土夯实: $0.80\times1=0.80m^3$
4. C15现浇砼压顶: $0.2\times0.1\times2=0.04m^3$
5. C15现浇混凝土护坡: $0.5\times0.1\times2=0.10m^3$
6. C15现浇混凝土底板: $0.80\times0.10=0.08m^3$
7. 沥青木板伸缩缝: $(0.04+0.10+0.08)/4=0.055m^2$

图4－27　单体设计图

根据单体设计图中的单位工程量和新修斗渠的实物长度，可计算出项目新修斗渠明细工程量。如表4－28所示：

表 4－28　　**新修斗渠明细工程量计算表**

工程名称	分部工程量描述				分项工程量描述			
	单位	数量	单位	数量	工程名称	单位	单位工程量	工程量合计
新修斗渠	米	1702.42	条	3	土方开挖	m^3	0.32	544.77
					土方回填	m^3	0.25	425.60
					原土夯实	m^2	0.80	1361.93
					C15 现浇砼压顶	m^3	0.04	68.10
					C15 现浇砼护坡	m^3	0.10	170.24
					C15 现浇砼底板	m^3	0.08	136.19
					沥青木板伸缩缝	m^2	0.06	93.63

（二）选用定额子目和编制工程施工费单价分析表

根据《标准》，结合新修斗渠的分项工程量描述，须选用土方开挖（人工挖沟渠）、土方回填、原土夯实、明渠衬砌（现浇砼压顶、护坡和底板均可直接采用套用明渠衬砌定额子目）和沥青木板伸缩缝等定额子目。须编制土地开发整理项目中常用的人工挖沟渠（一、二类土）（定额编号［10029］）、明渠衬砌（边坡陡于1∶0.5）（衬砌厚度10～15cm）（定额编号［40007换］）、搅拌机拌制混凝土（搅拌出料0.4m^3）（定额编号［40160］），双胶轮车运混凝土（运距50～60m）（定额编号［40180］），伸缩缝沥青木板（定额编号［40214］）、原土夯实（定额编号［10331］），土方回填（人工夯实）（定额编号［10333］）单价分析表。

人工工日预算单价：甲类工 51.04 元/日，乙类 38.84 元/日；

材料预算价格如表 4－29 至表 4－34 所示：

表 4－29　　**材料预算价格计算表**

编号	名称及规格	单位	预算价格	限价价格	材料价差
1	砂	m^3	92.75	60	32.75
2	汽油	kg	9.59	5	4.59
3	柴油	kg	8.19	4.5	3.69
4	电	kwh	0.99		
5	风	m^3	0.2		
6	水	m^3	0.56		
7	木柴	t	1081.05		
8	粗砂	m^3	92.75	60	32.75
9	卵石 20	m^3	101.12	60	41.12
10	卵石 40	m^3	96.23	60	36.23
11	块石	m^3	99.85	40	59.85
12	碎石	m^3	108.73	60	48.73

续表

编号	名称及规格	单位	预算价格	限价价格	材料价差
13	卡扣件	kg	5		
14	标准砖	千块	490	240	250
15	沥青	t	5432.5		
16	PVC 管道 ϕ≤50mm	m	40		
17	密封胶	kg	32.8		
18	钢筋	t	5908.51	3500	2408.51
19	预应力混凝土管 ϕ400mm 以内	m	43.51		
20	预应力混凝土管 ϕ600mm 以内	m	67.45		
21	组合钢模板	kg	5.3		
22	水泥 32.5	kg	0.53	0.3	0.23
23	水泥 42.5	kg	0.57	0.3	0.27
24	铁钉	kg	7.2		
25	铁件	kg	4.5		
26	预埋铁件	kg	5.5		
27	铁丝	kg	7		
28	电焊条	kg	5.2		
29	橡胶止水圈	根	58		
30	型钢	kg	6.3		
31	板枋材	m^3	1500	1200	300
32	草袋	m^2	4		
33	零星卡件	kg	7.5		

表 4-30　　人工挖沟渠（一、二类土）（上口宽 4m）

定额编号：[10029]　　单位：$100m^3$

序号	项目名称	单位	数量	单价（元）	小计
一	直接费				941.09
（一）	直接工程费				908.39
1	人工费				908.39
	甲类工	工日	1.1	51.04	56.14
	乙类工	工日	21	38.84	815.64
	其他费用（以定额编号 10029 子目人工费为计费基础）	%	4.2	871.78	36.61
2	材料费				
3	机械使用费				
（二）	措施费	%	3.6	908.39	32.70
二	间接费	%	5	941.09	47.05
三	利润	%	3	988.14	29.64
四	材料价差				
	块石	m^3			
	汽油 90#	kg			
	……				

续表

序号	项目名称	单位	数量	单价（元）	小计
五	未计价材料费				
	PE管	m			
	……				
六	税金	%	3.22	1017.78	32.77
合计					1050.55

表4-31　　明渠（边坡陡于1:0.5）

定额编号：[40007+40180×1.03+40160×1.03]　　单位：100m³

序号	项目名称	单位		单价（元）	小计
一	直接费				35165.66
（一）	直接工程费				33619.18
1	人工费				9281.04
（1）	明渠衬砌（边坡陡于1:0.5）（衬砌厚度10～15cm）　换：纯混凝土C15 2级配				
	甲类工	工日	38.7	51.04	1975.25
	乙类工	工日	122.6	38.84	4761.78
	其他费用（以定额编号40007子目人工费为计费基础）	%	1.7	6737.03	114.53
（2）	双胶轮车混凝土　运距50～60m				
	乙类工	工日	12.463	38.84	484.06
	其他费用（以定额编号40180×1.03子目人工费为计费基础）	%	10	484.06	48.41
（3）	0.4m³ 搅拌机拌制混凝土				
	甲类工	工日	13.287	51.04	678.17
	乙类工	工日	30.9	38.84	1200.16
	其他费用（以定额编号40160×1. 03子目人工费为计费基础）	%	1	1878.33	18.78
2	材料费				18623.31
（1）	明渠衬砌（边坡陡于1:0.5）（衬砌厚度10～15cm）　换：纯混凝土C15 2级配				18623.31
	板枋材	m³	1.1	1200	1320.00
	组合钢模板	kg	26.88	5.3	142.46
	型钢	kg	64.25	6.3	404.78
	卡扣件	kg	13.44	5	67.20
	铁件	kg	2	4.5	9.00
	预埋铁件	kg	100.26	5.5	551.43
	电焊条	kg	2.13	5.2	11.08
	纯混凝土C15 2级配 粒径40 水泥32.5 水灰比0.65	m³	103	152.48	15705.44

续表

序号	项目名称	单位		单价（元）	小计
	水	m^3	180	0.559	100.62
	其他费用（以定额编号 40007 子目材料费为计费基础）	%	1.7	18312.01	311.30
3	机械使用费				5714.83
（1）	明渠衬砌（边坡陡于1:0.5）（衬砌厚度10～15cm）换：纯混凝土 C15 2 级配				
	电焊机直流 30KVA	台班	0.59	226	133.34
	插入式振捣器 2.2kw	台班	11	26.3	289.30
	风水（砂）枪	台班	22	193.28	4252.16
	其他费用（以定额编号 40007 子目机械使用费为计费基础）	%	1.7	4674.8	79.47
（2）	双胶轮车混凝土 运距 50～60m				
	双胶轮车	台班	12.1	3.22	38.96
	其他费用（以定额编号 40180×1.03 子目机械使用费为计费基础）	%	10	38.96	3.90
（3）	0.4m^3 搅拌机拌制混凝土				
	混凝土搅拌机 0.4m^3	台班	4	213.79	855.16
	双胶轮车	台班	16.6	3.22	53.45
	其他费用（以定额编号 40160×1.03 子目机械使用费为计费基础）	%	1	908.61	9.09
（二）	措施费	%	4.6	33619.28	1546.48
二	间接费	%	6	35165.66	2109.94
三	利润	%	3	37275.6	1118.27
四	材料价差				10839.74
	板枋材	m^3	1.1	300	330.00
	水泥 32.5	kg	24926	0.23	5732.98
	粗砂	m^3	53.56	32.75	1754.09
	卵石	m^3	83.43	36.23	3022.67
五	未计价材料费				
	PE 管	m			
	……				
六	税金	%	3.22	49233.61	1585.32
合计					50818.93

表 4－32　　伸缩缝（沥青木板）

定额编号：［40214］　　单位：100m^2

序号	项目名称	单位	数量	单价（元）	小计
一	直接费				12029.33
（一）	直接工程费				11500.32

续表

序号	项目名称	单位	数量	单价（元）	小计
1	人工费				1608.28
	甲类工	工日	26.3	51.04	1342.35
	乙类工	工日	6.6	38.84	256.34
	其他费用（以定额编号 40214 子目人工费为计费基础）	%	0.6	1598.69	9.59
2	材料费				9889.32
	板枋材	m^3	2.2	1200	2640.00
	沥青	t	1.24	5432.5	6736.30
	木柴	t	0.42	1081.05	454.04
	其他费用（以定额编号 40214 子目材料费为计费基础）	%	0.6	9830.34	58.98
3	机械使用费				2.72
	双胶轮车	台班	0.84	3.22	2.70
	其他费用（以定额编号 40214 子目机械使用费为计费基础）	%	0.6	2.7	0.02
（二）	措施费	%	4.6	11500.32	529.01
二	间接费	%	6	12029.33	721.76
三	利润	%	3	12751.09	382.53
四	材料价差				660.00
	板枋材	m^3	2.2	300	660.00
五	未计价材料费				
六	税金	%	3.22	13795.31	444.21
合计					14239.52

表 4－33　　原土夯实

定额编号：［10331］　　单位：$100m^2$

序号	项目名称	单位	数量	单价（元）	小计
一	直接费				350.68
（一）	直接工程费				338.48
1	人工费				142.53
	甲类工	工日	0.2	51.04	10.21
	乙类工	工日	3.3	38.84	128.17
	其他费用（以定额 10331 子目人工费为计费基础）	%	3	138.38	4.15
2	材料费				
3	机械使用费				195.96
	蛙式打夯机　功率 2.8kw	台班	1.5	126.83	190.25
	其他费用（以定额编号 10331 子目机械使用费为计费基础）	%	3	190.25	5.71

续表

序号	项目名称	单位	数量	单价（元）	小计
（二）	措施费	%	3.6	338.48	12.19
二	间接费	%	5	350.68	17.53
三	利润	%	3	368.21	11.05
四	材料价差				
五	未计价材料费				
六	税金	%	3.22	379.26	12.21
合计					391.47

表 4-34　建筑物土方回填 人工夯实

定额编号：[10333]　　单位：$100m^3$

序号	项目名称	单位	数量	单价（元）	小计
一	直接费				2125.54
（一）	直接工程费				2051.68
1	人工费				2051.68
	甲类工	工日	2.5	51.04	127.60
	乙类工	工日	48	38.84	1864.32
	其他费用（以定额编号 10333 子目人工费为计费基础）	%	3	1991.92	59.76
2	材料费				
3	机械使用费				
（二）	措施费	%	3.6	2051.68	73.86
二	间接费	%	5	2125.54	106.28
三	利润	%	3	2231.82	66.95
四	材料价差				
五	未计价材料费				
六	税金	%	3.22	2298.77	74.02
合计					2372.79

需要用到的机械台班单价：$0.4m^3$ 混凝土搅拌机台班单价为 213.79 元；2.2kw 插入式振捣器台班单价为 26.3 元；耗风量 2～$6m^3$/min 风水（砂）枪台班单价为 193.28 元；双胶轮车台班单价为 3.22 元；电焊机直流 30KVA 台班单价为 226 元，蛙式打夯机功率 2.8kw 单价为 126.83 元。

工程施工费单价 = 直接工程费 + 措施费 + 间接费 + 利润 + 材料价差 + 未计价材料费 + 税金

（三）进行新修斗渠工程工程施工费单价汇总

按照《编规》中要求的格式，对新修斗渠工程工程施工费单价进行汇总。工程施工费单价汇总表见表 4-35。

表 4－35

工程施工费单价汇总表

项目名称：新修斗渠　　　　金额单位：元

序号	定额编号	单项名称	单位	直接费						间接费	利润	材料价差	未计价材料费	税金	综合单价
				人工费	材料费	机械使用费	直接工程费	措施费	合计						
一		灌溉与排水工程													
(一)		斗渠	m												
1		新修斗渠	m												
(1)	10029	土方开挖	m^3	9.08	0.00	0.00	9.08	0.33	9.41	0.47	0.30	0.00		0.33	10.51
(2)	10333	土方回填	m^3	20.52	0.00	0.00	20.52	0.74	21.26	1.06	0.67	0.00		0.74	23.73
(3)	10331	原土夯实	m^2	1.43	0.00	1.96	3.38	0.12	3.50	0.18	0.11	0.00		0.12	3.91
(4)	40007＋40180×1.03＋40160×1.03	明渠衬砌	m^3	92.83	186.23	57.15	336.19	15.46	351.66	21.10	11.18	108.40		15.85	508.19
(5)	40214	沥青木板伸缩缝	m^2	16.08	98.89	0.04	115.01	5.29	120.3	7.22	3.83	6.60		4.44	142.39

(四) 编制新修斗渠工程施工费计算表

根据已计算出的工程量和汇总的综合单价，进行新修斗渠工程施工费的预算编制。新修斗渠工程施工费预算见表4-36。

表4-36 新修斗渠工程施工费预算表 单位：元

序号	定额编号	单项名称	单位	工程量	综合单价	合计
	(1)	(2)	(3)	(4)	(5)	(6)
一		灌溉与排水工程				
1		输水工程				
(1)	10029	土方开挖	m^3	544.77	10.51	5725.53
(2)	10333	土方回填	m^3	425.6	23.73	10099.49
(3)	10331	原土夯实	m^2	1361.93	3.91	5325.15
(4)	40007+40180×1.03+40160×1.03	C15现浇砼压顶	m^3	68.1	508.19	34607.74
(5)	40007+40180×1.03+40160×1.03	C15现浇砼护坡	m^3	170.24	508.19	86514.27
(6)	40007+40180×1.03+40160×1.03	C15现浇砼底板	m^3	136.19	508.19	69210.40
(7)	40214	沥青木板伸缩缝	m^2	93.63	142.39	13331.98
总计						224814.56

第四节 田间道路工程施工费预算编制

田间道路工程包括田间道工程与生产路工程两类。田间道和生产路同农业生产作业过程直接相连，一般在农田整理的田块规划后进行布设。田间道是联系村庄与田块之间，为货物运输、作业机械向田间转移及为机器加油、加水、加种等生产操作过程服务的道路，一般行走拖拉机等机械设备，路面宽3~4m，路基宽3~5m，超出地面高度为0.3~0.5m。在平原地区，一般呈“十”字形或“井”字形布置于田间，在丘陵山区，一般根据当地地形条件因地制宜布置。生产路是联系田块，通往田间的道路，主要起田间货物运输的作用，为人工田间作业和收获农产品服务，路面宽1~2m，路基宽1~2m，超出地面高度为0.3m，一般它与田间道垂直相通。

一、田间道路工程材料组成及其施工程序

(一) 田间道路工程断面组成

田间道路断面由纵断面与横断面构成。纵断面反映道路布设的比降、长度和原有地面的走势等，因此可根据其推算道路基底开挖的工程量。横断面反映道路的铺设形式及材料组成，可以根据道路横断面计算铺设单位长度道路所需各种材料的用量。田间道路一般由路基、路面、路肩和路沟组成。路基是在原地面上挖或填成的一定规格的横断面，路基的边坡取决于土石方经过填挖后能达到自然稳定状态的坡度，路基和路面一样也要有一定的横向坡度，一般比路面横向坡度大1%或2%的值设置，但最大不超过5%。路面则是根据就地取

材的原则选用，常见的铺路路面方式有粒料加固土路面、级配路面、泥结路面（或砾石、礓石）路面。

（二）田间道路工程施工程序

田间道路施工工序包括路床（槽）压实、软土地基处理、路基铺设、路面铺设。

田间道路路床（槽）压实的工作内容有：放样、挖高填低、推土机整平、找平、碾压、检验和人机配合处理机械碾压不到之处。所用到的施工机械有：12t 内燃压路机和 74kw 推土机。

田间道路软土地基处理的工作内容有：放样、挖土、掺料或换填、整平、分层夯实、找平和清理杂物。

田间道路路基铺设的工作内容有：放样、清理路床、取料、运料、上料、洒水、找平和碾压。所用到的施工机械为内燃压路机，工作重力为 8～10t。

田间道路路面的铺设因所铺设路面质地的不同其工作内容也有所不同。素土路面工作内容有：推土、碾压和整平，所用到的施工机械有：内燃压路机，工作重力为 6～8t，118kw 自行式平地机。泥结碎石路面工作内容有：运料、拌和、摊铺、找平、洒水和碾压，所用到的施工机械有：内燃压路机，工作重力为 6～8t，118kw 自行式平地机。砂砾石路面工作内容有：运料、拌和、摊铺、找平、洒水和碾压，所用到的施工机械有：内燃压路机，工作重力为 6～8t，118kw 自行式平地机，4800L 洒水车。煤矸石路面工作内容有：运料、拌和、摊铺、找平、洒水和碾压，所用到的施工机械有：内燃压路机，工作重力为 6～8t，74kw 履带式拖拉机，118kw 自行式平地机，4800L 洒水车。沥青碎石、沥青砼、水泥砼路面工作内容有：①沥青碎石：沥青加热、洒布、铺料、碾压、铺保护层；②沥青混凝土：沥青及骨料加热、配料、拌和、运输、摊铺碾压等；③水泥砼：模板安装、砼配料、拌和、运输、浇筑、振捣、养护等。

二、田间道路工程的工程量计算

田间道路工程的工程量计算是建立在工程的施工设计图件和施工方法的基础上的。依据田间道路工程的主要内容，田间道路工程的工程量计算主要包括土方开挖、土方回填、路基工程、路面工程等。

当田间道路断面设计为梯形（如图 4－28 所示）时，路面及路基工程量应按如下公式计算：

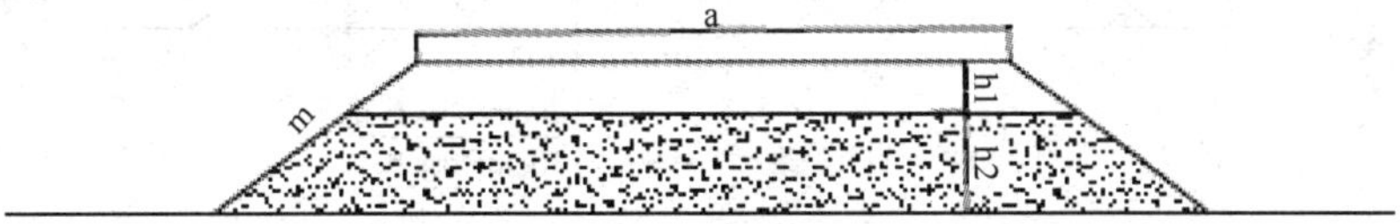

图 4－28　田间道路横断面示意图

路面工程量 $S_{路面} = (a + h_1/m) \times L$；

路基工程量 $S_{路基} = (a + h_1 + h_2/m) \times L$

其中：a——设计路面宽；

m——道路边坡比；

h_1——设计路面厚度；

h_2——设计路基厚度；

L——田间道路长度。

当田间道路横断面设计为矩形时，路面及路基工程量为设计路面和路基的宽度与道路长度的乘积，即 S = a × L。

三、田间道路工程的定额选取与子目套用

田间道路工程定额选取与子目套用的依据是田间道路工程路面、路基的材质、设计厚度及施工方法。在《标准》中，分别按照路基与路面材质不同，设置了“砂路基”、“砾石路基”、“碎石路基”、“素土路面”、“泥结碎石路面”、“水泥混凝土路面”等定额子目，应根据设计路面及路基材质进行选取。在路面、路基相关定额中，对路面及路基的厚度及施工方法均有规定，如定额“80017”为人工摊铺 10cm 厚泥结碎石路面的定额，定额“80018”为在定额“80017”基础上，人工摊铺泥结碎石路面每增减 1cm 的人才机等的耗用量。在进行田间道路工程定额选取与子目套用时，在确定了路基、路面的材质、施工方法后，应注意根据路面、路基工程的设计厚度，直接或组合套用相关定额子目。如人工摊铺厚 20cm 的泥结碎石路面，则应组合套用定额“80017”和定额“80018”。

田间道路工程在定额的使用方面除定额的组合使用外，还应注意定额的换算调整。当工程设计要求、施工条件、施工方法与定额子目的内容及规定不完全一致时，应按定额规定换算调整，调整具体方法一般为采用系数调整和增减工日。

四、田间道路工程施工费预算编制示例

[**例 4 - 4 - 1**]　现以某项目区内田间道路工程为例，说明田间道路工程施工费预算编制过程。项目区位于华北平原，为完善项目区田间道路系统，项目区内规划新建田间道 3780m，生产路 5620m。田间道设计规格为砂砾石路面厚 20cm，砂路基厚 30cm，路面宽 4m，道路边坡为 1∶1.5。生产路设计规格为素土夯实路面厚 30cm，道路边坡为 1∶1。田间道及生产路横断面见图 4 - 29、图 4 - 30。项目区地形平坦，田间道路均采用机械施工。根据第四章第一、二节计算项目区人工及材料价格后，确定项目区人工及相关材料价格如表 4 - 37。

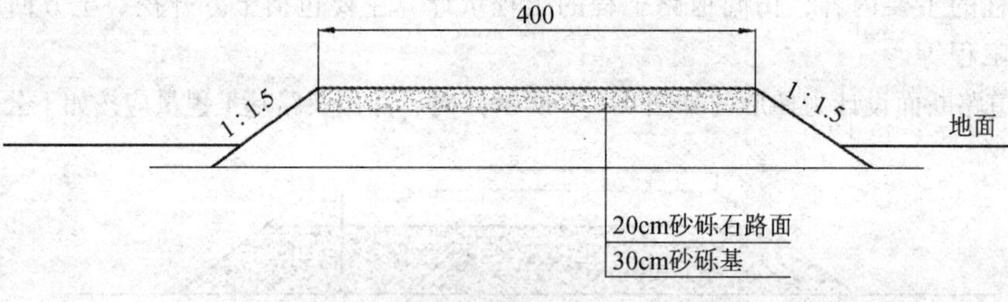

图 4 - 29　田间道横断面示意图（单位：cm）

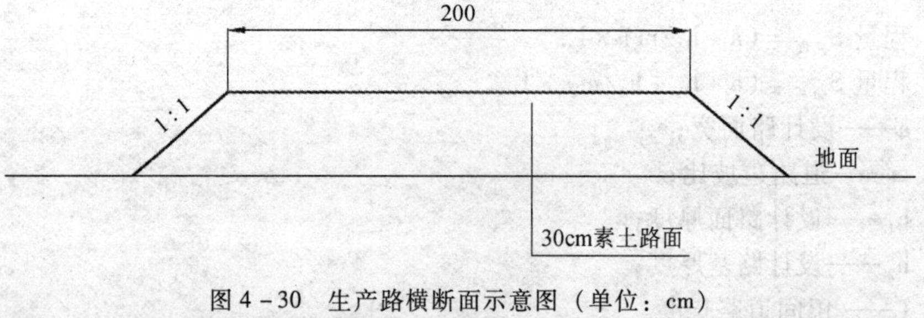

图 4 - 30　生产路横断面示意图（单位：cm）

表4-37　项目区人工及主要材料价格表

名称	单位	单价（元）
甲类工	工日	51.04
乙类工	工日	38.84
水	m^3	4.5
汽油	kg	9.47
柴油	kg	8.25
砂	m^3	65
砾石	m^3	75

（一）确定工程量

根据田间道及生产路横断面示意图，分别确定田间道及生产路工程量为：

田间道路面工程量 $S_{田路面} = a \times L = 4 \times 3780 = 15120$（$m^2$）

田间道路基工程量 $S_{田路基} = (a + h_1 + h_2/m) \times L$

$= [4 + 0.2 + 0.3/(1/1.5)] \times 3780 = 17577$（$m^2$）

生产路路面工程量 $S_{生路面} = (a + h_1/m) \times L$

$= (4 + 0.3/1) \times 5620 = 24166$（$m^2$）

（二）选用定额子目和编制工程施工费单价分析表

1. 定额选取及套用。根据《预算定额》中田间道路工程章节有关内容，以及本工程示例中田间道横断面图确定田间道路工程量计算项目为：路基铺筑、路面。

根据田间道、生产路路基及路面选用材质、施工方法等，确定应选取的定额。

田间道路基为30cm厚砂路基，应组合套用定额80005、80006。如表4-38所示，80005为10cm厚砂路基定额，80006为在此基础上路基厚度每增减1cm时需增减的人工、材料、机械的耗用量。

表4-38　路　基　单位：$1000m^2$

定额编号				80005	80006	80007	80008	80009	80010	80011	80012
顺序号	名称		单位	砂路基		砾石路基		碎石路基		煤矸石（矿渣）路基	
				厚度10cm	每增减1cm	厚度10cm	每增减1cm	厚度10cm	每增减1cm	厚度10cm	每增减1cm
1	人工	甲类工	工日	3.7	0.4	4.3	0.4	5.1	0.5	4	0.42
2		乙类工		42.3	4.2	50	4.9	58.9	5.4	46	4.6
3		合计		46	4.6	54.3	5.3	64	5.9	50	5.02
4	材料	砂	m^3	130	13						
5		砾石40mm	m^3			122.4	12.2				
6		碎石	m^3					162	16		
7		煤矸石	m^3							122.4	12.008
8	机械	内燃压路机8~10t	台班	1.5		1.7		2.2		1.9	
9	其他费用		%	0.5		0.5		0.5		0.5	

田间道路面为 20cm 厚砂砾石路面，采用机械填筑，应组合套用定额 80023、80024。如表 4 – 39 所示，80023 为 10cm 厚砂砾石路面定额，80024 为在此基础上路面厚度每增减 1cm 时需增减的人工、材料、机械的耗用量。

表 4 – 39　　砂砾石路面　　单位：$1000m^2$

定额编号				80021	80022	80023	80024
顺序号	名称		单位	人工填筑		机械填筑	
				压实厚度 10cm	每增减 1cm	压实厚度 10cm	每增减 1cm
1	人工	甲类工	工日	3.2	0.3	1.5	0.1
2		乙类工		36.8	3.0	17.5	1.2
3		合计		40.0	3.3	19.0	1.3
4	材料	水	m^3	40.0		40.0	
5		砂	m^3	36.0	3.6	36.0	3.6
6		砾石	m^3	94.1	9.4	94.1	9.4
7	机械	内燃压路机 6 ~ 8t	台班	2.4		2.4	
8		自行式平地机 118kw	台班			0.4	
9		洒水车 4800L	台班	0.4		0.6	
10	其他费用		%	0.5		0.5	

生产路路面为 30cm 厚素土路面，采用机械摊铺，应组合套用定额 80015、80016，如表 4 – 40 所示，80015 为机械摊铺 20cm 厚素土路面定额，80016 为在此基础上路面厚度每增减 5cm 时需增减的人工、材料、机械的耗用量。

表 4 – 40　　素土路面　　单位：$1000m^2$

定额编号				80013	80014	80015	80016
顺序号	名称		单位	人工摊铺		机械摊铺	
				压实厚度 20cm	每增减 5cm	压实厚度 20cm	每增减 5cm
1	人工	甲类工	工日	2.1	0.2	0.4	0.1
2		乙类工		24.2	2.4	4.1	0.4
3		合计		26.3	2.6	4.5	0.5
4	机械	内燃压路机 6 ~ 8t	台班	1.6		1.6	
5		自行式平地机 118kw	台班			0.5	
6	其他费用		%	0.5		0.5	

2. 编制工程施工费单价分析表。根据相关定额及工程实际内容编制工程施工费单价分析表。

田间道砂路基厚 30cm，应在定额 80005 厚度 10cm 砂路基基础上增加人工、材料、机械的耗用量，增加部分按定额 80006 进行计算。

田间道砂砾石路面厚 20cm，应在定额 80023 厚度 10cm 砂砾石路面基础上增加人工、材料、机械的耗用量，增加部分按定额 80024 计算。

生产路素土路面厚 30cm，应在定额 80015 厚度 20cm 素土路面基础上增加人工、材料、机械的耗用量，增加部分按定额 80016 计算。

现以田间道路工程砂砾石路面工程施工费单价分析表的编制为例，对田间道路工程施工费单价分析表的编制进行说明。

（1）人工消耗量的计算及人工单价的选取。定额 80023 的工作内容为机械压实厚度为 10cm 的砂砾石路面，人工消耗量为甲类工 1.5 工日、乙类工 17.5 工日，路面厚度每增加 1cm，应按照定额 80024 内容，相应增加人工消耗量为甲类工 0.1 工日、乙类工 1.2 工日，因此砂砾石路面厚 20cm 每 $1000m^2$ 的人工消耗量为：

甲类工 $1.5+0.1\times10=2.5$ 工日；

乙类工 $17.5+1.2\times10=29.5$ 工日。

（2）材料消耗量的计算及材料单价的选取。如表 4－41，以 $1000m^2$ 为单位，压实厚度为 10cm 的砂砾石路面需水 $40m^3$、砂 $36m^3$、砾石 $94.1m^3$，压实厚度每增加 1cm，砂、砾石的耗用量分别增加 $3.6m^3$ 和 $9.4m^3$，因此，田间道砂砾石路面厚 20cm 每 $1000m^2$ 材料耗用量为：

水 $=40m^3$

砂 $=36+3.6\times10=72m^3$

砾石 $=94.1+9.4\times10=188.1m^3$

其中：砂和砾石的价格属于《编规》中进行限价的材料，限定价格为 60 元/m^3，项目区砂、砾石预算价格分别为 65 元/m^3 和 75 元/m^3，则超出限价部分单独计算材料价差，只计取材料费和税金，不参与措施费、间接费和利润的取费。

（3）机械消耗量及机械台班的选取。定额 80023 使用的机械为内燃压路机 6～8t、自行式平地机 118kw、洒水车 4800L，以 $1000m^2$ 为单位，其耗用量分别为 2.4 台班、0.4 台班、0.6 台班，机械台班的单价应根据《机械台班费定额》，进行编制，编制方法详见第四章第三节施工机械使用费预算单价。机械台班中汽油、柴油为限价材料，超出限价部分单独计算材料价差，只计取材料费和税金，不参与措施费、间接费和利润的取费。

（4）其他费用。其他费用是指完成该项工作内容所需耗用少量和临时的零星用工、用料和辅助机械所发生的摊销费用，以费率形式表示，其计算基数为人工费、材料费和机械使用费。

路面工程工程施工费单价分析表如表 4－41。

表 4－41　　田间道路面工程（20cm）工程施工费单价分析表

定额编号：$80023+80024\times10$　　单位：$1000m^2$

序号	项目名称	单位	数量	单价	小计
一	直接费				19524.95
（一）	直接工程费				18846.48
1	人工费				1279.75
	甲类工	工日	2.5	51.04	127.60

续表

序号	项目名称	单位	数量	单价	小计
	乙类工	工日	29.5	38.84	1145.78
	其他费用（以定额编号80023子目人工费为计费基础）	%	0.50	1273.38	6.37
2	材料费				15864.93
	水	m^3	40.00	4.50	180.00
	砂	m^3	72.00	60.00	4320.00
	砾石	m^3	188.10	60.00	11286
	其他费用（以定额编号80023子目材料费为计费基础）	%	0.50	15786	78.93
3	机械费				1701.8
	内燃压路机6~8t	台班	2.4	377.30	905.52
	自行式平地机118kw	台班	0.4	1220.09	488.04
	洒水车4800L	台班	0.6	499.61	299.77
	其他费用（以定额编号80023子目机械使用费为计费基础）	%	0.5	1693.32	8.47
（二）	措施费	%	3.6	18846.48	678.47
二	间接费	%	5.0	19524.95	976.25
三	利润	%	3.0	20501.2	615.04
四	材料价差				3620.69
	砂	m^3	72.0	5.00	360.00
	砾石	m^3	188.10	15.00	2821.5
	汽油	kg	20.4	4.47	91.19
	柴油	kg	92.8	3.75	348.00
五	税金	%	3.22	24736.93	796.53
合计	—	—	—	—	25533.46

按照田间道路面工程施工费单价分析表的编制方法，分别编制田间道路基工程和生产路路面工程的工程施工费单价分析表，详见表4-42、表4-43。

表4-42 田间道砂路基工程（30cm厚）施工费单价分析表

定额编号：80005+80006×20 单位：1000m^2

序号	项目名称	单位	数量	单价	小计
一	直接费				30539.05
（一）	直接工程费				29477.85
1	人工费				5530.17
	甲类工	工日	11.7	51.04	597.17
	乙类工	工日	126.3	38.84	4905.49
	其他费用（以定额编号80005子目人工费为计费基础）	%	0.50	5502.66	27.51
2	材料费				23517
	砂	m^3	390.00	60.00	23400.00

续表

序号	项目名称	单位	数量	单价	小计
	其他费用（以定额编号 80005 子目材料费为计费基础）	%	0.50	23400.00	117.00
3	机械费				430.68
	内燃压路机 8~10t	台班	1.50	285.69	428.54
	其他费用（以定额编号 80005 子目机械使用费为计费基础）	%	0.5	428.54	2.14
（二）	措施费	%	3.6	29477.85	1061.21
二	间接费	%	5.0	30539.05	1526.95
三	利润	%	3.0	32066.00	961.98
四	材料价差				2101.88
	砂	m^3	390.0	5.00	1950.00
	柴油	kg	40.5	3.75	151.88
五	税金	%	3.22	35129.86	1131.18
合计	—	—	—	—	36261.04

表 4-43　　生产路素土路面工程（素土路面厚 30cm）施工费单价分析表

定额编号：80015+80016×2　　单位：1000m^2

序号	项目名称	单位	数量	单价	小计
一	直接费				1493.75
（一）	直接工程费				1441.84
1	人工费				222.04
	甲类工	工日	0.6	51.04	30.62
	乙类工	工日	4.9	38.84	190.32
	其他费用（以定额编号 80015 子目人工费为计费基础）	%	0.50	220.94	1.1
2	机械费				1219.8
	内燃压路机 6~8t	台班	1.6	377.30	603.68
	自行式平地机 118kw	台班	0.5	1220.09	610.05
	其他费用（以定额编号 80015 子目机械使用费为计费基础）	%	0.5	1213.73	6.07
（二）	措施费	%	3.6	1441.84	51.91
二	间接费	%	5.0	1493.75	74.69
三	利润	%	3.0	1568.44	47.05
四	材料价差				276
	柴油	kg	73.6	3.75	276.00
五	税金	%	3.22	1891.49	60.91
合计	—	—	—	—	1952.4

（三）进行田间道路工程工程施工费单价汇总

按照《编规》中要求的格式，对田间道路工程工程施工费单价进行汇总。工程施工费单价汇总表见表 4-44。

表 4-44　　田间道路工程工程施工费单价汇总表　　金额单位：元

序号	定额编号	单项名称	单位	直接费						间接费	利润	材料价差	未计价材料费	税金	综合单价
				人工费	材料费	机械使用费	直接工程费	措施费	合计						
	(1)	(2)	(3)	(4)	(5)	(6)	(7)	(8)	(9)	(10)	(11)	(12)	(13)	(14)	(15)
一		田间道路工程													
1		田间道													
(1)	80005+80006×20	路基	$1000m^2$	5530.17	23517.00	430.68	29477.85	1061.21	30539.05	1526.95	961.98	2101.88		1131.18	36261.04
(2)	80023+80024×10	路面	$1000m^2$	1279.75	15864.93	1701.8	18846.48	678.47	19524.95	976.25	615.04	3620.69		796.53	25533.46
2		生产路													
(1)	80015+80016×2	素土路面	$1000m^2$	222.04		1219.8	1441.84	51.91	1499.72	74.69	47.05	276		60.91	1952.4

（四）编制田间道路工程工程施工费预算

根据已计算出的工程量和汇总的综合单价，进行田间道路工程工程施工费的预算编制。田间道路工程工程施工费预算见表4－45。

表4－45　工程施工费预算表

序号	定额编号	单项名称	单位	工程量	综合单价	合计
	（1）	（2）	（3）	（4）	（5）	（6）
一		田间道路工程				
1		田间道				
（1）	80005＋80006×20	路基	m^2	15120	36.26	548251.2
（2）	80023＋80024×10	路面	m^2	17577	25.53	448740.81
2		生产路				
	80015＋80016×2	路面	m^2	24166	1.95	47123.7
总计						1044115.71

第五节　农田防护与生态环境保持工程施工费预算编制

农田防护及生态环境保持工程包括农田林网工程、岸坡防护工程、沟道治理工程和坡面防护工程。由于不同工程地貌类型及工程设计等情况差异，所以不同工程涉及其他工程内容也有很大差别。因此，在编制项目工程施工费预算时，应按单位工程分别进行工程施工费预算的编制，进而汇总出其他工程的工程施工费预算。下面按单位工程类别分别讲解各单位工程施工费预算的编制方法。

一、农田林网工程施工费预算编制

农田林网工程是指为保护土地不受风、水、沙及气候的影响与危害，改善农业生产条件和实现粮食高产稳产而在农田周围进行的林带建设，其主要作用是降低风速，改善农田小气候，为农作物生长创造良好条件，保证农作物获得丰产。

根据农田林网工程建设的位置及具体防护功能的不同，农田林网工程又可分为农田防风林、梯田埂坎防护林、护路护沟林和护岸林等。

（一）农田林网工程主要工程类型

农田林网工程主要工程类型包括栽植乔木、栽植灌木、直播种草及铺设沙障等，应根据项目区气候特征、立地条件及田块布设情况等，因地制宜、因害设防，选择项目区当地的乡土树种，合理配置农田林网工程，构建完善的农田防护体系，发挥农田林网工程的综合效益。

（二）农田林网工程的工程量计算

1. 栽植乔木及灌木。乔、灌木栽植的工程量应根据栽植面积、栽植长度、株行距来确定。

对于明确林带长度和行数的带状造林，栽植乔灌木的数量应为：

种植数量 = 规划林带长度 ÷ 株距 × 行数

对于仅明确了造林面积和株行距的林网工程，栽植乔灌木的数量应为：

种植数量 = 规划林地面积 ÷ （株距 × 行距）

对于乔、灌木栽植的工程量，在计算过程中都取整数。

2. 直播种草、种植草皮及铺设沙障。直播种草、种植草皮及铺设沙障的工程量可由设计的工程实施面积直接确定。

（三）农田林网工程的定额选取与子目套用

农田林网工程定额选取与子目套用的依据是苗木的类型与规格及种植方式。

（四）工程示例

[例 4-5-1] 现以某项目区内农田林网工程为例，对农田林网工程施工费预算编制进行说明。项目区位于吉林省双辽市境内，属于农耕村落，靠近内蒙古沙漠地带，常受风沙侵害而减产，为改善小区域气候环境，尽量降低风沙对项目区的影响，在一级田间道两侧建设农田林网工程。项目区以淡黑钙土和草甸土为主，土壤为碱性，所以在一级田间道路两侧各种植两行旱柳，作为护路林和农田防护林，株距 2m，行距 2m。一级田间道总长度为 6184m。旱柳选择苗龄三年的裸根苗，胸径 5cm 左右，价格为 5 元/株，春季植树。

1. 确定工程量。在道路两侧营造乔木防护林地，所需乔木工程量为：

种植数量 = 规划林带长度 ÷ 株距 × 行数 = 6184 ÷ 2 × 2 = 6184（株）

2. 选用定额子目和编制工程施工费单价分析表。

（1）定额选取和子目套用。根据农田林网工程选用的苗木种类和规格等，确定应选取的定额。

农田林网工程选用的树种为旱柳，形式为裸根，胸径在 4～6cm，应选用定额 90008。如表 4-46 所示，定额 90008 为栽植胸径 4～6cm 的裸根乔木。

表 4-46　　栽植乔木（裸根）　　单位：100 株

定额编号				90007	90008	90009	90010
顺序号	名称		单位	裸根胸径（在 cm 以内）			
				4	6	8	10
1	人工	甲类工	工日				
2		乙类工		1.5	3.2	5.7	10.1
3		合计		1.5	3.2	5.7	10.1
4	材料	树苗	株	102.0	102.0	102.0	102.0
5		水	m^3	3.2	5.0	6.8	8.7
6	其他费用		%	0.5	0.5	0.5	0.5

（2）编制工程施工费单价分析表。根据相关定额及工程实际内容编制工程施工费单价分析表。

①人工消耗量的计算及人工单价的选取。定额 90008 的工作内容为挖坑、栽植（扶正、回土、提苗、捣实、筑水围）、浇水、覆土保墒、整形清理，已包含了农田防风林工程所需

的相关工程项目，无需再增加其他工作内容，因此农田防风林工程定额单位人工消耗量为乙类工 3.2 工日。

人工单价按照《编规》中相关条款进行计算，六类工资区乙类工为 38.84 元/工日。

②材料消耗量的计算及材料单价的选取。如表 4－47，以 100 株为单位，种植 100 株旱柳材料耗用量为：水 5m^3、旱柳 102 株。材料单价应依据《编规》中关于材料价格的规定及项目所在地政府部门颁布的材料价格信息确定，材料预算价格编制方法详见第四章第二节材料预算价格。根据项目区当地物价部门提供的资料，确定三年生旱柳材料价格为 5 元/株，该价格已包含材料市场价、运杂费、运输保险费、采购及保管费等。

③其他费用。其他费用是指完成该项工作内容所需耗用少量和临时的零星用工、用料和辅助机械所发生的摊销费用，以费率形式表示，其计算基数为人工费、材料费和机械使用费。

项目区农田林网工程施工费单价分析表如表 4－47。

表 4－47　　农田林网工程（栽植旱柳）施工费单价分析表

定额编号：90008　　单位：100 株

序号	项目名称	单位	数量	单价	小计
一	直接费				679.21
（一）	直接工程费				660.07
1	人工费				124.91
	甲类工	工日			0.00
	乙类工	工日	3.2	38.84	124.29
	其他费用（以定额编号 90008 子目人工费为计费基础）	%	0.5	124.29	0.62
2	材料费				535.16
	旱柳	株	102.00	5.00	510.00
	水	m^3	5.00	4.50	22.50
	其他费用（以定额编号 90008 子目材料费为计费基础）	%	0.5	532.50	2.66
（二）	措施费	%	2.9	660.07	19.14
二	间接费	%	5.0	679.21	33.96
三	利润	%	3.0	713.17	21.40
四	税金	%	3.22	734.57	23.65
合计		—	—	—	758.22

3. 进行农田防风林工程施工费单价汇总。按照《编规》中要求的格式，对农田防风林工程施工费单价进行汇总。工程施工费单价汇总表见表 4－48。

在进行工程施工费单价汇总时，将工程施工费单价分析表中的其他费用按照费率均摊到人工费、材料费中。

表 4－48

工程施工费单价汇总表

金额单位：元

序号	定额编号	单项名称	单位	直接费						间接费	利润	材料价差	税金	综合单价
				人工费	材料费	机械使用费	直接工程费	措施费	合计					
	（1）	（2）	（3）	（4）	（5）	（6）	（7）	（8）	（9）	（10）	（11）	（12）	（13）	（14）
一		农田防护与生态环境保持工程												
1		农田林网工程												
（1）		农田防护林												
（2）	90008	栽植乔木	100株	124.91	535.16		660.07	19.14	679.21	33.96	21.40		23.65	758.22

4. 编制农田林网工程工程施工费预算。根据已计算出的工程量和汇总的综合单价，进行农田防风林工程工程施工费的预算编制。农田防风林工程施工费预算见表4-49。

表4-49　**农田林网工程施工费预算表**　金额单位：元

序号	定额编号	单项名称	单位	工程量	综合单价	合计
	(1)	(2)	(3)	(4)	(5)	(6)
一		农田防护与生态环境保持工程				
1		农田林网工程				
(1)	90008	栽植乔木	株	6184	7.58	46874.72
总计						46874.72

二、生态环境保持工程施工费预算编制

(一) 生态环境保持工程主要工程类型

生态环境保持工程是指项目区为保持水土、改善项目区生态环境所进行的生态环境建设工程，主要包括岸坡防护工程、沟道治理工程和坡面防护工程。

1. 岸坡防护工程。岸坡防护工程是指为防止河（沟）岸因水流侵蚀而造成河（沟）岸崩塌，危害农田、城镇和村庄的安全，而采取的多种形式的护岸和护堤工程。一般按照防护布局来区分护岸与护堤工程，枯水位以下为护堤工程（见图4-31），枯水位以上为护坡工程。根据其所用材料不同又可分为干砌块石、浆砌块石、混凝土板、铁丝石笼、生物护坡等多种形式。

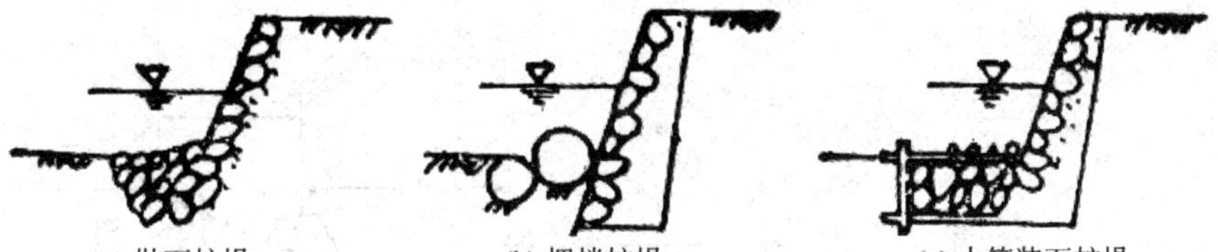

(a) 抛石护堤　(b) 捆梢护堤　(c) 木笼装石护堤

图4-31　护堤工程示意图

2. 沟道治理工程。沟道治理工程主要包括沟头防护工程、谷坊工程、淤地坝工程等。沟头前进对农业生产危害很大，会蚕食耕地、切断交通、使地形更加支离破碎，沟头防护工程是指在沟头兴建的拦蓄或排除坡面暴雨径流，保护沟头上部土地资源的一种工程措施，包括修建封沟埂、设置围堰等蓄水式沟头防护措施和跌水、竖井等泄水式沟头防护措施。沟头侵蚀的防治，应根据沟头上部来水量和地形条件采取不同的沟头防护工程（见图4-32和图4-33）。

谷坊工程布置在沟谷比降较大、沟谷狭窄、切割较深，一般难以耕作的山区。谷坊能起到稳定坡脚、防止沟岸扩张及滑坡、减轻山洪和泥石流灾害的左右，沟道逐渐淤平后，可形成坝阶地，为农业生产创造条件。根据谷坊所用的建筑材料的不同，可将谷坊分为土谷坊、干砌块石谷坊、浆砌块石谷坊、混凝土谷坊、钢筋混凝土谷坊、枝梢（梢柴）谷坊、插柳谷坊（柳桩编篱）等，谷坊类型的选择取决于地形、地质、建筑材料、劳力、技术、经济、防护目标和对沟道利用的远景规划等多因素。在进行谷坊设计时，应通过沟壑情况调查，选沟底比降大于5%～10%的沟段，系统地布设谷坊群。根据沟底比降图，从下而上初步拟定

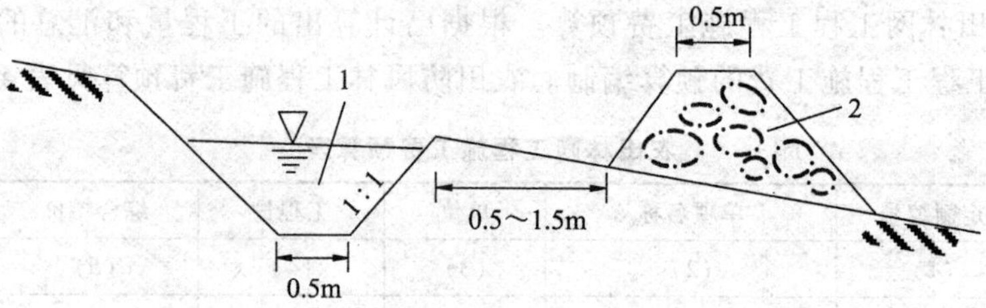

1—蓄水沟 2—封沟埂

图 4-32 沟埂式沟头防护示意图

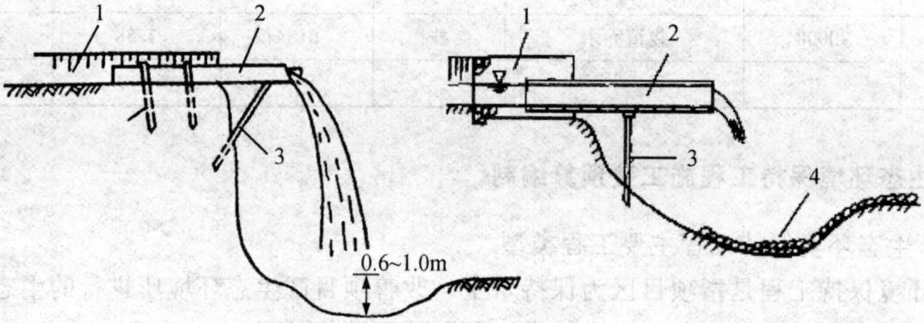

1—进水口 2—水槽 3—支撑 4—碎石

图 4-33 悬臂跌水式沟头防护示意图

每座谷坊位置。一般高 2~5m，下一座谷坊的顶部大致与上一座谷坊基部等高（见图 4-34）。

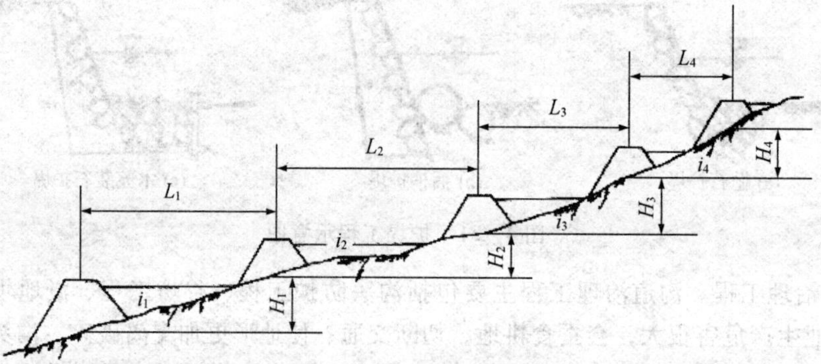

图 4-34 谷坊布设示意图

淤地坝工程主要布置在沟谷较宽、比降较小的沟谷中下游，在拦泥沙淤地、防洪保收、灌溉、养殖、人畜饮水、改善交通等方面都能发挥重要作用。淤地坝主要目的在于拦泥淤地，一般不长期蓄水，其下游也无灌溉要求。随着坝内淤积的逐年提高，坝体与坝地能较快地连成一个整体，实际上坝体可以看作是一个重力式挡泥（土）墙。一般淤地坝由坝体、溢洪道、放水建筑物三个部分组成。坝体是横拦沟道的挡水拦泥建筑物，用以拦蓄洪水，淤积泥沙，抬高淤积面。溢洪道是排泄洪水建筑物，当淤地坝洪水位超过设计高度时，就由溢洪道排出，以保证坝体的安全和坝地的正常生产。放水建筑物多用竖井式和卧管式，沟道常流水，库内清水等通过放水设备排泄到下游（见图 4-35）。

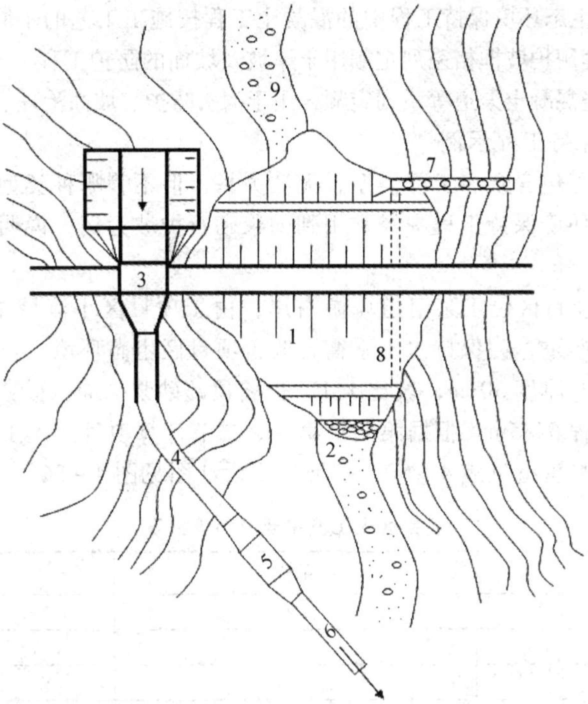

1—土坝　2—排水体　3—溢洪道　4—陡槽　5—消力池　6—渠道　7—卧管　8—放水洞　9—河道

图 4－35　淤地坝枢纽工程示意图

3. 坡面防护工程。坡面防护工程主要是指坡面截水沟和排水沟工程以及护坡工程等。截水沟主要布设在易发生滑坡的坡面范围外，拦截旁引地表径流，防止地表水向不稳定斜坡汇集。排水沟布置在斜坡上，一般呈树枝状分布，并可充分利用自然沟谷。当坡面较平整或需提高治理标准时，应同时开挖截、排水沟，构成排水沟系统。截水沟横贯斜坡，可汇集地表水，排水沟比降较大，可将汇集的地表水迅速排出不稳定斜坡。截、排水沟工程可采用浆砌、沥青铺面、现浇混凝土等多种形式。护坡工程是一种防护性工程措施，修筑护坡工程必须以边坡稳定为前提，以防止坡面侵蚀、风化和局部崩塌为目的，若坡体本身不能保持稳定，就需要削坡或改修挡土墙等支持工程。常见的护坡工程有干砌片石和混凝土砌块护坡、浆砌片石和混凝土砌块护坡、格状框条护坡等。

（二）生态环境保持工程工程量计算

生态环境保持工程工程量计算主要包含土石方开挖、回填、运输、坝体土方填筑、砌体工程等，在进行工程量计算时，应按照施工设计图件内容和定额规定，根据工程具体情况确定工程量计算项目，按分部工程遵循定额顺序计算法，逐项计算各分项工程量。

（三）生态环境保持工程的定额选取与子目套用

1. 土石方工程。生态环境保持工程中的土石方工程涉及土石方开挖、填筑、压实等多项内容，应按照具体的施工工艺及工程规模确定。

2. 砌体工程。砌体工程是生态环境保持工程的重要组成部分，在《标准》砌体工程部分，对于不同部位、不同工程内容的砌体工程均有不同的定额规定，生态环境保持工程在进行定额选取和子目套用时，应以具体工程部位及建设内容为依据，重点考虑子目适用的范围。

3. 混凝土工程。生态环境保持工程中的混凝土工程按施工工艺的不同可分为预制和现浇两种。预制混凝土主要套用护坡框格系列定额用于岸坡及坡面的防护工程，现浇混凝土主要套用挡土墙、抗滑群桩及现浇混凝土渠道等系列定额，用于沟头防护、坡面治理、淤地坝等工程。

（四）生态环境保持工程示例

生态环境保持工程包含众多工程类型，无法穷举，但不管哪种类型的分项工程，计算原理均为一致，以生态环境保持工程中经常用到的浆砌石护坡为例，说明生态环境保持工程工程施工费的计算过程。

［例 4－5－2］ 项目区位于某河道中游右岸，由于项目区小流域季节性地面径流冲刷，沿河岸农田水土流失严重，为保持水土平衡，改善项目区生态环境，对河岸两侧农田进行浆砌块石防护。浆砌块石厚度 30cm，坡比 1:1，护坡顶部砂浆抹面，砂浆厚度为 2cm。项目区共设置浆砌石护坡工程 5485m。根据第四章第一、二节计算项目区人工及材料价格后，确定项目区人工及相关材料价格见表 4－50。护坡工程设计图见图 4－36。

表 4－50　　项目区人工及主要材料价格表

名称	单位	单价（元）
甲类工	工日	51.04
乙类工	工日	38.84
水	m^3	4.5
汽油	kg	9.47
柴油	kg	8.25
砂	m^3	65
块石	m^3	90
水泥	t	530

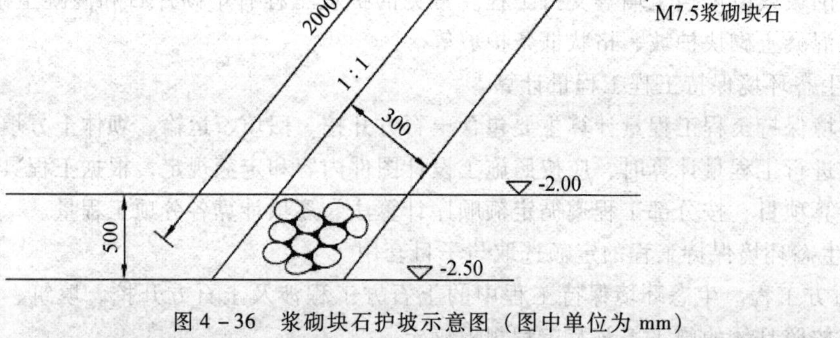

图 4－36　浆砌块石护坡示意图（图中单位为 mm）

1. 确定工程量。根据《标准》中工程量计算规则和有关要求，结合护坡工程单体图，确定浆砌石护坡工程工程量计算项目为浆砌石护坡工程量和砂浆抹面工程量。

浆砌石护坡工程量 $= S_{断} \times L = 2 \times 0.3 \times 5485 = 3291m^3$

砂浆抹面工程量 $= b \times L = 0.3 \times \sqrt{2} \times 5485 = 2327.088m^2$

2. 选用定额子目和编制工程施工费单价分析表。

（1）定额选取及套用。根据护坡具体规格及工程内容，选用定额 30016 “浆砌块石护坡”及定额 30065 “砌体砂浆抹面厚 2cm 平面”。

（2）编制工程施工费单价分析表。根据相关定额及工程实际内容编制工程施工费单价分析表。

①人工消耗量的计算及人工单价的选取。定额 30016 的工作内容选石、修石、拌和砂浆、砌筑、勾缝的工作内容，已包含了浆砌石护坡所需的相关工程项目，无须再增加其他工作内容，因此浆砌石护坡工程定额单位人工消耗量为甲类工 8.2 工日，乙类工 156.6 工日；同样，按照定额 30065，每定额单位人工消耗量为甲类工 0.6 工日，乙类工 10.6 工日。

人工单价按照《编规》中相关条款进行计算，六类工资区甲类工为 51.04 元/工日，乙类工为 38.84 元/工日。

②材料消耗量的计算及材料单价的选取。如表 4－51，按照定额 30016，以 $100m^3$ 为单位，$100m^3$ 浆砌石护坡材料耗用量为：块石 $108m^3$、砂浆 $35.15m^3$。如表 4－52，按照定额 30065，每 $100m^2$ 砂浆抹面需砂浆 $2.10m^3$。材料单价应依据《编规》中关于材料价格的规定及项目所在地政府部门颁布的材料价格信息确定，材料预算价格编制方法详见第四章第二节材料预算价格。砌筑砂浆单价编制详见第三章第二节。块石及其中砂浆中的水泥和砂的价格属于《编规》中进行限价的材料，块石和砂的限定价格为 60 元/m^3，水泥的限定价格为 300 元/t。项目区砂、块石和水泥的预算价格分别为 65 元/m^3 和 90 元/m^3 和 300 元/t，则超出限价部分单独计算材料价差，只计取材料费和税金，不参与措施费、间接费和利润的取费。

表 4－51　浆砌块石定额　单位：$100m^3$

定额编号				30016	30017
顺序号	名称		单位	护坡	
				平面	曲面
1	人工	甲类工	工日	8.2	8.9
2		乙类工		156.6	169.3
3		合计		164.8	178.2
4	材料	块石	m^3	108	108
5		砂浆	m^3	35.15	35.15
6	其他费用		%	0.5	0.5

③其他费用。其他费用是指完成该项工作内容所需耗用少量和临时的零星用工、用料和辅助机械所发生的摊销费用，以费率形式表示，其计算基数为人工费、材料费和机械使用费。

项目区浆砌石护坡及砂浆抹面施工费单价分析表如表 4－53、表 4－54。

3. 汇总护坡工程工程施工费单价

按照《编规》中要求的格式，对护坡工程工程施工费单价进行汇总。工程施工费单价汇总表见表 4－55。

表 4 – 52　　砌体砂浆抹面定额　　单位：100m²

定额编号				30065	30066	30067	30068
				厚 2cm			每增减
顺序号	名称		单位	平面	立面	拱面	1cm 厚
1	人工	甲类工	工日	0.6	0.7	1.2	0.2
2	人工	乙类工	工日	10.6	13.2	23.6	3.9
3	人工	合计	工日	11.2	13.9	24.8	4.1
4	材料	砂浆	m^3	2.1	2.3	2.5	1.05
5	其他费用		%	3.2	3.2	3.2	

表 4 – 53　　项目区浆砌石护坡工程施工费单价分析表

定额编号：30016　　单位：100m³

序号	项目名称	单位	数量	单价	小计
一	直接费				18753.43
(一)	直接工程费				18189.55
1	人工费				6533.37
	甲类工	工日	8.2	51.04	418.53
	乙类工	工日	156.6	38.84	6082.34
	其他费用（以定额编号 30016 子目人工费为计费基础）	%	0.50	6500.87	32.50
2	材料费				11656.18
	块石	m^3	108.00	60.00	6480.00
	砂浆	m^3	35.15	145.61	5118.19
	其他费用（以定额编号 30016 子目材料费为计费基础）	%	0.50	11598.19	57.99
(二)	措施费	%	3.1	18189.55	563.88
二	间接费	%	5.0	18753.43	937.67
三	利润	%	3.0	19691.10	590.73
四	材料价差				5545.13
	块石	m^3	108.0	30.00	3240.00
	砂	m^3	39.0	5.00	195.08
	水泥	kg	9174.2	0.23	2110.05
五	税金	%	3.22	25826.96	831.63
合计	—	—	—	—	26658.59

表 4 – 54　　砌体砂浆抹面（厚 2cm）工程单价分析表

定额编号：30065　　单位：100m²

序号	项目名称	单位	数量	单价	小计
一	直接费				795.96
(一)	直接工程费				772.03
1	人工费				456.47
	甲类工	工日	0.6	51.04	30.62
	乙类工	工日	10.6	38.84	411.70
	其他费用（以定额编号 30065 子目人工费为计费基础）	%	3.20	442.32	14.15
2	材料费				315.56
	砂浆	m^3	2.10	145.61	305.78
	其他费用（以定额编号 30065 子目材料费为计费基础）	%	3.20	305.78	9.78
(二)	措施费	%	3.1	772.03	23.93
二	间接费	%	5.0	795.96	39.80
三	利润	%	3.0	835.76	25.07
四	材料价差				137.56
	砂	m^3	2.3	5.00	11.5
	水泥	kg	548.1	0.23	126.06
五	税金	%	3.22	998.39	32.15
	合计	—	—	—	1030.54

表 4-55　**护坡工程工程施工费单价汇总表**　金额单位：元

序号	定额编号	单项名称	单位	直接费						间接费	利润	材料价差	未计价材料费	税金	综合单价
				人工费	材料费	机械使用费	直接工程费	措施费	合计						
	(1)	(2)	(3)	(4)	(5)	(6)	(7)	(8)	(9)	(10)	(11)	(12)	(13)	(14)	(15)
一		生态环境保持工程													
1		护坡													
(1)	30016	浆砌石护坡	100m³	6533.37	11656.18		18189.55	563.88	18753.43	937.67	590.73	5545.13		831.63	26658.59
(2)	30065	砌体砂浆抹面	100m²	456.47	315.56		772.03	23.93	795.96	39.80	25.07	137.56		32.15	1030.54

4. 编制农田林网工程工程施工费预算

根据已计算出的工程量和汇总的综合单价，进行护坡工程工程施工费的预算编制。护坡工程施工费预算见表 4 – 56。

表 4 – 56　护坡工程工程施工费预算表　金额单位：元

序号	定额编号	单项名称	单位	工程量	综合单价	合计
	(1)	(2)	(3)	(4)	(5)	(6)
一		农田防护与生态环境保持工程				
1		生态环境保持工程				
(1)		护坡				
	30016	浆砌石护坡	m^3	3291	266.58	877314.78
	30065	砌体砂浆抹面	m^2	2327.088	10.31	23992.28
总计						901307.06

第五章　土地开发整理项目设备购置费预算的编制

编写目的： 让读者掌握土地开发整理项目设备购置费预算的编制方法，设备购置费及设备安装工程费的区别与联系；了解设备的分类及与材料的区别，掌握设备安装工程费预算的编制方法。

重点及难点： 设备的选型及设备购置费预算中原价、运杂费、运输保险费及采保费的计算。难点是如何通过设计方案选用经济合理的设备。

第一节　土地开发整理项目常见设备类型

土地开发整理项目常见设备包括机电设备和金属结构设备两部分。机电设备包括变配电及电气设备，金属结构设备包括排灌设备、闸门和起闭设备。

一、设备和材料的区分

（一）设备

凡是经过加工制造，由多种材料和部件按各自用途组成独特结构，具有检测、储运及能量传递或转换等功能的机器、容器和其他机械、成套装置等均为设备。

设备分为需要安装与不需要安装的设备，以及定型设备和非标准设备。设备及其构成一般包括以下各项：

1. 定型设备（包括通用设备和专用设备）：是指按国家规定的产品标准进行批量生产并形成系列的设备。

2. 非标准设备：是指国家未定型，使用量较小，非批量生产的特殊设备，并由设计单位提供制造图纸，由承制单位或施工企业在工厂或施工现场加工制作的设备。

3. 各种设备的本体及随设备到货的配件、备件和附属于设备本体的仪器仪表等。

例如，各种变压器、互感器、调压器、电抗器、高压断路器、高压熔断器、高压隔离开关、装置式空气开关、电容器、蓄电池、交直流报警器、成套供应的箱、盘、柜、屏及其随设备带来的母线和支持瓷瓶均为设备；调节阀、压力、温度、流量、差压、物位仪表等均为设备；各种铸铁或钢闸门、启闭机、水泵及与水泵配套供应的输水管电机、真空泵、施肥罐和筛网过滤器等均为设备。

（二）材料

为完成建筑、安装工程所需的原材料和经过工业加工的设备本体以外的零配件、附件、成品、半成品等。

例如，各种电缆、电线、母线、管材、型钢、桥架、梯架、立柱等均为材料；低压开关、保险器、杆上避雷器、各种避雷针、各种绝缘子、金具、电线杆、铁塔、各种支架等均为材料；各种管道及管件、配件、阀门等均为材料；木闸门一般作为材料。

管道和阀门构成设备本体部件时，应作为设备，否则应作为材料。

二、机电设备类型

土地开发整理项目的机电设备主要包括变配电及电气控制设备，主要包括以下类型：

（一）生产和变换电能的设备：发电机、变压器、电动机等。

（二）开关电器：断路器、隔离开关、真空开关、自动开关、负荷开关、接触器等。

（三）起动电器：磁力起动器等。

（四）保护电器：熔断器、保护装置、无功补偿箱等。

（五）限流限压设备：电抗器、避雷器等。

（六）测量和监察设备：如各种电测仪表、互感器、配电柜、电表箱、电表、低压配电屏、动力配电箱、计箱量等。

（七）电力负荷控制装置：电力定量器、电力监控仪、电力时控开关、用户分界负荷开关等。

三、金属结构设备类型

土地开发整理项目的金属结构设备主要有排灌工程设备和闸门及启闭设备两部分。排灌工程设备主要包括喷微灌设备和水泵；闸门及启闭设备包括各类铸铁闸门、钢闸门及启闭机等。主要类型如下：

（一）排灌工程设备

1. 喷微灌设备：过滤器、施肥设备、测量装置和灌水设备等。过滤器又可分为离心过滤器、砂石过滤器、筛网过滤器和叠片过滤器；测量设备包括量水设备、水表和压力表等；灌水设备包括喷头、喷头支架、微喷头、微喷头插杆等。

2. 水泵：离心泵、潜水泵和真空泵等。离心泵又可分为单级离心泵、多级离心泵和离心式深水泵。

（二）闸门及启闭设备

1. 闸门设备：按结构类型分为平板闸门、弧形闸门等。按材质又可分为钢闸门和铸铁闸门。

2. 启闭设备：卷扬式启闭机、螺杆式启闭机、侧摇式启闭机、手推式启闭机、直联式启闭机等。螺杆式启闭机又分为手动式启闭机、手电两用启闭机等。

3. 拦污设备：拦污栅等。

第二节　设备及安装工程费用的计算

设备及安装工程费用包括购置设备以及安装设备两项费用。两项费用的计算方式完全不同，设备购置费列项在设备购置费预算表中，不计取措施费、间接费、利润、税金等费用，设备安装工程费用列项在工程施工费预算表中，需要计取措施费、间接费、利润、税金等费用。

一、设备购置费

设备购置费是指购置和自制土地开发整理项目规划设计中要求的各种设备所发生的各种费用，包括设备原价、运杂费、运输费保险费和采购及仓库保管费等五个因素。

（一）设备原价

设备原价是指设备制造厂的交货价格或定货合同价。拆装设备分瓣运至工地后的组装费用，包括在设备原价内。

（二）运杂费

运杂费是指设备由厂家运至工地安装现场所发生的一切运杂费用。包括运输费、调车费、装卸费、包装绑扎费、变压器充氮费及可能发生的其他杂费。设备运杂费按占设备原价的百分率计算。设备运杂费率标准见表5－1。

表5－1　　主要设备运杂费率表（%）

类别	适用地区	费率
Ⅰ	北京、天津、上海、江苏、浙江、江西、安徽、湖北、湖南、河南、广东、山西、山东、河北、陕西、辽宁、吉林、黑龙江等省、直辖市	4～6
Ⅱ	甘肃、云南、贵州、广西、四川、重庆、福建、海南、宁夏、内蒙古、青海、新疆、西藏等省、直辖市和自治区	6～8

在编制预算时应根据设备来源地、运输方式、运输距离等逐项进行分析，选取合适的费率，一般来说，工程地点距供货地点近者费率取小值，远者取大值。

（三）运输保险费

运输保险费等于设备原价乘以运输保险费率。运输保险费率可按工程所在省、自治区、直辖市的规定计算。

（四）采购及保管费

采购及保管费是指建设单位和施工企业在负责设备的采购、保管过程中发生的各项费用。主要包括：

1. 采购保管部门工作人员的基本工资、辅助工资、办公费、差旅费、交通费、工具用具使用费等。

2. 仓库、转运站等设施的运行费、维修费、固定资产折旧费、技术安全措施费和设备的检查、试验费等。

采购及保管费按设备原价、运杂费之和的0.7%计算。

（五）运杂综合费率

若编制预算时对设计中采用的设备来源地不能完全确定，不能按每一费用因素计算设备预算价格，只能将设备预算价格分为买价和运杂费（包括包装费、运杂费和采购及保管费）两个费用因素，即：设备购置费 = 设备买价 + 设备运杂费

运杂综合费率 = 运杂费率 + (1 + 运杂费率) × 采购及保管费率 + 运输保险费率

二、设备安装工程费

（一）安装工程定额

1. 定额的内容

《预算定额》第七章为设备安装工程预算定额。设备安装工程预算定额包括闸门与构件安装、起重设备安装、喷微灌设备安装、水泵安装、电力变压系统安装、配电箱安装、配电屏安装、起动器安装、隔离开关、避雷器和熔断器安装等九节。

2. 定额采用实物量表现形式

以实物量形式表示的定额，给出了设备安装所需的人工工日、材料和机械使用量。其中材料和机械列出主要品种的型号、规格及数量，若品种、型号、规格不同，均不作调整。其他零星人工、材料和辅助机械及机具分别按占主要人工费、材料费和主要机械费的百分率计列。此方法计算较准确，应用普遍，现行安装工程预算定额中的主要设备采用此方法表示。

（二）安装工程单价编制

安装工程单价由直接费（包括直接工程费、措施费）、间接费、利润和税金组成。其中直接工程费由人工费、材料费、机械使用费组成，其计算过程如表5－2。

表5－2 安装工程单价计算过程

序号	费用名称	计算方法
一	直接费	(一) + (二)
(一)	直接工程费	1 + 2 + 3
1	人工费	Σ（定额人工工日数 × 人工预算单价）
2	材料费	Σ（定额材料用量 × 材料预算价格）
3	机械使用费	Σ（定额机械台班用量 × 机械台班费）
(二)	措施费	(一) × 临时设施费费率
二	间接费	1 × 间接费费率
三	利润	(一 + 二) × 3%
四	材料价差	Σ［限价材料用量 ×（材料预算价格 − 材料限价）］
五	税金	(一 + 二 + 三 + 四) × 税率
六	安装工程单价	一 + 二 + 三 + 四 + 五

（三）编制安装工程单价应注意的问题

1. 安装工程预算定额除各章说明外，还包括以下工作内容和费用：

（1）设备安装前后的开箱、检查、清扫、滤油、注油、刷漆和喷漆工作。

（2）安装现场内的设备运输。

（3）随设备成套供应的管路及部件的安装。

（4）设备的单体试运转、管和罐的水压试验、焊接及安装的质量检查。

（5）现场施工临时设施的搭拆及其材料、专用特殊工器具的摊销。

（6）施工准备及完工后的现场清理工作。

（7）竣工验收移交生产前对设备的维护、检修和调整。

2. 变压器的安装

变压器安装有室内、室外、杆上三种安装方式。

室内是将变压器安装在混凝土构件上，构件表面安装特制轨道，变压器就位后，将变压器滚轮固定或加装抗震装置。

室外地上砌筑高度在500mm以上变台，台面上用扁钢或槽钢做轨道，用以固定变压器。四周设置1.7m高的围栏。

杆上用在320KVA以下的变压器安装，有单杆、双杆和三杆几种形式。变压器安装在离地面2.5m以上的变台上，变台架采用槽钢、角钢、扁钢制作。注意杆上变压器安装中不包括"立电杆，杆上高压、低压2组（6个）避雷器安装，1组（3个）高压熔断器安装，接地装置制作安装"等，需另列相关子目进行计算。

3. 使用安装工程定额时，除有规定外，对不同地区、施工企业、机械化程度和施工方法等因素，均不作调整。

第三节　设备购置费预算编制

一、设备购置费预算编制要求

（一）项目所购置设备，必须是项目设计中明确要求的、构成项目工程实体并直接为项目区服务的设备。

（二）土地开发整理项目涉及的设备数量相对较少，且主要集中在灌溉排水工程中。为准确反映项目设备购置所发生的支出费用，设备购置费需单独列示。

（三）安装设备所发生的工程费用，在工程施工费预算中列示，如安装变压器的安装工程费应在灌溉排水工程施工费的有关项目内另计安装工程费，其安装及调试的人工费、机械使用费参与相应费率计取。

（四）在设备购置费预算编制的过程中应注意以下几个问题：

1. 要按设备的名称、规格、单位、数量和单价进行列示。

2. 预算表中的每项设备单价，应附相关部门认证的设备价格信息，作为预算编制的依据。

二、设备购置费预算编制

设备购置费预算包括机电设备预算和金属结构设备预算两部分。其预算编制按表 5 - 3 格式进行。

表 5 - 3　　设备购置费预算表

<table>
<tr><td rowspan="2">序号</td><td>设备名称</td><td>规格</td><td>单位</td><td>数量</td><td>单价</td><td>合计</td><td>说明</td></tr>
<tr><td>(1)</td><td>(2)</td><td>(3)</td><td>(4)</td><td>(5)</td><td>(6)</td><td>(7)</td></tr>
<tr><td></td><td></td><td></td><td></td><td></td><td></td><td></td><td></td></tr>
<tr><td></td><td></td><td></td><td></td><td></td><td></td><td></td><td></td></tr>
<tr><td></td><td></td><td></td><td></td><td></td><td></td><td></td><td></td></tr>
<tr><td colspan="3">总　计</td><td>—</td><td>—</td><td>—</td><td></td><td>—</td></tr>
</table>

编制预算时应注意设备数量及单位的填写与设备和安装工程单价相一致。如设备安装工程单价为“元/台”，则设备应为同型设备的台数。

三、设备购置费预算编制示例

［**例 5 - 3 - 1**］某土地综合整治项目建设规模 1491. 18 公顷，新增耕地 44. 91 公顷，投资预算 4248. 58 万元。根据工程设计需要新修 11kw 泵站的 3 座，18. 5kw 泵站 6 座，30kw 和 55kw 的泵站各一座，每座泵站需购置水泵和配套控制柜各一套。计算本项目设备购置费。

（一）统计本项目所需设备数量及其规格型号。

根据设计特征值及本地区产品类型选用手扳式螺杆式启闭机和混流泵。设备购置数量及规格如下表所示：

表 5 - 4　　设备购置清单

<table>
<tr><td rowspan="2">序号</td><td>设备名称</td><td>规格</td><td>单位</td><td>数量</td><td>说明</td></tr>
<tr><td>(1)</td><td>(2)</td><td>(3)</td><td>(4)</td><td>(5)</td></tr>
<tr><td rowspan="2">1</td><td>混流泵及配套电机</td><td>250hHW - 5 及 y160L - 6</td><td>套</td><td>3. 00</td><td rowspan="2">功率 11KW</td></tr>
<tr><td>配套控制柜</td><td>JZL/C - 11KW（XJ01）</td><td>套</td><td>3. 00</td></tr>
<tr><td rowspan="2">2</td><td>混流泵及配套电机</td><td>300HW - 5 及 y200L1 - 6</td><td>套</td><td>6. 00</td><td rowspan="2">功率 18. 5KW</td></tr>
<tr><td>配套控制柜</td><td>JZL/C - 18. 5KW（XJ01）</td><td>套</td><td>6. 00</td></tr>
<tr><td rowspan="2">3</td><td>混流泵及配套电机</td><td>400HW - 5 及 y250m - 8</td><td>套</td><td>1. 00</td><td rowspan="2">功率 30KW</td></tr>
<tr><td>配套控制柜</td><td>JZL/C - 30KW（XJ01）</td><td>套</td><td>1. 00</td></tr>
<tr><td rowspan="2">4</td><td>混流泵及配套电机</td><td>500HW - 6 及 y315m - 10</td><td>套</td><td>1. 00</td><td rowspan="2">功率 55KW</td></tr>
<tr><td>配套控制柜</td><td>JZL/C - 55KW（XJ01）</td><td>套</td><td>1. 00</td></tr>
</table>

注：由于混流泵和配套电机合并报价，因此在设备购置费统计时一并统计。

（二）设备询价

根据设计所需设备规格和型号，从设备市场上询价获取设备报价单等设备原价依据。本项目设备报价单如下：

产品报价单

客户名称：________________　收件人：________________

项目名称：________________　传　真：________________

上海奔宇泵业制造有限公司是专业从事各类水泵，成套供水设备和电气控制设备的生产经营企业，有近十几年的泵类产品生产历史。公司集科研、生产、销售、服务于一体，拥有强大的开发、设计、生产、销售队伍，先进的电脑微机测试系统及精良的加工设备，年产水泵达4万台（套）。

上海奔宇泵业制造有限公司奉行“以人为本”的理念，始终坚持“以优质的产品质量和服务，为客户创造最大的效益”的经营原则，以“科技创新、专业发展”为核心，力争在国内泵行业成为一流企业，与客户共同发展、实现与客户的双赢。在日益成熟与激烈的市场竞争中，我们将始终保持强有力的竞争实力、与广大客户一起拼搏，并勇创辉煌。

我们衷心感谢您的询价，并期待与您合作成功！

序号	名称	泵号	流量 m3/h	扬程 m	功率 kw	数量	单价（元）	总价（元）	备注
6	混流泵	150HW-5	180	5	4	1	6800	6800	
	配套电机	y112m-4				1			
	配套控制柜	JZL/C-4KW(XJ01)				1	3260	3260	
7	混流泵	250hHW-5	540	5	11	1	15600	15600	
	配套电机	y160L-6				1			
	配套控制柜	JZL/C-11KW(XJ01)				1	6500	6500	
8	混流泵	300HW-5	650	5.5	18.5	1	26800	26800	
	配套电机	y200L1-6				1			
	配套控制柜	JZL/C-18.5KW(XJ01)				1	7600	7600	
9	混流泵	300HW-5	890	3.9	18.5	1	26800	26800	
	配套电机	Y200L1-6				1			
	配套控制柜	JZL/C-18.5KW(XJ01)				1	7600	7600	
10	混流泵	400HW-5	1440	5	30	1	39800	39800	
	配套电机	y250m-8				1			
	配套控制柜	JZL/C-30KW(XJ01)				1	9800	9800	
11	混流泵	300HW-5	792	5	18.5	1	26800	26800	
	配套电机	y200L1-6				1			
	配套控制柜	JZL/C-18.5KW(XJ01)				1	7600	7600	

报价说明：1. 免费指导安装，设备操作培训。

2. 以上报价均为普通材质。

报价单位：上海奔宇泵业制造有限公司长沙办　地　址：长沙市人民中路32号雨花大厦1517室

报 价 人：肖　驰　报价时间：2012-3-14　报价有效期：30　天

手　　机：15874938411　办公电话：0731-85169056　传　　真：0731-85169058

上海奔宇泵业制造有限公司

产 品 报 价 单

客户名称：______________________________ 收件人：______________________

项目名称：______________________________ 传　真：______________________

上海奔宇泵业制造有限公司是专业从事各类水泵，成套供水设备和电气控制设备的生产经营企业，有近十几年的泵类产品生产历史。公司集科研、生产、销售、服务于一体，拥有强大的开发，设计、生产、销售队伍，先进的电脑微机测试系统及精良的加工设备，年产水泵达4万台（套）。

上海奔宇泵业制造有限公司奉行"以人为本"的理念，始终坚持"以优质的产品质量和服务，为客户创造最大的效益"的经营原则，以"科技创新、专业发展"为核心，力争在国内泵行业成为一流企业，与客户共同发展、实现与客户的双赢。在日益成熟与激烈的市场竞争中，我们将始终保持强有力的竞争实力、与广大客户一起拼搏，并勇创辉煌。

我们衷心感谢您的询价，并期待与您合作成功！

序号	名　称	型　号	流量 m3/h	扬程 m	功率 kw	数量	单价（元）	总价（元）	备　注
7	混流泵	650HW-5	4379	5	115	1	185000	185000	
	配套电机	JSL27-10				1			
	配套控制柜	JZL/C-115KW(XJ01)				1	26900	26900	
8	混流泵	500HW-6	2180	5.3	55	1	89000	89000	
	配套电机	y315m-10				1			
	配套控制柜	JZL/C-55KW(XJ01)				1	13800	13800	
9	混流泵	400HW-6	1260	6.8	30	1	39800	39800	
	配套电机	y250m-8				1			
	配套控制柜	JZL/C-30KW(XJ01)				1	9800	9800	
10	混流泵	250HW-5	610	5	11	1	15600	15600	
	配套电机	y160l-5				1			
	配套控制柜	JZL/C-11KW(XJ01)				1	6500	6500	
11	立式轴流泵	500ZLB-70	2853	4.4	55	1	42680	42680	
	配套电机	y280m-6B5				1			
	配套控制柜	JZL/C-55KW(XJ01)				1	13800	13800	
12	立式轴流泵	700ZLB-125	5951	2.74	80	1	98000	98000	
	配套电机	JSL-12-10				1			
	配套控制柜	JZL/C-80KW(XJ01)				1	16800	16800	
报价说明：1. 免费指导安装、设备操作培训。 2. 以上报价均为普通材质。									

报价单位：上海奔宇泵业制造有限公司长沙办　地　址：长沙市人民中路32号雨花大厦1517室

报 价 人：肖　璐　报价时间：2011-3-14　报价有效期：30　天

手　　机：15874938411　办公电话：0731-85169056　传　　真：0731-85169058

上海奔宇泵业制造有限公司

（三）设备购置综合单价计算

设备购置综合单价主要由设备原价、运杂费、运输保险费、采购及保管费等组成。

1. 设备原价。依上述报价单，本项目采购混流泵500HW－6及配套电机y315m－10原单价89000元，配套控制柜JZL/C－55KW（XJ01）原单价13800元；混流泵400HW－5及配套电机y250m－8原单价39800元，配套控制柜JZL/C－30KW（XJ01）原单价9800元；混流泵300HW－5及配套电机y200l1－6原单价26800元，配套控制柜JZL/C－18.5KW（XJ01）原单价7600元；混流泵250HW－5及配套电机y160L－6原单价15600元，配套控制柜JZL/C－11KW（XJ01）原单价6500元；

2. 运杂费。根据《编规》第232页《设备运杂费率表》中所列的费率，××省设备运杂费按设备原价的5%计算。

3. 运输保险费，按××省运输行业有关规定，本项目设备运输保险费按设备原价的0.05%计算。

4. 采购及保管费，按设备原价、运杂费之和的0.7%计算。

5. 运杂综合费率＝运杂费率＋运输保险费率＋(1＋运杂费率)×采购及保管费率＝5%＋0.05%＋(1＋0.05)×0.7%＝5.785%。

计算得：

混流泵500HW－6及配套电机y315m－10综合单价＝89000×(1＋5.785%)＝94148.65元；

配套控制柜JZL/C－30KW(XJ01)＝13800×(1＋5.785%)＝14598.33元；

混流泵400HW－5及配套电机y250m－8＝39800×(1＋5.785%)＝42102.43元；

配套控制柜JZL/C－30KW(XJ01)＝9800×(1＋5.785%)＝10366.93元；

混流泵300HW－5及配套电机y200l1－6＝26800×(1＋5.785%)＝28350.38元；

配套控制柜JZL/C－18.5KW(XJ01)＝7600×(1＋5.785%)＝8039.66元；

混流泵250hHW－5及配套电机y160L－6＝15600×(1＋5.785%)＝16502.46元；

配套控制柜JZL/C－11KW(XJ01)＝6500×(1＋5.785%)＝6876.03元；

（四）设备购置费计算

表5－5　设备购置费预算表

序号	设备名称	规格	单位	数量	单价	合计	说明
	(1)	(2)	(3)	(4)	(5)	(6)	(7)
1	混流泵及配套电机	250hHW－5及y160L－6	套	3	16502.46	49507.38	功率11KW
	配套控制柜	JZL/C－11KW（XJ01）	套	3	6876.03	20628.09	
2	混流泵及配套电机	300HW－5及y200L1－6	套	6	28350.38	170102.3	功率18.5KW
	配套控制柜	JZL/C－18.5KW（XJ01）	套	6	8039.66	48237.96	
3	混流泵及配套电机	400HW－5及y250m－8	套	1	42102.43	42102.43	功率30KW
	配套控制柜	JZL/C－30KW（XJ01）	套	1	10366.93	10366.93	

续表

序号	设备名称	规格	单位	数量	单价	合计	说明
	(1)	(2)	(3)	(4)	(5)	(6)	(7)
4	混流泵及配套电机	500HW－6 及 y315m－10	套	1	94148.65	94148.65	功率 55KW
	配套控制柜	JZL/C－55KW（XJ01）	套	1	14598.33	14598.33	
	总计					449692.1	

第六章　土地开发整理项目相关费用预算的编制及预算汇总

编写目的：让读者掌握土地开发整理项目预算其他费用的费用构成，理解前期工作费、工程监理费、拆迁补偿费、竣工验收费和业主管理费的内涵；熟练掌握其他费用中的各项费用的费率计算方式，土地开发整理项目其他费用计算过程和方法；掌握不可预见费的定义和计算方法；在工程施工费、设备购置费、其他费用和不可预见费计算完成后，熟练掌握各类预算表格的填写，汇总形成项目总预算。

重点及难点：其他费用的费用科目组成及其内涵；前期工作费、工程监理费、竣工验收费、业主管理费和不可预见费的费率计算；汇总项目总预算。难点是如何进行分档定额计费和差额定率累进计费。

土地开发整理项目相关费用开支范围为组织、实施、管理土地开发整理项目发生的各项支出，《编规》明确规定包括前期工作费、工程监理费、拆迁补偿费、竣工验收费、业主管理费、不可预见费。

第一节　前期工作费

一、前期工作费的内容

前期工作费，指土地开发整理项目在工程施工前所发生的各项支出，包括土地清查费、项目可行性研究费、项目勘测费、项目设计与预算编制费和项目招标代理费等。主要包括以下内容：

（一）土地清查费。指土地开发整理对土地的权属调查、土地评估所发生的费用，按不超过工程施工费的0.5%计算，计算公式为：

土地清查费 = 工程施工费 × 费率

（二）项目可行性研究费。指项目承担单位委托有资质的单位对土地开发整理项目进行可行性研究时发生的费用，以工程施工费与设备购置费之和作为计费基数，采用分档定额计费方法计算，各区间按内插法确定。

表6-1 项目可行性研究费计费标准 单位：万元

序号	计费基数	项目可行性研究费
1	≤500	5
2	1000	6.5
3	3000	13
4	5000	18
5	8000	26
6	10000	31
7	20000	44
8	40000	69
9	60000	90
10	80000	106
11	100000	121

注：计费基数大于10亿元时，按计费基数的0.121%计取。

（三）项目勘测费。指土地开发整理地籍测绘、项目勘察所发生的费用，按不超过工程施工费的1.5%计算（项目地貌类型为丘陵、山区的可乘以1.1的系数）。计算公式为：

项目勘测费＝工程施工费×费率

（四）项目设计与预算编制费。指项目承担单位委托具有资质的单位对土地开发整理项目进行规划设计及预算编制时应支付的费用。以工程施工费与设备购置费之和作为计费基数，采用分档计费方式计算（项目地貌类型为丘陵、山区的可乘以1.1的调整系数），各区间按内插法确定。

表6-2 项目设计与预算编制费计费标准 单位：万元

序号	计费基数	项目设计与预算编制费
1	≤500	14
2	1000	27
3	3000	51
4	5000	76
5	8000	115
6	10000	141
7	20000	262
8	40000	487
9	60000	701
10	80000	906
11	100000	1107

注：计费基数大于10亿元时，按计费基数的1.107%计取。

（五）项目招标代理费。指土地开发整理项目在市场经济条件下进行工程建设项目的发包与承包所发生的费用，以工程施工费与设备购置费之和作为计费基数，采用差额定率累进法计算。

表 6－3 **项目招标代理费计费标准**

序号	计费基数	费率（%）	算例（单位：万元）	
			计费基数	项目招标代理费
1	≤1000	0.5	1000	1000×0.5%＝5
2	1000～3000	0.3	3000	5＋(3000－1000)×0.3%＝11
3	3000～5000	0.2	5000	11＋(5000－3000)×0.2%＝15
4	5000～10000	0.1	10000	15＋(10000－5000)×0.1%＝20
5	10000～100000	0.05	100000	20＋(100000－10000)×0.05%＝65
6	100000 以上	0.01	150000	65＋(150000－100000)×0.01%＝70

二、前期工作费预算编制

编制前期工作费预算时，应根据规定费率标准按如下程序进行编制：

（一）收集相关资料，整理、分析，确定前期工作内容分项工作；

（二）计算各分项工作的费用；

（三）汇总前期各分项工作费用，并复核其是否符合编制要求；

（四）按照预算编制办法要求的表格格式（见表 6－4），将计算结果填表。

表 6－4 **前期工作费预算表**

项目名称： 金额单位：万元

序号	费用名称	计费基础	计算公式	计算结果
	(1)	(2)	(3)	(4)
1	前期工作费			
(1)	土地清查费			
(2)	项目可行性研究费			
(3)	项目勘测费			
(4)	项目设计与预算编制费			
(5)	项目招标代理费			

三、前期工作费预算编制示例

[例 6－1－1]：某丘陵地区项目某项目工程施工费为 2500 万元，设备购置费为 200 万元。计算项目前期工作费。

解：1. 土地清查费的计算：

根据《编规》，土地清查费按不超过工程施工费的 0.5% 计算。

土地清查费 = 2500 × 0.5% = 12.5 万元。

2. 项目可行性研究费的计算：

根据《编规》，计费基础为工程施工费与设备购置费之和，共 2700 万元，项目可行性研究费按分档定额计费方式计算。

项目可行性研究费 = 6.5 + ((2700 - 1000) ÷ (3000 - 1000)) × (13 - 6.5) = 12.03 万元。

3. 项目勘测费的计算：

根据《编规》，项目勘测费按不超过工程施工费的 1.5% 计算，本项目为丘陵地区，应乘以 1.1 系数。

项目勘测费 = 2500 × 1.5% × 1.1 = 41.25 万元。

4. 项目设计与预算编制费计算：

根据《编规》，计费基础为工程施工费与设备购置费之和，共 2700 万元，项目设计与预算编制费按如下方式计算，本项目为丘陵地区，应乘以 1.1 系数。

项目设计与预算编制费 = (27 + ((2700 - 1000) ÷ (3000 - 1000)) × (51 - 27)) × 1.1 = 52.14 万元。

5. 项目招标代理费计算：

根据《编规》，项目招标代理费以工程施工费和设备购置费之和为计费基础，采用差额定率累进法计算。本项目计费基础为 2700 万元项目，项目招标代理费按差额率累进法计算。

项目招标代理费 = 5 + (2700 - 1000) × 0.3% = 10.1 万元。

最后汇总，本项目前期工作费预算表如表 6 - 5：

表 6 - 5　　前期工作费预算表

项目名称：　　　　金额单位：万元

序号	费用名称	计费基础	计算公式	计算结果
	(1)	(2)	(3)	(4)
1	前期工作费			128.02
(1)	土地清查费	2500	2500 × 0.5%	12.5
(2)	项目可行性研究费	2700	6.5 + ((2700 - 1000) ÷ (3000 - 1000)) × (13 - 6.5)	12.03
(3)	项目勘测费	2500	2500 × 1.5% × 1.1	41.25
(4)	项目设计与预算编制费	2700	(27 + ((2700 - 1000) ÷ (3000 - 1000)) × (51 - 27)) × 1.1	52.14
(5)	项目招标代理费	2700	5 + (2700 - 1000) × 0.3%	10.1

第二节　工程监理费

一、工程监理费的内容

工程监理费，指项目承担单位委托具有工程监理资质的单位，按国家有关规定进行全过程的监督与管理所发生的费用。以工程施工费与设备购置费之和作为计费基数，采用分档定额计费方式计算，各区间按内插法确定（见表6－6）。

表6－6　　**工程监理费计费标准**　　单位：万元

序号	计费基数	工程监理费
1	≤500	12
2	1000	22
3	3000	56
4	5000	87
5	8000	130
6	10000	157
7	20000	283
8	40000	510
9	60000	714
10	80000	904
11	100000	1085

注：计费基数大于10亿元时，按计费基数的1.085%计取。

二、工程监理费预算编制示例

[例6－2－1]：某丘陵地区项目某项目工程施工费为2500万元，设备购置费为200万元。计算本项目的工程监理费。

解：根据《编规》，计费基础为工程施工费与设备购置费之和，共2700万元，项目工程监理费按如下方式计算：

工程监理费＝22＋[（2700－1000）÷（3000－1000）]×（56－22）＝50.9（万元）

表6－7　　**工程监理费预算表**

项目名称：　　金额单位：万元

序号	费用名称	计费基础	计算公式	计算结果
	(1)	(2)	(3)	(4)
1	工程监理费	2700	22＋((2700－1000)÷(3000－1000))×(56－22)	50.9

第三节 拆迁补偿费

一、拆迁补偿的范围界定

土地开发整理项目中的拆迁补偿与征地补偿、城乡建设用地增减挂钩中的拆迁补偿等均不相同。

土地开发整理项目中的拆迁补偿是指在项目施工过程中，根据规划设计方案对项目区内影响工程布局的房屋、坟墓、林木及修建田间基础设施造成青苗的损毁等进行的补偿。

征地补偿是指国家为了公共利益的需要，依法对农民集体所有土地实行征收或征用，并按照被征地的原用途给予补偿。2010 年 7 月 13 日，国土部发布《关于进一步做好征地管理工作的通知》，要求拆迁补偿既要考虑被拆迁的房屋，还要考虑被征收的宅基地。

城乡建设用地增减挂钩中的拆迁补偿是指对若干拟整理复垦为耕地的农村建设用地地块上建筑物进行补偿，其补偿的范围不仅仅是房屋，还包含与房屋相关的基础设施，如晒谷场、户间道路等，除了拆除补偿外，还应承担部分的安置费用。

二、拆迁补偿费的内容分析

土地开发整理项目拆迁补偿费是指在土地开发整理项目区内，为开展土地整治工程拆迁房屋、迁移坟地、砍伐林木、损毁青苗等所发生的补偿费用支出。其中对房屋的拆迁补偿和迁坟补偿是土地开发整理项目中最为常见的补偿。

拆迁房屋一般是指在项目区中破旧、无人居住或孤立的房屋，为了合理进行工程布局，发挥最大效益须进行拆除的房屋，各类房屋的拆除须征得户主同意，严禁进行强制拆除。

迁移坟地是指项目区内进行土地平整等工程施工须迁移的坟地，迁坟时应尊重相关权益人意愿，不得进行强制迁移。

砍伐林木是指在项目施工过程中须砍伐具有一定经济价值的树木，补偿时须扣除树木自身的经济价值。

损毁青苗是指在施工季节生长，在工程施工过程中不可避免的压占、损毁的农作物，补偿面积严格按照压占和损毁面积进行补偿，不得扩大补偿面积和范围。

三、拆迁补偿费计算

拆迁补偿费中拆迁工程量应本着实事求是原则，根据实际情况如实计算；补偿标准确定应结合项目所在地实际情况。

拆迁补偿费根据土地开发整理项目确定的拆迁范围和具体工作量，参考项目所在地县级以上人民政府规定的各项补偿费标准计算。其预算编制程序如下：

（一）逐项统计项目实施将拆迁房屋、迁坟、林木及青苗等的工程量。对拆迁房屋须详细记录房屋结构、材料、建造年代、产权面积和户主基本情况，户主同意拆迁的协议；迁坟时应记录原坟类型、户主基本情况，户主同意拆迁的协议；砍伐林木应记录林木的类型、直径大小、数量，树主信息；损毁青苗应记录青苗的种类，压占和损毁面积。补偿工程量可以制作各类表格进行统计（见表6－8至表6－11），相关证明资料作为预算书附件。

表6－8　房屋拆迁补偿工程量统计表

序号	房屋结构	建造材料	建造年代	建筑面积	产权面积	现状描述	户主姓名	身份证号码	备注
1	平房								
2	楼房								
3	框架								
4	合计								

表6－9　迁坟工程量统计表

序号	坟类型	占地面积	数量（座）	年限	户主姓名	身份证号码	备注
1	单棺						
2	双棺						
3	连棺						
4	合计						

表6－10　林木补偿工程量统计表

序号	树木类型名称	树龄	平均直径	评估价值	数量（棵）	户主姓名	身份证号码	备注
1								
2								
3								
4	合计							

表6－11　青苗补偿工程量统计表

序号	青苗类型名称	地块面积	压占或损毁面积	评估价值	户主姓名	身份证号码	备注
1							
2							
3							
4	合计						

（二）收集、整理项目所在县级以上人民政府规定的相关项目补偿标准等依据资料；

（三）依据确定的补偿工程量及补偿标准计算拆迁补偿费并汇总；

（四）按照预算编制办法的表格要求，将计算结果填表。

拆迁补偿费预算应根据拆迁情况据实编制，其预算表如表6－12所示。

表 6－12　　拆迁补偿费预算表

序号	名称	单位	数量	补偿标准	合计	备注
	(1)	(2)	(3)	(4)	(5)	(6)
总计						

填表说明：1. 本表应根据拆迁实际情况进行填写，备注中应简要阐述拆迁补偿标准确定原则和必须补偿的理由。

2. 表中(5)＝(3)×（4)。

四、拆迁补偿费计算过程中应注意的几个问题

（一）拆迁工程量的核实和补偿标准的确定是编制关键，涉及需进行补偿的具体拆迁工作量应依据实际情况确定，补偿标准可参考项目所在地区拆迁补偿标准，同时拆迁补偿方案应征得当地农民认可。

（二）拆迁工作涉及的工程施工部分，不计在补偿费用中，可列入工程施工费的土地平整或其他工程中单列。

（三）青苗补偿的面积核定应慎重，应在优化施工组织设计的基础上，除针对原有耕地因在换季或非农闲季节铺设道路或建设沟渠及水工建筑物时零星侵占损毁部分外，尽可能减少施工损毁青苗面积。

（四）编制人员应深入现场，了解实际情况，不得闭门填造或凭空臆测，同时应在预算表备注中简要阐述拆迁补偿标准确定原则和必须补偿的理由，拆迁工程量的确定应与设计衔接，并提供相关资料作为编制依据。

第四节　竣工验收费

一、竣工验收费的内容

竣工验收费是指土地开发整理项目工程完工后，因项目竣工验收、决算、成果的管理等发生的各项支出。包括工程复核费、工程验收费、项目决算编制与审计费、整理后土地重估与登记费和标识设定费。

（一）工程复核费：项目承担单位完成土地开发整理项目实施任务并向项目批准部门提出验收申请后，由项目批准部门指定的土地整理专业机构（第三方）对工程任务的完成情况，如净增耕地面积、工程数量、质量等，进行复核并编制相应报告所发生的费用。

（二）工程验收费：项目中期验收及竣工验收所发生的会议费、资料整理费、印刷费等。

（三）项目决算编制与审计费：按现行项目管理办法及竣工验收规范要求编制竣工报告和决算以及审计所需要的费用。

（四）整理后土地重估与登记费：项目建成后对耕地质量等级再评定与耕地登记所发生

的费用。

（五）标识设定费：设立土地开发整理项目标志牌及标识农田水利设施等所发生的费用。

二、竣工验收费预算编制

竣工验收费＝工程复核费＋工程验收费＋项目决算编制与审计费＋整理后土地的重估与登记费＋标识设定费

（一）工程复核费

以工程施工费与设备购置费之和作为计费基数，采用差额定率累进法计算（见表6－13）。

表6－13　工程复核费计费标准

序号	计费基数（万元）	费率（%）	算例（单位：万元）	
			计费基数	工程复核费
1	≤500	0.70	500	500×0.70%＝3.5
2	500～1000	0.65	1000	3.5＋（1000－500）×0.65%＝6.75
3	1000～3000	0.60	3000	6.75＋（3000－1000）×0.60%＝18.75
4	3000～5000	0.55	5000	18.75＋（5000－3000）×0.55%＝29.75
5	5000～10000	0.50	10000	29.75＋（10000－5000）×0.50%＝54.75
6	10000～50000	0.45	50000	54.75＋（50000－10000）×0.45%＝234.75
7	50000～100000	0.40	100000	234.75＋（100000－50000）×0.40%＝434.75
8	100000以上	0.35	150000	434.75＋（150000－100000）×0.35%＝609.75

（二）工程验收费

以工程施工费与设备购置费之和作为计费基数，采用差额定率累进法计算（见表6－14）。

表6－14　工程验收费计费标准

序号	计费基数（万元）	费率（%）	算例（单位：万元）	
			计费基数	工程验收费
1	≤500	1.4	500	500×1.4%＝7
2	500～1000	1.3	1000	7＋（1000－500）×1.3%＝13.5
3	1000～3000	1.2	3000	13.5＋（3000－1000）×1.2%＝37.5
4	3000～5000	1.1	5000	37.5＋（5000－3000）×1.1%＝59.5
5	5000～10000	1.0	10000	59.5＋（10000－5000）×1.0%＝109.5
6	10000～50000	0.9	50000	109.5＋（50000－10000）×0.9%＝469.5
7	50000～100000	0.8	100000	469.5＋（100000－50000）×0.8%＝869.5
8	100000以上	0.7	150000	869.5＋（150000－100000）×0.7%＝1219.5

（三）项目决算编制与审计费

以工程施工费与设备购置费之和作为计费基数，采用差额定率累进法计算（见表6－15）。

表6-15　项目决算编制与审计费计费标准

序号	计费基数（万元）	费率（%）	算例（单位：万元）	
			计费基数	项目决算编制与审计费
1	≤500	1.0	500	500×1.0%=5
2	500～1000	0.9	1000	5+（1000－500）×0.9%=9.5
3	1000～3000	0.8	3000	9.5+（3000－1000）×0.8%=25.5
4	3000～5000	0.7	5000	25.5+（5000－3000）×0.7%=39.5
5	5000～10000	0.6	10000	39.5+（10000－5000）×0.6%=69.5
6	10000～50000	0.5	50000	69.5+（50000－10000）×0.5%=269.5
7	50000～100000	0.4	100000	269.5+（100000－50000）×0.4%=469.5
8	100000以上	0.3	150000	469.5+（150000－100000）×0.3%=619.5

（四）整理后土地重估与登记费

以工程施工费与设备购置费之和作为计费基数，采用差额定率累进法计算（见表6-16）。

表6-16　整理后土地重估与登记费计费标准

序号	计费基数（万元）	费率（%）	算例（单位：万元）	
			计费基数	整理后土地重估与登记费
1	≤500	0.65	500	500×0.65%=3.25
2	500～1000	0.60	1000	3.25+（1000－500）×0.60%=6.25
3	1000～3000	0.55	3000	6.25+（3000－1000）×0.55%=17.25
4	3000～5000	0.50	5000	17.25+（5000－3000）×0.50%=27.25
5	5000～10000	0.45	10000	27.25+（10000－5000）×0.45%=49.75
6	10000～50000	0.40	50000	49.75+（50000－10000）×0.40%=209.75
7	50000～100000	0.35	100000	209.75+（100000－50000）×0.35%=384.75
8	100000以上	0.30	150000	384.75+（150000－100000）×0.30%=534.75

（五）标识设定费

以工程施工费与设备购置费之和作为计费基数，采用差额定率累进法计算（见表6-17）。

表6-17　标识设定费计费标准

序号	计费基数（万元）	费率（%）	算例（单位：万元）	
			计费基数	标识设定费
1	≤500	0.11	500	500×0.11%=0.55
2	500～1000	0.10	1000	0.55+（1000－500）×0.10%=1.05
3	1000～3000	0.09	3000	1.05+（3000－1000）×0.09%=2.85
4	3000～5000	0.08	5000	2.85+（5000－3000）×0.08%=4.45
5	5000～10000	0.07	10000	4.45+（10000－5000）×0.07%=7.95
6	10000～50000	0.06	50000	7.95+（50000－10000）×0.06%=31.95
7	50000～100000	0.05	100000	31.95+（100000－50000）×0.05%=56.95
8	100000以上	0.04	150000	56.95+（150000－100000）×0.04%=76.95

三、竣工验收费预算编制示例

[例 6－4－1]：某丘陵地区项目某项目工程施工费为 2500 万元，设备购置费为 200 万元。计算本项目的竣工验收费。

解：现计算其竣工验收费如下：

1. 工程复核费

根据《编规》，工程复核费以工程施工费和设备购置费之和为计费基础，采用差额定率累进法计算。本项目计费基础为 2700 万元项目，工程复核费按差额率累进法计算。

工程复核费 = 6.75 + (2700 － 1000) ×0.6% = 16.95（万元）

2. 工程验收费

根据《编规》，工程验收费以工程施工费和设备购置费之和为计费基础，采用差额定率累进法计算。本项目计费基础为 2700 万元项目，工程验收费按差额率累进法计算。

工程验收费 = 13.5 + (2700 － 1000) ×1.2% = 33.9（万元）

3. 项目决算编制与审计费

根据《编规》，项目决算编制与审计费以工程施工费和设备购置费之和为计费基础，采用差额定率累进法计算。本项目计费基础为 2700 万元项目，项目决算编制与审计费按差额率累进法计算。

项目决算编制与审计费 = 9.5 + (2700 － 1000) ×0.8% = 23.1（万元）

4. 整理后土地重估与登记费

根据《编规》，整理后土地重估与登记费以工程施工费和设备购置费之和为计费基础，采用差额定率累进法计算。本项目计费基础为 2700 万元项目，整理后土地重估与登记费按差额率累进法计算。

整理后土地重估与登记费 = 6.25 + (2700 － 1000) ×0.55% = 15.6（万元）

5. 标识设定费

根据《编规》，标识设定费以工程施工费和设备购置费之和为计费基础，采用差额定率累进法计算。本项目计费基础为 2700 万元项目，标识设定费按差额率累进法计算。

标识设定费 = 1.05 + (2700 － 1000) ×0.09% = 2.58（万元）

表 6－18　　**竣工验收费预算表**

项目名称：××项目　　金额单位：万元

序号	费用名称	计费基础	计算公式	计算结果
	(1)	(2)	(3)	(4)
1	竣工验收费			92.13
(1)	工程复核费	2700	6.75 + (2700 － 1000) ×0.6%	16.95
(2)	工程验收费	2700	13.5 + (2700 － 1000) ×1.2%	33.9
(3)	项目决算编制与审计费	2700	9.5 + (2700 － 1000) ×0.8%	23.1
(4)	整理后土地重估与登记费	2700	6.25 + (2700 － 1000) ×0.55%	15.6
(5)	标识设定费	2700	1.05 + (2700 － 1000) ×0.09%	2.58

第五节　业主管理费

一、业主管理费的内容

业主管理费是指项目承担单位为项目的立项、筹建、建设等工作所发生的费用，包括工作人员的工资、工资性补贴、施工现场津贴、社会保障费用、住房公积金、职工福利费、工会经费、劳动保护费；办公费、会议费、差旅交通费、工具用具使用费、固定资产使用费、零星购置费；乡镇协调费、宣传费、培训费、咨询费、业务招待费、技术资料费、印花税和其他管理性开支等。

二、业主管理费预算编制

业主管理费以工程施工费、设备购置费、前期工作费、工程监理费、拆迁补偿费和竣工验收费之和作为计费基数，采用差额定率累进法计算（见表 6－19）。

表 6－19　　业主管理费计费标准

序号	计费基数（万元）	费率（%）	算例（单位：万元）	
			计费基数	业主管理费
1	≤500	2.8	500	500×2.8%＝14
2	500～1000	2.6	1000	14＋(1000－500)×2.6%＝27
3	1000～3000	2.4	3000	27＋(3000－1000)×2.4%＝75
4	3000～5000	2.2	5000	75＋(5000－3000)×2.2%＝119
5	5000～10000	1.9	10000	119＋(10000－5000)×1.9%＝214
6	10000～50000	1.6	50000	214＋(50000－10000)×1.6%＝854
7	50000～100000	1.2	100000	854＋(100000－50000)×1.2%＝1454
8	100000 以上	0.8	150000	1454＋(150000－100000)×0.8%＝1854

三、业主管理费预算编制示例

[例 6－5－1]：某丘陵地区项目某项目工程施工费为 2500 万元，设备购置费为 200 万元。前期工作费 128.02 万元，工程监理费 50.9 万元，无拆迁补偿费，竣工验收费为 92.13 万元，计算本项目的业主管理费。

解：根据《编规》，业主管理费以工程施工费、设备购置费、前期工作费、工程监理费、拆迁补偿费和竣工验收费之和为计费基础，采用差额定率累进法计算。

本项目计费基础＝2500＋200＋128.02＋50.9＋92.13＝2971.05（万元）

本项目计费基础处于 1000～3000 万元之间，按费率 2.4% 进行计算。

业主管理费＝27＋2971.05×2.4%＝98.31（万元）

表 6－20　　**业主管理费预算表**

项目名称：　　金额单位：万元

序号	费用名称	计费基础	计算公式	计算结果
	(1)	(2)	(3)	(4)
1	业主管理费	2976.135	27＋2971.05×2.4%	98.31

第六节　不可预见费

一、不可预见费的内容

不可预见费指在土地开发整理项目施工过程中因自然灾害、设计变更及其他不可预见因素的变化而增加的费用。主要是如下几种原因导致费用增加而预留的费用：

（一）不可抗力导致的费用增加；

（二）设计变更导致的费用增加；

（三）竣工验收时抽验隐蔽工程发生的挖掘及验收结束时进行恢复所导致的费用增加；

（四）在项目建设期间内由于材料价格大幅度上涨引起工程造价增加而预留费用。

不可预见费按不超过工程施工费、设备购置费和其他费用之和的3%计算。计算公式为：不可预见费＝（工程施工费＋设备购置费＋其他费用）×费率。

不可预见费预算编制相对较为简单，待土地开发整理项目预算编制过程中其他各项费用确定后，以其为费基乘以一个固定的费率系数即可求出该项费用，是工程造价的重要组成部分（见表6－21）。

表 6－21　　**不可预见费预算表**

项目名称：　　金额单位：万元

序号	费用名称	工程施工费	设备购置费	其他费用	小计	费率（%）	合计
	(1)	(2)	(3)	(4)	(5)	(6)	(7)
总计							

填表说明：1. 表中的（5）＝(2)＋(3)　＋(4)；

2. 表中的（7）＝(5)×（6）。

二、不可预见费预算编制示例

［例 6－6－1］：某丘陵地区项目某项目工程施工费为2500万元，设备购置费为200万元。前期工作费128.02万元，工程监理费50.9万元，无拆迁补偿费，竣工验收费为92.13万元，业主管理费为98.31万元，计算本项目不可预见费。

解：根据《编规》，不可预见费以工程施工费、设备购置费、其他费用之和为计费基础，按不超过计费基础的3%计算。

本项目计费基 = 2500 + 200 + 128.02 + 50.9 + 92.13 + 98.31 = 3069.36（万元）

不可预见费 = 3069.36 × 3% = 92.08（万元）

表 6－22　不可预见费预算表

项目名称：　　金额单位：万元

序号	费用名称	工程施工费	设备购置费	其他费用	小计	费率（%）	合计
	(1)	(2)	(3)	(4)	(5)	(6)	(7)
	不可预见费	2500	200	369.36	3069.36	3	92.08
总计							

第七节　汇总项目总预算

项目总预算是指按项目将工程施工费、设备购置费、其他费用和不可预见费汇总而成的预算编制最终结果，也是从全局的角度对整个项目预算进行审核的过程。项目总预算应考虑土地开发整理项目从选址立项到竣工验收交付使用全过程发生的所有费用。

一、汇总项目总预算准备工作

汇总项目总预算是土地开发整理项目预算编制过程中非常关键的环节。为保证预算编制的效果，在汇总前应做好相关准备工作。

（一）审核工程施工费预算编制的准确性

工程施工费是预算编制过程中最为核心的部分，其他费用、不可预见费均以此为费基进行编制，如果工程施工费编制不准确，对整个项目预算将产生较大的影响。可以从如下几个方面进行审核：

1. 工程量计算的准确性；

2. 基础单价编制的准确性（人工工日预算单价、材料预算单价、机械台班使用费单价）；

3. 工程施工费单价分析表编制的准确性；

4. 工程施工费汇总表数据与单价分析表的一致性。

（二）审核设备购置费编制的准确性

设备购置费主要审核其设计要求规格与设备询价表（报价单）中型号规格是否一致，设备购置单价是否包括的运杂费、采保费等相关费用。

（三）审核其他费用和不可预见费编制的准确性

其他费用主要审核其费基和费率计取是否符合《土地开发整理项目预算编制规定》中的有关要求，特别是对分档定额计费和差额定率累进计费方式中的费率的计算是否正确。不可预见费主要是检查费基计算是否准确。

（四）收集与汇总项目总预算有关的资料，整理各项费用预算及编制每项费用预算的依据和相关材料、数据。

（五）汇总相关预算表格。

二、汇总编制项目总预算

汇总编制项目总预算，应在复核各项费用及采用定额、费用标准准确性和合理性基础上，将各项费用的预算数进行合计，并通过总预算表的形式反映各分项内容的资金额度。按土地开发整理项目预算组成内容，一般总预算表中应反映出工程施工费用、设备购置费用、其他费用（前期工作费用、竣工验收费用、业主管理费用、拆迁补偿费用）、不可预见费用等内容，同时，汇总总预算金额及各项费用占总费用的比例。

（一）汇总工程施工费预算

根据项目工程施工费预算表，将项目中的土地平整工程、灌溉与排水工程、田间道路工程、农田防护与生态环境保持工程和其他工程的工程施工费汇总，并填入工程施工费预算汇总表中（见表6－23）。

表6－23　　工程施工费预算汇总表

项目名称：　　　　金额单位：万元

序号	单项名称	预算金额	各项费用占工程施工费的比例（%）
	(1)	(2)	(3)
1	土地平整工程		
2	灌溉与排水工程		
3	田间道路工程		
4	农田防护与生态环境保持工程		
5	其他工程		
总计	—		

填表说明：表中预算金额（2）见工程施工费预算表。

（二）汇总设备购置费预算

根据有关要求，将项目涉及的各类购置费填入设备购置费预算表中（见表6－24）。

表6－24　　设备购置费预算表

项目名称：　　　　金额单位：元

序号	设备名称	规格	单位	数量	单价	合计	说明
	(1)	(2)	(3)	(4)	(5)	(6)	(7)
总计			—	—	—		—

填表说明：1. 本表应根据具体的设备购置情况进行计算，包括设备规格、单位、数量、单价以及说明。

2. 表中(6)＝(4)×(5)

（三）汇总其他费用预算

在工程施工费和设备购置费编制完成后，须进行其他费用涉及的费用科目预算的编制，编制完成后，将其他费用中的前期工作费、工程监理费、拆迁补偿费、竣工验收费和业主管理费五项进行汇总，计算其他费用总额（见表6－25）。

表6－25　　其他费用预算表

项目名称：　　金额单位：万元

序号	费用名称	计算式	预算金额	各项费用占其他费用的比例（%）
	(1)	(2)	(3)	(4)
1	前期工作费			
(1)	土地清查费			
(2)	项目可行性研究费			
(3)	项目勘察费			
(4)	项目设计与预算编制费			
(5)	项目招标代理费			
2	工程监理费			
3	拆迁补偿费			
4	竣工验收费			
(1)	工程复核费			
(2)	工程验收费			
(3)	项目决算编制与审计费			
(4)	整理后土地重估与登记费			
(5)	标识设定费			
5	业主管理费			
	总计			

以上述示例为例，对其他费用进行分析如表6－26所示：

表6－26　　其他费用预算表

项目名称：　　金额单位：万元

序号	费用名称	预算金额	各项费用占其他费用的比例（%）
	(1)	(2)	(3)
1	前期工作费	128.02	34.66%
(1)	土地清查费	12.5	3.38%
(2)	项目可行性研究编制费	12.03	3.26%
(3)	项目勘察费	41.25	11.17%
(4)	项目设计与预算编制费	52.14	14.12%
(5)	项目招标代理费	10.1	2.73%
2	工程监理费	50.9	13.78%
3	拆迁补偿费	0	0.00%
4	竣工验收费	92.13	24.94%
(1)	工程复核费	16.95	4.59%

续表

序号	费用名称	预算金额	各项费用占其他费用的比例（%）
	(1)	(2)	(3)
(2)	工程验收费	33.9	9.18%
(3)	项目决算编制与审计费	23.1	6.25%
(4)	整理后土地重估与登记费	15.6	4.22%
(5)	标识设定费	2.58	0.70%
5	业主管理费	98.31	26.62%
	总计	369.36	100.00%

（四）计算不可预见费

不可预见费按不超过工程施工费、设备购置费和其他费用之和的3%计算（见表6－27）。计算公式为：不可预见费＝（工程施工费＋设备购置费＋其他费用）×费率。

表6－27　　不可预见费预算表

项目名称：　　　　金额单位：万元

序号	费用名称	工程施工费	设备购置费	其他费用	小计	费率（%）	合计
	(1)	(2)	(3)	(4)	(5)	(6)	(7)
总计							

填表说明：1. 表中的（5）＝(2)＋(3)　＋(4)；

2. 表中的（7）＝(5)×（6）。

（五）汇总项目总预算

将以上计算的结果填入表预算总表，并且计算各项费用占总费用的比例，并且填写项目名称、项目规模。在完成表内各栏个项目费用的编制填列后应首先符合表内纵横向勾稽关系，复核计算是否准确。同时，分析各项费用的构成比例及各项基数是否科学合理。其次进行本表与相关表勾稽关系的复核，确保本表各项费用与相关表的合计数核对一致（见表6－28）。

表6－28　　项目预算总表

项目名称：　　　　项目规模（hm^2）：　　　　金额单位：万元

序号	工程或费用名称	预算金额	各项费用占总费用的比例（%）
	(1)	(2)	(3)
一	工程施工费		
二	设备购置费		
三	其他费用		
四	不可预见费		
总计			

以上述示例为例，汇总项目总预算，计算表如表6－29所示：

表 6-29　　项目预算总表

序号	工程或费用名称	预算金额（万元）	各项费用占总费用的比例（%）
	(1)	(2)	(3)
一	工程施工费	2500	79.08%
二	设备购置费	200	6.33%
三	其他费用	369.36	11.68%
四	不可预见费	92.08	2.91%
总计		3161.44	100%

（六）编制项目分年度预算

汇总完成项目总预算后，根据土地开发整理项目的性质、类型、资金来源、新增耕地等情况，编制项目分年度预算，如表 6-30 和表 6-31 所示：

表 6-30　　总预算及分年度预算表

编制单位：　　　　金额单位：万元

类别／项目名称	项目地点	项目类型及建设规模（公顷）				项目资金预算										预计净增耕地面积（公顷）
						总预算			分年度预算							
									第一年			第二年			…	
		合计	开发	整理	复垦	合计	新增费	其他资金	小计	新增费	其他资金	小计	新增费	其他资金	…	
总计															…	

填表说明：项目类型分为土地开发、土地整理和土地复垦三种。

表 6-31　　季度分月用款计划表

项目名称：　　　　金额单位：万元

工程名称	项目地点	具体用款科目	合计	项目各月用款表														
				第一年												第…年		
				第一季度			第二季度			第三季度			第四季度			第一季度		
				1月	2月	3月	4月	5月	6月	7月	8月	9月	10月	11月	12月	1月	2月	3月
总计																		

项目分年度预算是根据项目预算、建设周期和工程施工进度设计，按照项目实施的技术经济合理性，编制的项目分期建设的资金分配计划，包括项目不同年度的不同投资来源的投资额度。编制分年度预算前，应收集必要的项目建设的背景条件，如项目区所处地域、农忙闲的周期、施工进度安排等情况，并明确项目总预算及各项费用所占比例，为编制项目分年度预算做好准备。

下　篇

案例一

××××项目预算书

项目承担单位：×××××××

预算编制单位：×××××××

编　制　日　期：××年 ×月×日

××××项目预算书

项目承担单位（公章）×××××××

预算编制单位（公章）×××××××

负责人：（签字）×××
复核人：（签字）×××
编制人：（签字）×××

编制日期：××年×月×日

第一部分　预算编制说明

1. 工程概况

1.1　建设概况

本平原地区土地整理项目，项目区总建设规模 3346.13 公顷（全部为整理规模），预计新增耕地 125.12 公顷，新增耕地率 3.74%。

本项目属于土地整治重大工程项目。

1.2　项目预算总投资

本项目工程由土地平整工程、灌溉与排水工程、田间道路工程和其他工程四个单项工程组成。预算总投资 5257.31 万元，各分项投资情况如下：

（一）工程施工费 4434.52 万元，占总投资的 84.35%，其中：

（1）土地平整工程投资 1003.11 万元，占工程施工费的 22.62%；

（2）灌溉与排水工程投资 2292.57 万元，占工程施工费的 51.70 %；

（3）田间道路工程投资 1033.24 万元，占工程施工费的 23.3%；

（4）其他工程投资 105.61 万元，占工程施工费的 2.38%。

（二）设备购置费 132.59 万元，占总投资的 2.52%；

（三）其他费用 537.07 万元，占总投资的 10.22%，其中：

（1）前期工作费 190.33 万元；

（2）工程监理费 80.29 万元；

（3）竣工验收费 147.77 万元；

（4）业主管理费 118.68 万元；

（5）拆迁补偿费 0 万元。

（四）不可预见费 153.13 万元，占总投资的 2.91%。

1.3　项目分年度投资计划

根据国土资源部、财政部关于《新增建设用地土地有偿使用收缴使用管理办法》的规定，项目总投资 5257.31 万元，根据施工组织设计，本项目实施计划施工期为 1 年。具体内容见分月用款计划表。

1.4　项目资金来源

本项目属于国家财政投资土地整理项目，项目预算总投资 5257.31 万元，全部来源中央新增费。

2. 预算编制依据

2.1　预算编制依据

（1）《土地开发整理项目规划设计规范》（TD/T1012－2000）；

（2）财政部、国土资源部《土地开发整理项目预算编制规定》；

（3）财政部、国土资源部《土地开发整理项目预算定额》；

（4）财政部、国土资源部《土地开发整理项目施工机械台班费定额》；

（5）材料价格依据当地提供的最新的材料价格信息，主要材料运费依据公路运输相关文件进行计算，材料预算价格中已经包括了材料的运杂费，相应运输距离计算依据由当地相关单位提供。

（6）项目设计图纸。

2.2　基础单价

2.2.1　人工预算单价

人工工日单价：分甲、乙两类技术等级，按全国工资区类别划分标准，本工程项目属于六类工资区，根据《编规》进行计算，计算方法和相应费用标准见附表 1。其中：养老保险甲类工按《××省劳动和社会保障厅文件》相关规定，取费费率为 20%，住房公积金甲类工按《××省住房公积金管理条例》规定，取费费率为 6%。经计算结果如下：

甲类：51.04 元/工日；乙类：38.84 元/工日。

2.2.2　主要材料及风、水、电价格

主要材料预算价格依据工程所在地当时当地的条件确定，由材料原价、运杂费、保险费、采购及保管费构成。

柴油（0#）	9472.57 元/吨	汽油（90#）	9682.58 元/吨
钢筋	6050.07 元/吨	砂	39.08 元/立方米
块石	78.89 元/立方米	碎石	104.42 元/立方米
砾石	81.22 元/立方米	毛石	55.12 元/立方米
标准砖	380.95 元/千块	水泥（R325）	641.41 元/吨

施工用电为 0.94 元/度（含供电设施摊销费及线路损耗费）；

施工用水为 0.75 元/m^3；

具体内容见附表

对块石、水泥及钢筋等十一类主要材料进行限价。当上述材料预算价格等于或小于“主材规定价格表”中所列的规定价格时，直接计入工程施工费单价；当材料预算价格大于“主材规定价格表”中所列的规定价格时，超出限价部分单独计算材料价差（只计取材料费

和税金)，不参与取费。

主材规定价格表

序号	材料名称	单位	限价（元）
1	块石、片石	m^3	40
2	砂子、石子	m^3	60
3	条石、料石	m^3	70
4	水泥	t	300
5	标砖	千块	240
6	钢筋	t	3500
7	柴油	t	4500
8	汽油	t	5000
9	锯材	m^3	1200
10	生石灰	t	180
11	树苗	株	5

2.2.3　施工机械台班费

依据《机械台班费定额》按一、二类费用分别计算，机械台班费中人工费按甲类工计算。见预算表附表4。

2.3　取费标准及计算方法

根据《编规》，项目预算由工程施工费、设备购置费、其他费用（包括前期工作费、工程监理费、拆迁补偿费、竣工验收费、业主管理费）和不可预见费组成，在计算中，以元为单位，取小数点后两位计到分。

2.3.1　工程施工费

工程施工费由直接费、间接费、利润和税金组成。

2.3.1.1　直接费

直接费由直接工程费和措施费组成：

（1）直接工程费：直接工程费由人工费、材料费、施工机械使用费组成。

人工费 = 工程量 × 定额人工费单价

材料费 = 工程量 × 定额材料费单价

施工机械使用费 = 工程量 × 定额施工机械使用费单价

（2）措施费

措施费 = 直接工程费 × 措施费费率

措施费包括临时设施费、冬雨季施工增加费、夜间施工增加费（该费用本项目不涉及）、施工辅助费、特殊地区施工增加费（该费用本项目不涉及）和安全施工措施费。

根据不同工程性质，临时设施费费率见下表。

临时设施费费率表

序号	工程类别	计算基础	临时设施费费率（%）
1	土方工程	直接工程费	2
2	石方工程	直接工程费	2
3	砌体工程	直接工程费	2
4	混凝土工程	直接工程费	3
5	农用井工程	直接工程费	3
6	其他工程	直接工程费	2
7	安装工程	直接工程费	3

注：① 其他工程：指除上述工程以外的工程，如防渗、架线工程及 PVC 管、混凝土管安装等；
② 安装工程：包括设备及金属结构件（钢管、铸铁管等）安装工程等。

冬雨季施工增加费按费率 0.7% ~1.5% 的规定结合项目施工组织设计，本工程费率取 0.7%。

施工辅助费按直接工程费的百分率计算，其中安装工程为 1.0%，建筑工程为 0.7%。

安全施工措施费按直接工程费的百分率计算，其中：安装工程为 0.3%，建筑工程为 0.2%。

综上所述，本工程措施费费率见下表。

措施费费率表

编号	工程类别	计费基础	临时设施费	冬雨季施工增加费	夜间施工增加费	施工辅助费	安全施工措施费	合计费率（%）
1	土方工程	直接工程费	2	0.7	0	0.7	0.2	3.6
2	石方工程	直接工程费	2	0.7	0	0.7	0.2	3.6
3	砌体工程	直接工程费	2	0.7	0	0.7	0.2	3.6
4	混凝土工程	直接工程费	3	0.7	0	0.7	0.2	4.6
5	农用井工程	直接工程费	3	0.7	0	0.7	0.2	4.6
6	其他工程	直接工程费	2	0.7	0	0.7	0.2	3.6
7	安装工程	直接工程费	3	0.7	0	1	0.3	5

2.3.1.2　间接费

间接费包括规费和施工企业管理费，根据《编规》分别按工程类别取值如下表：

间接费费率表

序　号	工程类别	计费基础	费 率（%）
1	土方工程	直接费	5
2	石方工程	直接费	6
3	砌体工程	直接费	5
4	混凝土工程	直接费	6
5	农用井工程	直接费	8
6	其他工程	直接费	5
7	安装工程	人工费	65

2.3.1.3　利润

根据《编规》，费率为3%，其计算公式为：

利润 =（直接费 + 间接费）×费率

2.3.1.4　税金

本工程项目按营业税、城乡维护建设税和教育费附加之和计算，税率为3.22%。

税金 =（直接费 + 间接费 + 利润）×综合税率

2.3.2　其他费用

2.3.2.1　前期工作费

前期工作费 = 土地清查费 + 项目可行性研究费 + 项目勘测费 + 项目设计及预算编制费 + 项目招标代理费

①土地清查费：按工程施工费的0.5%计算。计算公式为：

土地清查费 = 工程施工费 × 费率。

②项目可行性研究费：以工程施工费与设备购置费之和作为计费基数，采用分档定额计费方式计算，各区间按内插法确定。

项目可行性研究费计费标准　单位：万元

序号	计费基数	项目可行性研究费
1	≤500	5
2	1000	6.5
3	3000	13
4	5000	18
5	8000	26
6	10000	31
7	20000	44
8	40000	69
9	60000	90
10	80000	106
11	100000	121

注：计费基数大于10亿元时，按计费基数的0.121%计取。

③项目勘测费：按工程施工费的1.5%计算（项目地貌类型为丘陵/山区的可乘以1.1的调整系数）。计算公式为：

项目勘测费 = 工程施工费 × 费率

④项目设计及预算编制费：以工程施工费与设备购置费之和作为计费基数，采用分档定额计费方式计算（项目地貌类型为丘陵/山区的可乘以1.1的调整系数），各区间按内插法确定。

项目设计及预算编制费计费标准

单位：万元

序号	计费基数	设计及预算编制费
1	≤500	14
2	1000	27
3	3000	51
4	5000	76
5	8000	115
6	10000	141
7	20000	262
8	40000	487
9	60000	701
10	80000	906
11	100000	1107

注：计费基数大于10亿元时，按计费基数的1.107%计取。

⑤项目招标代理费：以工程施工费与设备购置费之和作为计费基数，采用差额定率累进法计算。

项目招标代理费计费标准

序号	计费基数（万元）	费率（%）	算例（单位：万元）	
			计费基数	项目招标代理费
1	≤1000	0.5	1000	1000×0.5% =5
2	1000～3000	0.3	3000	5+(3000－1000)×0.3% =11
3	3000～5000	0.2	5000	11+(5000－3000)×0.2% =15
4	5000～10000	0.1	10000	15+(10000－5000)×0.1% =20
5	10000～100000	0.05	100000	20+(100000－10000)×0.05% =65
6	100000以上	0.01	150000	65+(150000－100000)×0.01% =70

2.3.2.2　工程监理费

以工程施工费与设备购置费之和作为计费基数，采用分档定额计费方式计算，各区间按内插法确定。

工程监理费计费标准

单位：万元

序号	计费基数	工程监理费
1	≤500	12
2	1000	22
3	3000	56
4	5000	87
5	8000	130
6	10000	157

续表

序号	计费基数	工程监理费
7	20000	283
8	40000	510
9	60000	714
10	80000	904
11	100000	1085

注：计费基数大于10亿元时，按计费基数的1.085%计取。

2.3.2.3　竣工验收费

竣工验收费＝工程复核费＋工程验收费＋项目决算编制与审计费＋整理后土地的重估与登记费＋标识设定费

①工程复核费：以工程施工费与设备购置费之和作为计费基数，采用差额定率累进法计算。

工程复核费计费标准

序号	计费基数（万元）	费率（%）	算例（万元）	
			计费基数	工程复核费
1	≤500	0.70	500	500×0.70%＝3.5
2	500～1000	0.65	1000	3.5＋（1000－500）×0.65%＝6.75
3	1000～3000	0.60	3000	6.75＋（3000－1000）×0.60%＝18.75
4	3000～5000	0.55	5000	18.75＋（5000－3000）×0.55%＝29.75
5	5000～10000	0.50	10000	29.75＋（10000－5000）×0.50%＝54.75
6	10000～50000	0.45	50000	54.75＋（50000－10000）×0.45%＝234.75
7	50000～100000	0.40	100000	234.75＋（100000－50000）×0.40%＝434.75
8	100000以上	0.35	150000	434.75＋（150000－100000）×0.35%＝609.75

②工程验收费：以工程施工费与设备购置费之和作为计费基数，采用差额定率累进法计算。

工程验收费计费标准

序号	计费基数（万元）	费率（%）	算例（万元）	
			计费基数	工程验收费
1	≤500	1.4	500	500×1.4%＝7
2	500～1000	1.3	1000	7＋（1000－500）×1.3%＝13.5
3	1000～3000	1.2	3000	13.5＋（3000－1000）×1.2%＝37.5
4	3000～5000	1.1	5000	37.5＋（5000－3000）×1.1%＝59.5
5	5000～10000	1.0	10000	59.5＋（10000－5000）×1.0%＝109.5
6	10000～50000	0.9	50000	109.5＋（50000－10000）×0.9%＝469.5
7	50000～100000	0.8	100000	469.5＋（100000－50000）×0.8%＝869.5
8	100000以上	0.7	150000	869.5＋（150000－100000）×0.7%＝1219.5

③项目决算编制与审计费：以工程施工费与设备购置费之和作为计费基数，采用差额定率累进法计算。

项目决算编制与审计费计费标准

序号	计费基数（万元）	费率（%）	算例（万元）	
			计费基数	项目决算编制与审计费
1	≤500	1.0	500	500×1.0% =5
2	500~1000	0.9	1000	5+（1000-500）×0.9% =9.5
3	1000~3000	0.8	3000	9.5+（3000-1000）×0.8% =25.5
4	3000~5000	0.7	5000	25.5+（5000-3000）×0.7% =39.5
5	5000~10000	0.6	10000	39.5+（10000-5000）×0.6% =69.5
6	10000~50000	0.5	50000	69.5+（50000-10000）×0.5% =269.5
7	50000~100000	0.4	100000	269.5+（100000-50000）×0.4% =469.5
8	100000以上	0.3	150000	469.5+（150000-100000）×0.3% =619.5

④整理后土地重估与登记费：以工程施工费与设备购置费之和作为计费基数，采用差额定率累进法计算。

整理后土地重估与登记费计费标准

序号	计费基数（万元）	费率（%）	算例（万元）	
			计费基数	整理后土地重估与登记费
1	≤500	0.65	500	500×0.65% =3.25
2	500~1000	0.60	1000	3.25+（1000-500）×0.60% =6.25
3	1000~3000	0.55	3000	6.25+（3000-1000）×0.55% =17.25
4	3000~5000	0.50	5000	17.25+（5000-3000）×0.50% =27.25
5	5000~10000	0.45	10000	27.25+（10000-5000）×0.45% =49.75
6	10000~50000	0.40	50000	49.75+（50000-10000）×0.40% =209.75
7	50000~100000	0.35	100000	209.75+（100000-50000）×0.35% =384.75
8	100000以上	0.30	150000	384.75+（150000-100000）×0.30% =534.75

⑤标识设定费：以工程施工费与设备购置费之和作为计费基数，采用差额定率累进法计算。

标识设定费计费标准

序号	计费基数（万元）	费率（%）	算例（万元）	
			计费基数	标识设定费
1	≤500	0.11	500	500×0.11% =0.55
2	500~1000	0.10	1000	0.55+（1000-500）×0.10% =1.05
3	1000~3000	0.09	3000	1.05+（3000-1000）×0.09% =2.85
4	3000~5000	0.08	5000	2.85+（5000-3000）×0.08% =4.45
5	5000~10000	0.07	10000	4.45+（10000-5000）×0.07% =7.95
6	10000~50000	0.06	50000	7.95+（50000-10000）×0.06% =31.95
7	50000~100000	0.05	100000	31.95+（100000-50000）×0.05% =56.95
8	100000以上	0.04	150000	56.95+（150000-100000）×0.04% =76.95

2.3.2.4　业主管理费

业主管理费以工程施工费、设备购置费、前期工作费、工程监理费、拆迁补偿费和竣工验收费之和作为计费基数，采用差额定率累进法计算。

业主管理费计费标准

序号	计费基数（万元）	费率（%）	算例（万元）	
			计费基数	业主管理费
1	≤500	2.8	500	500×2.8%＝14
2	500～1000	2.6	1000	14＋（1000－500）×2.6%＝27
3	1000～3000	2.4	3000	27＋（3000－1000）×2.4%＝75
4	3000～5000	2.2	5000	75＋（5000－3000）×2.2%＝119
5	5000～10000	1.9	10000	119＋（10000－5000）×1.9%＝214
6	10000～50000	1.6	50000	214＋（50000－10000）×1.6%＝854
7	50000～100000	1.2	100000	854＋（100000－50000）×1.2%＝1454
8	100000以上	0.8	150000	1454＋（150000－100000）×0.8%＝1854

2.3.2.5　拆迁补偿费

根据实际情况本项目无拆迁补偿费。

2.3.3　不可预见费

根据《编规》，费率取3%：

不可预见费＝（工程施工费＋设备购置费＋其他费用）×费率

3. 主要工程量计算及确定说明

3.1　土地平整工程

本项工程投资为1003.11万元。

本项目采用“推平”和“垫平”相结合的方法进行土地平整，在高差较大的地方，可采用“垫平”的方法，在高差较小的地方，可就地推平。对水田区，以格田为单元平整，算出格田平整高程及格田平整土方量，再由格田高程求出田块高程，用散点法计算小格田的土方量，由格田土方求出田块平整总土方量。

3.2　灌溉与排水工程

本项工程投资为2292.57万元。

沟渠工程量计算：

挖（填）方量＝挖（填）方区的平均面积×沟渠长

混凝土方量＝混凝土断面面积×沟渠长

机井、节制闸、渡槽、泵站和桥等构筑物根据结构设计尺寸计算工程量。

因本项目混凝土均用于过水、蓄水构筑物，为保证结构的防水效果，混凝土配合比中均采用中砂、碎石。

3.3　田间道路工程

本项工程投资为 1033.24 万元。

道路工程量采用横断面延米计算法，首先根据已确定的道路横断面计算每米工程量，再依据道路长度计算工程量。

3.4　农田防护与生态环境保持工程

本项工程投资为 105.61 万元。

为防止泥河产生水土流失，将河道整形，且在河沟内植柳。按每平米 5 株计算，需植柳的堤段长为 15808 米，堤侧宽平均为 4.5 米，则需柳 711360 株。整形挖方 $1.26464\times104m^3$。

4. 项目技术经济指标分析（略）

5. 其他需要说明的事项（略）

第二部分　预　算　表

表 1

总预算及分年度预算表

项目名称：（案例一）××县××镇土地整治重大工程项目

金额单位：万元

类别 / 项目名称	项目地点	项目类型及建设规模（公顷）				项目资金预算									预计新增耕地面积（公顷）
						总预算			分年度预算						
									第一年			第二年			
		合计	开发	整理	复垦	合计	中央投资	其他资金	小计	中央投资	其他资金	小计	中央投资	其他资金	
××县××镇土地整治重大工程项目	××县××镇	2881.6907	0.00	2881.6907	0.00	5257.31	5257.31	0.00	5257.31	5257.31	0.00	0.00	0.00	0.00	152.1125
总计	—	2881.6907	0.00	2881.69	0.00	5257.31	5257.31	0.00	5257.31	5257.31	0.00	0.00	0.00	0.00	152.1125

填表说明：项目类型分为土地开发、土地整理和土地复垦三种。

表 2

预算总表

项目名称：（案例一）××县××镇土地整治重大工程项目　　项目规模（公顷）：3346.13　　金额单位：万元

序号	工程或费用名称	预算金额	各项费用占总费用的比例（%）
	（1）	（2）	（3）
一	工程施工费	4434.52	84.35
二	设备购置费	132.59	2.52
三	其他费用	537.07	10.22
四	不可预见费	153.13	2.91
五	总投资	5257.31	100.00

表 3

工程施工费预算汇总表

项目名称：（案例一）××县××镇土地整治重大工程项目　　金额单位：万元

序号	单项名称	预算金额	各项费用占工程施工费的比例（%）
	（1）	（2）	（3）
1	土地平整工程	1003.11	22.62
2	灌溉与排水工程	2292.57	51.70
3	田间道路工程	1033.24	23.30
4	农田防护与生态环境保持工程	105.61	2.38
总计	—	4434.53	100.00

填表说明：表中预算金额（2）见表 3-1。

表 3－1　　**工程施工费预算表**

项目名称：（案例一）××县××镇土地整治重大工程项目　　金额单位：元

序号	定额编号	单项名称	单位	工程量	综合单价	合计
	(1)	(2)	(3)	(4)	(5)	(6)
一		土地平整工程				10031111.55
(一)		农用地平整				9182037.25
1		旱田改水田				9182037.25
(1)	10307	推土机推土	$100m^3$	9704.43	618.04	5997725.92
(2)	10308	推土机推土	$100m^3$	4852.21	656.26	3184311.33
(二)		未利用地平整				849074.30
1		其他草地平整				616423.58
(1)	10307	推土机推土	$100m^3$	651.49	618.04	402646.88
(2)	10308	推土机推土	$100m^3$	325.75	656.26	213776.70
2		土地翻耕				232650.72
(1)	10043	新增耕地翻耕	公顷	152.11	1529.49	232650.72
二		灌溉与灌溉工程				22925654.68
(一)		排灌工程				12661700.36
1		支渠				3846113.76
(1)	10203	土方开挖	$100m^3$	21.68	252.35	5470.95
(2)	10218	区内土方运输	$100m^3$	21.68	1176.21	25500.23
(3)	10227	区外土方运输	$100m^3$	386.41	2981.98	1152266.89
(4)	10345	拖拉机压实	$100m^3$	345.84	987.10	341378.66
(5)	10041	清基	$100m^3$	87.40	235.66	20596.68
(6)	40079	渠道混凝土板预制	$100m^3$	24.18	51728.82	1250802.87

续表

序号	定额编号	单项名称	单位	工程量	综合单价	合计
	(1)	(2)	(3)	(4)	(5)	(6)
(7)	40116	汽车运预制混凝土板	100m³	24.91	18658.18	464775.26
(8)	30001	砂垫层	100m³	15.12	7798.93	117919.82
(9)	100009	土工膜铺设 平铺	100m²	93.92	1505.35	141382.47
(10)	100012	土工膜铺设 斜铺	100m²	208.41	1564.32	326019.93
2		斗渠		0.00		8419490.66
(1)	10203	土方开挖	100m³	31.19	252.35	7870.80
(2)	10218	区内土方运输	100m³	31.19	1176.21	36685.99
(3)	10227	区外土方运输	100m³	746.16	2981.98	2225034.20
(4)	10345	拖拉机压实	100m³实方	658.77	987.10	650271.87
(5)	10041	清基	100m³	204.97	235.66	48303.23
(6)	40080	渠道混凝土板预制	100m³	57.60	51241.80	2951527.68
(7)	40116	汽车运预制混凝土板	100m³	59.33	18658.18	1106989.82
(8)	30001	砂垫层	100m³	36.00	7798.93	280761.48
(9)	100009	土工膜铺设 平铺	100m²	242.43	1505.35	364942.00
(10)	100012	土工膜铺设 斜铺	100m²	477.59	1564.32	747103.59
3		直农渠				333509.43
(1)	10029	土方开挖	100m³	15.19	1050.55	15957.85
(2)	10218	区内土方运输	100m³	11.02	1176.21	12961.83
(3)	10227	区外土方运输	100m³	74.43	2981.98	221948.77
(4)	10345	拖拉机压实	100m³实方	75.95	987.10	74970.25
(5)	10041	清基	100m³	32.55	235.66	7670.73

续表

序号	定额编号	单项名称	单位	工程量	综合单价	合计
	(1)	(2)	(3)	(4)	(5)	(6)
4		斗沟				62586.51
(1)	10029	土方开挖	$100m^3$	34.71	1050.55	36464.59
(2)	10227	区外土方运输	$100m^3$	6.84	2981.98	20396.74
(3)	10345	拖拉机压实	$100m^3$实方	5.80	987.10	5725.18
(二)		农用井工程		0.00		2370895.21
1		抗旱井（25 米）	眼	47		2370895.21
(1)	60020	农用井成孔	10m	117.50	2966.09	348515.58
(2)	60074	农用井井管安装—钢管	10m	117.50	14652.93	1721719.28
(3)	60092	农用井填封—透水层	10m	70.50	204.21	14396.81
(4)	60098	农用井填封—非透水层	10m	47.00	93.58	4398.26
(5)	60104	农用井洗井—抽水洗井	10m	70.50	202.71	14291.06
(6)	100049	井房（3×2）	$100m^2$	2.82	51292.31	144644.31
(7)	70089	井用潜水泵安装	台	47.00	2615.53	122929.91
(三)		水工建筑物		0.00		5903727.65
1		圆涵（D=0.6m；L=6m）	座	1		24330.75
(1)	10020	土方开挖	$100m^3$	1.60	1006.66	1610.66
(2)	10334	土方回填	$100m^3$	1.10	1593.11	1752.42
(3)	40012+（40160+40184）	现浇砼护砌	$100m^3$	0.02	52394.33	1047.89
(4)	40042+（40160+40184）	混凝土翼墙	$100m^3$	0.07	54120.06	3788.40
(5)	40030+（40160+40184）	C30 砼底座	$100m^3$	0.02	53983.86	1079.68
(6)	30001	砂垫层	$100m^3$	0.02	7798.93	155.98

续表

序号	定额编号	单项名称	单位	工程量	综合单价	合计
	(1)	(2)	(3)	(4)	(5)	(6)
(7)	50111	混凝土管安装	10m	0.60	3364.91	2018.95
(8)	40159	其他机械钢筋制安	t	0.58	8175.95	4742.05
(9)	40192	混凝土路面拆除	$100m^3$	0.10	39074.68	3907.47
(10)	80033 + 80034 * 15	混凝土路面	$1000m^2$	0.03	140908.32	4227.25
2		圆涵（D = 0.8m；L = 6m）	座	18		297482.67
(1)	10020	土方开挖	$100m^3$	25.20	1006.66	25367.83
(2)	10334	土方回填	$100m^3$	18.00	1593.11	28675.98
(3)	40012 + （40160 + 40184）	现浇砼护砌	$100m^3$	0.41	52394.33	21481.68
(4)	40042 + （40160 + 40184）	砼翼墙	$100m^3$	1.32	54120.06	71438.48
(5)	40030 + （40160 + 40184）	C30 砼底座	$100m^3$	0.50	53983.86	26991.93
(6)	30001	砂垫层	$100m^3$	0.38	7798.93	2963.59
(7)	50112	混凝土管安装	10m	10.80	3524.80	38067.84
(8)	40159	其他机械钢筋制安	t	10.09	8175.95	82495.34
3		4m 盖板涵（路宽 4.5m）	座	10		121546.66
(1)	10020	土方开挖	$100m^3$	9.00	1006.66	9059.94
(2)	10334	土方回填	$100m^3$	6.00	1593.11	9558.66
(3)	40076	盖板	$100m^3$	0.54	66993.66	36176.58
(4)	40118	运输	$100m^3$	0.56	9323.97	5221.42
(5)	40135	安装	$100m^3$	0.56	12493.69	6996.47
(6)	40159	钢筋制安	t	6.67	8175.95	54533.59
4		斗门（D = 60；L = 8m）	座	3		130338.55

续表

序号	定额编号	单项名称	单位	工程量	综合单价	合计
	(1)	(2)	(3)	(4)	(5)	(6)
(1)	10020	土方开挖	$100m^3$	10.80	1006.66	10871.93
(2)	10334	土方回填	$100m^3$	7.20	1593.11	11470.39
(3)	40031 + (40160 - 40184)	闸墩	$100m^3$	0.08	69614.43	5569.15
(4)	40042 + (40160 + 40184)	挡土墙	$100m^3$	0.12	54120.06	6494.41
(5)	40057 + (40160 + 40184)	启闭架	$100m^3$	0.01	75563.51	755.64
(6)	40030 + (40160 + 40184)	C30 管座	$100m^3$	0.08	53983.86	4318.71
(7)	40046 + (40160 + 40184)	消力池 U 型槽	$100m^3$	0.26	52651.48	13689.38
(8)	40030 + (40160 + 40184)	C20 砼垫层	$100m^3$	0.04	49219.59	1968.78
(9)	40012 + (40160 + 40184)	护坡、护底	$100m^3$	0.03	52394.33	1571.83
(10)	50111	混凝土管安装	10m	2.40	3364.91	8075.78
(11)	40159	钢筋制安	t	2.91	8175.95	23792.01
(12)	70001	闸门安装	t	0.29	2034.99	590.15
(13)	70014	启闭机安装	台	3.00	3398.17	10194.51
(14)	40192	混凝土路面拆除	$100m^3$	0.36	39074.68	14066.88
(15)	80033 + 80034 × 15	混凝土路面	$1000m^2$	0.12	140908.32	16909.00
5		进水闸 5	座	1		126272.92
(1)	10020	土方开挖	$100m^3$	2.20	1006.66	2214.65
(2)	10334	土方回填	$100m^3$	1.60	1593.11	2548.98
(3)	40030 + (40160 + 40184)	C30 底板	$100m^3$	0.45	53983.86	24292.74
(4)	40031 + (40160 + 40184)	闸墩	$100m^3$	0.03	69614.43	2088.43
(5)	40042 + (40160 + 40184)	侧墙	$100m^3$	0.36	54120.06	19483.22

续表

序号	定额编号	单项名称	单位	工程量	综合单价	合计
	(1)	(2)	(3)	(4)	(5)	(6)
(6)	40076	工作桥	$100m^3$	0.06	66993.66	4019.62
(7)	40118	运输	$100m^3$	0.06	9323.97	559.44
(8)	40135	安装	$100m^3$	0.06	12493.69	749.62
(9)	40057 +（40160 +40184）	排架	$100m^3$	0.02	75563.51	1511.27
(10)	40012 +（40160 +40184）	护坡、护底	$100m^3$	0.11	52394.33	5763.38
(11)	40030 +（40160 +40184）	C20 砼垫层	$100m^3$	0.07	49219.59	3445.37
(12)	40159	钢筋制安	t	5.30	8175.95	43332.54
(13)	30001	砂垫层	$100m^3$	0.67	7798.93	5225.28
(14)	100005	土工布铺设	$100m^2$	1.10	1196.97	1316.67
(15)	40199	橡胶止水	100m	0.20	12220.68	2444.14
(16)	市场价	钢板	kg	30.38	5.20	157.98
(17)	市场价	φ60 钢管	kg	218.65	5.20	1136.98
(18)	70001	闸门安装	t	1.27	2034.99	2584.44
(19)	70014	启闭机安装	台	1.00	3398.17	3398.17
6		进水闸 1、斗门 5	座	2		138989.96
(1)	10020	土方开挖	$100m^3$	7.60	1006.66	7650.62
(2)	10334	土方回填	$100m^3$	5.60	1593.11	8921.42
(3)	40030 +（40160 +40184）	C30 底板	$100m^3$	0.09	53983.86	4858.55
(4)	40031 +（40160 +40184）	闸墩	$100m^3$	0.05	69614.43	3480.72
(5)	40042 +（40160 +40184）	挡土墙、齿墙、侧墙	$100m^3$	0.16	54120.06	8659.21
(6)	40024 +（40160 +40184）	顶板	$100m^3$	0.05	55002.82	2750.14

续表

序号	定额编号	单项名称	单位	工程量	综合单价	合计
	(1)	(2)	(3)	(4)	(5)	(6)
(7)	40023 + (40160 +40184)	启闭台	$100m^3$	0.01	52619.42	526.19
(8)	40057 + (40160 +40184)	启闭架	$100m^3$	0.003	75563.51	226.69
(9)	40046 + (40160 -40184)	消力池矩型槽	$100m^3$	0.270	52651.48	14215.90
(10)	40030 + (40160 +40184)	C30 底板	$100m^3$	0.11	53983.86	5938.22
(11)	40042 + (40160 +40184)	消力池挡土墙、齿墙、侧墙	$100m^3$	0.2400	54120.06	12988.81
(12)	40013 + (40160 +40184)	进口护底、护坡	$100m^3$	0.008	47326.33	378.61
(13)	40012 + (40160 +40184)	出口护底、护坡	$100m^3$	0.06	52394.33	3143.66
(14)	40030 + (40160 +40184)	C20 混凝土垫层	$100m^3$	0.07	49219.59	3445.37
(15)	40159	钢筋制安	t	6.31	8175.95	51590.24
(16)	30001	砂垫层	$100m^3$	0.05	7798.93	389.95
(17)	100005	土工布铺设	$100m^2$	1.00	1196.97	1196.97
(18)	40199	橡胶止水	100m	0.08	12220.68	977.65
(19)	70001	闸门安装	t	0.42	2034.99	854.70
(20)	70014	启闭机安装	台	2.00	3398.17	6796.34
7		渡槽 1	座	1		32847.31
(1)	10020	土方开挖	$100m^3$	2.60	1006.66	2617.32
(2)	10334	土方回填	$100m^3$	2.00	1593.11	3186.22
(3)	40031 + (40160 +40184)	槽墩	$100m^3$	0.06	69614.43	4176.87
(4)	40048 + (40160 +40184)	渡槽槽身	$100m^3$	0.05	76150.01	3807.50
(5)	40046 + (40160 +40184)	进出口矩形槽	$100m^3$	0.06	52651.48	3159.09
(6)	40042 + (40160 +40184)	挡土墙	$100m^3$	0.04	54120.06	2164.80

续表

序号	定额编号	单项名称	单位	工程量	综合单价	合计
	(1)	(2)	(3)	(4)	(5)	(6)
(7)	40030 + （40160 +40184）	C20 砼垫层	$100m^3$	0.01	49219.59	492.20
(8)	40159	钢筋制安	t	1.56	8175.95	12754.48
(9)	40199	橡胶止水	100m	0.04	12220.68	488.83
8		普通农门	座	508		3292894.55
(1)	10020	土方开挖	$100m^3$	355.60	1006.66	357968.30
(2)	10334	土方回填	$100m^3$	254.00	1593.11	404649.94
(3)	40030 + （40160 +40184）	C30 钢筋砼支座	$100m^3$	1.17	53983.86	63161.12
(4)	40042 + （40160 +40184）	墙砼	$100m^3$	11.73	54120.06	634828.30
(5)	40030 + （40160 +40184）	C20 砼垫层	$100m^3$	0.61	49219.59	30023.95
(6)	100005	土工布铺设	$100m^2$	40.64	1196.97	48644.86
(7)	40012 + （40160 +40184）	砼护坡、护底	$100m^3$	3.30	52394.33	172901.29
(8)		木制农门	扇	508.00	1309.38	665165.04
(9)	30001	砂垫层	$100m^3$	3.81	7798.93	29713.92
(10)	50110	砼管安装	10m	101.60	2397.00	243535.20
(11)	40159	钢筋制安	t	78.56	8175.95	642302.63
9		2×8m 桥	座	3		425945.76
(1)	10020	土方开挖	$100m^3$	15.00	1006.66	15099.90
(2)	10334	土方回填	$100m^3$	9.00	1593.11	14337.99
(3)	40076	桥面板	$100m^3$	1.05	66993.66	70343.34
(4)	40118	桥面板运输	$100m^3$	1.08	9323.97	10069.89
(5)	40135	预制桥面板安装	$100m^3$	1.08	12493.69	13493.19

续表

序号	定额编号	单项名称	单位	工程量	综合单价	合计
	(1)	(2)	(3)	(4)	(5)	(6)
(6)	40105	栏杆扶手	$100m^3$	0.02	107746.76	2154.94
(7)	40121 + 40122	栏杆扶手运输	$100m^3$	0.02	2102.95	42.06
(8)	30056	浆砌混凝土预制块	$100m^3$	0.02	10537.55	210.75
(9)	50096	排水管	100m	0.34	1332.28	452.98
(10)	30002	碎石垫层	$100m^3$	0.33	14401.33	4752.44
(11)	40159	钢筋制安	t	36.08	8175.95	294988.28
10		0.8×1.0 进水闸	座	1		56450.81
(1)	10020	土方开挖	$100m^3$	3.80	1006.66	3825.31
(2)	10334	土方回填	$100m^3$	2.80	1593.11	4460.71
(3)	40042 + (40160 + 40184)	涵洞段齿墙、翼墙、侧墙	$100m^3$	0.08	54120.06	4329.60
(4)	40024 + (40160 + 40184)	顶板	$100m^3$	0.03	55002.82	1650.08
(5)	40030 + (40160 + 40184)	C30 底板	$100m^3$	0.05	53983.86	2699.19
(6)	40031 + (40160 + 40184)	闸墩	$100m^3$	0.02	69614.43	1392.29
(7)	40023 + (40160 + 40184)	启闭台	$100m^3$	0.010	52619.42	526.19
(8)	40057 + (40160 + 40184)	启闭架	$100m^3$	0.003	75563.51	226.69
(9)	40042 + (40160 + 40184)	消力池齿墙、翼墙、侧墙	$100m^3$	0.12	54120.06	6494.41
(10)	40030 + (40160 + 40184)	C30 底板	$100m^3$	0.05	53983.86	2699.19
(11)	40013 + (40160 + 40184)	进口护底、护坡	$100m^3$	0.007	47326.33	331.28
(12)	40012 + (40160 + 40184)	出口护底、护坡	$100m^3$	0.03	52394.33	1571.83
(13)	40030 + (40160 + 40184)	C20 砼垫层	$100m^3$	0.02	49219.59	984.39
(14)	40159	钢筋制安	t	2.46	8175.95	20112.84

续表

序号	定额编号	单项名称	单位	工程量	综合单价	合计
	(1)	(2)	(3)	(4)	(5)	(6)
(15)	30001	砂垫层	$100m^3$	0.03	7798.93	233.97
(16)	100005	土工布铺设	$100m^2$	0.50	1196.97	598.49
(17)	40199	橡胶止水	100m	0.04	12220.68	488.83
(18)	70001	闸门安装	t	0.21	2034.99	427.35
(19)	70014	启闭机安装	台	1.00	3398.17	3398.17
11		排水泵站	座	1		953070.02
(1)	10203	土方开挖	$100m^3$	24.00	252.35	6056.40
(2)	10334	土方回填	$100m^3$	16.00	1593.11	25489.76
(3)	30001	砂垫层	$100m^3$	0.64	7798.93	4991.32
(4)	100005	土工布铺设	$100m^2$	6.00	1196.97	7181.82
(5)	40199	橡胶止水	100m	0.10	12220.68	1222.07
(6)	40030 +（40160 +40184）	C30 进水池底板	$100m^3$	0.92	53983.86	49665.15
(7)	40042 +（40160 +40184）	进水池侧墙	$100m^3$	1.25	54120.06	67650.08
(8)	40024 +（40160 +40184）	进水池顶板	$100m^3$	0.27	55002.82	14850.76
(9)	40042 +（40160 +40184）	挡土墙	$100m^3$	0.79	54120.06	42754.85
(10)	40030 +（40160 +40184）	C30 出水池底板	$100m^3$	0.91	53983.86	49125.31
(11)	40042 +（40160 +40184）	出水池侧墙	$100m^3$	0.41	54120.06	22189.22
(12)	40031 +（40160 +40184）	闸墩	$100m^3$	0.07	69614.43	4873.01
(13)	40042 +（40160 +40184）	翼墙	$100m^3$	0.07	54120.06	3788.40
(14)	40030 +（40160 +40184）	C20 垫层	$100m^3$	0.38	49219.59	18703.44
(15)	40016 +（40160 +40184）	护底	$100m^3$	0.40	46080.72	18432.29

续表

序号	定额编号	单项名称	单位	工程量	综合单价	合计
	(1)	(2)	(3)	(4)	(5)	(6)
(16)	40013 +（40160 +40184）	护坡	$100m^3$	0.25	47326.33	11831.58
(17)	40012 +（40160 +40184）	护底、护坡	$100m^3$	0.44	52394.33	23053.51
(18)	40042 +（40160 +40184）	齿墙	$100m^3$	0.03	54120.06	1623.60
(19)	40159	钢筋制安	t	32.83	8175.95	268416.44
(20)	市场价	塑钢窗	m^2	100.00	372.92	37292.00
(21)	市场价	塑钢门	m^2	11.00	372.92	4102.12
(22)	市场价	屋盖（双面彩钢酚醛板）	m^2	120.00	350.00	42000.00
(23)	70013	钢管安装	t	17.83	4146.96	73940.30
(24)	市场价	φ800 钢管	kg	17831.00	5.87	104667.97
(25)	70130	电控柜安装	台	3.00	1309.38	3928.14
(26)	70109	变压器安装	台	1.00	8336.09	8336.09
(27)	70007	拦污栅槽安装	t	0.30	3428.40	1028.52
(28)	70010	拦污栅体安装	t	0.90	663.73	597.36
(29)	市场价	扁钢	kg	1200.00	5.00	6000.00
(30)	30016	浆砌石护坡	$100m^3$	0.17	25108.15	4268.39
(31)	30018	浆砌石护底	$100m^3$	0.54	24814.99	13400.09
(32)	100024	6～10KV 线路架设	1km	0.10	116100.25	11610.03
12		陡坡	座	1		45582.50
(1)	10203	土方开挖	$100m^3$	2.40	252.35	605.64
(2)	10334	土方回填	$100m^3$	1.80	1593.11	2867.60
(3)	40042 +（40160 +40184）	翼墙	$100m^3$	0.09	54120.06	4870.81

续表

序号	定额编号	单项名称	单位	工程量	综合单价	合计
	(1)	(2)	(3)	(4)	(5)	(6)
(4)	40046 +（40160 +40184）	陡坡矩形槽	$100m^3$	0.20	52651.48	10530.30
(5)	40046 +（40160 +40184）	消力池矩形槽	$100m^3$	0.10	52651.48	5265.15
(6)	40030 +（40160 +40184）	C20 垫层	$100m^3$	0.03	49219.59	1476.59
(7)	40013 +（40160 +40184）	护坡	$100m^3$	0.02	47326.33	946.53
(8)	40159	钢筋制安	t	2.13	8175.95	17414.77
(9)	30001	砂垫层	$100m^3$	0.09	7798.93	701.90
(10)	100009	土工膜铺设	$100m^2$	0.60	1505.35	903.21
13		节制闸	座	14.00		257975.19
(1)	10203	土方开挖	$100m^3$	11.20	252.35	2826.32
(2)	10334	土方回填	$100m^3$	5.60	1593.11	8921.42
(3)	40030 +（40160 +40184）	C30 基础	$100m^3$	0.25	53983.86	13495.97
(4)	40031 +（40160 +40184）	闸身	$100m^3$	0.55	69614.43	38287.94
(5)	40030 +（40160 +40184）	C30 消力池底板	$100m^3$	0.46	53983.86	24832.58
(6)	40042 +（40160 +40184）	消力池侧墙	$100m^3$	0.36	54120.06	19483.22
(7)	40057 +（40160 +40184）	启闭排	$100m^3$	0.04	75563.51	3022.54
(8)	40030 +（40160 +40186）	C20 垫层	$100m^3$	0.18	49219.59	8859.53
(9)	40012 +（40160 +40186）	护坡护底砼	$100m^3$	0.18	52394.33	9430.98
(10)	40159	钢筋制作安装	t	9.71	8175.95	79388.47
(11)	70001	闸门安装	t	0.91	2034.99	1851.84
(12)	70014	启闭机安装	台	14.00	3398.17	47574.38
(四)		输电线路工程				1989331.46

续表

序号	定额编号	单项名称	单位	工程量	综合单价	合计
	(1)	(2)	(3)	(4)	(5)	(6)
1		线路架设				1874755.97
(1)	100024	6～10KV线路架设	1km	8.86	116100.25	1028648.22
(2)	100018	380V线路架设	1km	10.23	82708.48	846107.75
2		设备安装				114575.49
(1)	70105	10KV电力变压器安装	台	6.00	1366.63	8199.78
(2)	70106	10KV电力变压器安装	台	4.00	2721.78	10887.12
(3)	70111	杆上变压器安装	台	10.00	3546.74	35467.40
(4)	70114	电力变压器系统调试	台·系统	10.00	1992.65	19926.50
(5)	70122	钢管接地及制作安装	t	0.72	87.95	63.32
(6)	70124	接地母线敷设（10m）	t	0.85	288.44	245.17
(7)	70125	动力配电箱	台	10.00	455.72	4557.20
(8)	70140	隔离开关	个	50.00	354.32	17716.00
(9)	70143	避雷器	个	50.00	169.16	8458.00
(10)	70144	熔断器	个	50.00	181.10	9055.00
三		田间道路工程				10332371.25
（一）		生产路				10332371.25
1		路床压实				264963.40
(1)	80001	路床（槽）压实	$1000m^2$	157.66	1680.60	264963.40
2		素土路基				3616781.07
(1)	10218	区内土方运输	$100m^3$	20.00	1176.21	23524.20
(2)	10227	区外土方运输	$100m^3$	919.59	2981.98	2742198.99

续表

序号	定额编号	单项名称	单位	工程量	综合单价	合计
	(1)	(2)	(3)	(4)	(5)	(6)
(3)	10345	土方回填压实	100m^3	862.18	987.10	851057.88
3		毛石路基		0.00		6347904.00
(1)	80009 + 80010×20	毛石路基 30 cm	1000m^2	157.66	40263.25	6347904.00
4		路边沟开挖		0.00		102722.78
(1)	10029	土方开挖	100m^3	97.78	1050.55	102722.78
四		农田防护与生态环境保持工程		0.00		1056055.56
(一)		泥河		0.00		1056055.56
1	10029	清淤	100m^3	126.46	1050.55	132852.55
2	90007	栽植乔木	100 株	7113.60	129.78	923203.01
总计			—			44345193.04

表 3－2

工程施工费单价汇总表

项目名称：××县××镇土地整治重大工程项目

序号	定额编号	单项名称	单位	直接费						间接费	利润	材料价差	未计价材料费	税金	综合单价
				人工费	材料费	机械使用费	直接工程费	措施费	合计						
	(1)	(2)	(3)	(4)	(5)	(6)	(7)	(8)	(9)	(10)	(11)	(12)	(13)	(14)	(15)
(1)	10020	土方开挖	100m³	870.42	0.00	0.00	870.42	31.34	901.76	45.09	28.41	0.00	0.00	31.40	1006.66
(2)	10029	土方开挖	100m³	908.39	0.00	0.00	908.39	32.70	941.09	47.05	29.64	0.00	0.00	32.77	1050.55
(3)	10041	清基	100m³	203.76	0.00	0.00	203.76	7.34	211.10	10.56	6.65	0.00	0.00	7.35	235.66
(4)	10043	新增耕地翻耕	公顷	475.77	0.00	553.98	1029.75	37.07	1066.82	53.34	33.60	328.02	0.00	47.71	1529.49
(5)	10203	土方开挖	100m³	26.80	0.00	140.30	167.10	6.02	173.12	8.66	5.45	57.25	0.00	7.87	252.35
(6)	10218	区内二方运输	100m³	42.06	0.00	698.36	740.42	26.66	767.08	38.35	24.16	309.93	0.00	36.69	1176.21
(7)	10227	区外二方运输	100m³	40.54	0.00	1810.96	1851.50	66.65	1918.15	95.91	60.42	814.48	0.00	93.02	2981.98
(8)	10307	推土机推土	100m³	16.32	0.00	365.58	381.90	13.75	395.65	19.78	12.46	170.87	0.00	19.28	618.04
(9)	10308	推土机推土	100m³	20.39	0.00	386.05	406.44	14.63	421.07	21.05	13.26	180.41	0.00	20.47	656.26
(10)	10334	土方回填	100m³	1088.09	0.00	289.42	1377.51	49.59	1427.10	71.36	44.95	0.00	0.00	49.70	1593.11
(11)	10345	拖拉机压实	100m³	143.20	0.00	362.64	505.84	18.21	524.05	26.20	16.51	389.55	0.00	30.79	987.10
(12)	30001	砂垫层	100m³	2322.76	4420.73	0.00	6743.49	242.77	6986.26	349.31	220.07	0.00	0.00	243.29	7798.93
(13)	30002	碎石垫层	100m³	2227.36	6181.20	0.00	8408.56	302.71	8711.27	435.56	274.40	4530.84	0.00	449.26	14401.33
(14)	30016	浆砌石护坡	100m³	6533.37	8644.28	0.00	15177.65	546.40	15724.05	786.20	495.31	7319.33	0.00	783.26	25108.15
(15)	30018	浆砌石护底	100m³	6279.88	8644.28	0.00	14924.16	537.27	15461.43	773.07	487.04	7319.33	0.00	774.12	24814.99
(16)	30056	浆砌混凝土预制块	100m³	5632.06	2109.25	0.00	7741.31	278.69	8020.00	401.00	252.63	1535.20	0.00	328.72	10537.55
(17)	40012 +(40160 + 40184)	现浇砼护砌	100m³	7652.90	18673.81	5218.19	31544.90	1451.07	32995.97	1979.76	1049.27	14734.86	0.00	1634.47	52394.33

续表

序号	定额编号	单项名称	单位	直接费						间接费	利润	材料价差	未计价材料费	税金	综合单价
				人工费	材料费	机械使用费	直接工程费	措施费	合计						
	(1)	(2)	(3)	(4)	(5)	(6)	(7)	(8)	(9)	(10)	(11)	(12)	(13)	(14)	(15)
(18)	40013 + (40160 + 40184)	进口护底、护坡	100m^3	6680. 24	18495. 02	2093. 46	27268. 72	1254. 36	28523. 08	1711. 38	907. 03	14708. 47	0. 00	1476. 37	47326. 33
(19)	40016 + (40160 + 40184)	护底	100m^3	5872. 68	18118. 00	2267. 57	26258. 25	1207. 88	27466. 13	1647. 97	873. 42	14655. 69	0. 00	1437. 51	46080. 72
(20)	40023 + (40160 + 40184)	启闭台	100m^3	6088. 32	21290. 55	2230. 74	29609. 61	1362. 04	30971. 65	1858. 30	984. 90	17163. 08	0. 00	1641. 49	52619. 42
(21)	40024 + (40160 + 40184)	顶板	100m^3	8316. 73	21148. 64	2223. 90	31689. 27	1457. 71	33146. 98	1988. 82	1054. 07	17097. 11	0. 00	1715. 84	55002. 82
(22)	40030 + (40160 + 40184)	C30 砼底座	100m^3	7959. 94	20825. 55	2201. 14	30986. 63	1425. 38	32412. 01	1944. 72	1030. 70	16912. 38	0. 00	1684. 05	53983. 86
(23)	40030 + (40160 + 40184)	C20 砼垫层	100m^3	7959. 94	18736. 84	2201. 14	28897. 92	1329. 30	30227. 22	1813. 63	961. 23	14682. 08	0. 00	1535. 43	49219. 59
(24)	40031 + (40160 + 40184)	闸墩	100m^3	12539. 79	27484. 84	2257. 64	42282. 27	1944. 98	44227. 25	2653. 64	1406. 43	19155. 45	0. 00	2171. 66	69614. 43
(25)	40042 + (40160 + 40184)	砼翼墙	100m^3	7925. 92	21762. 00	917. 43	30605. 35	1407. 85	32013. 20	1920. 79	1018. 02	17479. 75	0. 00	1688. 30	54120. 06
(26)	40046 + (40160 + 40184)	消力池 U 型槽	100m^3	7082. 36	21304. 16	1369. 06	29755. 58	1368. 76	31124. 34	1867. 46	989. 75	17027. 44	0. 00	1642. 49	52651. 48
(27)	40048 + (40160 + 40184)	渡槽槽身	100m^3	19680. 16	27371. 65	2184. 29	49236. 10	2264. 86	51500. 96	3090. 06	1637. 73	17545. 72	0. 00	2375. 54	76150. 01

续表

序号	定额编号	单项名称	单位	直接费						间接费	利润	材料价差	未计价材料费	税金	综合单价
				人工费	材料费	机械使用费	直接工程费	措施费	合计						
	(1)	(2)	(3)	(4)	(5)	(6)	(7)	(8)	(9)	(10)	(11)	(12)	(13)	(14)	(15)
(28)	40057 + (40160 + 40184)	启闭架	$100m^3$	21387.10	25721.56	1699.23	48807.89	2245.16	51053.05	3063.18	1623.49	17466.55	0.00	2357.24	75563.51
(29)	40076	盖板、工作桥	$100m^3$	11495.39	23166.50	4411.48	39073.37	1797.38	40870.75	2452.25	1299.69	20281.07	0.00	2089.90	66993.66
(30)	40079	渠道混凝土板预制	$100m^3$	11412.26	18574.63	1273.78	31260.67	1437.99	32698.66	1961.92	1039.82	14414.71	0.00	1613.71	51728.82
(31)	40080	渠道混凝土板预制	$100m^3$	11227.14	18416.31	1213.91	30857.36	1419.44	32276.80	1936.61	1026.40	14403.48	0.00	1598.51	51241.80
(32)	40105	栏杆扶手	$100m^3$	41734.77	33435.46	1014.79	76185.02	3504.51	79689.53	4781.37	2534.13	17380.52	0.00	3361.21	107746.76
(33)	40116	汽车运预制混凝土板	$100m^3$	1316.72	182.70	10397.58	11897.00	547.26	12444.26	746.66	395.73	4489.48	0.00	582.05	18658.18
(34)	40118	运输	$100m^3$	717.49	365.40	3812.44	4895.33	225.19	5120.52	307.23	162.83	3442.52	0.00	290.87	9323.97
(35)	40121 + 40122	栏杆扶手运输	$100m^3$	1768.23	0.00	15.76	1783.99	82.06	1866.05	111.96	59.34	0.00	0.00	65.60	2102.95
(36)	40135	安装	$100m^3$	2966.47	2742.23	3022.50	8731.20	401.64	9132.84	547.97	290.42	2132.71	0.00	389.75	12493.69
(37)	40159	其他机械钢筋制安	t	631.20	3674.55	348.82	4654.57	214.11	4868.68	292.12	154.82	2605.28	0.00	255.05	8175.95
(38)	40192	混凝土路面拆除	$100m^3$	7522.14	0.00	25625.82	33147.96	1524.81	34672.77	2080.37	1102.59	0.00	0.00	1218.95	39074.68
(39)	40199	橡胶止水	100m	1050.73	9316.35	0.00	10367.08	476.89	10843.97	650.64	344.84	0.00	0.00	381.23	12220.68
(40)	50096	排水管	100m	9.70	4.33	0.00	14.03	0.51	14.54	0.73	0.46	0.00	1275.00	41.56	1332.28
(41)	50110	砼管安装	10m	134.83	540.29	45.13	720.25	25.93	746.18	37.31	23.50	101.23	1414.00	74.78	2397.00

续表

序号	定额编号	单项名称	单位	直接费						间接费	利润	材料价差	未计价材料费	税金	综合单价
				人工费	材料费	机械使用费	直接工程费	措施费	合计						
	(1)	(2)	(3)	(4)	(5)	(6)	(7)	(8)	(9)	(10)	(11)	(12)	(13)	(14)	(15)
(42)	50111	混凝土管安装	10m	224.72	545.12	66.18	836.02	30.10	866.12	43.31	27.28	101.23	2222.00	104.97	3364.91
(43)	50112	混凝土管安装	10m	269.66	586.41	82.87	938.94	33.80	972.74	48.64	30.64	140.82	2222.00	109.96	3524.80
(44)	60020	农用井成孔	10m	1017.34	159.63	1287.92	2464.89	118.31	2583.20	206.66	83.70	0.00	0.00	92.53	2966.09
(45)	60074	农用井井管安装—钢管	10m	200.93	0.00	134.23	335.16	16.09	351.25	28.10	11.38	0.00	13805.09	457.11	14652.93
(46)	60092	农用井填封—透水层	10m	46.84	122.86	0.00	169.70	8.15	177.85	14.23	5.76	0.00	0.00	6.37	204.21
(47)	60098	农用井填封—非透水层	10m	31.23	46.54	0.00	77.77	3.73	81.50	6.52	2.64	0.00	0.00	2.92	93.58
(48)	60104	农用井洗井—抽水洗井	10m	29.55	0.00	138.91	168.46	8.09	176.55	14.12	5.72	0.00	0.00	6.32	202.71
(49)	70001	闸门安装	t	907.01	124.15	230.30	1261.46	63.07	1324.53	589.56	57.42	0.00	0.00	63.48	2034.99
(50)	70007	拦污栅槽安装	t	1160.98	510.99	625.95	2297.92	114.90	2412.82	754.64	95.02	58.97	0.00	106.95	3428.40
(51)	70010	拦污栅体安装	t	237.89	0.00	154.88	392.77	19.64	412.41	154.63	17.01	58.97	0.00	20.71	663.73
(52)	70013	钢管安装	t	1583.67	670.78	434.57	2689.02	134.45	2823.47	1029.39	115.59	49.14	0.00	129.37	4146.96
(53)	70014	启闭机安装	台	1590.83	249.00	168.81	2008.64	100.43	2109.07	1034.04	94.29	54.76	0.00	106.01	3398.17
(54)	70089	井用潜水泵安装	台	982.28	719.93	32.70	1734.91	86.75	1821.66	638.48	73.80	0.00	0.00	81.59	2615.53
(55)	70105	10KV 电力变压器安装	台	484.79	287.24	126.77	898.80	44.94	943.74	315.11	37.77	27.38	0.00	42.63	1366.63

续表

序号	定额编号	单项名称	单位	直接费						间接费	利润	材料价差	未计价材料费	税金	综合单价
				人工费	材料费	机械使用费	直接工程费	措施费	合计						
	(1)	(2)	(3)	(4)	(5)	(6)	(7)	(8)	(9)	(10)	(11)	(12)	(13)	(14)	(15)
(45)	70106	10KV 电力变压器安装	台	964. 20	574. 22	252. 22	1790. 64	89. 53	1880. 17	626. 73	75. 21	54. 76	0. 00	84. 91	2721. 78
(57)	70109	变压器安装	台	2755. 62	2296. 22	585. 12	5636. 96	281. 85	5918. 81	1791. 15	231. 30	134. 78	0. 00	260. 05	8336. 09
(58)	70111	杆上变压器安装	台	330. 63	2159. 60	350. 48	2840. 71	142. 04	2982. 75	214. 91	95. 93	142. 51	0. 00	110. 64	3546. 74
(59)	70114	电力变压器系统调试	台·系统	1102. 50	0. 00	0. 00	1102. 50	55. 13	1157. 63	716. 63	56. 23	0. 00	0. 00	62. 16	1992. 65
(60)	70122	钢管接地及制作安装	t	30. 87	4. 59	18. 62	54. 08	2. 70	56. 78	20. 07	2. 31	0. 00	6. 05	2. 74	87. 95
(61)	70124	接地母线敷设（10m）	t	102. 06	59. 01	34. 13	195. 20	9. 76	204. 96	66. 34	8. 14	0. 00	0. 00	9. 00	288. 44
(62)	70125	动力配电箱	台	186. 76	23. 07	65. 91	275. 74	13. 79	289. 53	121. 39	12. 33	18. 25	0. 00	14. 22	455. 72
(63)	70130	电控柜安装	台	237. 78	708. 03	63. 05	1008. 86	50. 44	1059. 30	154. 56	36. 42	18. 25	0. 00	40. 85	1309. 38
(64)	70140	隔离开关	个	131. 65	70. 41	32. 98	235. 04	11. 75	246. 79	85. 57	9. 97	0. 94	0. 00	11. 05	354. 32
(65)	70143	避雷器	个	75. 26	16. 49	13. 19	104. 94	5. 25	110. 19	48. 92	4. 77	0. 00	0. 00	5. 28	169. 16
(66)	70144	熔断器	个	75. 26	26. 75	13. 19	115. 20	5. 76	120. 96	48. 92	5. 10	0. 47	0. 00	5. 65	181. 10
(67)	80001	路床（槽）压实	$1000m^2$	144. 20	0. 00	910. 63	1054. 83	37. 97	1092. 80	54. 64	34. 42	446. 31	0. 00	52. 43	1680. 60
(68)	80009 +80010 ×20	毛石路基 30 cm	$1000m^2$	7289. 37	26700. 68	590. 12	34580. 17	1244. 89	35825. 06	1791. 25	1128. 49	262. 42	0. 00	1256. 03	40263. 25
(69)	80033 +80034 ×15	混凝土路面	$1000m^2$	14639. 00	59643. 07	3123. 51	77405. 58	2786. 60	80192. 18	4009. 61	2526. 05	49784. 77	0. 00	4395. 71	140908. 32

续表

序号	定额编号	单项名称	单位	直接费						间接费	利润	材料价差	未计价材料费	税金	综合单价
				人工费	材料费	机械使用费	直接工程费	措施费	合计						
	(1)	(2)	(3)	(4)	(5)	(6)	(7)	(8)	(9)	(10)	(11)	(12)	(13)	(14)	(15)
(70)	90007	栽植乔木	100 株	58.55	53.67	0.00	112.22	4.04	116.26	5.81	3.66	0.00	0.00	4.05	129.78
(71)	100005	土工布铺设	100m²	78.30	956.68	0.00	1034.98	37.26	1072.24	53.61	33.78	0.00	0.00	37.34	1196.97
(72)	100009	土工膜铺设平铺	100m²	211.84	1089.79	0.00	1301.63	46.86	1348.49	67.42	42.48	0.00	0.00	46.96	1505.35
(73)	100012	土工膜铺设斜铺	100m²	262.83	1089.79	0.00	1352.62	48.69	1401.31	70.07	44.14	0.00	0.00	48.80	1564.32
(74)	100018	380V 线路架设	1km	20572.34	47120.59	2705.61	70398.54	2534.35	72932.89	3646.64	2297.39	1251.43	0.00	2580.13	82708.48
(75)	100024	6～10kV 线路架设	1km	20195.58	75135.11	3633.25	98963.94	3562.70	102526.64	5126.33	3229.59	1595.88	0.00	3621.81	116100.25
(76)	100049	井房（3×2）	100m²	9820.90	22141.13	469.61	32431.64	1167.54	33599.18	1679.96	1058.37	13354.71	0.00	1600.09	51292.31
(77)	市场价	钢板	kg		5.20		5.20		5.20						5.20
(78)	市场价	φ60 钢管	kg		5.20		5.20		5.20						5.20
(79)	市场价	塑钢窗	m²		372.92		372.92		372.92						372.92
(80)	市场价	塑钢门	m²		372.92		372.92		372.92						372.92
(81)	市场价	屋盖（双面彩钢酚醛板）	m²		350.00		350.00		350.00						350.00
(82)	市场价	φ800 钢管	kg		5.87		5.87		5.87						5.87
(83)	市场价	扁钢	kg		5.00		5.00		5.00						5.00

表 4

设备购置费预算表

项目名称：××县××镇土地整治重大工程项目　　金额单位：元

序号	设备名称及规格	单位	数量	单价	设备三项费用	合计
	(1)	(2)	(3)	(4)	(5)	(6)
1	农用井工程					120175.96
	井用潜水泵 175QJ40－24	台	47	2391.00	165.94	120175.96
2	斗门（D＝60；L＝2m）					50604.01
	闸门 PGZ0.6×0.7	扇	14	2180.00	151.29	32638.09
	启闭机 QLC－10A	台	14	1200.00	83.28	17965.92
3	斗门（D＝60；L＝2m）					3614.572
	闸门 PGZ0.6×0.7	扇	1	2180	151.292	2331.292
	启闭机 QLC－10A	台	1	1200	83.28	1283.28
4	斗门（D＝60；L＝6m）					25302.00
	闸门 PGZ0.6×0.7	扇	7	2180.00	151.29	16319.04
	启闭机 QLC－10A	台	7	1200.00	83.28	8982.96
5	斗门（D＝60；L＝8m）					10843.72
	闸门 PGZ0.6×0.7	扇	3	2180.00	151.29	6993.88
	启闭机 QLC－10A	台	3	1200.00	83.28	3849.84
6	斗门（D＝60；L＝12m）					3614.57
	闸门 PGZ0.6×0.7	扇	1	2180.00	151.29	2331.29
	启闭机 QLC－10A	台	1	1200.00	83.28	1283.28
7	斗门（D＝80；L＝2m）					4138.58
	闸门 PGZ0.8×0.8	扇	1	2670.00	185.30	2855.30
	启闭机 QLC－10A	台	1	1200.00	83.28	1283.28

续表

序号	设备名称及规格	单位	数量	单价	设备三项费用	合计
	(1)	(2)	(3)	(4)	(5)	(6)
8	斗门（D=80；L=12m）					4138.58
	闸门 PGZ0.8×0.8	扇	1	2670.00	185.30	2855.30
	启闭机 QLC－10A	台	1	1200.00	83.28	1283.28
9	进水闸 2					4138.58
	闸门 PGZ0.8×0.8	扇	1	2670.00	185.30	2855.30
	启闭机 QLC－10A	台	1	1200.00	83.28	1283.28
10	进水闸 4					4138.58
	闸门 PGZ0.8×0.8	扇	1	2670.00	185.30	2855.30
	启闭机 QLC－10A	台	1	1200.00	83.28	1283.28
11	进水闸 5					24286.07
	闸门 PZ2×1.5	扇	1	19230.00	1334.56	20564.56
	启闭机 QLC－30A	台	1	3480.00	241.51	3721.51
12	进水闸 1、斗门 5					10847.99
	闸门 PZ0.8×1	扇	2	3542.00	245.81	7575.63
	启闭机 QLC－20A	台	2	1530.00	106.18	3272.36
13	0.8×1.0 进水闸					5424.00
	闸门 PGZ0.8×1	扇	1	3542.00	245.81	3787.81
	启闭机 QLC－20A	台	1	1530.00	106.18	1636.18
14	排水泵站					661555.44
	700ZQB－70 水泵	台	3	118300.00	8210.02	379530.06
	伸缩节	个	3	28730.00	1993.86	92171.59

续表

序号	设备名称及规格	单位	数量	单价	设备三项费用	合计
	(1)	(2)	(3)	(4)	(5)	(6)
	拍门	个	3	6870.00	476.78	22040.33
	φ800 法兰盘	个	1	1280.00	88.83	16425.98
	变压器 S11－630KVA	台	1	92183.00	6397.50	98580.50
	55KW 电控柜	台	3	16460.00	1142.32	52806.97
15	节制闸					41658.48
	闸门 PGZ0.5×0.6	扇	14	1885.00	130.82	28221.47
	启闭机 QLC－5A	台	14	897.50	62.29	13437.01
16	临时泵站					22564.34
	混流泵 300HW－5	台	1	9100.00	631.54	9731.54
	18.5KW 柴油机	台	1	12000.00	832.80	12832.80
17	电力工程					328831.94
	变压器 S11－30KVA	台	4	15237.00	1057.45	65177.79
	变压器 S11－50KVA	台	2	18836.00	1307.22	40286.44
	变压器 S11－63KVA	台	2	21614.00	1500.01	46228.02
	变压器 S11－80KVA	台	2	25072.00	1740.00	53623.99
	动力配电箱	台	10	2000.00	138.80	21388.00
	隔离开关	个	50	670.00	46.50	35824.90
	避雷器	个	50	790.00	54.83	42241.30
	熔断器	个	50	450.00	31.23	24061.50
总　计		—	—			1325877.41

表 5

其他费用预算表

项目名称：××县××镇土地整治重大工程项目　　　　金额单位：万元

序号	费用名称	计算式	预算金额	各项费用占其他费用的比例（%）
	（1）	（2）	（3）	（4）
1	前期工作费		190.33	35.44
（1）	土地清查费	4434.52×0.5%	22.17	4.13
（2）	项目可行性研究费	13+(18-13)/(5000-3000)×((4434.52+132.59)-3000)	16.92	3.15
（3）	项目勘测费	4603.16×1.5%	66.52	12.39
（4）	项目设计与预算编制费	51+(76-51)/(5000-3000)×((4434.52+132.59)-3000)	70.59	13.14
（5）	项目招标代理费	1000×0.5%+(3000-1000)×0.3%+((4434.52+132.59)-3000)×0.2%	14.13	2.63
2	工程监理费	56+(87-56)/(5000-3000)×((4434.52+132.59)-3000)	80.29	14.95
3	拆迁补偿费		0.00	0.00
4	竣工验收费		147.77	27.51
（1）	工程复核费	500×0.70%+(1000-500)×0.65%+(3000-1000)×0.60%+((4434.52+132.59)-3000)×0.55%	27.37	5.10
（2）	工程验收费	500×1.40%+(1000-500)×1.30%+(3000-1000)×1.20%+((4434.52+132.59)-3000)×1.1%	54.74	10.19
（3）	项目决算编制与审计费	500×1.0%+(1000-500)×0.9%+(3000-1000)×0.8%+((4434.52+132.59)-3000)×0.7%	36.47	6.79
（4）	整理后土地重估与登记费	500×0.65%+(1000-500)×0.6%+(3000-1000)×0.55%+((4434.52+132.59)-3000)×0.5%	25.09	4.67
（5）	标识设定费	500×0.11%+(1000-500)×0.1%+(3000-1000)×0.09%+((4434.52+132.59)-3000)×0.08%	4.10	0.76
5	业主管理费	500×2.8%+(1000-500)×2.6%+(3000-1000)×2.4%+((4434.52+132.59+190.33+80.29+147.77)-3000)×2.2%	118.68	22.10
	总　计		537.07	100.00

表 5－1

拆迁补偿费预算表

项目名称：××县××镇土地整治重大工程项目　　金额单位：元

序号	费用名称	单位	数量	单价	合　计	备　注
—	(1)	(2)	(3)	(4)	(5)	(6)
1	拆迁补偿费	元	0.00	0.00	0.00	
总　计	—	—	—	—	0.00	

填表说明：1. 本表应根据拆迁实际情况进行填写，备注中应简明阐述拆迁补偿标准确定原则和必须补偿的理由。
2. 表中（5）=(3)×(4)。

表 6

不可预见费预算表

项目名称：××县××镇土地整治重大工程项目　　金额单位：元

序号	费用名称	工程施工费	设备费	其他费	小计	费率（%）	合　计
	(1)	(2)	(3)	(4)	(5)	(6)	(7)
1	不可预见费	44345193.04	1325877.41	5370684.84	51041755.29	3.00	1531252.66
总计							1531252.66

填表说明：1. 表中的（5）=[(2)+(3)+(4)]，(2) 见表3总计，(3) 见表4总计；(4) 见表5总计。
2. 表中的(7)=(5)×(6)。

表 7

季度分月用款计划表

项目名称：××县××镇土地整治重大工程项目　　　　金额单位：元

工程名称	项目地点	具体用款科目	合计	项目各月用款数														
				2012 年									2013 年					
				第一季度	第二季度			第三季度			第四季度		第一季度		第二季度			第三季度	
				3 月	4 月	5 月	6 月	7 月	8 月	9 月	10 月	11～12 月	1～2 月	3 月	4 月	5 月	6 月	7 月	8 月
（案例一）××县××镇土地整治重大工程项目	××县××镇	土地平整	1003. 11		167. 19	167. 19					167. 19	167. 19			167. 19	167. 19			
		灌溉与排水工程	2292. 57		208. 42			208. 42	208. 42	208. 42	208. 42			208. 42	208. 42	208. 42	208. 42	208. 42	208. 42
		田间道路	1033. 24		79. 48	79. 48	79. 48	79. 48	79. 48	79. 48	79. 48			79. 48	79. 48	79. 48	79. 48	79. 48	79. 48
		农田防护与生态环境保持工程	105. 61								35. 20				35. 20	35. 20			
		设备购置费	132. 59									66. 29	66. 29						
		前期工作费	190. 33	190. 33															
		工程监理费	80. 29		5. 35	5. 35	5. 35	5. 35	5. 35	5. 35	5. 35	5. 35	5. 35	5. 35	5. 35	5. 35	5. 35	5. 35	5. 35
		竣工验收费	147. 77																147. 77
		业主管理费	118. 68		7. 91	7. 91	7. 91	7. 91	7. 91	7. 91	7. 91	7. 91	7. 91	7. 91	7. 91	7. 91	7. 91	7. 91	7. 91
		不可预见费	153. 13		10. 21	10. 21	10. 21	10. 21	10. 21	10. 21	10. 21	10. 21	10. 21	10. 21	10. 21	10. 21	10. 21	10. 21	10. 21
总计			5257. 31	190. 33	478. 55	270. 14	102. 95	311. 37	311. 37	311. 37	513. 76	256. 95	89. 77	311. 37	513. 76	513. 76	311. 37	311. 37	459. 13

附表 1

人工预算单价计算表

项目名称：（案例一）××县××镇土地整治重大工程项目

地区类别	六类地区	定额人工等级	甲类工
序号	项目	计算式	单价（元）
1	基本工资	540 元/月×12 月÷（250－10）工日	27.00
2	辅助工资		6.689
(1)	地区津贴		
(2)	施工津贴	3.5 元/天×365 天×95%÷240 工日	5.057
(3)	夜餐津贴	（4.5＋3.5）/2×20%	0.800
(4)	节日加班津贴	27.00×（3－1）×11÷250 工日×35%	0.832
3	工资附加费		17.350
(1)	职工福利基金	（1＋2）×14%＝（27.00＋6.689）×14%	4.716
(2)	工会经费	（1＋2）×2%＝（27.00＋6.689）×2%	0.674
(3)	养老保险基金	（1＋2）×20%＝（27.00＋6.689）×20%	6.738
(4)	医疗保险费	（1＋2）×4%＝（27.00＋6.689）×4%	1.348
(5)	工伤保险费	（1＋2）×1.5%＝（27.00＋6.689）×1.5%	0.505
(6)	职工失业保险基金	（1＋2）×2%＝（27.00＋6.689）×2%	0.674
(7)	住房公积金	（1＋2）×8%＝（27.00＋6.689）×8%	2.695
4	人工工日预算单价	1＋2＋3	51.04
地区类别	六类地区	定额人工等级	乙类工
序号	项目	计算式	单价（元）
1	基本工资	445 元/月×12 月÷（250－10）工日	22.250
2	辅助工资		3.38
(1)	地区津贴		
(2)	施工津贴	2.0 元/天×365 天×95%÷240 工日	2.890
(3)	夜餐津贴	（4.5＋3.5）/2×5%	0.200
(4)	节日加班津贴	22.25×（3－1）×11÷250 工日×15%	0.290
3	工资附加费		13.200
(1)	职工福利基金	（1＋2）×14%＝（22.25＋3.38）×14%	3.590
(2)	工会经费	（1＋2）×2%＝（22.25＋3.38）×2%	0.510
(3)	养老保险基金	（1＋2）×20%＝（22.25＋3.38）×20%	5.130
(4)	医疗保险费	（1＋2）×4%＝（22.25＋3.38）×4%	1.030
(5)	工伤保险费	（1＋2）×1.5%＝（22.25＋3.38）×1.5%	0.380
(6)	职工失业保险基金	（1＋2）×2%＝（22.25＋3.38）×2%	0.510
(7)	住房公积金	（1＋2）×8%＝（22.25＋3.38）×8%	2.050
4	人工工日预算单价	1＋2＋3	38.84

附表 2

主要材料预算价格计算表

项目名称：（案例一）××县××镇土地整治重大工程项目

编　号	名称及规格	单位	预算价格
1	水泥 32.5	t	641.41
2	钢　筋	t	6050.07
3	砂	m^3	39.08
4	砾　石	m^3	81.22
5	碎　石	m^3	104.42
6	块　石	m^3	78.89
7	汽　油	t	9682.58
8	柴　油	t	9472.57
9	锯材	m^3	2519.45
10	毛石	m^3	55.12
11	标准砖	千块	380.95
12	预应力混凝土管 φ≤400mm	m	140.00
13	预应力混凝土管 φ400～600mm	m	220.00
14	预应力混凝土管 φ800～1000mm	m	390.00
15	井壁管 φ300～350m	m	594.28
16	滤水管 φ300～350m	m	772.56
17	水泥电杆 长度 9～11m	根	1070.45
18	树苗	株	0.50
19	石灰	t	273.59
20	木材	m^3	850.00

附表 3

次要材料预算价格计算表

项目名称：（案例一）××县××镇土地整治重大工程项目

编　号	名称及规格	单位	预算价格
21	组合钢模板	kg	5.14
22	水	m^3	0.75
23	型钢	kg	4.90
24	卡扣件	kg	6.00
25	预埋铁件	kg	5.50
26	电焊条	kg	6.50
27	铁钉	kg	5.34
28	铁件	kg	4.60
29	铁丝	kg	5.31
30	铁垫块	kg	4.70
31	橡胶止水带	m	90.00

续表

编　号	名称及规格	单位	预算价格
32	橡胶止水圈	根	200
33	牙轮钻头	个	300.00
34	钻杆	m	200.00
35	粘土	m^3	24.80
36	滤料	m^3	91.92
37	粘土球	m^3	31.50
38	钢板	kg	4.60
39	氧气	m^3	6.50
40	乙炔气	m^3	18.60
41	黄油	kg	6.50
42	油漆	kg	18.60
43	螺丝	套	3.50
44	胶垫	支	3.00
45	铅油	kg	10.50
46	钢垫板	kg	4.56
47	变压器油	kg	6.17
48	滤油纸	张	0.40
49	橡胶绝缘线	m	25.00
50	石棉织布	m^2	5.50
51	螺栓	kg	6.50
52	电	kW·h	0.94
53	塑料绝缘线	m	85.72
54	酚醛层压板	m^2	280.00
55	镀锌槽钢 14×3000	根	33.60
56	镀锌角钢 50×5×500	根	8.03
57	镀锌角钢 50×5×1500	根	24.09
58	镀锌角钢 50×5×1700	根	27.30
59	镀锌角钢 65×6×1500	根	37.41
60	镀锌角钢 75×6×2500	根	72.48
61	镀锌支撑 50×5×1440	根	43.15
62	镀锌角钢抱箍 63×6	副	41.60
63	变压器固定板 40～50×4～6×80～100	kg	8.79

续表

编　号	名称及规格	单位	预算价格
64	镀锌圆钢 φ5.5～9	kg	4.80
65	裸铝线 LJ－25	m	2.35
66	羊角熔断器200A	个	25.60
67	橡皮绝缘线 BLX－50	m	5.71
68	针式绝缘子 PD－2T	个	7.32
69	高压针式绝缘子10KV	个	24.00
70	精制六角带帽螺栓 M16×14～60	10套	18.56
71	精制六角带帽螺栓 M16×65～80	10套	20.90
72	精制六角带帽螺栓 M16×350～370	10套	20.90
73	镀锌U形抱箍	套	303.68
74	并沟线夹 16～35mm^2	个	15.40
75	并沟线夹 50～70mm^2	个	31.70
76	铝接线端子 16～35mm^2	个	2.11
77	镀锌扁钢	m	4.63
78	锯条	根	1.50
79	钢板垫板	kg	4.56
80	镀锌扁钢	kg	4.63
81	精制六角带帽螺栓 M10×14～70	10套	18.56
82	电焊条结422φ3.2	kg	8.50
83	塑料软管	kg	3.50
84	钢垫板	kg	4.80
85	镀锌扁钢	kg	4.63
86	镀锌螺栓 M70×14～17	10套	18.56
87	胶木线夹	个	32.00
88	塑料软管	kg	18.00
89	塑料异型管 D＝5	个	50.00
90	塑料带 20×40	卷	25.00
91	钢管	kg	5.50
92	螺栓	kg	6.50
93	石毛子	m^3	55.12
94	土工布	m^2	8.87
95	复合土工膜	m^2	10.00

续表

编　号	名称及规格	单位	预算价格
96	工程胶	kg	9.50
97	铁横担 L63×6×1500	根	91.92
98	导线 BLX－16	m	1.61
99	瓷瓶	个	23.89
100	镀锌钢绞线 GJ－35	m	3.56
101	线夹	个	8.75
102	混凝土拉盘 LP－6	块	93.21
103	螺栓	kg	6.50
104	铁件	kg	4.60
105	铁横担 L80×8×1700	根	223.10
106	铁横担 L63×6×800	根	90.10
107	瓷横担 S210	根	40.50
108	瓷横担 S210Z	根	40.50
109	导线 LGJ	m	8.75
110	悬式绝缘子 X－4.5	个	35.00
111	耐张线夹 NLD－2	个	52.42
112	楔型线夹 NX－2	个	36.63
113	UT 型线夹 NUT－2	个	50.96
114	并沟线夹 JB－2	个	31.85
115	镀锌钢绞线 GJ－50	m	5.09
116	混凝土拉线盘 LP－8	个	122.27
117	混凝土底盘 800×800×180	个	191.18
118	螺栓	kg	6.50
119	铁件	kg	4.60
120	土料	m^3	20.00

附表 4：

机械台班预算单价计算表

项目名称：（案例一）××县××镇土地整治重大工程项目

定额编号	机械名称及规格	台班费（元）	一类费用小计（元）	二类费合计（元）	二类费用 人工费（元/日）		汽油（元/kg）		柴油（元/kg）		电（元/kW·h）		水（元/m^3）		风（元/m^3）	
					工日	金额	数量	金额	数量	金额	数量	金额	数量	金额	数量	金额
1004	单斗挖掘机 油动 斗容 $1m^3$	762.49	336.41	426.08	2.00	51.04			72.00	4.50						
1013	推土机 功率 59kW	375.54	75.46	300.08	2.00	51.04			44.00	4.50						
1014	推土机 功率 74kW	557.07	207.49	349.58	2.00	51.04			55.00	4.50						
1021	履带式拖拉机 功率 59kW	447.98	98.4	349.58	2.00	51.04			55.00	4.50						
1022	履带式拖拉机 功率 74kW	546.54	142.96	403.58	2.00	51.04			67.00	4.50						
1031	自行式平地机　功率 118kW	815.29	317.21	498.08	2.00	51.04			88.00	4.50						
1036	内燃压路机 6～8t	266.90	56.82	210.08	2.00	51.04			24.00	4.50						
1038	内燃压路机 12～15t	311.34	69.76	241.58	2.00	51.04			31.00	4.50						
1039	蛙式打夯机　功率 2.8kW	125.89	6.89	119.00	2.00	51.04					18.00	0.94				
1049	无头三铧犁	11.37	11.37	0.00												
1051	刨毛机	348.59	78.1	270.49	2.00	51.04			37.43	4.50						
1052	手持式风镐	244.24	4.24	240.00									320.00	0.75		
2002	冲击钻机 CZ－22	405.08	178.06	227.02	2.33	51.04					115.00	0.94				
2005	手把式地质钻机 300 型	291.53	93.65	197.88	2.33	51.04					84.00	0.94				
2009	泥浆泵 3PN	76.94	6.98	69.96	1.10	51.04					14.70	0.94				
2010	泥浆搅拌机	164.62	47.78	116.84	1.00	51.04					70.00	0.94				
3001	混凝土搅拌机 $0.25m^3$	101.57	20.45	81.12	1.00	51.04					32.00	0.94				
3002	混凝土搅拌机 $0.4m^3$	211.19	62.11	149.08	2.00	51.04					50.00	0.94				
3005	插入式振捣器　2.2kW	25.68	14.4	11.28							12.00	0.94				
3008	风水(砂)枪　耗风量 2～$6m^3$/min	160.72	3.22	157.50									18.00	0.75	900.00	0.16

续表

定额编号	机械名称及规格	台班费（元）	一类费用小计（元）	二类费用												
				二类费合计（元）	人工费（元/日）		汽油（元/kg）		柴油（元/kg）		电（元/kW·h）		水（元/m^3）		风（元/m^3）	
					工日	金额	数量	金额	数量	金额	数量	金额	数量	金额	数量	金额
4004	载重汽车 汽油型 载重量5t	289.77	88.73	201.04	1.00	51.04	30.00	5.00								
4005	载重汽车 柴油型 载重量6.5t	299.60	109.06	190.54	1.00	51.04			31.00	4.50						
4007	载重汽车 柴油型 载重量10t	462.55	184.97	277.58	2.00	51.04			39.00	4.50						
4011	自卸汽车 柴油型 载重量5t	342.63	99.25	243.38	1.33	51.04			39.00	4.50						
4012	自卸汽车 柴油型 载重量8t	520.55	206.97	313.58	2.00	51.04			47.00	4.50						
4038	洒水车 容量4800L	325.19	104.15	221.04	1.00	51.04	34.00	5.00								
4039	机动翻斗车1t	93.75	11.21	82.54	1.00	51.04			7.00	4.50						
4040	双胶轮车	3.22	3.22	0.00												
5002	塔式起重机 起重量10t	609.31	385.03	224.28	2.00	51.04					130.00	0.94				
5003	塔式起重机 起重量25t	1145.74	624.14	521.60	3.00	51.04					392.00	0.94				
5007	履带起重机 油动 起重量15t	477.78	195.7	282.08	2.00	51.04			40.00	4.50						
5009	汽车起重机 起重量5t	391.11	114.03	277.08	2.00	51.04	35.00	5.00								
5010	汽车起重机 起重量8t	441.02	158.94	282.08	2.00	51.04			40.00	4.50						
5011	汽车起重机 起重量10t	467.25	176.17	291.08	2.00	51.04			42.00	4.50						
5012	汽车起重机 起重量12t	510.85	210.77	300.08	2.00	51.04			44.00	4.50						
5013	卷扬机 牵引力3t	90.44	12.14	78.30	1.00	51.04					29.00	0.94				
5014	卷扬机 牵引力5t	110.52	19.06	91.46	1.00	51.04					43.00	0.94				
5018	电动葫芦 起重量3t	23.95	7.03	16.92							18.00	0.94				
5020	桅杆起重机 起重量10t	326.38	121.84	204.54	2.00	51.04					109.00	0.94				
6001	电动空气压缩机 移动式$3m^3/min$	176.78	28.92	147.86	1.00	51.04					103.00	0.94				
6020	潜水泵2kW	57.59	13.56	44.03	0.66	51.04					11.00	0.94				

续表

定额编号	机械名称及规格	台班费（元）	一类费用小计（元）	二类费用													
				二类费合计（元）	人工费（元/日）		汽油（元/kg）		柴油（元/kg）		电（元/kW·h）		水（元/m^3）		风（元/m^3）		
					工日	金额	数量	金额	数量	金额	数量	金额	数量	金额	数量	金额	
6021	离心水泵 7kW	105.32	22.32	83.00	1.00	51.04					34.00	0.94					
6024	滤油机 LX100 型	93.03	8.15	84.88	1.00	51.04					36.00	0.94					
6025	混凝土切缝机 EX - 100	411.55	304.25	107.30	1.30	51.04			9.10	4.50							
7001	电焊机交流 20 ~ 25KVA	125.63	3.15	122.48	1.00	51.04					76.00	0.94					
7002	电焊机交流 30KVA	147.73	3.63	144.10	1.00	51.04					99.00	0.94					
7004	电焊机直流 30KVA	217.26	8.3	208.96	1.00	51.04					168.00	0.94					
7007	对焊机电弧型 150KVA	504.74	22.88	481.86	1.00	51.04					440.00	0.94	14.00	0.75	42.00	0.16	
7012	弧焊机交流 20KVA	164.75	55.52	109.23	1.00	51.04					61.90	0.94					
7014	钢筋调直机 4 ~ 14kW	88.52	21.5	67.02	1.00	51.04					17.00	0.94					
7017	钢筋切断机 20kW	159.98	14.94	145.04	1.00	51.04					100.00	0.94					
7018	钢筋弯曲机 6 ~ 40mm	92.53	8.59	83.94	1.00	51.04					35.00	0.94					
1021 ~ 1033	拖拉机　功率 59kW 羊角碾 5 ~ 7t	460.07	110.49	349.58	2.00	51.04			55.00	4.50							
1039	夯实机	29.99	14.39	15.60							16.60	0.94					

附表5　　**工程施工费单价表**

人工挖基坑（一、二类土）上口面积80m^2以内

定额编号：10020　　定额单位：100m^3

序号	项目名称	单位	数量	单价（元）	小计（元）
一	直接费				901.76
（一）	直接工程费				870.42
(1)	人工费				870.42
	甲类工	工日	1.10	51.04	56.14
	乙类工	工日	20.00	38.84	776.80
	其他费用（以定额编号10020子目人工费为计费基础）	%	4.50	832.94	37.48
(2)	材料费				0.00
	其他费用（以定额编号10020子目材料费为计费基础）	%	4.50	0.00	0.00
(3)	机械使用费				0.00
	其他费用（以定额编号10020子目机械使用费为计费基础）	%	4.50	0.00	0.00
（二）	措施费	%	3.60	870.42	31.34
二	间接费	%	5.00	901.76	45.09
三	利润	%	3.00	946.85	28.41
四	材料价差				0.00
五	未计价材料费				0.00
六	税金	%	3.22	975.25	31.40
合计（元）	—	—	—	—	1006.66

人工挖沟渠（一、二类土）上口宽4m以内

定额编号：10029　　定额单位：100m^3

序号	项目名称	单位	数量	单价（元）	小计（元）
一	直接费				941.09
（一）	直接工程费				908.39
(1)	人工费				908.39
	甲类工	工日	1.10	51.04	56.14
	乙类工	工日	21.00	38.84	815.64
	其他费用（以定额编号10029子目人工费为计费基础）	%	4.20	871.78	36.61
(2)	材料费				0.00
	其他费用（以定额编号10029子目材料费为计费基础）	%	4.20	0.00	0.00
(3)	机械使用费				0.00
	其他费用（以定额编号10029子目机械使用费为计费基础）	%	4.20	0.00	0.00
（二）	措施费	%	3.60	908.39	32.70
二	间接费	%	5.00	941.09	47.05
三	利润	%	3.00	988.14	29.64
四	材料价差				0.00
五	未计价材料费				0.00
六	税金	%	3.22	1017.78	32.77
合计（元）	—	—	—	—	1050.55

人工削放坡及找平

定额编号：10041　　　　定额单位：100m³

序号	项目名称	单位	数量	单价（元）	小计（元）
一	直接费	元			211.10
（一）	直接工程费	元			203.76
（1）	人工费				203.76
	甲类工	工日	0.30	51.04	15.31
	乙类工	工日	4.80	38.84	186.43
	其他费用（以定额编号10041子目人工费为计费基础）	%	1.00	201.74	2.02
（2）	材料费				0.00
	其他费用（以定额编号10041子目材料费为计费基础）	%	1.00	0.00	0.00
（3）	机械使用费				0.00
	其他费用（以定额编号10041子目机械使用费为计费基础）	%	1.00	0.00	0.00
（二）	措施费	%	3.60	203.76	7.34
二	间接费	%	5.00	211.10	10.56
三	利润	%	3.00	221.66	6.65
四	材料价差				0.00
五	未计价材料费				0.00
六	税金	%	3.22	228.31	7.35
合计（元）	—	—	—	—	235.66

新增耕地翻耕

定额编号：10043　　　　定额单位：公顷

序号	项目名称	单位	数量	单价（元）	小计（元）
一	直接费				1066.82
（一）	直接工程费				1029.75
（1）	人工费				475.77
	甲类工	工日	0.60	51.04	30.62
	乙类工	工日	11.40	38.84	442.78
	其他费用（以定额编号10043子目人工费为计费基础）	%	0.50	473.40	2.37
（2）	材料费				0.00
	其他费用（以定额编号10043子目材料费为计费基础）	%	0.50	0.00	0.00
（3）	机械使用费				553.98
	履带式拖拉机 功率59kW	台班	1.20	447.98	537.58
	无头三铧犁	台班	1.20	11.37	13.64
	其他费用（以定额编号10043子目机械使用费为计费基础）	%	0.50	551.22	2.76
（二）	措施费	%	3.60	1029.75	37.07
二	间接费	%	5.00	1066.82	53.34
三	利润	%	3.00	1120.16	33.60
四	材料价差				328.02
	柴油	kg	66.00	4.97	328.02
五	未计价材料费				0.00
六	税金	%	3.22	1481.78	47.71
合计（元）	—	—	—	—	1529.49

挖掘机挖土（一、二类土）~单斗挖掘机　油动　斗容 $1m^3$

定额编号：10203　定额单位：$100m^3$

序号	项目名称	单位	数量	单价（元）	小计（元）
一	直接费				173.12
（一）	直接工程费				167.10
（1）	人工费				26.80
	乙类工	工日	0.60	38.84	23.30
	其他费用（以定额编号 10203 子目人工费为计费基础）	%	15.00	23.30	3.50
（2）	材料费				0.00
	其他费用（以定额编号 10203 子目材料费为计费基础）	%	15.00	0.00	0.00
（3）	机械使用费				140.30
	单斗挖掘机　油动　斗容 $1m^3$	台班	0.16	762.49	122.00
	其他费用（以定额编号 10203 子目机械使用费为计费基础）	%	15.00	122.00	18.30
（二）	措施费	%	3.60	167.10	6.02
二	间接费	%	5.00	173.12	8.66
三	利润	%	3.00	181.78	5.45
四	材料价差				57.25
	柴油	kg	11.52	4.97	57.25
五	未计价材料费				0.00
六	税金	%	3.22	244.48	7.87
合计（元）	—	—	—	—	252.35

$1m^3$ 挖掘机挖装自卸汽车运土　自卸汽车 8t

定额编号：10218　定额单位：$100m^3$

序号	项目名称	单位	数量	单价（元）	小计（元）
一	直接费				767.08
（一）	直接工程费				740.42
（1）	人工费				42.06
	甲类工	工日	0.10	51.04	5.10
	乙类工	工日	0.90	38.84	34.96
	其他费用（以定额编号 10218 子目人工费为计费基础）	%	5.00	40.06	2.00
（2）	材料费				0.00
	其他费用（以定额编号 10218 子目材料费为计费基础）	%	5.00	0.00	0.00
（3）	机械使用费				698.36
	单斗挖掘机　油动　斗容 $1m^3$	台班	0.22	762.49	167.75
	推土机 功率 59kW	台班	0.16	375.54	60.09
	自卸汽车 柴油型 载重量 8t	台班	0.84	520.55	437.26
	其他费用（以定额编号 10218 子目机械使用费为计费基础）	%	5.00	665.10	33.26
（二）	措施费	%	3.60	740.42	26.66
二	间接费	%	5.00	767.08	38.35
三	利润	%	3.00	805.43	24.16
四	材料价差				309.93
	柴油	kg	62.36	4.97	309.93
五	未计价材料费				0.00
六	税金	%	3.22	1139.52	36.69
合计（元）	—	—	—	—	1176.21

1m^3 挖掘机挖装自卸汽车运土　自卸汽车 8T

定额编号：10221　　定额单位：100m^3

序号	项目名称	单位	数量	单价（元）	小计（元）
一	直接费				1032.20
（一）	直接工程费				996.33
（1）	人工费				41.34
	甲类工	工日	0.10	51.04	5.10
	乙类工	工日	0.90	38.84	34.96
	其他费用（以定额编号 10221 子目人工费为计费基础）	%	3.20	40.06	1.28
（2）	材料费				0.00
	其他费用（以定额编号 10221 子目材料费为计费基础）	%	3.20	0.00	0.00
（3）	机械使用费				954.99
	单斗挖掘机　油动　斗容 1m^3	台班	0.22	762.49	167.75
	推土机 功率 59kW	台班	0.16	375.54	60.09
	自卸汽车 柴油型 载重量 8t	台班	1.34	520.55	697.54
	其他费用（以定额编号 10221 子目机械使用费为计费基础）	%	3.20	925.38	29.61
（二）	措施费	%	3.60	996.33	35.87
二	间接费	%	5.00	1032.20	51.61
三	利润	%	3.00	1083.81	32.51
四	材料价差				426.72
	柴油	kg	85.86	4.97	426.72
五	未计价材料费				0.00
六	税金	%	3.22	1543.04	49.69
合计（元）	—	—	—	—	1592.73

1m^3 挖掘机挖装自卸汽车运土　自卸汽车 8T

定额编号：10224　　定额单位：100m^3

序号	项目名称	单位	数量	单价（元）	小计（元）
一	直接费				1509.76
（一）	直接工程费				1457.30
（1）	人工费				40.86
	甲类工	工日	0.10	51.04	5.10
	乙类工	工日	0.90	38.84	34.96
	其他费用（以定额编号 10224 子目人工费为计费基础）	%	2.00	40.06	0.80
（2）	材料费				0.00
	其他费用（以定额编号 10224 子目材料费为计费基础）	%	2.00	0.00	0.00
（3）	机械使用费				1416.44
	单斗挖掘机　油动　斗容 1m^3	台班	0.22	762.49	167.75
	推土机 功率 59kW	台班	0.16	375.54	60.09
	自卸汽车 柴油型 载重量 8t	台班	2.23	520.55	1160.83
	其他费用（以定额编号 10224 子目机械使用费为计费基础）	%	2.00	1388.67	27.77
（二）	措施费	%	3.60	1457.30	52.46
二	间接费	%	5.00	1509.76	75.49
三	利润	%	3.00	1585.25	47.56
四	材料价差				634.62
	柴油	kg	127.69	4.97	634.62
五	未计价材料费				0.00
六	税金	%	3.22	2267.43	73.01
合计（元）	—	—	—	—	2340.44

1m³ 挖掘机挖装自卸汽车运土　自卸汽车 8T

定额编号：10227　　定额单位：100m³

序号	项目名称	单位	数量	单价（元）	小计（元）
一	直接费				1918.15
（一）	直接工程费				1851.50
（1）	人工费				40.54
	甲类工	工日	0.10	51.04	5.10
	乙类工	工日	0.90	38.84	34.96
	其他费用（以定额编号 10227 子目人工费为计费基础）	%	1.20	40.06	0.48
（2）	材料费				0.00
	其他费用（以定额编号 10227 子目材料费为计费基础）	%	1.20	0.00	0.00
（3）	机械使用费				1810.96
	单斗挖掘机　油动　斗容 1m³	台班	0.22	762.49	167.75
	推土机 功率 59kW	台班	0.16	375.54	60.09
	自卸汽车 柴油型 载重量 8t	台班	3.00	520.55	1561.65
	其他费用（以定额编号 10227 子目机械使用费为计费基础）	%	1.20	1789.49	21.47
（二）	措施费	%	3.60	1851.50	66.65
二	间接费	%	5.00	1918.15	95.91
三	利润	%	3.00	2014.06	60.42
四	材料价差				814.48
	柴油	kg	163.88	4.97	814.48
五	未计价材料费				0.00
六	税金	%	3.22	2888.96	93.02
合计（元）	—	—	—	—	2981.98

推土机推土（一、二类土）推土机 74kw　土层厚度 <0.3 米

定额编号：10307×1.25　　定额单位：100m³

序号	项目名称	单位	数量	单价（元）	小计（元）
一	直接费				395.65
（一）	直接工程费				381.90
（1）	人工费				16.32
	乙类工	工日	0.40	38.84	15.54
	其他费用（以定额编号 10307×1.25 子目人工费为计费基础）	%	5.00	15.54	0.78
（2）	材料费				0.00
	其他费用（以定额编号 10307×1.25 子目材料费为计费基础）	%	5.00	0.00	0.00
（3）	机械使用费				365.58
	推土机 功率 74kW	台班	0.63	557.07	348.17
	其他费用（以定额编号 10307×1.25 子目机械使用费为计费基础）	%	5.00	348.17	17.41
（二）	措施费	%	3.60	381.90	13.75
二	间接费	%	5.00	395.65	19.78
三	利润	%	3.00	415.43	12.46
四	材料价差				170.87
	柴油	kg	34.38	4.97	170.87
五	未计价材料费				0.00
六	税金	%	3.22	598.76	19.28
合计（元）	—	—	—	—	618.04

推土机推土（一、二类土） 推土机74kw

定额编号：10309×1.25 定额单位：$100m^3$

序号	项目名称	单位	数量	单价（元）	小计（元）
一	直接费				421.07
（一）	直接工程费				406.44
（1）	人工费				20.39
	乙类工	工日	0.50	38.84	19.42
	其他费用（以定额编号10309×1.25子目人工费为计费基础）	%	5.00	19.42	0.97
（2）	材料费				0.00
	其他费用（以定额编号10309×1.25子目材料费为计费基础）	%	5.00	0.00	0.00
（3）	机械使用费				386.05
	推土机 功率74kw	台班	0.66	557.07	367.67
	其他费用（以定额编号10309×1.25子目机械使用费为计费基础）	%	5.00	367.67	18.38
（二）	措施费	%	3.60	406.44	14.63
二	间接费	%	5.00	421.07	21.05
三	利润	%	3.00	442.12	13.26
四	材料价差				180.41
	柴油	kg	36.30	4.97	180.41
五	未计价材料费				0.00
六	税金	%	3.22	635.79	20.47
合计（元）	—	—	—	—	656.26

建筑物土方回填 机械夯填

定额编号：10334 定额单位：$100m^3$

序号	项目名称	单位	数量	单价（元）	小计（元）
一	直接费				1427.10
（一）	直接工程费				1377.51
（1）	人工费				1088.09
	甲类工	工日	1.30	51.04	66.35
	乙类工	工日	25.10	38.84	974.88
	其他费用（以定额编号10334子目人工费为计费基础）	%	4.50	1041.23	46.86
（2）	材料费				0.00
	其他费用（以定额编号10334子目材料费为计费基础）	%	4.50	0.00	0.00
（3）	机械使用费				289.42
	蛙式打夯机 功率2.8kw	台班	2.20	125.89	276.96
	其他费用（以定额编号10334子目机械使用费为计费基础）	%	4.50	276.96	12.46
（二）	措施费	%	3.60	1377.51	49.59
二	间接费	%	5.00	1427.10	71.36
三	利润	%	3.00	1498.46	44.95
四	材料价差				0.00
五	未计价材料费				0.00
六	税金	%	3.22	1543.41	49.70
合计（元）	—	—	—	—	1593.11

拖拉机压实 土料干密度1.7t/m³以下

定额编号：10345　　定额单位：100m³ 实方

序号	项目名称	单位	数量	单价（元）	小计（元）
一	直接费				524.05
（一）	直接工程费				505.84
（1）	人工费				143.20
	甲类工	工日	0.20	51.04	10.21
	乙类工	工日	3.00	38.84	116.52
	其他费用（以定额编号10345子目人工费为计费基础）	%	13.00	126.73	16.47
（2）	材料费				0.00
	其他费用（以定额编号10345子目材料费为计费基础）	%	13.00	0.00	0.00
（3）	机械使用费				362.64
	履带式拖拉机 功率74kw	台班	0.38	546.54	207.69
	推土机 功率74kw	台班	0.10	557.07	55.71
	蛙式打夯机 功率2.8kw	台班	0.18	125.89	22.66
	刨毛机	组班	0.10	348.59	34.86
	其他费用（以定额编号10345子目机械使用费为计费基础）	%	13.00	320.92	41.72
（二）	措施费	%	3.60	505.84	18.21
二	间接费	%	5.00	524.05	26.20
三	利润	%	3.00	550.25	16.51
四	材料价差				389.55
	柴油	kg	78.38	4.97	389.55
五	未计价材料费				0.00
六	税金	%	3.22	956.31	30.79
合计（元）	—	—	—	—	987.10

砂垫层

定额编号：30001　　定额单位：100m³

序号	项目名称	单位	数量	单价（元）	小计（元）
一	直接费				6986.26
（一）	直接工程费				6743.49
（1）	人工费				2322.76
	甲类工	工日	2.90	51.04	148.02
	乙类工	工日	55.40	38.84	2151.74
	其他费用（以定额编号30001子目人工费为计费基础）	%	1.00	2299.76	23.00
（2）	材料费				4420.73
	粗砂	m³	112.00	39.08	4376.96
	其他费用（以定额编号30001子目材料费为计费基础）	%	1.00	4376.96	43.77
（3）	机械使用费				0.00
	其他费用（以定额编号30001子目机械使用费为计费基础）	%	1.00	0.00	0.00
（二）	措施费	%	3.60	6743.49	242.77
二	间接费	%	5.00	6986.26	349.31
三	利润	%	3.00	7335.57	220.07
四	材料价差				0.00
五	未计价材料费				0.00
六	税金	%	3.22	7555.64	243.29
合计（元）	—	—	—	—	7798.93

碎石垫层

定额编号：30002　　定额单位：100m³

序号	项目名称	单位	数量	单价（元）	小计（元）
一	直接费				8711.27
（一）	直接工程费				8408.56
（1）	人工费				2227.36
	甲类工	工日	2.80	51.04	142.91
	乙类工	工日	53.10	38.84	2062.40
	其他费用（以定额编号 30002 子目人工费为计费基础）	%	1.00	2205.31	22.05
（2）	材料费				6181.20
	碎石	m³	102.00	60.00	6120.00
	其他费用（以定额编号 30002 子目材料费为计费基础）	%	1.00	6120.00	61.20
（3）	机械使用费				0.00
	其他费用（以定额编号 30002 子目机械使用费为计费基础）	%	1.00	0.00	0.00
（二）	措施费	%	3.60	8408.56	302.71
二	间接费	%	5.00	8711.27	435.56
三	利润	%	3.00	9146.83	274.40
四	材料价差				4530.84
	碎石	m³	102.00	44.42	4530.84
五	未计价材料费				0.00
六	税金	%	3.22	13952.07	449.26
合计（元）	—	—	—	—	14401.33

浆砌石　护坡

定额编号：30016　　定额单位：100m³

序号	项目名称	单位	数量	单价（元）	小计（元）
一	直接费				15724.05
（一）	直接工程费				15177.65
（1）	人工费				6533.37
	甲类工	工日	8.20	51.04	418.53
	乙类工	工日	156.60	38.84	6082.34
	其他费用（以定额编号 30016 子目人工费为计费基础）	%	0.50	6500.87	32.50
（2）	材料费				8644.28
	块石	m³	108.00	40.00	4320.00
	砌筑砂浆 M7.5	m³	35.15	121.80	4281.27
	其他费用（以定额编号 30016 子目材料费为计费基础）	%	0.50	8601.27	43.01
（3）	机械使用费				0.00
	其他费用（以定额编号 30016 子目机械使用费为计费基础）	%	0.50	0.00	0.00
（二）	措施费	%	3.60	15177.65	546.40
二	间接费	%	5.00	15724.05	786.20
三	利润	%	3.00	16510.25	495.31
四	材料价差				7319.33
	块石	m³	108.00	38.89	4200.12
	水泥 32.5	kg	9174.15	0.34	3119.21
五	未计价材料费				0.00
六	税金	%	3.22	24324.89	783.26
合计（元）	—	—	—	—	25108.15

浆砌石　护底

定额编号：30018　　定额单位：$100m^3$

序号	项目名称	单位	数量	单价（元）	小计（元）
一	直接费				15461.43
（一）	直接工程费				14924.16
（1）	人工费				6279.88
	甲类工	工日	7.90	51.04	403.22
	乙类工	工日	150.50	38.84	5845.42
	其他费用（以定额编号30018子目人工费为计费基础）	%	0.50	6248.64	31.24
（2）	材料费				8644.28
	块石	m^3	108.00	40.00	4320.00
	砌筑砂浆 M7.5	m^3	35.15	121.80	4281.27
	其他费用（以定额编号30018子目材料费为计费基础）	%	0.50	8601.27	43.01
（3）	机械使用费				0.00
	其他费用（以定额编号30018子目机械使用费为计费基础）	%	0.50	0.00	0.00
（二）	措施费	%	3.60	14924.16	537.27
二	间接费	%	5.00	15461.43	773.07
三	利润	%	3.00	16234.50	487.04
四	材料价差				7319.33
	块石	m^3	108.00	38.89	4200.12
	水泥 32.5	kg	9174.15	0.34	3119.21
五	未计价材料费				0.00
六	税金	%	3.22	24040.87	774.12
合计（元）	—	—	—	—	24814.99

浆砌混凝土预制块（栏杆）

定额编号：30056　　定额单位：$100m^3$

序号	项目名称	单位	数量	单价（元）	小计（元）
一	直接费				8020.00
（一）	直接工程费				7741.31
（1）	人工费				5632.06
	甲类工	工日	7.20	51.04	367.49
	乙类工	工日	135.40	38.84	5258.94
	其他费用（以定额编号30056子目人工费为计费基础）	%	0.10	5626.43	5.63
（2）	材料费				2109.25
	混凝土预制块	m^3	92.00	0.00	0.00
	砌筑砂浆 M7.5	m^3	17.30	121.80	2107.14
	其他费用（以定额编号30056子目材料费为计费基础）	%	0.10	2107.14	2.11
（3）	机械使用费				0.00
	其他费用（以定额编号30056子目机械使用费为计费基础）	%	0.10	0.00	0.00
（二）	措施费	%	3.60	7741.31	278.69
二	间接费	%	5.00	8020.00	401.00
三	利润	%	3.00	8421.00	252.63
四	材料价差				1535.20
	水泥 32.5	kg	4515.30	0.34	1535.20
五	未计价材料费				0.00
六	税金	%	3.22	10208.83	328.72
合计（元）	—	—	—	—	10537.55

0.4m³ 搅拌机拌制混凝土

定额编号：40160　　　　定额单位：$100m^3$

序号	项目名称	单位	数量	单价（元）	小计
(1)	人工费				1841.86
	甲类工	工日	12.90	51.04	658.42
	乙类工	工日	30.00	38.84	1165.20
	其他费用（以定额编号 40160 子目人工费为计费基础）	%	1.00	1823.62	18.24
(2)	材料费				0.00
	其他费用（以定额编号 40160 子目材料费为计费基础）	%	1.00	0.00	0.00
(3)	机械使用费				907.19
	混凝土搅拌机 $0.4m^3$	台班	4.00	211.19	844.76
	双胶轮车	台班	16.60	3.22	53.45
	其他费用（以定额编号 40160 子目机械使用费为计费基础）	%	1.00	898.21	8.98
合计	—	—	—	—	2749.05

机动翻斗车运混凝土　运距 100m

定额编号：40184　　　　定额单位：$100m^3$

序号	项目名称	单位	数量	单价（元）	小计
(1)	人工费				532.86
	甲类工	工日	0.70	51.04	35.73
	乙类工	工日	12.40	38.84	481.62
	其他费用（以定额编号 40184 子目人工费为计费基础）	%	3.00	517.34	15.52
(2)	材料费				0.00
	其他费用（以定额编号 40184 子目材料费为计费基础）	%	3.00	0.00	0.00
(3)	机械使用费				373.70
	机动翻斗车 载重量 1t	台班	3.87	93.75	362.81
	其他费用（以定额编号 40184 子目机械使用费为计费基础）	%	3.00	362.81	10.88
合计	—	—	—	—	906.56

现浇混凝土渠道　明渠

定额编号：40012 +（40160 × 1.03 + 40184 × 1.03）　　　　定额单位：$100m^3$

序号	项目名称	单位	数量	单价（元）	小计
一	直接费				32995.97
(一)	直接工程费				31544.90
(1)	人工费				7652.90
	甲类工	工日	29.30	51.04	1495.47
	乙类工	工日	92.80	38.84	3604.35
	其他费用（以定额编号 40012 子目人工费为计费基础）	%	2.10	5099.82	107.10
	甲类工	工日	13.29	51.04	678.32

续表

序号	项目名称	单位	数量	单价（元）	小计
	乙类工	工日	30.90	38.84	1200.16
	其他费用（以定额编号40160×1.03子目人工费为计费基础）	%	1.00	1878.48	18.78
	甲类工	工日	0.72	51.04	36.75
	乙类工	工日	12.77	38.84	495.99
	其他费用（以定额编号40184×1.03子目人工费为计费基础）	%	3.00	532.74	15.98
(2)	材料费				18673.81
	锯材	m^3	0.18	1200.00	216.00
	组合钢模板	kg	78.40	5.14	402.98
	C20 F200	m^3	103.00	170.25	17535.75
	水	m^3	180.00	0.75	135.00
	其他费用（以定额编号40012子目材料费为计费基础）	%	2.10	18289.73	384.08
(3)	机械使用费				5218.19
	插入式振捣器 2.2kw	台班	11.00	25.68	282.48
	风水（砂）枪 耗风量 2～6m^3/min	台班	22.00	160.72	3535.84
	其他费用（以定额编号40012子目机械使用费为计费基础）	%	2.10	3818.32	80.18
	混凝土搅拌机 0.4m^3	台班	4.12	211.19	870.10
	双胶轮车	台班	17.10	3.22	55.06
	其他费用（以定额编号40160×1.03子目机械使用费为计费基础）	%	1.00	925.16	9.25
	机动翻斗车 载重量1t	台班	3.99	93.75	374.06
	其他费用（以定额编号40184×1.03子目机械使用费为计费基础）	%	3.00	374.06	11.22
(二)	措施费	%	4.60	31544.90	1451.07
二	间接费	%	6.00	32995.97	1979.76
三	利润	%	3.00	34975.73	1049.27
四	材料价差				14734.86
	锯材	m^3	0.18	1319.45	237.50
	水泥 32.5	kg	30792.67	0.34	10469.58
	碎石	m^3	87.74	44.42	3888.97
	柴油	kg	27.90	4.97	138.81
五	未计价材料费				0.00
六	税金	%	3.22	50759.86	1634.47
合计（元）	—	—	—	—	52394.33

C20 现浇砼渠道

定额编号：40013 +（40160 ×1.03 +40184 ×1.03）　　定额单位：100m³

序号	项目名称	单位	数量	单价（元）	小计
一	直接费				28523.08
（一）	直接工程费				27268.72
（1）	人工费				6680.24
	甲类工	工日	23.80	51.04	1214.75
	乙类工	工日	75.50	38.84	2932.42
	其他费用（以定额编号 40013 子目人工费为计费基础）	%	2.10	4147.17	87.09
	甲类工	工日	13.29	51.04	678.32
	乙类工	工日	30.90	38.84	1200.16
	其他费用（以定额编号 40160 ×1.03 子目人工费为计费基础）	%	1.00	1878.48	18.78
	甲类工	工日	0.72	51.04	36.75
	乙类工	工日	12.77	38.84	495.99
	其他费用（以定额编号 40184 ×1.03 子目人工费为计费基础）	%	3.00	532.74	15.98
（2）	材料费				18495.02
	锯材	m³	0.16	1200.00	192.00
	组合钢模板	kg	49.00	5.14	251.86
	C20 F200	m³	103.00	170.25	17535.75
	水	m³	180.00	0.75	135.00
	其他费用（以定额编号 40013 子目材料费为计费基础）	%	2.10	18114.61	380.41
（3）	机械使用费				2093.46
	插入式振捣器 2.2kw	台班	11.00	25.68	282.48
	风水（砂）枪 耗风量 2～6m³/min	台班	11.00	160.72	1767.92
	其他费用（以定额编号 40013 子目机械使用费为计费基础）	%	2.10	2050.40	43.06
	混凝土搅拌机 0.4m³	台班	4.12	211.19	870.10
	双胶轮车	台班	17.10	3.22	55.06
	其他费用（以定额编号 40160 ×1.03 子目机械使用费为计费基础）	%	1.00	925.16	9.25
	机动翻斗车 载重量 1t	台班	3.99	93.75	374.06
	其他费用（以定额编号 40184 ×1.03 子目机械使用费为计费基础）	%	3.00	374.06	11.22
（二）	措施费	%	4.60	27268.72	1254.36
二	间接费	%	6.00	28523.08	1711.38
三	利润	%	3.00	30234.46	907.03
四	材料价差				14708.47
	锯材	m³	0.16	1319.45	211.11
	水泥 32.50	kg	30792.67	0.34	10469.58
	碎石	m³	87.74	44.42	3888.97
	柴油	kg	27.90	4.97	138.81
五	未计价材料费				0.00
六	税金	%	3.22	45849.96	1476.37
合计（元）	—	—	—	—	47326.33

C20 现浇砼渠道

定额编号：40016 +（40160 ×1.03 +40184 ×1.03）　　定额单位：100m^3

序号	项目名称	单位	数量	单价（元）	小计
一	直接费				27466.13
（一）	直接工程费				26258.25
（1）	人工费				5872.68
	甲类工	工日	19.40	51.04	990.18
	乙类工	工日	61.60	38.84	2392.54
	其他费用（以定额编号 40016 子目人工费为计费基础）	%	1.30	3382.72	43.98
	甲类工	工日	13.29	51.04	678.32
	乙类工	工日	30.90	38.84	1200.16
	其他费用（以定额编号 40160 ×1.03 子目人工费为计费基础）	%	1.00	1878.48	18.78
	甲类工	工日	0.72	51.04	36.75
	乙类工	工日	12.77	38.84	495.99
	其他费用（以定额编号 40184 ×1.03 子目人工费为计费基础）	%	3.00	532.74	15.98
（2）	材料费				18118.00
	锯材	m^3	0.12	1200.00	144.00
	组合钢模板	kg	19.60	5.14	100.74
	C20 F200	m^3	103.00	170.25	17535.75
	水	m^3	140.00	0.75	105.00
	其他费用（以定额编号 40016 子目材料费为计费基础）	%	1.30	17885.49	232.51
（3）	机械使用费				2267.57
	插入式振捣器 2.2kw	台班	8.90	25.68	228.55
	风水（砂）枪 耗风量 2～6m^3/min	台班	4.40	160.72	707.17
	其他费用（以定额编号 40016 子目机械使用费为计费基础）	%	1.30	935.72	12.16
	混凝土搅拌机 0.4m^3	台班	4.12	211.19	870.10
	双胶轮车	台班	17.10	3.22	55.06
	其他费用（以定额编号 40160 ×1.03 子目机械使用费为计费基础）	%	1.00	925.16	9.25
	机动翻斗车 载重量 1t	台班	3.99	93.75	374.06
	其他费用（以定额编号 40184 ×1.03 子目机械使用费为计费基础）	%	3.00	374.06	11.22
（二）	措施费	%	4.60	26258.25	1207.88
二	间接费	%	6.00	27466.13	1647.97
三	利润	%	3.00	29114.10	873.42
四	材料价差				14655.69
	锯材	m^3	0.12	1319.45	158.33
	水泥 32.50	kg	30792.67	0.34	10469.58
	碎石	m^3	87.74	44.42	3888.97
	柴油	kg	27.90	4.97	138.81
五	未计价材料费				0.00
六	税金	%	3.22	44643.21	1437.51
合计（元）	—	—	—	—	46080.72

单孔矩形暗渠（衬砌厚度 25~40cm）

定额编号：40020 + （40160 ×1.03 +40184 ×1.03）　　定额单位：100m^3

序号	项目名称	单位	数量	单价（元）	小计
一	直接费	元			37617.42
（一）	直接工程费	元			35963.12
（1）	人工费				11202.47
	甲类工	工日	50.00	51.04	2552.00
	乙类工	工日	158.40	38.84	6152.26
	其他费用（以定额编号 40020 子目人工费为计费基础）	%	0.70	8704.26	52.23
	甲类工	工日	13.29	51.04	678.32
	乙类工	工日	30.90	38.84	1200.16
	其他费用（以定额编号 40160 ×1.03 子目人工费为计费基础）	%	1.00	1878.48	18.78
	甲类工	工日	0.72	51.04	36.75
	乙类工	工日	12.77	38.84	495.99
	其他费用（以定额编号 40184 ×1.03 子目人工费为计费基础）	%	3.00	532.74	15.98
（2）	材料费				22824.95
	锯材	m^3	0.22	1200.00	264.00
	组合钢模板	kg	199.00	5.14	1022.86
	型钢	kg	92.31	4.90	452.32
	卡扣件	kg	93.12	6.00	558.72
	预埋铁件	kg	133.61	5.50	734.86
	电焊条	kg	0.46	6.50	2.99
	铁钉	kg	0.80	5.34	4.27
	混凝土 C30 F250	m^3	103.00	189.60	19528.80
	水	m^3	160.00	0.75	120.00
	其他费用（以定额编号 40020 子目材料费为计费基础）	%	0.70	22688.82	136.13
（3）	机械使用费				1935.70
	电焊机直流 30KVA	台班	0.13	217.26	28.24
	插入式振捣器 2.2kw	台班	11.00	25.68	282.48
	风水（砂）枪 耗风量 2~6m^3/min	台班	1.48	160.72	237.87
	载重汽车　汽油型　载重量 5t	台班	0.15	289.77	63.75
	其他费用（以定额编号 40020 子目机械使用费为计费基础）	%	0.70	612.34	3.67
	混凝土搅拌机 0.4m^3	台班	4.12	211.19	870.10
	双胶轮车	台班	17.10	3.22	55.06
	其他费用（以定额编号 40160 ×1.03 子目机械使用费为计费基础）	%	1.00	925.16	9.25
	机动翻斗车 载重量 1t	台班	3.99	93.75	374.06
	其他费用（以定额编号 40184 ×1.03 子目机械使用费为计费基础）	%	3.00	374.06	11.22
（二）	措施费	%	4.60	35963.12	1654.30
二	间接费	%	6.00	37617.42	2257.05
三	利润	%	3.00	39874.47	1196.23
四	材料价差				17048.83
	锯材	m^3	0.22	1319.45	290.28
	水泥 32.50	kg	37217.92	0.34	12654.13
	碎石	m^3	88.81	44.42	3934.72
	柴油	kg	27.90	4.97	138.81
	汽油	kg	4.50	4.68	30.89
五	未计价材料费				0.00
六	税金	%	3.22	58119.53	1871.45
合计（元）	—	—	—	—	59990.98

涵洞顶板（净跨 0～2m，洞顶填土高度 0～4m）

定额编号：40023 + （40160 × 1.03 + 40184 × 1.03）　　定额单位：$100m^3$

序号	项目名称	单位	数量	单价（元）	小计
一	直接费	元			30971.65
（一）	直接工程费	元			29609.61
（1）	人工费				6088.32
	甲类工	工日	30.80	51.04	1572.03
	乙类工	工日	109.10	38.84	4237.44
	其他费用（以定额编号 40023 子目人工费为计费基础）	%	4.80	5809.47	278.85
	甲类工	工日	13.29	51.04	678.32
	乙类工	工日	30.90	38.84	1200.16
	其他费用（以定额编号 40160 × 1.03 子目人工费为计费基础）	%	1.00	1878.48	18.78
	甲类工	工日	0.72	51.04	36.75
	乙类工	工日	12.77	38.84	495.99
	其他费用（以定额编号 40184 × 1.03 子目人工费为计费基础）	%	3.00	532.74	15.98
（2）	材料费				21290.55
	锯材	m^3	0.33	1200.00	396.00
	组合钢模板	kg	8.80	5.14	45.23
	型钢	kg	21.03	4.90	103.05
	卡扣件	kg	28.25	6.00	169.50
	铁件	kg	0.65	4.60	2.99
	电焊条	kg	0.36	6.50	2.34
	混凝土 C30 F250	m^3	103.00	189.60	19528.80
	水	m^3	90.00	0.75	67.50
	其他费用（以定额编号 40023 子目材料费为计费基础）	%	4.80	20315.41	975.14
（3）	机械使用费				2230.74
	电焊机直流 30KVA	台班	0.19	217.26	41.28
	插入式振捣器 2.2kw	台班	8.90	25.68	228.55
	风水（砂）枪 耗风量 2～$6m^3$/min	台班	3.73	160.72	599.49
	其他费用（以定额编号 40023 子目机械使用费为计费基础）	%	4.80	869.32	41.73
	混凝土搅拌机 $0.4m^3$	台班	4.12	211.19	870.10
	双胶轮车	台班	17.10	3.22	55.06
	其他费用（以定额编号 40160 × 1.03 子目机械使用费为计费基础）	%	1.00	925.16	9.25
	机动翻斗车 载重量 1t	台班	3.99	93.75	374.06
	其他费用（以定额编号 40184 × 1.03 子目机械使用费为计费基础）	%	3.00	374.06	11.22
（二）	措施费	%	4.60	29609.61	1362.04
二	间接费	%	6.00	30971.65	1858.30
三	利润	%	3.00	32829.95	984.90
四	材料价差				17163.08
	锯材	m^3	0.33	1319.45	435.42
	水泥 32.50	kg	37217.92	0.34	12654.13
	碎石	m^3	88.81	44.42	3934.72
	柴油	kg	27.90	4.97	138.81
五	未计价材料费				0.00
六	税金	%	3.22	50977.93	1641.49
合计（元）	—	—	—	—	52619.42

涵洞顶板（净跨 0~2m，洞顶填土高度 4~6m）

定额编号：40024+（40160×1.03+40184×1.03）　　定额单位：100m³

序号	项目名称	单位	数量	单价（元）	小计
一	直接费	元			33146.98
（一）	直接工程费	元			31689.27
（1）	人工费				8316.73
	甲类工	工日	29.70	51.04	1515.89
	乙类工	工日	105.20	38.84	4085.97
	其他费用（以定额编号 40024 子目人工费为计费基础）	%	4.80	5601.86	268.89
	甲类工	工日	13.29	51.04	678.32
	乙类工	工日	30.90	38.84	1200.16
	其他费用（以定额编号 40160×1.03 子目人工费为计费基础）	%	1.00	1878.48	18.78
	甲类工	工日	0.72	51.04	36.75
	乙类工	工日	12.77	38.84	495.99
	其他费用（以定额编号 40184×1.03 子目人工费为计费基础）	%	3.00	532.74	15.98
（2）	材料费				21148.64
	锯材	m³	0.28	1200.00	336.00
	组合钢模板	kg	7.40	5.14	38.04
	型钢	kg	17.50	4.90	85.75
	卡扣件	kg	20.00	6.00	120.00
	铁件	kg	0.54	4.60	2.48
	电焊条	kg	0.22	6.50	1.43
	混凝土 C30 F250	m³	103.00	189.60	19528.80
	水	m³	90.00	0.75	67.50
	其他费用（以定额编号 40024 子目材料费为计费基础）	%	4.80	20180.00	968.64
（3）	机械使用费				2223.90
	电焊机直流 30KVA	台班	0.16	217.26	34.76
	插入式振捣器 2.2kw	台班	8.90	25.68	228.55
	风水（砂）枪 耗风量 2~6m³/min	台班	3.73	160.72	599.49
	其他费用（以定额编号 40024 子目机械使用费为计费基础）	%	4.80	862.80	41.41
	混凝土搅拌机 0.4m³	台班	4.12	211.19	870.10
	双胶轮车	台班	17.10	3.22	55.06
	其他费用（以定额编号 40160×1.03 子目机械使用费为计费基础）	%	1.00	925.16	9.25
	机动翻斗车 载重量 1t	台班	3.99	93.75	374.06
	其他费用（以定额编号 40184×1.03 子目机械使用费为计费基础）	%	3.00	374.06	11.22
（二）	措施费	%	4.60	31689.27	1457.71
二	间接费	%	6.00	33146.98	1988.82
三	利润	%	3.00	35135.80	1054.07
四	材料价差				17097.11
	锯材	m³	0.28	1319.45	369.45
	水泥 32.50	kg	37217.92	0.34	12654.13
	碎石	m³	88.81	44.42	3934.72
	柴油	kg	27.90	4.97	138.81
五	未计价材料费				0.00
六	税金	%	3.22	53286.98	1715.84
合计（元）	—	—	—	—	55002.82

C30砼垫层

定额编号：40030+（40160×1.03+40184×1.03）　　定额单位：$100m^3$

序号	项目名称	单位	数量	单价（元）	小计
一	直接费				32412.01
（一）	直接工程费				30986.63
（1）	人工费				7959.94
	甲类工	工日	27.90	51.04	1424.02
	乙类工	工日	98.80	38.84	3837.39
	其他费用（以定额编号40030子目人工费为计费基础）	%	4.80	5261.41	252.55
	甲类工	工日	13.29	51.04	678.32
	乙类工	工日	30.90	38.84	1200.16
	其他费用（以定额编号40160×1.03子目人工费为计费基础）	%	1.00	1878.48	18.78
	甲类工	工日	0.72	51.04	36.75
	乙类工	工日	12.77	38.84	495.99
	其他费用（以定额编号40184×1.03子目人工费为计费基础）	%	3.00	532.74	15.98
（2）	材料费				20825.55
	锯材	m^3	0.14	1200.00	168.00
	组合钢模板	kg	2.93	5.14	15.06
	型钢	kg	7.00	4.90	34.30
	卡扣件	kg	9.42	6.00	56.52
	铁件	kg	0.22	4.60	1.01
	电焊条	kg	0.08	6.50	0.52
	混凝土C30 F250	m^3	103.00	189.60	19528.80
	水	m^3	90.00	0.75	67.50
	其他费用（以定额编号40030子目材料费为计费基础）	%	4.80	19871.71	953.84
（3）	机械使用费				2201.14
	电焊机直流30KVA	台班	0.06	217.26	13.04
	插入式振捣器2.2kw	台班	8.90	25.68	228.55
	风水（砂）枪 耗风量2～$6m^3/min$	台班	3.73	160.72	599.49
	其他费用（以定额编号40030子目机械使用费为计费基础）	%	4.80	841.08	40.37
	混凝土搅拌机$0.4m^3$	台班	4.12	211.19	870.10
	双胶轮车	台班	17.10	3.22	55.06
	其他费用（以定额编号40160×1.03子目机械使用费为计费基础）	%	1.00	925.16	9.25
	机动翻斗车 载重量1t	台班	3.99	93.75	374.06
	其他费用（以定额编号40184×1.03子目机械使用费为计费基础）	%	3.00	374.06	11.22
（二）	措施费	%	4.60	30986.63	1425.38
二	间接费	%	6.00	32412.01	1944.72
三	利润	%	3.00	34356.73	1030.70
四	材料价差				16912.38
	锯材	m^3	0.14	1319.45	184.72
	水泥32.5	kg	37217.92	0.34	12654.13
	碎石	m^3	88.81	44.42	3934.72
	柴油	kg	27.90	4.97	138.81
五	未计价材料费				0.00
六	税金	%	3.22	52299.81	1684.05
合计（元）	—	—	—	—	53983.86

C20 砼垫层

定额编号：40030 + （40160 ×1.03 +40184 ×1.03） 定额单位：100m³

序号	项目名称	单位	数量	单价（元）	小计
一	直接费				30227.22
（一）	直接工程费				28897.92
（1）	人工费				7959.94
	甲类工	工日	27.90	51.04	1424.02
	乙类工	工日	98.80	38.84	3837.39
	其他费用（以定额编号 40030 子目人工费为计费基础）	%	4.80	5261.41	252.55
	甲类工	工日	13.29	51.04	678.32
	乙类工	工日	30.90	38.84	1200.16
	其他费用（以定额编号 40160 ×1.03 子目人工费为计费基础）	%	1.00	1878.48	18.78
	甲类工	工日	0.72	51.04	36.75
	乙类工	工日	12.77	38.84	495.99
	其他费用（以定额编号 40184 ×1.03 子目人工费为计费基础）	%	3.00	532.74	15.98
（2）	材料费				18736.84
	锯材	m³	0.14	1200.00	168.00
	组合钢模板	kg	2.93	5.14	15.06
	型钢	kg	7.00	4.90	34.30
	卡扣件	kg	9.42	6.00	56.52
	铁件	kg	0.22	4.60	1.01
	电焊条	kg	0.08	6.50	0.52
	C20 F200	m³	103.00	170.25	17535.75
	水	m³	90.00	0.75	67.50
	其他费用（以定额编号 40030 子目材料费为计费基础）	%	4.80	17878.66	858.18
（3）	机械使用费				2201.14
	电焊机直流 30KVA	台班	0.06	217.26	13.04
	插入式振捣器 2.2kw	台班	8.90	25.68	228.55
	风水（砂）枪 耗风量 2 ~6m³/min	台班	3.73	160.72	599.49
	其他费用（以定额编号 40030 子目机械使用费为计费基础）	%	4.80	841.08	40.37
	混凝土搅拌机 0.4m³	台班	4.12	211.19	870.10
	双胶轮车	台班	17.10	3.22	55.06
	其他费用（以定额编号 40160 ×1.03 子目机械使用费为计费基础）	%	1.00	925.16	9.25
	机动翻斗车 载重量 1t	台班	3.99	93.75	374.06
	其他费用（以定额编号 40184 ×1.03 子目机械使用费为计费基础）	%	3.00	374.06	11.22
（二）	措施费	%	4.60	28897.92	1329.30
二	间接费	%	6.00	30227.22	1813.63
三	利润	%	3.00	32040.85	961.23
四	材料价差				14682.08
	锯材	m³	0.14	1319.45	184.72
	水泥 32.50	kg	30792.67	0.34	10469.58
	碎石	m³	87.74	44.42	3888.97
	柴油	kg	27.90	4.97	138.81
五	未计价材料费				0.00
六	税金	%	3.22	47684.16	1535.43
合计（元）	—	—	—	—	49219.59

闸墩

定额编号：40031＋（40160×1.03＋40184×1.03）　　定额单位：$100m^3$

序号	项目名称	单位	数量	单价（元）	小计
一	直接费				44227.25
（一）	直接工程费				42282.27
（1）	人工费				12539.79
	甲类工	工日	66.70	51.04	3404.37
	乙类工	工日	163.20	38.84	6338.69
	其他费用（以定额编号40031子目人工费为计费基础）	%	3.60	9743.06	350.75
	甲类工	工日	12.90	51.04	678.32
	乙类工	工日	30.00	38.84	1200.16
	其他费用（以定额编号40160×1.03子目人工费为计费基础）	%	1.00	1878.48	18.78
	甲类工	工日	0.70	51.04	36.75
	乙类工	工日	12.40	38.84	495.99
	其他费用（以定额编号40184×1.03子目人工费为计费基础）	%	3.00	532.74	15.98
（2）	材料费				27484.84
	锯材	m^3	1.84	1200.00	2208.00
	组合钢模板	kg	87.90	5.14	451.81
	型钢	kg	209.19	4.90	1025.03
	卡扣件	kg	124.36	6.00	746.16
	铁件	kg	191.35	4.60	880.21
	预埋铁件	kg	286.70	5.50	1576.85
	电焊条	kg	8.14	6.50	52.91
	C30 F250	m^3	103.00	189.60	19528.80
	水	m^3	80.00	0.75	60.00
	其他费用（以定额编号40031子目材料费为计费基础）	%	3.60	26529.77	955.07
（3）	机械使用费				2257.64
	插入式振捣器 2.2kw	台班	5.90	25.68	151.51
	电焊机直流 30KVA	台班	2.19	217.26	475.80
	风水（砂）枪 耗风量 $2\sim6m^3/min$	台班	1.73	160.72	278.05
	其他费用（以定额编号40031子目机械使用费为计费基础）	%	3.60	905.36	32.59
	混凝土搅拌机 $0.4m^3$	台班	4.00	211.19	870.10
	双胶轮车	台班	16.60	3.22	55.06
	其他费用（以定额编号40160×1.03子目机械使用费为计费基础）	%	1.00	925.16	9.25
	机动翻斗车 载重量1t	台班	3.87	93.75	374.06
	其他费用（以定额编号40184×1.03子目机械使用费为计费基础）	%	3.00	374.06	11.22
（二）	措施费	%	4.60	42282.27	1944.98
二	间接费	%	6.00	44227.25	2653.64
三	利润	%	3.00	46880.89	1406.43
四	材料价差				19155.45
	锯材	m^3	1.84	1319.45	2427.79
	水泥 32.50	kg	37217.92	0.34	12654.13
	碎石	m^3	88.81	44.42	3934.72
	柴油	kg	27.90	4.97	138.81
五	未计价材料费				0.00
六	税金	%	3.22	67442.77	2171.66
合计（元）	—	—	—	—	69614.43

挡土墙、岸墙、翼墙　悬臂式

定额编号：40042 +（40160 × 1.03 + 40184 × 1.03）　　定额单位：$100m^3$

序号	项目名称	单位	数量	单价（元）	小计
一	直接费				32013.20
（一）	直接工程费				30605.35
（1）	人工费				7925.92
	甲类工	工日	34.60	51.04	1765.98
	乙类工	工日	93.40	38.84	3627.66
	其他费用（以定额编号 40042 子目人工费为计费基础）	%	1.60	5393.64	86.30
	甲类工	工日	13.29	51.04	678.32
	乙类工	工日	30.90	38.84	1200.16
	其他费用（以定额编号 40160 × 1.03 子目人工费为计费基础）	%	1.00	1878.48	18.78
	甲类工	工日	0.72	51.04	36.75
	乙类工	工日	12.77	38.84	495.99
	其他费用（以定额编号 40184 × 1.03 子目人工费为计费基础）	%	3.00	532.74	15.98
（2）	材料费				21762.00
	锯材	m^3	0.57	1200.00	684.00
	组合钢模板	kg	19.06	5.14	97.97
	型钢	kg	45.49	4.90	222.90
	卡扣件	kg	61.20	6.00	367.20
	铁件	kg	14.20	4.60	65.32
	预埋铁件	kg	71.05	5.50	390.78
	电焊条	kg	1.51	6.50	9.82
	C30 F250	m^3	103.00	189.60	19528.80
	水	m^3	70.00	0.75	52.50
	其他费用（以定额编号 40042 子目材料费为计费基础）	%	1.60	21419.29	342.71
（3）	机械使用费				917.43
	插入式振捣器 2.2kw	台班	8.85	25.68	227.27
	电焊机直流 30KVA	台班	0.41	217.26	89.08
	风水（砂）枪 耗风量 $2\sim6m^3/min$	台班	3.65	160.72	586.63
	其他费用（以定额编号 40042 子目机械使用费为计费基础）	%	1.60	902.98	14.45
	混凝土搅拌机 $0.4m^3$	台班	4.12	211.19	870.10
	双胶轮车	台班	17.10	3.22	55.06
	其他费用（以定额编号 40160 × 1.03 子目机械使用费为计费基础）	%	1.00	925.16	9.25
	机动翻斗车 载重量 1t	台班	3.99	93.75	374.06
	其他费用（以定额编号 40184 × 1.03 子目机械使用费为计费基础）	%	3.00	374.06	11.22
（二）	措施费	%	4.60	30605.35	1407.85
二	间接费	%	6.00	32013.20	1920.79
三	利润	%	3.00	33933.99	1018.02
四	材料价差				17479.75
	锯材	m^3	0.57	1319.45	752.09
	水泥 32.50	kg	37217.92	0.34	12654.13
	碎石	m^3	88.81	44.42	3934.72
	柴油	kg	27.90	4.97	138.81
五	未计价材料费				0.00
六	税金	%	3.22	52431.76	1688.30
合计（元）	—	—	—	—	54120.06

槽形整体

定额编号：40046 + （40160 ×1.03 +40184 ×1.03） 定额单位：100m³

序号	项目名称	单位	数量	单价（元）	小计
一	直接费				31124.34
（一）	直接工程费				29755.58
（1）	人工费				7082.36
	甲类工	工日	33.30	51.04	1699.63
	乙类工	工日	70.80	38.84	2749.87
	其他费用（以定额编号40046子目人工费为计费基础）	%	4.20	4449.50	186.88
	甲类工	工日	13.29	51.04	678.32
	乙类工	工日	30.90	38.84	1200.16
	其他费用（以定额编号40160×1.03子目人工费为计费基础）	%	1.00	1878.48	18.78
	甲类工	工日	0.72	51.04	36.75
	乙类工	工日	12.77	38.84	495.99
	其他费用（以定额编号40184×1.03子目人工费为计费基础）	%	3.00	532.74	15.98
（2）	材料费				21304.16
	锯材	m³	0.21	1200.00	252.00
	组合钢模板	kg	10.26	5.14	52.74
	型钢	kg	24.53	4.90	120.20
	卡扣件	kg	32.96	6.00	197.76
	铁件	kg	0.76	4.60	3.50
	预埋铁件	kg	38.28	5.50	210.54
	铁钉	kg	0.84	5.34	4.49
	铁丝	kg	0.08	5.31	0.42
	C30 F250	m³	103.00	189.60	19528.80
	水	m³	100.00	0.75	75.00
	其他费用（以定额编号40046子目材料费为计费基础）	%	4.20	20445.45	858.71
（3）	机械使用费				1369.06
	载重汽车 汽油型5t	台班	0.15	289.77	43.47
	汽车起重机 起重量5t	台班	0.01	391.11	3.91
	其他费用（以定额编号40046子目机械使用费为计费基础）	%	4.20	47.38	1.99
	混凝土搅拌机0.4m³	台班	4.12	211.19	870.10
	双胶轮车	台班	17.10	3.22	55.06
	其他费用（以定额编号40160×1.03子目机械使用费为计费基础）	%	1.00	925.16	9.25
	机动翻斗车 载重量1t	台班	3.99	93.75	374.06
	其他费用（以定额编号40184×1.03子目机械使用费为计费基础）	%	3.00	374.06	11.22
（二）	措施费	%	4.60	29755.58	1368.76
二	间接费	%	6.00	31124.34	1867.46
三	利润	%	3.00	32991.80	989.75
四	材料价差				17027.44
	锯材	m³	0.21	1319.45	277.08
	水泥32.50	kg	37217.92	0.34	12654.13
	碎石	m³	88.81	44.42	3934.72
	柴油	kg	27.90	4.97	138.81
	汽油	kg	4.85	4.68	22.70
五	未计价材料费				0.00
六	税金	%	3.22	51008.99	1642.49
合计（元）	—	—	—	—	52651.48

矩形渡槽槽身 平均壁厚20～30cm

定额编号：40048＋（40160×1.03＋40184×1.03） 定额单位：100m^3

序号	项目名称	单位	数量	单价（元）	小计
一	直接费	元			51500.96
（一）	直接工程费	元			49236.10
（1）	人工费				19680.16
	甲类工	工日	125.00	51.04	6380.00
	乙类工	工日	265.70	38.84	10319.79
	其他费用（以定额编号40048子目人工费为计费基础）	%	3.20	16699.79	534.39
	甲类工	工日	13.29	51.04	678.32
	乙类工	工日	30.90	38.84	1200.16
	其他费用（以定额编号40160×1.03子目人工费为计费基础）	%	1.00	1878.48	18.78
	甲类工	工日	0.72	51.04	36.75
	乙类工	工日	12.77	38.84	495.99
	其他费用（以定额编号40184×1.03子目人工费为计费基础）	%	3.00	532.74	15.98
（2）	材料费				27371.65
	锯材	m^3	0.62	1200.00	744.00
	组合钢模板	kg	305.72	5.14	1571.40
	型钢	kg	231.82	4.90	1135.92
	卡扣件	kg	221.97	6.00	1331.82
	铁件	kg	19.83	4.60	91.22
	预埋铁件	kg	368.50	5.50	2026.75
	电焊条	kg	1.30	6.50	8.45
	铁钉	kg	1.79	5.34	9.56
	混凝土 C30 F250	m^3	103.00	189.60	19528.80
	水	m^3	100.00	0.75	75.00
	其他费用（以定额编号40048子目材料费为计费基础）	%	3.20	26522.92	848.73
（3）	机械使用费				2184.29
	插入式振捣器 2.2kw	台班	11.00	25.68	282.48
	电焊机直流30KVA	台班	0.37	217.26	80.39
	卷扬机 牵引力5t	台班	3.57	110.52	394.56
	风水（砂）枪 耗风量2～6m^3/min	台班	0.50	160.72	80.36
	其他费用（以定额编号40048子目机械使用费为计费基础）	%	3.20	837.79	26.81
	混凝土搅拌机 0.4m^3	台班	4.12	211.19	870.10
	双胶轮车	台班	17.10	3.22	55.06
	其他费用（以定额编号40160×1.03子目机械使用费为计费基础）	%	1.00	925.16	9.25
	机动翻斗车 载重量1t	台班	3.99	93.75	374.06
	其他费用（以定额编号40184×1.03子目机械使用费为计费基础）	%	3.00	374.06	11.22
（二）	措施费	%	4.60	49236.10	2264.86
二	间接费	%	6.00	51500.96	3090.06
三	利润	%	3.00	54591.02	1637.73
四	材料价差				17545.72
	锯材	m^3	0.62	1319.45	818.06
	水泥 32.50	kg	37217.92	0.34	12654.13
	碎石	m^3	88.81	44.42	3934.72
	柴油	kg	27.90	4.97	138.81
五	未计价材料费				0.00
六	税金	%	3.22	73774.47	2375.54
合计（元）	—	—	—	—	76150.01

排架砼（截面积0.2～0.35m^2）

定额编号：40057+（40160×1.03+40184×1.03） 定额单位：100m^3

序号	项目名称	单位	数量	单价（元）	小计
一	直接费	元			51053.05
（一）	直接工程费	元			48807.89
（1）	人工费				21387.10
	甲类工	工日	165.20	51.04	8431.81
	乙类工	工日	247.80	38.84	9624.55
	其他费用（以定额编号40057子目人工费为计费基础）	%	4.90	18056.36	884.76
	甲类工	工日	13.29	51.04	678.32
	乙类工	工日	30.90	38.84	1200.16
	其他费用（以定额编号40160×1.03子目人工费为计费基础）	%	1.00	1878.48	18.78
	甲类工	工日	0.72	51.04	36.75
	乙类工	工日	12.77	38.84	495.99
	其他费用（以定额编号40184×1.03子目人工费为计费基础）	%	3.00	532.74	15.98
（2）	材料费				25721.56
	锯材	m^3	0.56	1200.00	672.00
	组合钢模板	kg	356.83	5.14	1834.11
	型钢	kg	144.90	4.90	710.01
	卡扣件	kg	274.00	6.00	1644.00
	铁钉	kg	2.09	5.34	11.16
	混凝土C30 F250	m^3	103.00	189.60	19528.80
	水	m^3	160.00	0.75	120.00
	其他费用（以定额编号40057子目材料费为计费基础）	%	4.90	24520.08	1201.48
（3）	机械使用费				1699.23
	插入式振捣器2.2kw	台班	10.96	25.68	281.45
	风水（砂）枪 耗风量2～6m^3/min	台班	0.50	160.72	80.36
	其他费用（以定额编号40057子目机械使用费为计费基础）	%	4.90	361.81	17.73
	混凝土搅拌机0.4m^3	台班	4.12	211.19	870.10
	双胶轮车	台班	17.10	3.22	55.06
	其他费用（以定额编号40160×1.03子目机械使用费为计费基础）	%	1.00	925.16	9.25
	机动翻斗车 载重量1t	台班	3.99	93.75	374.06
	其他费用（以定额编号40184×1.03子目机械使用费为计费基础）	%	3.00	374.06	11.22
（二）	措施费	%	4.60	48807.89	2245.16
二	间接费	%	6.00	51053.05	3063.18
三	利润	%	3.00	54116.23	1623.49
四	材料价差				17466.55
	锯材	m^3	0.56	1319.45	738.89
	水泥32.50	kg	37217.92	0.34	12654.13
	碎石	m^3	88.81	44.42	3934.72
	柴油	kg	27.90	4.97	138.81
五	未计价材料费				0.00
六	税金	%	3.22	73206.27	2357.24
合计（元）	—	—	—	—	75563.51

预制平板

定额编号：40076　　　　定额单位：100m³

序号	项目名称	单位	数量	单价（元）	小计
一	直接费				40870.75
（一）	直接工程费				39073.37
（1）	人工费				11495.39
	甲类工	工日	97.70	51.04	4986.61
	乙类工	工日	166.40	38.84	6462.98
	其他费用（以定额编号 40076 子目人工费为计费基础）	%	0.40	11449.59	45.80
（2）	材料费				23166.50
	锯材	m^3	2.76	1200.00	3312.00
	铁钉	kg	10.00	5.34	53.40
	C30 F250	m^3	103.00	189.60	19528.80
	水	m^3	240.00	0.75	180.00
	其他费用（以定额编号 40076 子目材料费为计费基础）	%	0.40	23074.20	92.30
（3）	机械使用费				4411.48
	塔式起重机　起重量 10t	台班	5.00	609.31	3046.55
	混凝土搅拌机 0.4m^3	台班	4.00	211.19	844.76
	插入式振捣器 2.2kw	台班	12.60	25.68	323.57
	双胶轮车	台班	23.20	3.22	74.70
	载重汽车　汽油型　载重量 5t	台班	0.36	289.77	104.32
	其他费用（以定额编号 40076 子目机械使用费为计费基础）	%	0.40	4393.90	17.58
（二）	措施费	%	4.60	39073.37	1797.38
二	间接费	%	6.00	40870.75	2452.25
三	利润	%	3.00	43323.00	1299.69
四	材料价差				20281.07
	锯材	m^3	2.76	1319.45	3641.68
	水泥 32.50	kg	37217.92	0.34	12654.13
	碎石	m^3	88.81	44.42	3934.72
	汽油	kg	10.80	4.68	50.54
五	未计价材料费				0.00
六	税金	%	3.22	64903.76	2089.90
合计（元）	—	—	—	—	66993.66

渠道混凝土板预制（板厚4～8cm）

定额编号：40079　　定额单位：$100m^3$

序号	项目名称	单位	数量	单价（元）	小计
一	直接费				32698.66
（一）	直接工程费				31260.67
（1）	人工费				11412.26
	甲类工	工日	121.60	51.04	6206.46
	乙类工	工日	131.70	38.84	5115.23
	其他费用（以定额编号40079子目人工费为计费基础）	%	0.80	11321.69	90.57
（2）	材料费				18574.63
	组合钢模板	kg	116.41	5.14	598.35
	铁件	kg	24.59	4.60	113.11
	C20 F200	m^3	103.00	170.25	17535.75
	水	m^3	240.00	0.75	180.00
	其他费用（以定额编号40079子目材料费为计费基础）	%	0.80	18427.21	147.42
（3）	机械使用费				1273.78
	混凝土搅拌机 $0.4m^3$	台班	4.00	211.19	844.76
	插入式振捣器 2.2kw	台班	8.89	25.68	228.30
	双胶轮车	台班	23.20	3.22	74.70
	载重汽车　汽油型　载重量5t	台班	0.40	289.77	115.91
	其他费用（以定额编号40079子目机械使用费为计费基础）	%	0.80	1263.67	10.11
（二）	措施费	%	4.60	31260.67	1437.99
二	间接费	%	6.00	32698.66	1961.92
三	利润	%	3.00	34660.58	1039.82
四	材料价差				14414.71
	水泥32.50	kg	30792.67	0.34	10469.58
	碎石	m^3	87.74	44.42	3888.97
	汽油	kg	12.00	4.68	56.16
五	未计价材料费				0.00
六	税金	%	3.22	50115.11	1613.71
合计（元）	—	—	—	—	51728.82

渠道混凝土板预制（板厚 8 ~ 12cm）

定额编号：40080　　定额单位：100 m^3

序号	项目名称	单位	数量	单价（元）	小计
一	直接费				32276.80
（一）	直接工程费				30857.36
（1）	人工费				11227.14
	甲类工	工日	119.60	51.04	6104.38
	乙类工	工日	129.60	38.84	5033.66
	其他费用（以定额编号 40080 子目人工费为计费基础）	%	0.80	11138.04	89.10
（2）	材料费				18416.31
	组合钢模板	kg	91.94	5.14	472.57
	铁件	kg	17.79	4.60	81.83
	C20 F200	m^3	103.00	170.25	17535.75
	水	m^3	240.00	0.75	180.00
	其他费用（以定额编号 40080 子目材料费为计费基础）	%	0.80	18270.15	146.16
（3）	机械使用费				1213.91
	混凝土搅拌机 0.4m^3	台班	4.00	211.19	844.76
	插入式振捣器 2.2kw	台班	7.48	25.68	192.09
	双胶轮车	台班	23.20	3.22	74.70
	载重汽车　汽油型　载重量 5t	台班	0.32	289.77	92.73
	其他费用（以定额编号 40080 子目机械使用费为计费基础）	%	0.80	1204.28	9.63
（二）	措施费	%	4.60	30857.36	1419.44
二	间接费	%	6.00	32276.80	1936.61
三	利润	%	3.00	34213.41	1026.40
四	材料价差				14403.48
	水泥 32.50	kg	30792.67	0.34	10469.58
	碎石	m^3	87.74	44.42	3888.97
	汽油	kg	9.60	4.68	44.93
五	未计价材料费				0.00
六	税金	%	3.22	49643.29	1598.51
合计（元）	—	—	—	—	51241.80

栏杆扶手

定额编号：40105　　定额单位：100 m^3

序号	项目名称	单位	数量	单价（元）	小计
一	直接费				79689.53
（一）	直接工程费				76185.02
（1）	人工费				41734.77
	甲类工	工日	330.40	51.04	16863.62
	乙类工	工日	562.60	38.84	21851.38
	其他费用（以定额编号 40105 子目人工费为计费基础）	%	7.80	38715.00	3019.77
（2）	材料费				33435.46
	锯材	m^3	0.60	1200.00	720.00
	组合钢模板	kg	1390.00	5.14	7144.60
	铁件	kg	768.00	4.60	3532.80
	C30 F250	m^3	103.00	189.60	19528.80
	水	m^3	120.00	0.75	90.00
	其他费用（以定额编号 40105 子目材料费为计费基础）	%	7.80	31016.20	2419.26
（3）	机械使用费				1014.79
	混凝土搅拌机 0.4m^3	台班	4.00	211.19	844.76
	双胶轮车	台班	30.00	3.22	96.60
	其他费用（以定额编号 40076 子目机械使用费为计费基础）	%	7.80	941.36	73.43
（二）	措施费	%	4.60	76185.02	3504.51
二	间接费	%	6.00	79689.53	4781.37
三	利润	%	3.00	84470.90	2534.13
四	材料价差				17380.52
	锯材	m^3	0.60	1319.45	791.67
	水泥 32.50	kg	37217.92	0.34	12654.13
	碎石	m^3	88.81	44.42	3934.72
五	未计价材料费				0.00
六	税金	%	3.22	104385.55	3361.21
合计（元）	—	—	—	—	107746.76

双胶轮车运预制混凝土板　运距100m

定额编号：40113 + 40114　　定额单位：100 m^3

序号	项目名称	单位	数量	单价（元）	小计
一	直接费				1697.18
（一）	直接工程费				1622.54
（1）	人工费				1608.21
	乙类工	工日	40.20	38.84	1561.37
	其他费用（以定额编号40113子目人工费为计费基础）	%	3.00	1561.37	46.84
（2）	材料费				0.00
	其他费用（以定额编号40113子目材料费为计费基础）	%	3.00	0.00	0.00
（3）	机械使用费				14.33
	双胶轮车	台班	4.32	3.22	13.91
	其他费用（以定额编号40113子目机械使用费为计费基础）	%	3.00	13.91	0.42
（二）	措施费	%	4.60	1622.54	74.64
二	间接费	%	6.00	1697.18	101.83
三	利润	%	3.00	1799.01	53.97
四	材料价差				0.00
五	未计价材料费				0.00
六	税金	%	3.22	1852.98	59.67
合计（元）	—	—	—	—	1912.65

汽车运预制混凝土板

定额编号：40116　　定额单位：100 m^3

序号	项目名称	单位	数量	单价（元）	小计
一	直接费				12444.26
（一）	直接工程费				11897.00
（1）	人工费				1316.72
	乙类工	工日	33.40	38.84	1297.26
	其他费用（以定额编号40116子目人工费为计费基础）	%	1.50	1297.26	19.46
（2）	材料费				182.70
	锯材	m^3	0.15	1200.00	180.00
	其他费用（以定额编号40116子目材料费为计费基础）	%	1.50	180.00	2.70
（3）	机械使用费				10397.58
	汽车起重机　起重量5t	台班	12.00	391.11	4693.32
	载重汽车 柴油型 载重量10t	台班	12.00	462.55	5550.60
	其他费用（以定额编号40116子目机械使用费为计费基础）	%	1.50	10243.92	153.66
（二）	措施费	%	4.60	11897.00	547.26
二	间接费	%	6.00	12444.26	746.66
三	利润	%	3.00	13190.92	395.73
四	材料价差				4489.48
	锯材	m^3	0.15	1319.45	197.92
	汽油	kg	420.00	4.68	1965.60
	柴油	kg	468.00	4.97	2325.96
五	未计价材料费				0.00
六	税金	%	3.22	18076.13	582.05
合计（元）	—	—	—	—	18658.18

汽车运预制混凝土板

定额编号：40118　　定额单位：100 m^3

序号	项目名称	单位	数量	单价（元）	小计
一	直接费				5120.52
（一）	直接工程费				4895.33
（1）	人工费				717.49
	乙类工	工日	18.20	38.84	706.89
	其他费用（以定额编号40118子目人工费为计费基础）	%	1.50	706.89	10.60
（2）	材料费				365.40
	锯材	m^3	0.30	1200.00	360.00
	其他费用（以定额编号40118子目材料费为计费基础）	%	1.50	360.00	5.40
（3）	机械使用费				3812.44
	汽车起重机　起重量5t	台班	4.40	391.11	1720.88
	载重汽车 柴油型 载重量10t	台班	4.40	462.55	2035.22
	其他费用（以定额编号40118子目机械使用费为计费基础）	%	1.50	3756.10	56.34
（二）	措施费	%	4.60	4895.33	225.19
二	间接费	%	6.00	5120.52	307.23
三	利润	%	3.00	5427.75	162.83
四	材料价差				3442.52
	锯材	m^3	0.30	1319.45	395.84
	汽油	kg	154.00	4.68	720.72
	柴油	kg	468.00	4.97	2325.96
五	未计价材料费				0.00
六	税金	%	3.22	9033.10	290.87
合计（元）	—	—	—	—	9323.97

双胶轮车运小型预制混凝土构件

定额编号：40121＋40122　　定额单位：100 m^3

序号	项目名称	单位	数量	单价（元）	小计
一	直接费				1866.05
（一）	直接工程费				1783.98
（1）	人工费				1768.23
	乙类工	工日	44.20	38.84	1716.73
	其他费用（以定额编号40121子目人工费为计费基础）	%	3.00	1716.73	51.50
（2）	材料费				0.00
	其他费用（以定额编号40121子目材料费为计费基础）	%	3.00	0.00	0.00
（3）	机械使用费				15.75
	双胶轮车	台班	4.75	3.22	15.30
	其他费用（以定额编号40121子目机械使用费为计费基础）	%	3.00	15.30	0.46
（二）	措施费	%	4.60	1783.98	82.06
二	间接费	%	6.00	1866.05	111.96
三	利润	%	3.00	1978.01	59.34
四	材料价差				0.00
五	未计价材料费				0.00
六	税金	%	3.22	2037.35	65.60
合计（元）	—	—	—	—	2102.95

预制混凝土板安装

定额编号：40135 定额单位：100 m^3

序号	项目名称	单位	数量	单价（元）	小计
一	直接费				9132.84
（一）	直接工程费				8731.20
（1）	人工费				2966.47
	甲类工	工日	32.10	51.04	1638.38
	乙类工	工日	29.60	38.84	1149.66
	其他费用（以定额编号 40135 子目人工费为计费基础）	%	6.40	2788.04	178.43
（2）	材料费				2742.23
	锯材	m^3	0.81	1200.00	972.00
	铁垫块	kg	71.00	4.70	333.70
	C30 F250	m^3	6.00	189.60	1137.60
	砌筑砂浆 M7.5	m^3	1.10	121.80	133.98
	其他费用（以定额编号 40135 子目材料费为计费基础）	%	6.40	2577.28	164.95
（3）	机械使用费				3022.50
	混凝土搅拌机 0.4m^3	台班	0.40	211.19	84.48
	双胶轮车	台班	2.00	3.22	6.44
	塔式起重机 起重量 25t	台班	2.40	1145.74	2749.78
	其他费用（以定额编号 40135 子目机械使用费为计费基础）	%	6.40	2840.70	181.80
（二）	措施费	%	4.60	8731.20	401.64
二	间接费	%	6.00	9132.84	547.97
三	利润	%	3.00	9680.81	290.42
四	材料价差				2132.71
	锯材	m^3	0.81	1319.45	1068.75
	水泥 32.50	kg	2455.13	0.34	834.75
	碎石	m^3	5.17	44.42	229.21
五	未计价材料费				0.00
六	税金	%	3.22	12103.94	389.75
合计（元）	—	—	—	—	12493.69

其他机械钢筋制安装

定额编号：40159 定额单位：t

序号	项目名称	单位	数量	单价（元）	小计
一	直接费				4868.68
（一）	直接工程费				4654.57
（1）	人工费				631.20
	甲类工	工日	5.70	51.04	290.93
	乙类工	工日	8.60	38.84	334.02
	其他费用（以定额编号40159子目人工费为计费基础）	%	1.00	624.95	6.25
（2）	材料费				3674.55
	钢筋	t	1.02	3500.00	3570.00
	铁丝	kg	4.00	5.31	21.24
	电焊条	kg	7.22	6.50	46.93
	其他费用（以定额编号40159子目材料费为计费基础）	%	1.00	3638.17	36.38
（3）	机械使用费				348.82
	钢筋调直机4～14kw	台班	0.12	88.52	10.62
	风水（砂）枪　耗风量2～6m^3/min	台班	0.30	160.72	48.22
	钢筋切断机20kw	台班	0.08	159.98	12.80
	钢筋弯曲机6～40mm	台班	0.08	92.53	7.40
	电焊机直流30KVA	台班	1.00	217.26	217.26
	对焊机电弧型150KVA	台班	0.08	504.74	40.38
	载重汽车　汽油型　载重量5t	台班	0.03	289.77	8.69
	其他费用（以定额编号40159子目机械使用费为计费基础）	%	1.00	345.37	3.45
（二）	措施费	%	4.60	4654.57	214.11
二	间接费	%	6.00	4868.68	292.12
三	利润	%	3.00	5160.80	154.82
四	材料价差				2605.28
	钢筋	t	1.02	2550.07	2601.07
	汽油	kg	0.90	4.68	4.21
五	未计价材料费				0.00
六	税金	%	3.22	7920.90	255.05
合计（元）	—	—	—	—	8175.95

机械拆除无钢筋混凝土

定额编号：40192　　定额单位：100 m^3

序号	项目名称	单位	数量	单价（元）	小计
一	直接费	元			34672.76
（一）	直接工程费	元			33147.96
（1）	人工费				7522.14
	乙类工	工日	181.00	38.84	7030.04
	其他费用（以定额编号40192子目人工费为计费基础）	%	7.00	7030.04	492.10
（2）	材料费				0.00
	其他费用（以定额编号40192子目材料费为计费基础）	%	7.00	0.00	0.00
（3）	机械使用费				25625.82
	电动空气压缩机　移动式 $3m^3/min$	台班	36.00	176.78	6364.08
	手持式风镐	台班	72.00	244.24	17585.28
	其他费用（以定额编号40192子目机械使用费为计费基础）	%	7.00	23949.36	1676.46
（二）	措施费	%	4.60	33147.96	1524.81
二	间接费	%	6.00	34672.76	2080.37
三	利润	%	3.00	36753.13	1102.59
四	材料价差				0.00
五	未计价材料费				0.00
六	税金	%	3.22	37855.72	1218.95
合计（元）	—	—	—	—	39074.68

机械拆除有钢筋混凝土

定额编号：40193　　定额单位：100 m^3

序号	项目名称	单位	数量	单价（元）	小计
一	直接费	元			52737.72
（一）	直接工程费	元			50418.47
（1）	人工费				11261.27
	乙类工	工日	266.00	38.84	10331.44
	其他费用（以定额编号40193子目人工费为计费基础）	%	9.00	10331.44	929.83
（2）	材料费				0.00
	其他费用（以定额编号40193子目材料费为计费基础）	%	9.00	0.00	0.00
（3）	机械使用费				39157.20
	电动空气压缩机　移动式 $3m^3/min$	台班	54.00	176.78	9546.12
	手持式风镐	台班	108.00	244.24	26377.92
	其他费用（以定额编号40193子目机械使用费为计费基础）	%	9.00	35924.04	3233.16
（二）	措施费	%	4.60	50418.47	2319.25
二	间接费	%	6.00	52737.72	3164.26
三	利润	%	3.00	55901.99	1677.06
四	材料价差				0.00
五	未计价材料费				0.00
六	税金	%	3.22	57579.05	1854.05
合计（元）	—	—	—	—	59433.09

橡胶止水

定额编号：40199 定额单位：100 m

序号	项目名称	单位	数量	单价（元）	小计
一	直接费				10843.93
（一）	直接工程费				10367.05
（1）	人工费				1050.70
	甲类工	工日	11.20	51.04	571.62
	乙类工	工日	12.20	38.84	473.85
	其他费用（以定额编号 40199 子目人工费为计费基础）	%	0.50	1045.47	5.23
（2）	材料费				9316.35
	橡胶止水带	m	103.00	90.00	9270.00
	其他费用（以定额编号 40199 子目材料费为计费基础）	%	0.50	9270.00	46.35
（3）	机械使用费				0.00
	其他费用（以定额编号 40199 子目机械使用费为计费基础）	%	0.50	0.00	0.00
（二）	措施费	%	4.60	10367.05	476.88
二	间接费	%	6.00	10843.93	650.64
三	利润	%	3.00	11494.57	344.84
四	材料价差				0.00
五	未计价材料费				0.00
六	税金	%	3.22	11839.41	381.23
合计（元）	—	—	—	—	12220.64

PE 管道安装 直径 50mm 以内

定额编号：50096 定额单位：10m

序号	项目名称	单位	数量	单价（元）	小计
一	直接费				14.54
（一）	直接工程费				14.03
（1）	人工费				9.70
	甲类工	工日	0.10	51.04	5.10
	乙类工	工日	0.10	38.84	3.88
	其他费用（以定额编号 50096 子目人工费为计费基础）	%	8.00	8.98	0.72
（2）	材料费				4.33
	密封胶	kg	0.10	20.00	4.01
	其他费用（以定额编号 50096 子目材料费为计费基础）	%	8.00	4.01	0.32
（3）	机械使用费				0.00
	其他费用（以定额编号 50096 子目机械使用费为计费基础）	%	8.00	0.00	0.00
（二）	措施费	%	3.60	14.03	0.51
二	间接费	%	5.00	14.54	0.73
三	利润	%	3.00	15.26	0.46
四	材料价差				0.00
五	未计价材料费				1275.00
	PE 管道	m	102.00	12.50	1275.00
六	税金	%	3.22	1290.72	41.56
合计（元）	—	—	—	—	1332.28

平段混凝土管安装　直径 400mm 以内

定额编号：50110　　　　定额单位：10m

序号	项目名称	单位	数量	单价（元）	小计
一	直接费				746.18
（一）	直接工程费				720.25
（1）	人工费				134.83
	甲类工	工日	1.20	51.04	61.25
	乙类工	工日	1.80	38.84	69.91
	其他费用（以定额编号 50110 子目人工费为计费基础）	%	2.80	131.16	3.67
（2）	材料费				540.29
	锯材	m^3	0.07	1200.00	84.00
	型钢	kg	0.40	4.90	1.96
	铁丝	kg	1.40	5.31	7.43
	砌筑砂浆 M7.5	m^3	0.10	121.80	12.18
	橡胶止水圈	根	2.10	200	420.00
	其他费用（以定额编号 50110 子目材料费为计费基础）	%	2.80	525.57	14.72
（3）	机械使用费				45.13
	卷扬机　牵引力 3t	台班	0.30	90.44	27.13
	电动葫芦　起重量 3t	台班	0.70	23.95	16.77
	其他费用（以定额编号 50110 子目机械使用费为计费基础）	%	2.80	43.90	1.23
（二）	措施费	%	3.60	720.25	25.93
二	间接费	%	5.00	746.18	37.31
三	利润	%	3.00	783.49	23.50
四	材料价差				101.23
	锯材	m^3	0.07	1319.45	92.36
	水泥 32.5	kg	26.10	0.34	8.87
五	未计价材料费				1414.00
	预应力混凝土管 φ≤400mm	m	10.10	140.00	1414.00
六	税金	%	3.22	2322.22	74.78
合计（元）	—	—	—	—	2397.00

平段混凝土管安装　直径400～600mm以内

定额编号：50111　　定额单位：10m

序号	项目名称	单位	数量	单价（元）	小计
一	直接费				866.12
（一）	直接工程费				836.02
（1）	人工费				224.72
	甲类工	工日	2.00	51.04	102.08
	乙类工	工日	3.00	38.84	116.52
	其他费用（以定额编号50111子目人工费为计费基础）	%	2.80	218.60	6.12
（2）	材料费				545.12
	锯材	m^3	0.07	1200.00	84.00
	型钢	kg	0.60	4.90	2.94
	铁丝	kg	2.10	5.31	11.15
	砌筑砂浆 M7.5	m^3	0.10	121.80	12.18
	橡胶止水圈	根	2.10	200	420.00
	其他费用（以定额编号50111子目材料费为计费基础）	%	2.80	530.27	14.85
（3）	机械使用费				66.18
	卷扬机　牵引力3t	台班	0.50	90.44	45.22
	电动葫芦　起重量3t	台班	0.80	23.95	19.16
	其他费用（以定额编号50111子目机械使用费为计费基础）	%	2.80	64.38	1.80
（二）	措施费	%	3.60	836.02	30.10
二	间接费	%	5.00	866.12	43.31
三	利润	%	3.00	909.43	27.28
四	材料价差				101.23
	锯材	m^3	0.07	1319.45	92.36
	水泥32.5	kg	26.10	0.34	8.87
五	未计价材料费				2222.00
	预应力混凝土管 φ400～600mm	m	10.10	220.00	2222.00
六	税金	%	3.22	3259.94	104.97
合计（元）	—	—	—	—	3364.91

平段混凝土管安装　直径600~800mm以内

定额编号：50112　　　　定额单位：10m

序号	项目名称	单位	数量	单价（元）	小计
一	直接费				972.74
（一）	直接工程费				938.94
（1）	人工费				269.66
	甲类工	工日	2.40	51.04	122.50
	乙类工	工日	3.60	38.84	139.82
	其他费用（以定额编号50112子目人工费为计费基础）	%	2.80	262.32	7.34
（2）	材料费				586.41
	锯材	m^3	0.10	1200.00	120.00
	型钢	kg	0.80	4.90	3.92
	铁丝	kg	2.70	5.31	14.34
	砌筑砂浆 M7.5	m^3	0.10	121.80	12.18
	橡胶止水圈	根	2.10	200	420.00
	其他费用（以定额编号50112子目材料费为计费基础）	%	2.80	570.44	15.97
（3）	机械使用费				82.87
	卷扬机　牵引力3t	台班	0.60	90.44	54.26
	电动葫芦　起重量3t	台班	1.10	23.95	26.35
	其他费用（以定额编号50112子目机械使用费为计费基础）	%	2.80	80.61	2.26
（二）	措施费	%	3.60	938.94	33.80
二	间接费	%	5.00	972.74	48.64
三	利润	%	3.00	1021.38	30.64
四	材料价差				140.82
	锯材	m^3	0.10	1319.45	131.95
	水泥32.5	kg	26.10	0.34	8.87
五	未计价材料费				2222.00
	预应力混凝土管 φ400~600mm	m	10.10	220.00	2222.00
六	税金	%	3.22	3414.84	109.96
合计（元）	—	—	—	—	3524.80

平段混凝土管安装　直径800~1000mm以内

定额编号：50113　　定额单位：10m

序号	项目名称	单位	数量	单价（元）	小计
一	直接费				1100.33
（一）	直接工程费				1062.09
（1）	人工费				359.55
	甲类工	工日	3.20	51.04	163.33
	乙类工	工日	4.80	38.84	186.43
	其他费用（以定额编号50113子目人工费为计费基础）	%	2.80	349.76	9.79
（2）	材料费				591.23
	锯材	m^3	0.10	1200.00	120.00
	型钢	kg	1.00	4.90	4.90
	铁丝	kg	3.40	5.31	18.05
	砌筑砂浆 M7.5	m^3	0.10	121.80	12.18
	橡胶止水圈	根	2.10	200	420.00
	其他费用（以定额编号50113子目材料费为计费基础）	%	2.80	575.13	16.10
（3）	机械使用费				111.31
	卷扬机　牵引力3t	台班	0.80	90.44	72.35
	电动葫芦　起重量3t	台班	1.50	23.95	35.93
	其他费用（以定额编号50113子目机械使用费为计费基础）	%	2.80	108.28	3.03
（二）	措施费	%	3.60	1062.09	38.24
二	间接费	%	5.00	1100.33	55.02
三	利润	%	3.00	1155.35	34.66
四	材料价差				140.82
	锯材	m^3	0.10	1319.45	131.95
	水泥32.5	kg	26.10	0.34	8.87
五	未计价材料费				3939.00
	预应力混凝土管 φ800~1000mm	m	10.10	390.00	3939.00
六	税金	%	3.22	5269.83	169.69
合计（元）	—	—	—	—	5439.52

农用井成孔——松散层Ⅳ类（孔径500～550mm以内）

定额编号：60020 定额单位：10m

序号	项目名称	单位	数量	单价（元）	小计
一	直接费	元			2583.20
（一）	直接工程费	元			2464.89
（1）	人工费				1017.34
	甲类工	工日	15.80	51.04	806.43
	乙类工	工日	5.30	38.84	205.85
	其他费用（以定额编号60020子目人工费为计费基础）	%	0.50	1012.28	5.06
（2）	材料费				159.63
	牙轮钻头	个	0.24	300.00	72.00
	钻杆	m	0.30	200.00	60.00
	粘土	m^3	0.94	24.80	23.31
	水	m^3	4.70	0.75	3.53
	其他费用（以定额编号60020子目材料费为计费基础）	%	0.50	158.84	0.79
（3）	机械使用费				1287.92
	手把式地质钻机300型	台班	3.62	291.53	1055.34
	泥浆搅拌机	台班	0.14	164.62	23.05
	泥浆泵 HB800/10型3PN	台班	2.64	76.94	203.12
	其他费用（以定额编号60020子目机械使用费为计费基础）	%	0.50	1281.51	6.41
（二）	措施费	%	4.80	2464.89	118.31
二	间接费	%	8.00	2583.20	206.66
三	利润	%	3.00	2789.86	83.70
四	材料价差				0.00
五	未计价材料费				0.00
六	税金	%	3.22	2873.56	92.53
合计（元）	—	—	—	—	2966.09

农用井井管安装——钢管（井管内径300~350mm以内）

定额编号：60074 定额单位：10m

序号	项目名称	单位	数量	单价（元）	小计
一	直接费	元			351.25
（一）	直接工程费	元			335.16
（1）	人工费				200.93
	甲类工	工日	3.40	51.04	173.54
	乙类工	工日	0.70	38.84	27.19
	其他费用（以定额编号60074子目人工费为计费基础）	%	0.10	200.73	0.20
（2）	材料费				0.00
	其他费用（以定额编号60074子目材料费为计费基础）	%	0.10	0.00	0.00
（3）	机械使用费				134.23
	手把式地质钻机300型	台班	0.46	291.53	134.10
	其他费用（以定额编号60074子目机械使用费为计费基础）	%	0.10	134.10	0.13
（二）	措施费	%	4.80	335.16	16.09
二	间接费	%	8.00	351.25	28.10
三	利润	%	3.00	379.35	11.38
四	材料价差				0.00
五	未计价材料费				13805.09
	井壁管φ300~350m	m	10.10	594.28	6002.23
	滤水管φ300~350m	m	10.10	772.56	7802.86
六	税金	%	3.22	14195.82	457.11
合计（元）	—	—	—	—	14652.93

农用井填封——透水层（孔径500~550mm以内）

定额编号：60092 定额单位：10m

序号	项目名称	单位	数量	单价（元）	小计
一	直接费	元			177.85
（一）	直接工程费	元			169.71
（1）	人工费				46.84
	乙类工	工日	1.20	38.84	46.61
	其他费用（以定额编号60092子目人工费为计费基础）	%	0.50	46.61	0.23
（2）	材料费				122.86
	滤料	m^3	1.33	91.92	122.25
	其他费用（以定额编号60092子目材料费为计费基础）	%	0.50	122.25	0.61
（3）	机械使用费				0.00
	其他费用（以定额编号60092子目机械使用费为计费基础）	%	0.50	0.00	0.00
（二）	措施费	%	4.80	169.71	8.15
二	间接费	%	8.00	177.85	14.23
三	利润	%	3.00	192.08	5.76
四	材料价差				0.00
五	未计价材料费				0.00
六	税金	%	3.22	197.84	6.37
合计（元）	—	—	—	—	204.21

农用井填封——非透水层（孔径 450～500mm 以内）

定额编号：60098　　定额单位：10m

序号	项目名称	单位	数量	单价（元）	小计
一	直接费	元			81.50
（一）	直接工程费	元			77.77
（1）	人工费				31.23
	乙类工	工日	0.80	38.84	31.07
	其他费用（以定额编号 60098 子目人工费为计费基础）	%	0.50	31.07	0.16
（2）	材料费				46.54
	粘土球	m^3	1.47	31.50	46.31
	其他费用（以定额编号 60098 子目材料费为计费基础）	%	0.50	46.31	0.23
（3）	机械使用费				0.00
	其他费用（以定额编号 60098 子目机械使用费为计费基础）	%	0.50	0.00	0.00
（二）	措施费	%	4.80	77.77	3.73
二	间接费	%	8.00	81.50	6.52
三	利润	%	3.00	88.02	2.64
四	材料价差				0.00
五	未计价材料费				0.00
六	税金	%	3.22	90.66	2.92
合计（元）	—	—	—	—	93.58

农用井洗井——抽水洗井（井管内径 300～350mm 以内）

定额编号：60104　　定额单位：10m

序号	项目名称	单位	数量	单价（元）	小计
一	直接费	元			176.55
（一）	直接工程费	元			168.46
（1）	人工费				29.55
	甲类工	工日	0.50	51.04	25.52
	乙类工	工日	0.10	38.84	3.88
	其他费用（以定额编号 60104 子目人工费为计费基础）	%	0.50	29.40	0.15
（2）	材料费				0.00
	其他费用（以定额编号 60104 子目材料费为计费基础）	%	0.50	0.00	0.00
（3）	机械使用费				138.91
	潜水泵 2kw	台班	2.40	57.59	138.22
	其他费用（以定额编号 60104 子目机械使用费为计费基础）	%	0.50	138.22	0.69
（二）	措施费	%	4.80	168.46	8.09
二	间接费	%	8.00	176.55	14.12
三	利润	%	3.00	190.67	5.72
四	材料价差				0.00
五	未计价材料费				0.00
六	税金	%	3.22	196.39	6.32
合计（元）	—	—	—	—	202.71

平面钢闸门（闸门埋设件自重≤3t）

定额编号：70001　　　　定额单位：t

序号	项目名称	单位	数量	单价（元）	小计
一	直接费				1324.53
（一）	直接工程费				1261.46
（1）	人工费				907.01
	甲类工	工日	13.50	51.04	689.04
	乙类工	工日	4.50	38.84	174.78
	其他费用（以定额编号70001子目人工费为计费基础）	%	5.00	863.82	43.19
（2）	材料费				124.15
	钢板	kg	4.00	4.60	18.40
	氧气	m^3	2.00	6.50	13.00
	乙炔气	m^3	0.90	18.60	16.74
	电焊条	kg	2.00	6.50	13.00
	黄油	kg	0.20	6.50	1.30
	油漆	kg	3.00	18.60	55.80
	其他费用（以定额编号70001子目材料费为计费基础）	%	5.00	118.24	5.91
（3）	机械使用费				230.30
	桅杆起重机　起重量10t	台班	0.50	326.38	163.19
	电焊机交流30KVA	台班	0.38	147.73	56.14
	其他费用（以定额编号70001子目机械使用费为计费基础）	%	5.00	219.33	10.97
（二）	措施费	%	5.00	1261.46	63.07
二	间接费	%	65.00	907.01	589.56
三	利润	%	3.00	1914.09	57.42
四	材料价差				0.00
五	未计价材料费				0.00
六	税金	%	3.22	1971.51	63.48
合计（元）	—	—	—	—	2034.99

拦污栅槽安装

定额编号：70007　　定额单位：t

序号	项目名称	单位	数量	单价（元）	小计
一	直接费				2412.82
（一）	直接工程费				2297.92
（1）	人工费				1160.98
	甲类工	工日	16.20	51.04	826.85
	乙类工	工日	5.40	38.84	209.74
	其他费用（以定额编号70007子目人工费为计费基础）	%	12.00	1036.59	124.39
（2）	材料费				510.99
	钢板	kg	40.00	4.60	184.00
	氧气	m^3	9.00	6.50	58.50
	乙炔气	m^3	3.90	18.60	72.54
	电焊条	kg	16.00	6.50	104.00
	油漆	kg	2.00	18.60	37.20
	其他费用（以定额编号70007子目材料费为计费基础）	%	12.00	456.24	54.75
（3）	机械使用费				625.95
	汽车起重机　起重量5t	台班	0.36	391.11	140.80
	电焊机交流30KVA	台班	2.83	147.73	418.08
	其他费用（以定额编号70007子目机械使用费为计费基础）	%	12.00	558.88	67.07
（二）	措施费	%	5.00	2297.92	114.90
二	间接费	%	65.00	1160.98	754.64
三	利润	%	3.00	3167.46	95.02
四	材料价差				58.97
	汽油	kg	12.60	4.68	58.97
五	未计价材料费				0.00
六	税金	%	3.22	3321.45	106.95
合计（元）	—	—	—	—	3428.40

拦污栅体安装

定额编号：70010　　定额单位：t

序号	项目名称	单位	数量	单价（元）	小计
一	直接费				412.41
(一)	直接工程费				392.77
(1)	人工费				237.89
	甲类工	工日	3.40	51.04	173.54
	乙类工	工日	1.10	38.84	42.72
	其他费用（以定额编号 70010 子目人工费为计费基础）	%	10.00	216.26	21.63
(2)	材料费				0.00
	其他费用（以定额编号 70010 子目材料费为计费基础）	%	10.00	0.00	0.00
(3)	机械使用费				154.88
	汽车起重机　起重量 5t	台班	0.36	391.11	140.80
	其他费用（以定额编号 70010 子目机械使用费为计费基础）	%	10.00	140.80	14.08
(二)	措施费	%	5.00	392.77	19.64
二	间接费	%	65.00	237.89	154.63
三	利润	%	3.00	567.04	17.01
四	材料价差				58.97
	汽油	kg	12.60	4.68	58.97
五	未计价材料费				0.00
六	税金	%	3.22	643.02	20.71
合计（元）	—	—	—	—	663.73

小型金属结构构件

定额编号：70013　　定额单位：t

序号	项目名称	单位	数量	单价（元）	小计
一	直接费	元			2823.47
(一)	直接工程费	元			2689.02
(1)	人工费				1583.67
	甲类工	工日	22.50	51.04	1148.40
	乙类工	工日	7.50	38.84	291.30
	其他费用（以定额编号 70013 子目人工费为计费基础）	%	10.00	1439.70	143.97
(2)	材料费				670.78
	氧气	m^3	18.00	6.50	117.00
	乙炔气	m^3	8.00	18.60	148.80
	电焊条	kg	10.00	6.50	65.00
	油漆	kg	15.00	18.60	279.00
	其他费用（以定额编号 70013 子目材料费为计费基础）	%	10.00	609.80	60.98
(3)	机械使用费				434.57
	汽车起重机 5t	台班	0.30	391.11	117.33

续表

序号	项目名称	单位	数量	单价（元）	小计
	电焊机交流 30KVA	台班	1.88	147.73	277.73
	其他费用（以定额编号 70013 子目机械使用费为计费基础）	%	10.00	395.06	39.51
（二）	措施费	%	5.00	2689.02	134.45
二	间接费	%	65.00	1583.67	1029.39
三	利润	%	3.00	3852.86	115.59
四	材料价差				49.14
	汽油	kg	10.50	4.68	49.14
五	未计价材料费				0.00
六	税金	%	3.22	4017.59	129.37
合计（元）	—	—	—	—	4146.96

螺杆式启闭机　自重 0.5t

定额编号：70014　　定额单位：台

序号	项目名称	单位	数量	单价（元）	小计
一	直接费				2109.07
（一）	直接工程费				2008.64
（1）	人工费				1590.83
	甲类工	工日	23.00	51.04	1173.92
	乙类工	工日	7.70	38.84	299.07
	其他费用（以定额编号 70014 子目人工费为计费基础）	%	8.00	1472.99	117.84
（2）	材料费				249.00
	钢板	kg	20.00	4.60	92.00
	氧气	m^3	6.00	6.50	39.00
	乙炔气	m^3	2.60	18.60	48.36
	电焊条	kg	1.00	6.50	6.50
	汽油	kg	1.50	5.00	7.50
	油漆	kg	2.00	18.60	37.20
	其他费用（以定额编号 70014 子目材料费为计费基础）	%	8.00	230.56	18.44
（3）	机械使用费				168.81
	载重汽车　汽油型　载重量 5t	台班	0.34	289.77	98.52
	电焊机交流 20 ~ 25KVA	台班	0.46	125.63	57.79
	其他费用（以定额编号 70014 子目机械使用费为计费基础）	%	8.00	156.31	12.50
（二）	措施费	%	5.00	2008.64	100.43
二	间接费	%	65.00	1590.83	1034.04
三	利润	%	3.00	3143.11	94.29

续表

序号	项目名称	单位	数量	单价（元）	小计
四	材料价差				54.76
	汽油	kg	11.70	4.68	54.76
五	未计价材料费				0.00
六	税金	%	3.22	3292.16	106.01
合计（元）	—	—	—	—	3398.17

井用潜水泵（50mm）井深≤100m

定额编号：70089　　定额单位：台

序号	项目名称	单位	数量	单价（元）	小计
一	直接费	元			1821.66
（一）	直接工程费	元			1734.91
（1）	人工费				982.28
	甲类工	工日	14.60	51.04	745.18
	乙类工	工日	4.90	38.84	190.32
	其他费用（以定额编号70089子目人工费为计费基础）	%	5.00	935.50	46.78
（2）	材料费				719.93
	螺丝	套	156.00	3.50	546.00
	胶垫	支	42.00	3.00	126.00
	铅油	kg	1.30	10.50	13.65
	其他费用（以定额编号70089子目材料费为计费基础）	%	5.00	685.65	34.28
（3）	机械使用费				32.70
	电动葫芦　起重量3t	台班	1.30	23.95	31.14
	其他费用（以定额编号70089子目机械使用费为计费基础）	%	5.00	31.14	1.56
（二）	措施费	%	5.00	1734.91	86.75
二	间接费	%	65.00	982.28	638.48
三	利润	%	3.00	2460.14	73.80
四	材料价差				0.00
五	未计价材料费				0.00
六	税金	%	3.22	2533.94	81.59
合计（元）	—	—	—	—	2615.53

10KV 电力变压器　容量 50KVA

定额编号：70105　　　　定额单位：台

序号	项目名称	单位	数量	单价（元）	小计
一	直接费				943.74
（一）	直接工程费				898.80
（1）	人工费				484.79
	甲类工	工日	7.60	51.04	387.90
	乙类工	工日	1.90	38.84	73.80
	其他费用（以定额编号 70105 子目人工费为计费基础）	%	5.00	461.70	23.09
（2）	材料费				287.24
	钢垫板	kg	1.80	4.56	8.21
	型钢	kg	1.58	4.90	7.74
	变压器油	kg	2.25	6.17	13.88
	滤油纸	张	29.25	0.40	11.70
	橡胶绝缘线	m	6.75	25.00	168.75
	石棉织布	m^2	0.45	5.50	2.48
	油漆	kg	0.68	18.60	12.65
	螺栓	kg	0.90	6.50	5.85
	电	kw·h	45.00	0.94	42.30
	其他费用（以定额编号 70105 子目材料费为计费基础）	%	5.00	273.56	13.68
（3）	机械使用费				126.77
	电焊机交流 20～25KVA	台班	0.14	125.63	17.59
	滤油机 LX100 型	台班	0.45	93.03	41.86
	载重汽车　汽油型 5t	台班	0.09	289.77	26.08
	汽车起重机　起重量 5t	台班	0.09	391.11	35.20
	其他费用（以定额编号 70105 子目机械使用费为计费基础）	%	5.00	120.73	6.04
（二）	措施费	%	5.00	898.80	44.94
二	间接费	%	65.00	484.79	315.11
三	利润	%	3.00	1258.85	37.77
四	材料价差				27.38
	汽油	kg	5.85	4.68	27.38
五	未计价材料费				0.00
六	税金	%	3.22	1324.00	42.63
合计（元）	—	—	—	—	1366.63

10KV 电力变压器　容量 100KVA

定额编号：70106　　定额单位：台

序号	项目名称	单位	数量	单价（元）	小计
一	直接费				1880.17
（一）	直接工程费				1790.64
（1）	人工费				964.20
	甲类工	工日	15.10	51.04	770.70
	乙类工	工日	3.80	38.84	147.59
	其他费用（以定额编号 70106 子目人工费为计费基础）	%	5.00	918.29	45.91
（2）	材料费				574.22
	钢垫板	kg	3.60	4.56	16.42
	型钢	kg	3.15	4.90	15.44
	变压器油	kg	4.50	6.17	27.76
	滤油纸	张	58.50	0.40	23.40
	橡胶绝缘线	m	13.50	25.00	337.50
	石棉织布	m^2	0.90	5.50	4.95
	油漆	kg	1.35	18.60	25.11
	螺栓	kg	1.80	6.50	11.70
	电	kW·h	90.00	0.94	84.60
	其他费用（以定额编号 70106 子目材料费为计费基础）	%	5.00	546.88	27.34
（3）	机械使用费				252.22
	电焊机交流 20～25KVA	台班	0.27	125.63	33.92
	滤油机 LX100 型	台班	0.90	93.03	83.73
	载重汽车　汽油型 5t	台班	0.18	289.77	52.16
	汽车起重机　起重量 5t	台班	0.18	391.11	70.40
	其他费用（以定额编号 70106 子目机械使用费为计费基础）	%	5.00	240.21	12.01
（二）	措施费	%	5.00	1790.64	89.53
二	间接费	%	65.00	964.20	626.73
三	利润	%	3.00	2506.90	75.21
四	材料价差				54.76
	汽油	kg	11.70	4.68	54.76
五	未计价材料费				0.00
六	税金	%	3.22	2636.87	84.91
合计（元）	—	—	—	—	2721.78

10KV 电力变压器　容量 250KVA

定额编号：70107　　定额单位：台

序号	项目名称	单位	数量	单价（元）	小计
一	直接费				2341.64
（一）	直接工程费				2230.13
（1）	人工费				1239.53
	甲类工	工日	19.40	51.04	990.18
	乙类工	工日	4.90	38.84	190.32
	其他费用（以定额编号 70107 子目人工费为计费基础）	%	5.00	1180.50	59.03
（2）	材料费				688.54
	钢垫板	kg	4.50	4.56	20.52
	型钢	kg	4.05	4.90	19.85
	变压器油	kg	6.30	6.17	38.86
	滤油纸	张	63.00	0.40	25.20
	橡胶绝缘线	m	13.50	25.00	337.50
	石棉织布	m^2	1.08	5.50	5.94
	油漆	kg	1.44	18.60	26.78
	螺栓	kg	1.80	6.50	11.70
	木材	m^3	0.05	850.00	42.50
	电	kW·h	135.00	0.94	126.90
	其他费用（以定额编号 70107 子目材料费为计费基础）	%	5.00	655.75	32.79
（3）	机械使用费				302.06
	电焊机交流 20~25KVA	台班	0.27	125.63	33.92
	滤油机 LX100 型	台班	1.13	93.03	105.12
	载重汽车　汽油型 5t	台班	0.27	289.77	78.24
	汽车起重机　起重量 5t	台班	0.18	391.11	70.40
	其他费用（以定额编号 70107 子目机械使用费为计费基础）	%	5.00	287.68	14.38
（二）	措施费	%	5.00	2230.13	111.51
二	间接费	%	65.00	1239.53	805.69
三	利润	%	3.00	3147.33	94.42
四	材料价差				67.39
	汽油	kg	14.40	4.68	67.39
五	未计价材料费				0.00
六	税金	%	3.22	3309.14	106.55
合计（元）	—	—	—	—	3415.69

10KV电力变压器　容量1000KVA

定额编号：70109　　定额单位：台

序号	项目名称	单位	数量	单价（元）	小计
一	直接费				5918.81
（一）	直接工程费				5636.96
（1）	人工费				2755.62
	甲类工	工日	43.20	51.04	2204.93
	乙类工	工日	10.80	38.84	419.47
	其他费用（以定额编号70109子目人工费为计费基础）	%	5.00	2624.40	131.22
（2）	材料费				2296.22
	钢垫板	kg	5.40	4.56	24.62
	型钢	kg	4.05	4.90	19.85
	变压器油	kg	11.70	6.17	72.18
	滤油纸	张	90.00	0.40	36.00
	橡胶绝缘线	m	18.00	25.00	450.00
	塑料绝缘线	m	13.50	85.72	1157.22
	石棉织布	m^2	1.44	5.50	7.92
	酚醛层压板	m^2	0.09	280.00	25.20
	油漆	kg	2.79	18.60	51.89
	螺栓	kg	1.80	6.50	11.70
	木材	m^3	0.09	850.00	76.50
	电	kW·h	270.00	0.94	253.80
	其他费用（以定额编号70109子目材料费为计费基础）	%	5.00	2186.88	109.34
（3）	机械使用费				585.12
	电焊机交流20~25KVA	台班	0.27	125.63	33.92
	滤油机LX100型	台班	2.43	93.03	226.06
	载重汽车　汽油型5t	台班	0.54	289.77	156.48
	汽车起重机　起重量5t	台班	0.36	391.11	140.80
	其他费用（以定额编号70109子目机械使用费为计费基础）	%	5.00	557.26	27.86
（二）	措施费	%	5.00	5636.96	281.85
二	间接费	%	65.00	2755.62	1791.15
三	利润	%	3.00	7709.96	231.30
四	材料价差				134.78
	汽油	kg	28.80	4.68	134.78
五	未计价材料费				0.00
六	税金	%	3.22	8076.04	260.05
合计（元）	—	—	—	—	8336.09

杆上变压器　容量 100KVA

定额编号：70111　　　　定额单位：台

序号	项目名称	单位	数量	单价（元）	小计
一	直接费				2982.75
（一）	直接工程费				2840.71
（1）	人工费				330.63
	甲类工	工日	5.30	51.04	270.51
	乙类工	工日	1.30	38.84	50.49
	其他费用（以定额编号 70111 子目人工费为计费基础）	%	3.00	321.00	9.63
（2）	材料费				2159.60
	镀锌槽钢 14 × 3000	根	2.10	33.60	70.56
	镀锌角钢 50 × 5 × 500	根	2.10	8.03	16.86
	镀锌角钢 50 × 5 × 1500	根	1.05	24.09	25.29
	镀锌角钢 50 × 5 × 1700	根	4.20	27.30	114.66
	镀锌角钢 65 × 6 × 1500	根	1.05	37.41	39.28
	镀锌角钢 75 × 6 × 2500	根	1.05	72.48	76.10
	镀锌支撑 50 × 5 × 1440	根	4.20	43.15	181.23
	镀锌角钢抱箍 63 × 6	副	2.04	41.60	84.86
	变压器固定板 40 ~ 50 × 4 ~ 6 × 80 ~ 100	kg	4.08	8.79	35.86
	镀锌圆钢 φ5.5 ~ 9	kg	4.02	4.80	19.30
	裸铝线 LJ - 25	m	30.39	2.35	71.42
	羊角熔断器 200A	个	3.03	25.60	77.57
	橡皮绝缘线 BLX - 50	m	12.22	5.71	69.78
	针式绝缘子 PD - 2T	个	4.08	7.32	29.87
	高压针式绝缘子 10kV	个	12.24	24.00	293.76
	精制六角带帽螺栓 M16 × 14 ~ 60	10 套	0.82	18.56	15.22
	精制六角带帽螺栓 M16 × 65 ~ 80	10 套	1.22	20.90	25.50
	精制六角带帽螺栓 M16 × 350 ~ 370	10 套	1.43	20.90	29.89
	镀锌 U 形抱箍	套	2.04	303.68	619.51
	并沟线夹 16 ~ 35mm²	个	3.03	15.40	46.66
	并沟线夹 50 ~ 70mm²	个	4.04	31.70	128.07
	铝接线端子 16 ~ 35mm²	个	12.06	2.11	25.45
	其他费用（以定额编号 70111 子目材料费为计费基础）	%	3.00	2096.70	62.90
（3）	机械使用费				350.48

续表

序号	项目名称	单位	数量	单价（元）	小计
	汽车起重机　起重量5t	台班	0.87	391.11	340.27
	其他费用（以定额编号70111子目机械使用费为计费基础）	%	3.00	340.27	10.21
（二）	措施费	%	5.00	2840.71	142.04
二	间接费	%	65.00	330.63	214.91
三	利润	%	3.00	3197.66	95.93
四	材料价差				142.51
	汽油	kg	30.45	4.68	142.51
五	未计价材料费				0.00
六	税金	%	3.22	3436.10	110.64
合计（元）	—	—	—	—	3546.74

电力变压器系统调试　容量100KVA以下

定额编号：70114　定额单位：台·系统

序号	项目名称	单位	数量	单价（元）	小计
一	直接费				1157.63
（一）	直接工程费				1102.50
（1）	人工费				1102.50
	甲类工	工日	17.30	51.04	882.99
	乙类工	工日	4.30	38.84	167.01
	其他费用（以定额编号70114子目人工费为计费基础）	%	5.00	1050.00	52.50
（2）	材料费				0.00
	其他费用（以定额编号70114子日材料费为计费基础）	%	5.00	0.00	0.00
（3）	机械使用费				0.00
	其他费用（以定额编号70114子目机械使用费为计费基础）	%	5.00	0.00	0.00
（二）	措施费	%	5.00	1102.50	55.13
二	间接费	%	65.00	1102.50	716.63
三	利润	%	3.00	1874.26	56.23
四	材料价差				0.00
五	未计价材料费				0.00
六	税金	%	3.22	1930.49	62.16
合计（元）	—	—	—	—	1992.65

钢管接地及制作安装（根）

定额编号：70122 定额单位：t

序号	项目名称	单位	数量	单价（元）	小计
一	直接费				56.78
（一）	直接工程费				54.08
（1）	人工费				30.87
	甲类工	工日	0.50	51.04	25.52
	乙类工	工日	0.10	38.84	3.88
	其他费用（以定额编号70122子目人工费为计费基础）	%	5.00	29.40	1.47
（2）	材料费				4.59
	钢管	根	1.10	6.50	0.65
	电焊条	kg	0.10	1.50	2.25
	锯条	根	1.50	4.90	1.47
	型钢	kg	0.30	4.37	0.22
	其他费用（以定额编号70122子目材料费为计费基础）	%	5.00		18.62
（3）	机械使用费			147.73	17.73
	电焊机交流30KVA	台班	0.12	17.73	0.89
	其他费用（以定额编号70122子目机械使用费为计费基础）	%	5.00	54.08	2.70
（二）	措施费	%	5.00	30.87	20.07
二	间接费	%	65.00	76.85	2.31
三	利润	%	3.00		0.00
四	材料价差				6.05
五	未计价材料费			5.50	6.05
六	税金	%	3.22	85.21	2.74
合计（元）	—	—	—	—	87.95

接地母线敷设（10m）

定额编号：70124 定额单位：t

序号	项目名称	单位	数量	单价（元）	小计
一	直接费				204.96
（一）	直接工程费				195.20
（1）	人工费				102.06
	甲类工	工日	1.60	51.04	81.66
	乙类工	工日	0.40	38.84	15.54
	其他费用（以定额编号70124子目人工费为计费基础）	%	5.00	97.20	4.86
（2）	材料费				59.01
	镀锌扁钢	m	11.00	4.63	50.95
	电焊条	kg	0.20	6.50	1.30
	锯条	根	1.00	1.50	1.50
	型钢	kg	0.50	4.90	2.45
	其他费用（以定额编号70124子目材料费为计费基础）	%	5.00	56.20	2.81
（3）	机械使用费				34.13
	电焊机交流30KVA	台班	0.22	147.73	32.50

续表

序号	项目名称	单位	数量	单价（元）	小计
	其他费用（以定额编号 70124 子目机械使用费为计费基础）	%	5.00	32.50	1.63
（二）	措施费	%	5.00	195.20	9.76
二	间接费	%	65.00	102.06	66.34
三	利润	%	3.00	271.30	8.14
四	材料价差				0.00
五	未计价材料费				0.00
六	税金	%	3.22	279.44	9.00
合计（元）	—	—	—	—	288.44

动力配电箱

定额编号：70125　　定额单位：台

序号	项目名称	单位	数量	单价（元）	小计
一	直接费				289.53
（一）	直接工程费				275.74
（1）	人工费				186.76
	甲类工	工日	2.80	51.04	142.91
	乙类工	工日	0.90	38.84	34.96
	其他费用（以定额编号 70125 子目人工费为计费基础）	%	5.00	177.87	8.89
（2）	材料费				23.07
	钢板垫板	kg	0.30	4.56	1.37
	镀锌扁钢	kg	1.50	4.63	6.95
	精制六角带帽螺栓 M10×14～70	10 套	0.61	18.56	11.32
	电焊条结 422φ3.2	kg	0.15	8.50	1.28
	塑料软管	kg	0.30	3.50	1.05
	其他费用（以定额编号 70125 子目材料费为计费基础）	%	5.00	21.97	1.10
（3）	机械使用费				65.91
	弧焊机交流 20KVA	台班	0.10	164.75	16.48
	汽车起重机　起重量 5t	台班	0.06	391.11	23.47
	载重汽车　汽油型　载重量 5t	台班	0.06	289.77	17.39
	卷扬机　牵引力 3t	台班	0.06	90.44	5.43
	其他费用（以定额编号 70125 子目机械使用费为计费基础）	%	5.00	62.77	3.14
（二）	措施费	%	5.00	275.74	13.79
二	间接费	%	65.00	186.76	121.39
三	利润	%	3.00	410.92	12.33
四	材料价差				18.25
	汽油	kg	3.90	4.68	18.25
五	未计价材料费				0.00
六	税金	%	3.22	441.50	14.22
合计（元）	—	—	—	—	455.72

控制屏

定额编号：70130 定额单位：台

序号	项目名称	单位	数量	单价（元）	小计
一	直接费	元			1059.30
（一）	直接工程费工	元			1008.86
（1）	人工费				237.78
	甲类工	工日	3.60	51.04	183.74
	乙类工	工日	1.10	38.84	42.72
	其他费用（以定额编号 70130 子目人工费为计费基础）	%	5.00	226.46	11.32
（2）	材料费				708.03
	钢垫板	kg	0.20	4.80	0.96
	镀锌扁钢	kg	1.50	4.63	6.95
	镀锌螺栓 M70×14～17	10 套	0.61	18.56	11.32
	电焊条	kg	0.15	6.50	0.98
	胶木线夹	个	10.00	32.00	320.00
	塑料软管	kg	1.20	18.00	21.60
	塑料异型管 D=5	个	6.00	50.00	300.00
	塑料带 20×40	卷	0.50	25.00	12.50
	其他费用（以定额编号 70130 子目材料费为计费基础）	%	5.00	674.31	33.72
（3）	机械使用费				63.05
	汽车起重机　起重量 5t	台班	0.06	391.11	23.47
	电焊机交流 20～25KVA	台班	0.10	125.63	12.56
	卷扬机　牵引力 5t	台班	0.06	110.52	6.63
	载重汽车　汽油型 5t	台班	0.06	289.77	17.39
	其他费用（以定额编号 70130 子目机械使用费为计费基础）	%	5.00	60.05	3.00
（二）	措施费	%	5.00	1008.86	50.44
二	间接费	%	65.00	237.78	154.56
三	利润	%	3.00	1213.86	36.42
四	材料价差				18.25
	汽油	kg	3.90	4.68	18.25
五	未计价材料费				0.00
六	税金	%	3.22	1268.53	40.85
合计（元）	—	—	—	—	1309.38

隔离开关（10kV 600A）

定额编号：70140 定额单位：个

序号	项目名称	单位	数量	单价（元）	小计
一	直接费				246.79
（一）	直接工程费				235.04
（1）	人工费				131.65
	甲类工	工日	2.00	51.04	102.08
	乙类工	工日	0.60	38.84	23.30
	其他费用（以定额编号70140子目人工费为计费基础）	%	5.00	125.38	6.27
（2）	材料费				70.41
	钢垫板	kg	1.00	4.56	4.56
	型钢	kg	2.45	4.90	12.01
	钢管	kg	4.80	5.50	26.40
	螺栓	kg	2.68	6.50	17.42
	电焊条	kg	0.30	6.50	1.95
	汽油	kg	0.20	5.00	1.00
	油漆	kg	0.20	18.60	3.72
	其他费用（以定额编号70140子目材料费为计费基础）	%	5.00	67.06	3.35
（3）	机械使用费				32.98
	电焊机交流20~25KVA	台班	0.25	125.63	31.41
	其他费用（以定额编号70140子目机械使用费为计费基础）	%	5.00	31.41	1.57
（二）	措施费	%	5.00	235.04	11.75
二	间接费	%	65.00	131.65	85.57
三	利润	%	3.00	332.36	9.97
四	材料价差				0.94
	汽油	kg	0.20	4.68	0.94
五	未计价材料费				0.00
六	税金	%	3.22	343.27	11.05
合计（元）	—	—	—	—	354.32

避雷器（10kV）

定额编号：70143 定额单位：个

序号	项目名称	单位	数量	单价（元）	小计
一	直接费				110.19
（一）	直接工程费				104.94
（1）	人工费				75.26
	甲类工	工日	1.10	51.04	56.14
	乙类工	工日	0.40	38.84	15.54
	其他费用（以定额编号70143子目人工费为计费基础）	%	5.00	71.68	3.58
（2）	材料费				16.49
	型钢	kg	1.40	4.90	6.86
	螺栓	kg	1.30	6.50	8.45
	电焊条	kg	0.06	6.50	0.39
	其他费用（以定额编号70143子目材料费为计费基础）	%	5.00	15.70	0.79
（3）	机械使用费				13.19
	电焊机交流20~25KVA	台班	0.10	125.63	12.56
	其他费用（以定额编号70143子目机械使用费为计费基础）	%	5.00	12.56	0.63
（二）	措施费	%	5.00	104.94	5.25
二	间接费	%	65.00	75.26	48.92
三	利润	%	3.00	159.11	4.77
四	材料价差				0.00
五	未计价材料费				0.00
六	税金	%	3.22	163.88	5.28
合计（元）	—	—	—	—	169.16

熔断器（10kV）

定额编号：70144 定额单位：个

序号	项目名称	单位	数量	单价（元）	小计
一	直接费				120.96
（一）	直接工程费				115.20
（1）	人工费				75.26
	甲类工	工日	1.10	51.04	56.14
	乙类工	工日	0.40	38.84	15.54
	其他费用（以定额编号70144子目人工费为计费基础）	%	5.00	71.68	3.58
（2）	材料费				26.75
	钢垫板	kg	0.30	4.56	1.37
	型钢	kg	2.20	4.90	10.78
	螺栓	kg	1.25	6.50	8.13
	电焊条	kg	0.15	6.50	0.98
	汽油	kg	0.10	5.00	0.50

续表

序号	项目名称	单位	数量	单价（元）	小计
	油漆	kg	0.20	18.60	3.72
	其他费用（以定额编号 70144 子目材料费为计费基础）	%	5.00	25.48	1.27
（3）	机械使用费				13.19
	电焊机交流 20～25KVA	台班	0.10	125.63	12.56
	其他费用（以定额编号 70144 子目机械使用费为计费基础）	%	5.00	12.56	0.63
（二）	措施费	%	5.00	115.20	5.76
二	间接费	%	65.00	75.26	48.92
三	利润	%	3.00	169.88	5.10
四	材料价差				0.47
	汽油	kg	0.10	4.68	0.47
五	未计价材料费				0.00
六	税金	%	3.22	175.45	5.65
合计（元）	—	—	—	—	181.10

路床压实

定额编号：80001　　　　定额单位：$1000m^2$

序号	项目名称	单位	数量	单价（元）	小计
一	直接费				1092.80
（一）	直接工程费				1054.83
（1）	人工费				144.20
	甲类工	工日	0.30	51.04	15.31
	乙类工	工日	3.30	38.84	128.17
	其他费用（以定额编号 80001 子目人工费为计费基础）	%	0.50	143.48	0.72
（2）	材料费				0.00
	其他费用（以定额编号 80001 子目材料费为计费基础）	%	0.50	0.00	0.00
（3）	机械使用费				910.63
	内燃压路机 12～15t	台班	1.30	311.34	404.74
	推土机 74KW	台班	0.90	557.07	501.36
	其他费用（以定额编号 80001 子目机械使用费为计费基础）	%	0.50	906.10	4.53
（二）	措施费	%	3.60	1054.83	37.97
二	间接费	%	5.00	1092.80	54.64
三	利润	%	3.00	1147.44	34.42
四	材料价差				446.31
	柴油	kg	89.80	4.97	446.31
五	未计价材料费				0.00
六	税金	%	3.22	1628.17	52.43
合计（元）	—	—	—	—	1680.60

碎石路基 厚度30cm

定额编号：80009 + 80010 × 20　　定额单位：1000m²

序号	项目名称	单位	数量	单价（元）	小计
一	直接费				35825.06
（一）	直接工程费				34580.17
（1）	人工费				7289.37
	甲类工	工日	15.10	51.04	770.70
	乙类工	工日	166.90	38.84	6482.40
	其他费用（以定额编号80009子目人工费为计费基础）	%	0.50	7253.10	36.27
（2）	材料费				26700.68
	毛石	m³	482.00	55.12	26567.84
	其他费用（以定额编号80009子目材料费为计费基础）	%	0.50	26567.84	132.84
（3）	机械使用费				590.12
	内燃压路机6～8t	台班	2.20	266.90	587.18
	其他费用（以定额编号80009子目机械使用费为计费基础）	%	0.50	587.18	2.94
（二）	措施费	%	3.60	34580.17	1244.89
二	间接费	%	5.00	35825.06	1791.25
三	利润	%	3.00	37616.31	1128.49
四	材料价差				262.42
	柴油	kg	52.80	4.97	262.42
五	未计价材料费				0.00
六	税金	%	3.22	39007.22	1256.03
合计（元）	—	—	—	—	40263.25

砂砾石路面　机械铺筑路面　厚度20cm

定额编号：80023 + 80024 × 10　　定额单位：1000m²

序号	项目名称	单位	数量	单价（元）	小计
一	直接费				19205.20
（一）	直接工程费				18537.84
（1）	人工费				1279.75
	甲类工	工日	2.50	51.04	127.60
	乙类工	工日	29.50	38.84	1145.78
	其他费用（以定额编号80023子目人工费为计费基础）	%	0.50	1273.38	6.37
（2）	材料费				16090.49
	水	m³	40.00	0.75	30.00
	砂	m³	72.00	39.08	2813.44
	砾石	m³	188.10	70.00	13167.00
	其他费用（以定额编号80023子目材料费为计费基础）	%	0.50	16010.44	80.05
（3）	机械使用费				1167.60
	内燃压路机6～8t	台班	2.40	266.90	640.56

续表

序号	项目名称	单位	数量	单价（元）	小计
	自行式平地机 功率118kw	台班	0.40	815.29	326.12
	洒水车 容量4800L	台班	0.60	325.19	195.11
	其他费用（以定额编号80023子目机械使用费为计费基础）	%	0.50	1161.79	5.81
（二）	措施费	%	3.60	18537.84	667.36
二	间接费	%	5.00	19205.20	960.26
三	利润	%	3.00	20165.46	604.96
四	材料价差				2667.17
	柴油	kg	92.80	4.97	461.22
	汽油	kg	20.40	4.68	95.47
	砾石	m^3	188.10	11.22	2110.48
五	未计价材料费				0.00
六	税金	%	3.22	23437.59	754.69
合计（元）	—	—	—	—	24192.28

水泥混凝土路面 厚度30cm

定额编号：80033 + 80034×15　　　　定额单位：$1000m^2$

序号	项目名称	单位	数量	单价（元）	小计
一	直接费				80192.18
（一）	直接工程费				77405.58
（1）	人工费				14639.00
	甲类工	工日	28.70	51.04	1464.85
	乙类工	工日	331.80	38.84	12887.11
	其他费用（以定额编号80033子目人工费为计费基础）	%	2.00	14351.96	287.04
（2）	材料费				59643.07
	C30F250	m^3	306.00	189.60	58017.60
	锯材	m^3	0.38	1200.00	456.00
	其他费用（以定额编号80033子目材料费为计费基础）	%	2.00	58473.60	1169.47
（3）	机械使用费				3123.51
	混凝土搅拌机0.4m^3	台班	14.50	211.19	3062.26
	其他费用（以定额编号80033子目机械使用费为计费基础）	%	2.00	3062.26	61.25
（二）	措施费	%	3.60	77405.58	2786.60
二	间接费	%	5.00	80192.18	4009.61
三	利润	%	3.00	84201.79	2526.05
四	材料价差				49784.77
	水泥32.5	kg	110569.73	0.34	37593.81
	碎石	m^3	263.83	44.42	11689.57
	锯材	m^3	0.38	1319.45	501.39
五	未计价材料费				0.00
六	税金	%	3.22	136512.61	4395.71
合计（元）	—	—	—	—	140908.32

栽植乔木

定额编号：90007　　定额单位：100 株

序号	项目名称	单位	数量	单价（元）	小计
一	直接费				116.26
（一）	直接工程费				112.22
（1）	人工费				58.55
	乙类工	工日	1.50	38.84	58.26
	其他费用（以定额编号 90007 子目人工费为计费基础）	%	0.50	58.26	0.29
（2）	材料费				53.67
	树苗	株	102.00	0.50	51.00
	水	m^3	3.20	0.75	2.40
	其他费用（以定额编号 90007 子目材料费为计费基础）	%	0.50	53.40	0.27
（3）	机械使用费				0.00
	其他费用（以定额编号 90007 子目机械使用费为计费基础）	%	0.50	0.00	0.00
（二）	措施费	%	3.60	112.22	4.04
二	间接费	%	5.00	116.26	5.81
三	利润	%	3.00	122.07	3.66
四	材料价差				0.00
五	未计价材料费				0.00
六	税金	%	3.22	125.73	4.05
合计（元）	—	—	—	—	129.78

土工布铺设　平铺～土工布规格为 $400g/m^2$

定额编号：100005　　定额单位：$100m^2$

序号	项目名称	单位	数量	单价（元）	小计
一	直接费				1072.24
（一）	直接工程费				1034.98
（1）	人工费				78.30
	乙类工	工日	2.00	38.84	77.68
	其他费用（以定额编号 100005 子目人工费为计费基础）	%	0.80	77.68	0.62
（2）	材料费				956.68
	土工布	m^2	107.00	8.87	949.09
	其他费用（以定额编号 100005 子目材料费为计费基础）	%	0.80	949.09	7.59
（3）	机械使用费				0.00
	其他费用（以定额编号 100005 子目机械使用费为计费基础）	%	0.80	0.00	0.00
（二）	措施费	%	3.60	1034.98	37.26
二	间接费	%	5.00	1072.24	53.61
三	利润	%	3.00	1125.85	33.78
四	材料价差				0.00
五	未计价材料费				0.00
六	税金	%	3.22	1159.63	37.34
合计（元）	—	—	—	—	1196.97

土工布铺设　斜铺 1∶1.5～土工布规格为 $400g/m^2$

定额编号：100008　　定额单位：$100m^2$

序号	项目名称	单位	数量	单价（元）	小计
一	直接费				1104.69
（一）	直接工程费				1066.30
（1）	人工费				109.62
	乙类工	工日	2.80	38.84	108.75
	其他费用（以定额编号 100008 子目人工费为计费基础）	%	0.80	108.75	0.87
（2）	材料费				956.68
	土工布	m^2	107.00	8.87	949.09
	其他费用（以定额编号 100008 子目材料费为计费基础）	%	0.80	949.09	7.59
（3）	机械使用费				0.00
	其他费用（以定额编号 100008 子目机械使用费为计费基础）	%	0.80	0.00	0.00
（二）	措施费	%	3.60	1066.30	38.39
二	间接费	%	5.00	1104.69	55.23
三	利润	%	3.00	1159.92	34.80
四	材料价差				0.00
五	未计价材料费				0.00
六	税金	%	3.22	1194.72	38.47
合计（元）	—	—	—	—	1233.19

土工膜铺设　平铺

定额编号：100009　　定额单位：$100m^2$

序号	项目名称	单位	数量	单价（元）	小计
一	直接费				1348.49
（一）	直接工程费				1301.63
（1）	人工费				211.84
	乙类工	工日	5.40	38.84	209.74
	其他费用（以定额编号 100009 子目人工费为计费基础）	%	1.00	209.74	2.10
（2）	材料费				1089.79
	复合土工膜	m^2	106.00	10.00	1060.00
	工程胶	kg	2.00	9.50	19.00
	其他费用（以定额编号 100009 子目材料费为计费基础）	%	1.00	1079.00	10.79
（3）	机械使用费				0.00
	其他费用（以定额编号 100009 子目机械使用费为计费基础）	%	1.00	0.00	0.00
（二）	措施费	%	3.60	1301.63	46.86
二	间接费	%	5.00	1348.49	67.42
三	利润	%	3.00	1415.91	42.48
四	材料价差				0.00
五	未计价材料费				0.00
六	税金	%	3.22	1458.39	46.96
合计（元）	—	—	—	—	1505.35

土工膜铺设　斜铺（边坡）1∶1.5

定额编号：100012　　　　定额单位：$100m^2$

序号	项目名称	单位	数量	单价（元）	小计
一	直接费				1401.31
（一）	直接工程费				1352.62
（1）	人工费				262.83
	乙类工	工日	6.70	38.84	260.23
	其他费用（以定额编号100012子目人工费为计费基础）	%	1.00	260.23	2.60
（2）	材料费				1089.79
	复合土工膜	m^2	106.00	10.00	1060.00
	工程胶	kg	2.00	9.50	19.00
	其他费用（以定额编号100012子目材料费为计费基础）	%	1.00	1079.00	10.79
（3）	机械使用费				0.00
	其他费用（以定额编号100012子目机械使用费为计费基础）	%	1.00	0.00	0.00
（二）	措施费	%	3.60	1352.62	48.69
二	间接费	%	5.00	1401.31	70.07
三	利润	%	3.00	1471.38	44.14
四	材料价差				0.00
五	未计价材料费				0.00
六	税金	%	3.22	1515.52	48.80
合计（元）	—	—	—	—	1564.32

380V线路架设　水泥电杆　电杆长度9～11m

定额编号：100018　　　　定额单位：1km

序号	项目名称	单位	数量	单价（元）	小计
一	直接费				72932.89
（一）	直接工程费				70398.54
（1）	人工费				20572.34
	甲类工	工日	143.60	51.04	7329.34
	乙类工	工日	335.20	38.84	13019.17
	其他费用（以定额编号100018子目人工费为计费基础）	%	1.10	20348.51	223.83
（2）	材料费				47120.59
	水泥电杆 长度9～11m	根	26.00	1070.45	27831.70
	铁横担 L63×6×1500	根	43.00	91.92	3952.56
	导线 BLX－16	m	4330.00	1.61	6971.30
	瓷瓶	个	149.00	23.89	3559.61
	镀锌钢绞线 GJ－35	m	195.00	3.56	694.20
	线夹	个	26.00	8.75	227.50
	混凝土拉盘 LP－6	块	13.00	93.21	1211.73
	螺栓	kg	93.00	6.50	604.50

续表

序号	项目名称	单位	数量	单价（元）	小计
	铁件	kg	338.00	4.60	1554.80
	其他费用（以定额编号100018子目材料费为计费基础）	%	1.10	46607.90	512.69
（3）	机械使用费				2705.61
	汽车起重机　起重量5t	台班	1.76	391.11	688.35
	载重汽车　汽油型　载重量5t	台班	6.86	289.77	1987.82
	其他费用（以定额编号100018子目机械使用费为计费基础）	%	1.10	2676.17	29.44
（二）	措施费	%	3.60	70398.54	2534.35
二	间接费	%	5.00	72932.89	3646.64
三	利润	%	3.00	76579.53	2297.39
四	材料价差				1251.43
	汽油	kg	267.40	4.68	1251.43
五	未计价材料费				0.00
六	税金	%	3.22	80128.35	2580.13
合计（元）	—	—	—	—	82708.48

6～10kV水泥电杆线路架设　电杆长度11～13m

定额编号：100024　　定额单位：1km

序号	项目名称	单位	数量	单价（元）	小计
一	直接费				102526.64
（一）	直接工程费				98963.94
（1）	人工费				20195.58
	甲类工	工日	138.80	51.04	7084.35
	乙类工	工日	323.90	38.84	12580.28
	其他费用（以定额编号100024子目人工费为计费基础）	%	2.70	19664.63	530.95
（2）	材料费				75135.11
	水泥电杆 长度9～11m	根	21.00	1070.45	22479.45
	铁横担 L80×8×1700	根	7.00	223.10	1561.70
	铁横担 L63×6×800	根	20.00	90.10	1802.00
	瓷横担 S210	根	37.00	40.50	1498.50
	瓷横担 S210Z	根	26.00	40.50	1053.00
	导线 LGJ	m	3250.00	8.75	28437.50
	悬式绝缘子 X-4.5	个	72.00	35.00	2520.00
	耐张线夹 NLD-2	个	36.00	52.42	1887.12
	楔型线夹 NX-2	个	12.00	36.63	439.56
	UT型线夹 NUT-2	个	12.00	50.96	611.52
	并沟线夹 JB-2	个	36.00	31.85	1146.60
	镀锌钢绞线 GJ-50	m	257.00	5.09	1308.13

续表

序号	项目名称	单位	数量	单价（元）	小计
	混凝土拉线盘 LP-8	个	12.00	122.27	1467.24
	混凝土底盘 800×800×180	个	21.00	191.18	4014.78
	螺栓	kg	57.00	6.50	370.50
	铁件	kg	557.00	4.60	2562.20
	其他费用（以定额编号 100024 子目材料费为计费基础）	%	2.70	73159.80	1975.31
(3)	机械使用费				3633.25
	汽车起重机　起重量 5t	台班	4.60	391.11	1799.11
	载重汽车　汽油型　载重量 5t	台班	6.00	289.77	1738.62
	其他费用（以定额编号 100024 子目机械使用费为计费基础）	%	2.70	3537.73	95.52
（二）	措施费	%	3.60	98963.94	3562.70
二	间接费	%	5.00	102526.64	5126.33
三	利润	%	3.00	107652.97	3229.59
四	材料价差				1595.88
	汽油	kg	341.00	4.68	1595.88
五	未计价材料费				0.00
六	税金	%	3.22	112478.44	3621.81
合计（元）	—	—	—	—	116100.25

钢筋混凝土平屋顶　甲型

定额编号：100049　　　　定额单位：$100m^2$

序号	项目名称	单位	数量	单价（元）	小计
一	直接费	元			33599.18
（一）	直接工程费	元			32431.64
(1)	人工费				9820.90
	甲类工	工日	65.40	51.04	3338.02
	乙类工	工日	152.60	38.84	5926.98
	其他费用（以定额编号 100049 子目人工费为计费基础）	%	6.00	9265.00	555.90
(2)	材料费				22141.13
	标准砖	千块	11.13	240.00	2671.20
	砌筑砂浆 M7.5	m^3	10.70	221.83	2373.58
	锯材	m^3	2.52	1200.00	3024.00
	钢筋	t	2.10	3500.00	7350.00
	混凝土 C25 F250	m^3	12.00	179.99	2159.88
	土料	m^3	74.80	20.00	1496.00
	石灰	t	0.60	180.00	108.00
	砌筑砂浆 M7.5	m^3	14.00	121.80	1705.20
	其他费用（以定额编号 100049 子目材料费为计费基础）	%	6.00	20887.86	1253.27

续表

序号	项目名称	单位	数量	单价（元）	小计
(3)	机械使用费				469.61
	混凝土搅拌机 0.4m^3	台班	1.00	211.19	211.19
	双胶轮车	台班	72.00	3.22	231.84
	其他费用（以定额编号 100049 子目机械使用费为计费基础）	%	6.00	443.03	26.58
(二)	措施费	%	3.60	32431.64	1167.54
二	间接费	%	5.00	33599.18	1679.96
三	利润	%	3.00	35279.14	1058.37
四	材料价差				13354.71
	标准砖	千块	11.13	140.95	1568.77
	锯材	m^3	2.52	1319.45	3325.01
	钢筋	t	2.10	2550.07	5355.15
	水泥 32.5	kg	7636.97	0.34	2596.55
	碎石	m^3	10.22	44.42	453.08
	石灰	t	0.60	93.59	56.15
五	未计价材料费				0.00
六	税金	%	3.22	49692.22	1600.09
合计（元）	—	—	—	—	51292.31

注：1. 材料价差 = ∑（材料预算价格 - 限价）×定额数量；

2. 未计价材料费是指安装工程中只计取材料费和税金的管材、管件、闸阀、法兰、出水栓等构件的材料费；

3. 税金 = 综合税率×（一～五之和）。

附表 6：补充定额子目计算表（略）

附表 7：补充机械台班费计算表（略）

附表 8

混凝土、砂浆配合单价计算表

项目名称：××县××镇土地整治重大工程项目

编号	砼砂浆名称标号	级配	水泥标号	水泥		粗（中/细）砂		碎（卵）石		外加剂		水		聚丙烯纤维		单价（元）
				预算量（kg）	单价	预算量（m^3）	单价	预算量（m^3）	单价	预算量（kg）	单价	预算量（m^3）	单价	预算量（kg）	单价	
1	C10 F150			221.28	0.30	0.59	39.08	0.68	60.00	0.38	16.00	0.18	0.75			136.46
2	C15 F200	2.00	32.50	258.94	0.30	0.57	39.08	0.84	60.00	0.45	16.00	0.18	0.75			157.83
3	C20 F200	2.00	32.50	298.96	0.30	0.54	39.08	0.85	60.00	0.52	16.00	0.18	0.75			170.31
4	渠道衬砌 C20 F200	2.00	32.50	298.96	0.30	0.54	39.08	0.85	60.00	0.52	16.00	0.18	0.75	0.90	30.00	197.31
5	C25 F250	2.00	32.50	331.91	0.30	0.52	39.08	0.85	60.00	0.56	16.00	0.18	0.75			179.99
6	C30 F250	2.00	32.50	361.34	0.30	0.50	39.08	0.86	60.00	0.62	16.00	0.18	0.75			189.56
7	C35 F250			407.24	0.30	0.51	39.08	0.82	60.00	0.69	16.00	0.18	0.75			202.38
8	C40 F250	2.00	42.50	407.24	0.30	0.51	39.08	0.82	60.00	0.69	16.00	0.18	0.75			202.38
9	砌筑砂浆 M5		32.50	211.00	0.30	1.13	39.08	0.00	60.00	0.00	0.00	0.13	0.75			107.55
10	砌筑砂浆 M7.5		32.50	261.00	0.30	1.11	39.08	0.00	60.00	0.00	0.00	0.16	0.75			121.79

说明：1. 依据《土地开发整理项目预算定额》附表 6-2（系数换算）中规定“卵石换为碎石，水泥、砂、石子、水的消耗量分别乘 1.10、1.10、1.06、1.10 的系数”。

2. 依据《土地开发整理项目预算定额》附表 6-2（系数换算）中规定“粗砂换为中砂，水泥、砂、石子、水的消耗量分别乘 1.07、0.98、0.98、1.07 的系数”。

附表 9：人工及主要材料用量汇总表（略）

附表 10：工程量统计表（略）

材料价格复印件（略）

案例二

××××项目预算书

项目承担单位：×××××××

预算编制单位：×××××××

编　制　日　期：××年 ×月×日

××××项目预算书

项目承担单位（公章）×××××××

预算编制单位（公章）×××××××

负责人：（签字）×××
复核人：（签字）×××
编制人：（签字）×××

编制日期：××年×月×日

第一部分　预算编制说明

一、项目概况

本项目属于省投资土地整理项目。项目区地貌类型为丘陵。

项目区地形坡度在2°~10°之间，平均坡度6°，总体地势南高北低，由东南向西北倾斜，东西最大间距约1.7公里，南北最大间距6公里左右，成长条形分布。项目区内地块完整连片，四周边界地势较高，向中北部倾斜，地面高程在1880米至2040米之间。

（一）项目规模

本项目区总面积624.88hm^2，建设规模528.94hm^2。本项目预计新增耕地19.89hm^2，新增耕地率3.76%。

（二）项目预算总投资

本项目工程由土地平整工程、灌溉与排水工程、田间道路工程三个单项工程组成。预算总投资1655.22万元（亩均投资1756.02元/亩），其中工程施工费1412.70万元，占总投资的85.35%，其他费用194.31万元，占总投资的11.74%，不可预见费48.21万元，占总投资的2.91%。

（三）项目主要完成工程量

该项目主要完成工程量：

1. 完成平整土地面积505.09公顷；
2. 修建斗渠2条，总长3184m；新建农渠32条，总长13694m；
3. 修建斗排4条，总长2493m；新建农排5条，总长2047m；
4. 新建毛管2条，总长494m；
5. 新建100方圆形蓄水池1座，沉砂池1座；新建阀门井2个；新建涵洞29个；
6. 新建农桥1座，跨度为5m；
7. 修建田间道23条，总长14000m。

（四）项目分年度投资计划

根据施工组织设计，本项目实施计划施工期为1年分年度投资按1年安排。

（五）项目资金来源

本项目属于省级投资土地整理项目，项目预算总投资1655.22万元。

二、预算编制依据

（一）预算编制依据

1.《土地开发整理项目规划设计规范》（TD/T1012－2000）；

2. 财政部、国土资源部《土地开发整理项目预算编制规定》(2011);

3. 财政部、国土资源部《土地开发整理项目预算定额》(2011);

4. 财政部、国土资源部《土地开发整理项目施工机械台班费定额》(2011);

5. 材料价格依据当地提供的最新的材料价格信息，主要材料运费依据公路运输相关文件进行计算，材料预算价格中已经包括了材料的运杂费，相应运输距离计算依据由当地相关单位提供。

6. 项目设计图纸及设计说明书。

（二）基础单价

1. 人工预算单价。人工工日单价：分甲、乙两类技术等级，按全国工资区类别划分标准，本工程项目属于六类工资区，根据《编规》进行计算，计算方法和相应费用标准见附表1。其中：养老保险甲类工按工程所在地相关规定，取费费率为30%，住房公积金甲类工按工程所在地相关规定，取费费率为6%；该项目需要不考虑地区津贴，经计算结果为甲类工：53.74 元/工日；乙类工：40.88 元/工日。

2. 主要材料价格。主要材料预算价格依据工程所在地当时当地的条件确定，由材料原价、包装费、运杂费、运输保险费、采购及保管费构成。

《编规》中对块石、水泥及钢筋等十一类主要材料进行限价。当此十一类材料预算价格等于或小于"主材规定价格表"中所列的规定价格时，直接计入工程施工费单价；当材料预算价格大于"主材规定价格表"中所列的规定价格时，超出限价部分单独计算材料价差（只计取材料费和税金），不参与取费。主材规定价格详见下表。

主材规定价格表

序号	材料名称	单位	限价（元）
1	块石、片石	m^3	40
2	砂子、石子	m^3	60
3	条石、料石	m^3	70
4	水泥	t	300
5	标砖	千块	240
6	钢筋	t	3500
7	柴油	t	4500
8	汽油	t	5000
9	锯材	m^3	1200
10	生石灰	t	180
11	树苗	株	5

3. 施工机械台班费。依据《机械台班费定额》标准计取，机械台班费中人工费按甲类工计算。施工机械台班费详见预算表附表4。

（三）取费标准及计算方法

根据《编规》，项目预算由工程施工费、设备购置费、其他费用（前期工作费、工程监理费、竣工验收费、业主管理费、拆迁补偿费）和不可预见费组成，在计算中，以元为单位，取小数点后两位计到分。

1. 工程施工费。工程施工费由直接费、间接费、利润和税金组成。

（1）直接费：直接费由直接工程费和措施费组成：

①直接工程费：直接工程费由人工费、材料费、施工机械使用费组成。

人工费 = 工程量 × 定额人工费单价

材料费 = 工程量 × 定额材料费单价

施工机械使用费 = 工程量 × 定额施工机械使用费单价

②措施费：

措施费 = 直接工程费 × 措施费费率

措施费包括临时设施费、冬雨季施工增加费、夜间施工增加费（该费用本项目不涉及）、施工辅助费、特殊地区施工增加费（该费用本项目不涉及）和安全施工措施费。

根据不同工程性质，临时设施费费率见下表。

临时设施费费率表

序号	工程类别	计算基础	临时设施费费率（%）
1	土方工程	直接工程费	2
2	石方工程	直接工程费	2
3	砌体工程	直接工程费	2
4	混凝土工程	直接工程费	3
5	农用井工程	直接工程费	3
6	其他工程	直接工程费	2
7	安装工程	直接工程费	3

注：① 其他工程：指除上述工程以外的工程，如防渗、架线工程及 PVC 管、混凝土管安装等；

②安装工程：包括设备及金属结构件（钢管、铸铁管等）安装工程等。

冬雨季施工增加费费率为 0.7% ~1.5%，其中不在冬雨季施工的项目取小值，部分工程在冬雨季施工的项目取中值，全部工程在冬雨季施工的项目取大值，结合本工程施工组织设计，本工程冬雨季施工费费率取 0.7%。

夜间施工增加费费率为安装工程 0.5%，建筑工程 0.2%，根据《编规》中规定，仅农用井工程需连续工作部分计取此项费用，本工程不涉及。

施工辅助费按直接工程费的百分率计算，其中安装工程为 1.0%，建筑工程为 0.7%。

特殊地区施工增加费：本工程所在地非高海拔地区且工程所在地区无相关规定，因此不涉及此费用。

安全施工措施费按直接工程费的百分率计算，其中：安装工程为 0.3%，建筑工程为 0.2%。

综上所述，本工程措施费费率见下表。

措施费费率表

编号	工程类别	计费基础	临时设施费	冬雨季施工增加费	夜间施工增加费	施工辅助费	安全施工措施费	合计费率（%）
1	土方工程	直接工程费	2	0.7	0	0.7	0.2	3.6
2	石方工程	直接工程费	2	0.7	0	0.7	0.2	3.6
3	砌体工程	直接工程费	2	0.7	0	0.7	0.2	3.6
4	混凝土工程	直接工程费	3	0.7	0	0.7	0.2	4.6
5	其他工程	直接工程费	2	0.7	0	0.7	0.2	3.6
6	安装工程	直接工程费	3	0.7	0	1	0.3	5

（2）间接费：间接费由规费和施工企业管理费组成，计算公式为：

间接费=直接费（或人工费）×间接费费率，不同工程类别的间接费费率计费基础及取费标准见下表：

间接费费率表

序　号	工程类别	计费基础	费 率（%）
1	土方工程	直接费	5
2	石方工程	直接费	6
3	砌体工程	直接费	5
4	混凝土工程	直接费	6
5	农用井工程	直接费	8
6	其他工程	直接费	5
7	安装工程	人工费	65

（3）利润：根据《编规》，利润按直接费和间接费之和计算，费率为3%，其计算公式为：

利润=（直接费+间接费）×费率

（4）税金：综合税率按营业税、城乡维护建设税和教育费附加之和计算，计算公式为：

$$综合税率=\frac{营业税税率\times（1+城乡维护建设税税率+教育附加税率）}{1-营业税税率\times（1+城乡维护建设税税率+教育附加税率）}$$

工程所在地为县镇，该项目所在地地方教育费附加税率为1%，经计算综合税率为3.25%。

税金 =（直接费+间接费+利润）×综合税率

2. 其他费用

（1）前期工作费

前期工作费=土地清查费+项目可行性研究费+项目勘测费+项目设计及预算编制费+项目招标代理费

①土地清查费：按工程施工费的0.5%计算。计算公式为：

土地清查费=工程施工费 × 费率。

②项目可行性研究费：以工程施工费与设备购置费之和作为计费基数，采用分档定额计

费方式计算，各区间按内插法确定。

项目可行性研究费计费标准　　单位：万元

序号	计费基数	项目可行性研究费
1	≤500	5
2	1000	6.5
3	3000	13
4	5000	18
5	8000	26
6	10000	31
7	20000	44
8	40000	69
9	60000	90
10	80000	106
11	100000	121

注：计费基数大于10亿元时，按计费基数的0.121%计取。

③项目勘测费

按工程施工费的1.5%计算（项目地貌类型为丘陵/山区的可乘以1.1的调整系数）。计算公式为：

项目勘测费 = 工程施工费 × 费率

④项目设计及预算编制费：以工程施工费与设备购置费之和作为计费基数，采用分档定额计费方式计算（项目地貌类型为丘陵/山区的可乘以1.1的调整系数），各区间按内插法确定。

项目设计及预算编制费计费标准　　单位：万元

序号	计费基数	设计及预算编制费
1	≤500	14
2	1000	27
3	3000	51
4	5000	76
5	8000	115
6	10000	141
7	20000	262
8	40000	487
9	60000	701
10	80000	906
11	100000	1107

注：计费基数大于10亿元时，按计费基数的1.107%计取。

⑤项目招标代理费：以工程施工费与设备购置费之和作为计费基数，采用差额定率累进法计算。

项目招标代理费计费标准

序号	计费基数（万元）	费率（%）	算例（单位：万元）	
			计费基数	项目招标代理费
1	≤1000	0.5	1000	1000×0.5%＝5
2	1000～3000	0.3	3000	5＋（3000－1000）×0.3%＝11
3	3000～5000	0.2	5000	11＋（5000－3000）×0.2%＝15
4	5000～10000	0.1	10000	15＋（10000－5000）×0.1%＝20
5	10000～100000	0.05	100000	20＋（100000－10000）×0.05%＝65
6	100000以上	0.01	150000	65＋（150000－100000）×0.01%＝70

（2）工程监理费：以工程施工费与设备购置费之和作为计费基数，采用分档定额计费方式计算，各区间按内插法确定。

工程监理费费计费标准

单位：万元

序号	计费基数	工程监理费
1	≤500	12
2	1000	22
3	3000	56
4	5000	87
5	8000	130
6	10000	157
7	20000	283
8	40000	510
9	60000	714
10	80000	904
11	100000	1085

注：计费基数大于10亿元时，按计费基数的1.085%计取。

（3）竣工验收费

竣工验收费＝工程复核费＋工程验收费＋项目决算编制与审计费＋整理后土地的重估与登记费＋标识设定费

①工程复核费：以工程施工费与设备购置费之和作为计费基数，采用差额定率累进法计算。

工程复核费计费标准

序号	计费基数（万元）	费率（%）	算例（单位：万元）	
			计费基数	工程复核费
1	≤500	0.70	500	500×0.70%=3.5
2	500~1000	0.65	1000	3.5+（1000-500）×0.65%=6.75
3	1000~3000	0.60	3000	6.75+（3000-1000）×0.60%=18.75
4	3000~5000	0.55	5000	18.75+（5000-3000）×0.55%=29.75
5	5000~10000	0.50	10000	29.75+（10000-5000）×0.50%=54.75
6	10000~50000	0.45	50000	54.75+（50000-10000）×0.45%=234.75
7	50000~100000	0.40	100000	234.75+（100000-50000）×0.40%=434.75
8	100000以上	0.35	150000	434.75+（150000-100000）×0.35%=609.75

②工程验收费：以工程施工费与设备购置费之和作为计费基数，采用差额定率累进法计算。

工程验收费计费标准

序号	计费基数（万元）	费率（%）	算例（单位：万元）	
			计费基数	工程验收费
1	≤500	1.4	500	500×1.4%=7
2	500~1000	1.3	1000	7+（1000-500）×1.3%=13.75
3	1000~3000	1.2	3000	13.75+（3000-1000）×1.2%=37.75
4	3000~5000	1.1	5000	37.75+（5000-3000）×1.1%=59.75
5	5000~10000	1.0	10000	59.75+（10000-5000）×1.0%=109.75
6	10000~50000	0.9	50000	109.75+（50000-10000）×0.9%=469.75
7	50000~100000	0.8	100000	469.75+（100000-50000）×0.8%=869.75
8	100000以上	0.7	150000	869.75+（150000-100000）×0.7%=1219.75

③项目决算编制与审计费：以工程施工费与设备购置费之和作为计费基数，采用差额定率累进法计算。

项目决算编制与审计费计费标准

序号	计费基数（万元）	费率（%）	算例（单位：万元）	
			计费基数	项目决算编制与审计费
1	≤500	1.0	500	500×1.0%=5
2	500~1000	0.9	1000	5+（1000-500）×0.9%=9.5
3	1000~3000	0.8	3000	9.5+（3000-1000）×0.8%=25.5
4	3000~5000	0.7	5000	25.5+（5000-3000）×0.7%=39.5
5	5000~10000	0.6	10000	39.5+（10000-5000）×0.6%=69.5
6	10000~50000	0.5	50000	69.5+（50000-10000）×0.5%=269.5
7	50000~100000	0.4	100000	269.5+（100000-50000）×0.4%=469.5
8	100000以上	0.3	150000	469.5+（150000-100000）×0.3%=619.5

④整理后土地重估与登记费：以工程施工费与设备购置费之和作为计费基数，采用差额定率累进法计算。

整理后土地重估与登记费计费标准

序号	计费基数（万元）	费率（%）	算例（单位：万元）	
			计费基数	整理后土地重估与登记费
1	≤500	0.65	500	500×0.65%=3.25
2	500~1000	0.60	1000	3.25+（1000-500）×0.60%=6.25
3	1000~3000	0.55	3000	6.25+（3000-1000）×0.55%=17.25
4	3000~5000	0.50	5000	17.25+（5000-3000）×0.50%=27.25
5	5000~10000	0.45	10000	27.25+（10000-5000）×0.45%=49.75
6	10000~50000	0.40	50000	49.75+（50000-10000）×0.40%=209.75
7	50000~100000	0.35	100000	209.75+（100000-50000）×0.35%=384.75
8	100000以上	0.30	150000	384.75+（150000-100000）×0.30%=534.75

⑤标识设定费：以工程施工费与设备购置费之和作为计费基数，采用差额定率累进法计算。

标识设定费计费标准

序号	计费基数（万元）	费率（%）	算例（单位：万元）	
			计费基数	标识设定费
1	≤500	0.11	500	500×0.11%=0.55
2	500~1000	0.10	1000	0.55+（1000-500）×0.10%=1.05
3	1000~3000	0.09	3000	1.05+（3000-1000）×0.09%=2.85
4	3000~5000	0.08	5000	2.85+（5000-3000）×0.08%=4.45
5	5000~10000	0.07	10000	4.45+（10000-5000）×0.07%=7.95
6	10000~50000	0.06	50000	7.95+（50000-10000）×0.06%=31.95
7	50000~100000	0.05	100000	31.95+（100000-50000）×0.05%=56.95
8	100000以上	0.04	150000	56.95+（150000-100000）×0.04%=76.95

（4）业主管理费。业主管理费以工程施工费、设备购置费、前期工作费、工程监理费、拆迁补偿费和竣工验收费之和作为计费基数，采用差额定率累进法计算。

业主管理费计费标准

序号	计费基数（万元）	费率（%）	算例（单位：万元）	
			计费基数	业主管理费
1	≤500	2.8	500	500×2.8%=14
2	500~1000	2.6	1000	14+（1000-500）×2.6%=27
3	1000~3000	2.4	3000	27+（3000-1000）×2.4%=75
4	3000~5000	2.2	5000	75+（5000-3000）×2.2%=119
5	5000~10000	1.9	10000	119+（10000-5000）×1.9%=214
6	10000~50000	1.6	50000	214+（50000-10000）×1.6%=854
7	50000~100000	1.2	100000	854+（100000-50000）×1.2%=1454
8	100000以上	0.8	150000	1454+（150000-100000）×0.8%=1854

（5）拆迁补偿费。根据实际情况本项目无拆迁补偿费。

其他费用的各项取值见表5。

3. 不可预见费。根据《编规》，费率取3%：

不可预见费 =（工程施工费 + 设备费 + 其他费用）×费率

三、主要工程量计算及确定说明

（一）土地平整工程

本项工程投资为504.88万元。

土地平整工程量计算采用断面法。具体计算步骤是：

1. 确定埂坎高度及田块高差，计算条田数量；
2. 根据田块宽度及条田数量，确定梯田的平均毛宽；
3. 依据埂坎高度、梯田的平均毛宽，确定梯田挖（填）方断面面积；
4. 利用田块长度、梯田挖（填）方断面面积，确定单个田块的挖填方量；
5. 最后根据田块数量、单个田块的挖填方量确定田块的挖方、填方、垒埂方量以及表土剥离及回覆工程量。

（二）灌溉与排水工程

本项工程投资为517.50万元。

沟渠工程量计算：

挖（填）方量 = 挖（填）方区的平均面积×沟渠长

混凝土土方量 = 混凝土断面面积×沟渠长

蓄水池、阀门井等构筑物工程量按结构设计尺寸计算各工程量。

因本项目砼均用于过水、蓄水构筑物，为保证结构的防水效果，混凝土配合比中均采用中砂、碎石。

项目区规划修建斗渠2条，总长3184m；新建农渠32条，总长13694m；修建斗排4条，总长2493m；新建农排5条，总长2047m；新建毛管2条，总长494m；新建100方圆形蓄水池1座，沉砂池1座；新建阀门井2个；新建涵洞29个。

项目区规划修建农桥一座。农桥跨度为5m，浆砌石桥墩，钢筋混凝土桥面板。农桥工程量根据各构件设计尺寸计算。

（三）田间道路工程

本项工程投资为390.32万元。

道路工程主要依托原有道路进行规划，田间道路面设计宽度为4m，泥结石路面厚0.2m，风化料路基厚0.3m。道路工程量采用横断面延米计算法，首先根据已确定的道路横断面计算每米工程量，再依据道路长度计算工程量。

本项日规划共修建田间道23条，总长14000m。

四、其他需要说明的事项

（一）工程项目的单项工程量计算依据单体工程设计图。在实施过程中，受当地实际条件、地方经济实力以及具体施工段土层结构等因素的制约，在单体工程的布局、等级以及施工机械的选取等方面会有少量的调整。

（二）预算书中的项目分月用款计划表依据项目施工计划表编制。如果在项目施工过程中，施工计划发生改变的，该项目分月用款计划应相应随之改变。

第二部分　项目预算表

表 1　　　　　　　　　　**总预算及分年度预算表**

项目名称：（案例二）××项目　　　　　　　　　　金额单位：元

类别	项目类型及建设规模（ha）				项目资金预算						
					总预算			分年度预算			预计净增
								第一年			耕地面积
项目名称	合计	开发	整理	复垦	合计	省投资	其他资金	小计	省投资	其他投资	（ha）
（案例二）××项目	528.94	0	528.94	0	1655.22	1655.22	0.00	1655.22	1655.22	0	19.89

表 2　　　　　　　　　　**预算总表**

项目名称：（案例二）××项目　　项目规模（公顷）：528.94　　金额单位：万元

序号	工程或费用名称	预算金额	各项费用占总费用的比例（%）
	（1）	（2）	（3）
一	工程施工费	1412.70	85.35
二	设备购置费	0	0.00
三	其他费用	194.31	11.74
四	不可预见费	48.21	2.91
总　计		1655.22	100

表 3　　　　　　　　　　**工程施工费预算汇总表**

项目名称：（案例二）××项目　　　　　　　　　　金额单位：万元

序号	工程或费用名称	预算金额	各项费用占总费用的比例（%）
	（1）	（2）	（3）
1	土地平整工程	504.88	35.74
2	灌溉与排水工程	517.50	36.63
3	田间道路工程	390.32	27.63
4	农田防护与生态环境保持工程	0.00	0.00
5	其他工程	0.00	0.00
总　计	—	1412.70	100.00

表 3－1

工程施工费预算表

项目名称：（案例二）××项目　　金额单位：元

序号	定额编号	单项名称	单位	工程量	综合单价	合计
（1）	（2）	（3）	（4）	（5）	（6）	（7）
一		土地平整工程	亩			5048822.60
（1）	10303B	推土机推土（一、二类土）推土距离 10～20m～推土机 74KW	m^3	195110.10	2.36	460459.84
（2）	10045	人工挖、挑、抬运输（一、二类土）挖、运 20m 内	m^3	21678.90	11.36	246272.30
（3）	10042	田埂修筑	m^3	92094.00	26.25	2417467.50
（4）	10303A	推土机推土（一、二类土）推土距离 10～20m～推土机 74KW　土层厚度 <0.3 米时 推土机推松土	m^3	1007656.00	1.91	1924622.96
二		灌溉与排水工程				5198861.25
1		水源工程				48928.50
（一）		蓄水池				48928.50
（1）	10203	挖掘机挖土（一、二类土）～单斗挖掘机 油动 斗容 $1m^3$	m^3	256.84	2.50	642.11
（2）	10020	人工挖基坑（一、二类土）上口面积 $80m^2$，深度 2m	m^3	28.54	10.60	302.50
（3）	10334	建筑物土方回填 机械夯填	m^3	103.77	16.48	1710.13
（4）	30017	浆砌块石 池壁～换：砌筑砂浆 M7.5　水泥 32.5	m^3	63.64	235.72	15001.22
（5）	30019	浆砌块石 池底～换：砌筑砂浆 M7.5　水泥 32.5	m^3	7.26	213.59	1550.66
（6）	40030	底板～换：纯混凝土 C20 2 级配　粒径 40　水泥 32.5　水灰比 0.55	m^3	3.60	386.32	1390.75
（7）	40031	防护栏基础～换：纯混凝土 C15 2 级配　粒径 40　水泥 32.5　水灰比 0.65	m^3	1.50	458.19	687.29
（8）	30066	砌体砂浆抹面 立面 平均厚 2cm～换：接缝砂浆 M10 水泥 32.5	m^3	64.09	12.41	795.36
（9）	50099	PE 管道安装 Ⅰ 直径 90～110mm 以内～换：PE 管道 φ110mm 0.6Mpa	m	494.00	50.83	25110.02
（10）	50106A	PE 管件安装 Ⅰ 直径 90～110mm 以内～二接口的管件 换：PE 管件　控制阀 φ110mm	m	2.00	198.76	397.52

续表

序号	定额编号	单项名称	单位	工程量	综合单价	合计
(11)	50106B	PE 管件安装丨直径 90～110mm 以内～二接口的管件 换：PE 管件　冲砂阀 φ110mm	m	1.00	198.76	198.76
(12)	50057	焊接钢管安装丨直径 80mm 以内～换：镀锌钢管 φ40mm	m	42.35	26.97	1142.18
2		输水工程				3512251.29
(一)		斗渠				934937.79
(1)	10203	挖掘机挖土（一、二类土）～单斗挖掘机 油动 斗容 0.5m^3	m^3	5129.10	2.50	12822.75
(2)	10029	人工挖沟渠（一、二类土）上口宽 4m 以内	m^3	569.90	11.06	6303.09
(3)	10332	建筑物土方回填 松填不夯实	m^3	1465.00	4.60	6739.00
(4)	30044	浆砌渠（非岩石地基）块石　渠底宽 >1m～换：砌筑砂浆 M7.5 水泥 32.5	m^3	3470.00	232.63	807226.10
(5)	30065	砌体砂浆抹面　平面　平均厚 2cm～换：砌筑砂浆 M10　水泥 32.5	m^2	3821.00	10.11	38630.31
(6)	30066	砌体砂浆抹面　立面　平均厚 2cm～换：砌筑砂浆 M10　水泥 32.5	m^2	5094.00	12.41	63216.54
(二)		农渠				2541550.89
(1)	10029	人工挖沟渠（一、二类土）上口宽 4m 以内	m^3	881.40	11.06	9749.17
(2)	10203	挖掘机挖土（一、二类土）～单斗挖掘机　油动　斗容 0.5m^3	m^3	7932.60	2.50	19831.50
(3)	30043	浆砌渠（非岩石地基）块石　渠底宽≤1m～换：砌筑砂浆 M7.5 水泥 32.5	m^3	3956.00	246.32	974441.92
(4)	30044	浆砌渠（非岩石地基）块石　渠底宽 >1m～换：砌筑砂浆 M7.5 水泥 32.5^粗砂换为中砂	m^3	5175.00	232.63	1203860.25
(5)	30065	砌体砂浆抹面　平面　平均厚 2cm～换：砌筑砂浆 M10 水泥 32.5^粗砂换为中砂	m^2	13694.00	10.11	138446.34
(6)	30066	砌体砂浆抹面　立面　平均厚 2cm～换：砌筑砂浆 M10 水泥 32.5^粗砂换为中砂	m^2	15731.00	12.41	195221.71
(三)		毛管				35762.61

续表

序号	定额编号	单项名称	单位	工程量	综合单价	合计
(1)	10017	人工挖沟槽（一、二类土）上口宽度 3m	m^3	301.00	9.09	2736.09
(2)	10333	建筑物土方回填 人工夯实	m^3	301.00	24.98	7518.98
(3)	50099	PE 管道安装丨直径 90～110mm 以内～换：PE 管道 φ110mm 0.6Mpa	m	494.00	50.83	25110.02
(4)	50106	PE 管件安装丨直径 90～110mm 以内～二接口的管件 换：PE 管件 控制阀 φ110mm	m	2.00	198.76	397.52
3		排水工程				1586297.6
(一)		斗排				1091810.46
(1)	10203	挖掘机挖土（一、二类土）～单斗挖掘机 油动 斗容 0.5m^3	m^3	6174.00	2.50	15435.00
(2)	10029	人工挖沟渠（一、二类土）上口宽 4m 以内	m^3	686.00	11.06	7587.16
(3)	10332	建筑物土方回填 松填不夯实	m^3	2381.00	4.60	10952.60
(4)	30022	浆砌块石 排水沟～换：砌筑砂浆 M7.5 水泥 32.5	m^3	4153.00	240.50	998796.50
(5)	30065	砌体砂浆抹面 平面 平均厚 2cm～换：砌筑砂浆 M10 水泥 32.5^粗砂换为中砂	m^2	1960.00	10.11	19815.60
(6)	30066	砌体砂浆抹面 立面 平均厚 2cm～换：砌筑砂浆 M10 水泥 32.5^粗砂换为中砂	m^2	2782.00	12.41	34524.62
(7)	30019	浆砌块石 齿墙～换：砌筑砂浆 M7.5 水泥 32.5	m^3	22.00	213.59	4698.98
(二)		农排				494487.14
(1)	10029	人工挖沟渠（一、二类土）上口宽 4m 以内	m^3	179.90	11.06	1989.69
(2)	10203	挖掘机挖土（一、二类土）～单斗挖掘机 油动 斗容 0.5m^3	m^3	1619.10	2.50	4047.75
(3)	30022	浆砌块石 排水沟～换：砌筑砂浆 M7.5 水泥 32.5	m^3	1791.00	240.50	430735.50
(4)	30065	砌体砂浆抹面 平面 平均厚 2cm～换：砌筑砂浆 M10 水泥 32.5^粗砂换为中砂	m^2	2047.00	10.11	20695.17
(5)	30066	砌体砂浆抹面 立面 平均厚 2cm～换：砌筑砂浆 M10 水泥 32.5^粗砂换为中砂	m^2	2983.00	12.41	37019.03

续表

序号	定额编号	单项名称	单位	工程量	综合单价	合计
4		渠系建筑物工程				51383.86
(一)		沉砂池				2169.80
(1)	10203	挖掘机挖土（一、二类土）~单斗挖掘机　油动　斗容 $0.5m^3$	m^3	14.22	2.50	35.55
(2)	10334	建筑物土方回填　机械夯填	m^3	7.42	16.48	122.28
(3)	40008	明渠衬砌（衬砌厚度 15~25cm）~换：纯混凝土 C20　2 级配　粒径 40　水泥 32.5 水灰比 0.55	m^3	3.50	400.45	1401.58
(4)	40030	涵洞底板~换：纯混凝土 C20　2 级配　粒径 40　水泥 32.5　水灰比 0.55	m^3	1.58	386.32	610.39
(二)		阀门井				627.21
(1)	10020	人工挖基坑（一、二类土）上口面积 $80m^2$，深度 2m	m^3	2.52	10.60	26.71
(2)	10333	建筑物土方回填　人工夯实	m^3	0.72	24.98	17.99
(3)	30064	浆砌砖（挡土墙、桥台、闸墩）~换：砌筑砂浆 M7.5　水泥 32.5	m^3	1.00	313.04	313.04
(4)	40132	预制混凝土板安装（体积 $0 \sim 0.2m^3$）~换：纯混凝土 C20　2 级配　粒径 40　水泥 32.5　水灰比 0.55 换：接缝砂浆 M10　水泥 32.5	m^3	0.20	181.31	36.26
(5)	40076	预制平板~换：纯混凝土 C20　2 级配　粒径 40　水泥 32.5　水灰比 0.55	m^3	0.20	481.84	96.37
(6)	40159	其他机械钢筋制安	t	0.02	6202.95	136.84
(三)		涵洞				24758.10
(1)	40023	涵洞顶板（净跨 0~2m，洞顶填土高度 0~4m）~换：纯混凝土 C20　2 级配　粒径 40　水泥 32.5　水灰比 0.55	m^3	31.90	398.30	12705.77
(2)	40159	其他机械钢筋制安	t	1.94	6202.95	12052.33
(四)		农桥				23828.75
(1)	10203	挖掘机挖土（一、二类土）~单斗挖掘机　油动　斗容 $1m^3$	m^3	117.92	2.50	294.80
(2)	10334	建筑物土方回填　机械夯填	m^3	83.13	16.48	1369.98

续表

序号	定额编号	单项名称	单位	工程量	综合单价	合计
(3)	30021	浆砌块石 桥闸墩~换：砌筑砂浆 M7.5 水泥 32.5	m^3	33.69	231.95	7814.40
(4)	40054	桥面板（含横系梁）~换：纯混凝土 C25 2 级配 粒径 40 水泥 32.5 水灰比 0.5	m^3	8.09	503.40	4072.51
(5)	40031	墩帽~换：纯混凝土 C20 2 级配 粒径 40 水泥 32.5 水灰比 0.55	m^3	1.00	458.19	458.19
(6)	40136	预制混凝土柱安装（体积 0~0.2m^3）~换：纯混凝土 C20 2 级配 粒径 40 水泥 32.5 水灰比 0.55	m^3	0.26	110.74	28.79
(7)	40105	栏杆扶手~换：纯混凝土 C20 2 级配 粒径 40 水泥 32.5 水灰比 0.55		0.26	964.38	250.74
(8)	40159	其他机械钢筋制安	t	1.44	6202.95	8913.64
(9)	50057	焊接钢管安装丨直径 80mm 以内~金属管道安装总工程量不足 50M 时，管径≤φ3 换：镀锌钢管 φ40mm	m	23.20	26.97	625.70
三		田间道路工程				3879401.60
(一)		田间道				3879401.60
(1)	10203	挖掘机挖土（一、二类土）~单斗挖掘机 油动 斗容 1m^3	m^3	22362.00	2.50	55905.00
(2)	10332	建筑物土方回填 松填不夯实	m^3	192.00	4.60	883.20
(3)	10342	轮胎碾压实 土料干密度 1.7t/m^3 以上	m^3	2560.00	5.24	13414.40
(4)	30020	浆砌块石 挡土墙~换：砌筑砂浆 M7.5 水泥 32.5	m^3	4833.00	223.78	1081528.74
(5)	30022	浆砌块石 排水沟~换：砌筑砂浆 M7.5 水泥 32.5	m^3	3222.00	240.50	774891.00
(6)	80007 +80008 ×20	砾石路基 厚度 10cm~换：风化料	m^2	5687.00	23.44	133303.28
(7)	80019 +800020 ×10	泥结碎石路面 机械摊铺路面 厚度 10cm	m^2	56000.00	30.08	1684480.00
(8)	30066	砌体砂浆抹面 立面 平均厚 2cm~换：砌筑砂浆 M7.5 水泥 32.5	m^2	10878.00	12.41	134995.98
		……				
总计		合 计				14127085.45

表 3－2

工程施工费单价汇总表

项目名称：（案例二） × ×项目　　　　金额单位：元

序号	定额编号	单项名称	单位	直接费								间接费	利润	材料价差	未计价材料费	税金	综合单价
				人工费	材料费	机械使用费	混凝土运输	混凝土拌制	直接工程费	措施费	合计						
	（1）	（2）	（3）	（4）	（5）	（6）			（7）	（8）	（9）	（10）	（11）	（12）	（13）	（14）	（15）
（1）	10203	挖掘机挖土（一、二类土）	$100m^3$	28.21	0.00	141.29			169.50	6.10	175.60	8.78	5.53	35.83		7.34	233.08
（2）	10017	人工挖沟槽（一、二类土）上口宽度 3m	$100m^3$	786.08	0.00	0.00			786.08	28.30	814.38	40.72	25.65	0.00		28.62	909.37
（3）	10020	人工挖基坑（一、二类土）上口面积 $80m^2$，深度 2m	$100m^3$	916.16	0.00	0.00			916.16	32.98	949.14	47.46	29.90	0		33.36	1059.86
（4）	10029	人工挖沟渠（一、二类土）上口宽 4m 以内	$100m^3$	956.13	0.00	0.00			956.13	34.42	990.55	49.53	31.20	0.00		34.82	1106.10
（5）	10042	田埂修筑	$100m^3$	2222.88	0.00	45.98			2268.86	81.68	2350.54	117.53	74.04	0		82.62	2624.73
（6）	10045	人工挖、挑、抬运	$100m^3$	982.12	0.00	0.00			982.12	35.36	1017.48	50.87	32.05	0		35.76	1136.16
（7）	10203	挖掘机挖土（一、二类土）	$100m^3$	28.21	0.00	152.85			181.06	6.52	187.58	9.38	5.91	38.81		7.85	249.53
（8）		10303A	$100m^3$	8.59	0.00	124.03			132.62	4.77	137.39	6.87	4.33	35.92		6.00	190.51
（9）	10303B	推土机推土（一、二类土）推土距离 10～20m（勘误）	$100m^3$	8.59	0.00	155.33			163.92	5.90	169.82	8.49	5.35	45.00		7.43	236.09

续表

序号	定额编号	单项名称	单位	直接费								间接费	利润	材料价差	未计价材料费	税金	综合单价
				人工费	材料费	机械使用费	混凝土运输	混凝土拌制	直接工程费	措施费	合计						
	(1)	(2)	(3)	(4)	(5)	(6)			(7)	(8)	(9)	(10)	(11)	(12)	(13)	(14)	(15)
(10)	10332	建筑物土方回填松填不夯实	100m^3	397.36	0.00	0.00			397.36	14.30	411.66	20.58	12.97	0		14.47	459.68
(11)	10333	建筑物土方回填人工夯实	100m^3	2159.49	0.00	0.00			2159.49	77.74	2237.23	111.86	70.47	0		78.64	2498.20
(12)	10334	建筑物土方回填机械夯填	100m^3	1145.27	0.00	279.49			1424.76	51.29	1476.05	73.80	46.50	0		51.88	1648.23
(13)	10342	轮胎碾压实土料干密度1.7t/m^3 以上	100m^3	173.83	0.00	252.69			426.52	15.35	441.87	22.09	13.92	29.90		16.50	524.28
(14)	30017	浆砌块石　护坡曲面	100m^3	7436.27	9471.25	0.00			16907.52	608.67	17516.19	875.81	551.76	3886.61		741.99	23572.36
(15)	30019	浆砌块石　基础	100m^3	5606.95	9398.29	0.00			15005.24	540.19	15545.43	777.27	489.68	3874.30		672.32	21359.00
(16)	30020	浆砌块石　挡土墙	100m^3	6459.39	9398.29	0.00			15857.68	570.88	16428.56	821.43	517.50	3906.14		704.39	22378.02
(17)	30021	浆砌块石　桥闸墩	100m^3	7194.09	9398.29	0.00			16592.38	597.33	17189.71	859.49	541.48	3874.30		730.11	23195.09
(18)	30022	浆砌块石　排水沟	100m^3	7849.47	9471.25	0.00			17320.72	623.55	17944.27	897.21	565.24	3886.61		757.03	24050.36
(19)	30043	浆砌渠（非岩石地基）块石渠底宽≤1m	100m^3	7822.46	9823.17	0.00			17645.63	635.24	18280.87	914.04	575.85	4086.24		775.35	24632.35
(20)	30044	浆砌渠（非岩石地基）块石渠底宽>1m	100m^3	6638.63	9823.17	0			16461.80	592.62	17054.42	852.72	537.21	4086.24		732.24	23262.83

续表

序号	定额编号	单项名称	单位	直接费								间接费	利润	材料价差	未计价材料费	税金	综合单价
				人工费	材料费	机械使用费	混凝土运输	混凝土拌制	直接工程费	措施费	合计						
	(1)	(2)	(3)	(4)	(5)	(6)			(7)	(8)	(9)	(10)	(11)	(12)	(13)	(14)	(15)
(21)	30064	浆砌砖（挡土墙、桥台、闸墩）	100m³	6395.04	16339.30	0.00			22734.34	818.44	23552.78	1177.64	741.91	4846.16		985.35	31303.84
(22)	30065	砌体砂浆抹面～平均厚2cm　平面	100m²	480.47	342.48	0.00			822.95	29.63	852.58	42.63	26.86	56.91		31.82	1010.80
(23)	30066	砌体砂浆抹面～平均厚2cm　立面	100m²	647.19	375.10	0.00			1022.29	36.80	1059.09	52.95	33.36	56.42		39.06	1240.88
(24)	40179	双胶轮车运混凝土	100m³	5553.35	21364.26	813.38			31132.05	1432.07	32564.12	1953.85	1035.54	3231.01		1260.50	40045.02
(25)	40160	搅拌机拌制混凝土	100m³	6408.73	20746.65	393.31			30949.75	1423.69	32373.44	1942.41	1029.48	3231.01		1253.73	39830.07
(26)	40008	明渠衬砌（衬砌厚度15～25cm）	100m³	5804.13	20352.75	375.70	559.29	2841.77	29933.64	1376.95	31310.59	1878.64	995.68	3231.01		1216.02	38631.94
(27)	40023	涵洞顶板（净跨0～2m，洞顶填土高度0～4m）	100m³	10625.30	25150.41	497.01	5.59	28.42	36306.73	1670.11	37976.84	2278.61	1207.66	2913.85		1442.25	45819.21
(28)	40030	涵洞底板	100m³	14161.43	24886.22	243.31	559.29	2841.77	42692.02	1963.83	44655.85	2679.35	1420.06	3365.73		1584.55	50339.81
(29)	40031	闸墩（整墩）墩厚0.8m以下	100m³	12101.04	21983.41	3918.43			38002.88	1748.13	39751.01	2385.06	1264.08	3266.99		1516.68	48183.82
(30)	40054	肋形拱（含横系梁）	100m³	43933.66	34101.27	921.65			78956.58	3632.00	82588.58	4955.31	2626.32	3232.13		3035.58	96437.92
(31)	40076	预制平板	100m³	5693.22	4400.64	4054.04			14147.90	650.80	14798.70	887.92	470.60	1403.13		570.71	18131.06
(32)	40105	预制栏杆扶手	100m³	4711.78	2004.10	2020.96			8736.84	401.89	9138.73	548.32	290.61	747.75		348.58	11073.99

续表

序号	定额编号	单项名称	单位	直接费								间接费	利润	材料价差	未计价材料费	税金	综合单价
				人工费	材料费	机械使用费	混凝土运输	混凝土拌制	直接工程费	措施费	合计						
	(1)	(2)	(3)	(4)	(5)	(6)			(7)	(8)	(9)	(10)	(11)	(12)	(13)	(14)	(15)
(33)	40132	预制混凝土板安装（体积 0～0.2m^3）	100m^3	664.47	3677.34	201.60			4543.41	209.00	4752.41	285.14	151.13	819.02		195.25	6202.95
(34)	40136	预制混凝土柱安装（体积 0～0.2m^3）	100m^3	20.44	3.24	0			23.68	1.18	24.86	1.24	0.78		4896.00	159.99	5082.87
(35)	40159	其他机械钢筋制作安装	t	19.04	3.02	0.00			22.06	1.10	23.16	1.16	0.73		1900.00	62.56	1987.61
(36)	50099	PE 管道安装丨直径 110mm 以内	100m	46.21	7.93	103.76			157.90	7.90	165.80	30.04	2.29	4.03	254.10	8.49	269.67
(37)	50106	PP 管件安装丨直径 110mm 以内	10 个	6459.39	9398.29	0.00			15857.68	570.88	16428.56	821.43	517.50	3906.14		704.39	22378.02
(38)	50057	焊接钢管安装丨直径 80mm 以内	10m	7194.09	9398.29	0.00			16592.38	597.33	17189.71	859.49	541.48	3874.30		730.11	23195.09
(39)	80007 + 80008 ×20	砾石路基 ～ 厚度 10cm	1000m^2	6744.80	12888.12	497.32			20130.24	724.69	20854.93	1042.75	656.93	142.75		737.66	23435.02
(40)	80019 + 80020 ×10	泥结碎石路面机械摊铺 ～ 厚度 30cm	1000m^2	3758.02	19143.64	834.21			23735.87	854.49	24590.36	1229.52	774.60	2543.48		946.98	30084.94
(41)	40179	双胶轮车混凝土运距 40～50m	100m^3	503.70	0	39.67			543.37	25.00	568.37	34.10	18.07	0		20.17	640.71
(42)	40160	0.4m^3 搅拌机拌制混凝土	100m^3	1938.85	0.00	819.93			2758.78	126.90	2885.68	173.14	91.76	0.00		102.39	3252.97

表 4　　**设备购置费预算表**

项目名称：（案例二）××项目　　金额单位：元

序号	设备名称及规格	单位	数量	单价	合计	说明
	(1)	(2)	(3)	(4)	(5)	(6)
总 计		—	—		0.00	

填表说明：1. 本表应根据具体的设备购置进行计算，包括设备规格、单位、数量、单价以及需要说明的有关问题。

2. 表中(5)=(3)×(4)

表 5　　**其他费用预算表**

项目名称：（案例二）××项目　　金额单位：元

序号	费用名称	计算式	小计	各项费用占工程施工费的比例（%）
	1	2	3	4
1	前期工作费		74.28	38.23
(1)	土地清查费	1437.04×0.5%	7.06	3.63
(2)	项目可行性研究费	(13−6.5)×(1437.04−1000)/(3000−1000)+6.5	7.84	4.03
(3)	项目勘测费	1437.04×1.5%	21.19	10.91
(4)	项目设计与预算编制费	(51−27)×(1437.04−1000)/(3000−1000)+27	31.95	16.44
(5)	项目招标代理费	5+(1437.04−1000)×0.3%	6.24	3.21
2	工程监理费	(56−22)×(1437.04−1000)/(3000−1000)+22	29.02	14.93
3	拆迁补助费			0.00
4	竣工验收费		50.42	25.95
(1)	工程复核费	6.75+(1437.04−1000)×0.6%	9.23	4.75
(2)	项目工程验收费	13.75+(1437.04−1000)×1.2%	18.45	9.50
(3)	项目决算编制与审计费	9.5+(1437.04−1000)×0.8%	12.80	6.59
(4)	整理后土地重估与登记费	6.25+(1437.04−1000)×0.55%	8.52	4.38
(5)	标识设定费	1.05+(1437.04−1000)×0.09%	1.42	0.73
5	业主管理费	27+(1593.15−1000)×2.4%	40.59	20.89
6	总　计		194.31	100.00

表 6　　**不可预见费预算表**

项目名称：（案例二）××项目　　金额单位：元

序号	费用名称	工程施工费	设备费	其他费	小计	费率（%）	合计
	(1)	(2)	(3)	(4)	(5)	(6)	(7)
1	不可预见费	14127085.45	0.00	1943100.00	16070185.45	3.00	482105.56
总计		—	—	—	—	—	482105.56

表 7

季度分月用款计划表

项目名称：（案例二）××项目

金额单位：万元

工程名称	具体用款科目	合计	项目各月用款数											
			2011 年											
			第一季度			第二季度			第三季度			第四季度		
			1 月	2 月	3 月	4 月	5 月	6 月	7 月	8 月	9 月	10 月	11 月	12 月
案例二	土地平整工程	504.88				84.15	84.15	84.15	84.15	84.15	84.15			
	灌溉与排水工程	517.50					86.25	86.25	86.25	86.25	86.25	86.25		
	田间道路工程	390.32					65.05	65.05	65.05	65.05	65.05	65.05		
	农田防护与生态环境保持工程	0.00												
	其他工程	0.00												
	前期工作费	74.28	24.76	24.76	24.76									
	工程监理费	29.02				4.15	4.15	4.15	4.15	4.15	4.15	4.15		
	竣工验收费	50.42											25	25
	业主管理费	40.59	3.38	3.38	3.38	3.38	3.38	3.38	3.38	3.38	3.38	3.38	3.38	3.38
	拆迁补偿费	0.00												
	不可预见费	48.21				6.89	6.89	6.89	6.89	6.89	6.89	6.89		
	合计	1655.22	28.14	28.14	28.14	98.56	249.87	249.87	249.87	249.87	249.87	165.72	28.59	28.59

附表 1　　**人工预算单价计算表**

地区类别	六类地区	定额人工等级	甲类工
序号	项目	计算式	单价（元）
1	基本工资	540 元/月 ×12 月 ÷（250 - 10）工日	27.00
2	辅助工资		6.69
(1)	地区津贴	0 元/月 ×12 月 ÷240 工日	0.00
(2)	施工津贴	3.5 元/天 ×365 天 ×95% ÷240 工日	5.06
(3)	夜餐津贴	（4.5 +3.5）/2 ×20%	0.80
(4)	节日加班津贴	27.00 ×（3 - 1）×11 ÷250 工日 ×35%	0.83
3	工资附加费		20.05
(1)	职工福利基金	（1 +2）×14% =（27.00 +8.86）×14%	4.72
(2)	工会经费	（1 +2）×2% =（27.00 +8.86）×2%	0.67
(3)	养老保险基金	（1 +2）×30% =（27.00 +8.86）×30%	10.11
(4)	医疗保险费	（1 +2）×4% =（27.00 +8.86）×4%	1.35
(5)	工伤保险费	（1 +2）×1.5% =（27.00 +8.86）×1.5%	0.51
(6)	职工失业保险基金	（1 +2）×2% =（27.00 +8.86）×2%	0.67
(7)	住房公积金	（1 +2）×6% =（27.00 +8.86）×6%	2.02
4	人工工日预算单价	1 +2 +3	53.74
地区类别	六类地区	定额人工等级	乙类工
序号	项目	计算式	单价（元）
1	基本工资	445 元/月 ×12 月 ÷（250 - 10）工日	22.25
2	辅助工资		3.38
(1)	地区津贴	0 元/月 ×12 月 ÷240 工日	0.00
(2)	施工津贴	2.0 元/天 ×365 天 ×95% ÷240 工日	2.89
(3)	夜餐津贴	（4.5 +3.5）/2 ×5%	0.20
(4)	节日加班津贴	22.25 ×（3 - 1）×11 ÷250 工日 ×15%	0.29
3	工资附加费		15.25
(1)	职工福利基金	（1 +2）×14% =（22.25 +5.16）×14%	3.59
(2)	工会经费	（1 +2）×2% =（22.25 +5.16）×2%	0.51
(3)	养老保险基金	（1 +2）×30% =（22.25 +5.16）×30%	7.69
(4)	医疗保险费	（1 +2）×4% =（22.25 +5.16）×4%	1.03
(5)	工伤保险费	（1 +2）×1.5% =（22.25 +5.16）×1.5%	0.38
(6)	职工失业保险基金	（1 +2）×2% =（22.25 +5.16）×2%	0.51
(7)	住房公积金	（1 +2）×6% =（22.25 +5.16）×6%	1.54
4	人工工日预算单价	1 +2 +3	40.88

附表 2　　**材料预算价格计算表**

项目名称：（案例二）××项目

编号	名称及规格	单位	预算价格（元）
1	水泥 32.5	kg	0.36
2	汽油	kg	8.36
3	柴油	kg	7.61
4	电	kW·h	0.40
5	风	m^3	0.01
6	水	m^3	2.00
7	砂	m^3	68.00
8	块石	m^3	68.00
9	碎石	m^3	68.00
10	风化料	m^3	35.00
11	标准砖	千块	320.00
12	密封胶	kg	30.00
13	钢筋	t	4300.00
14	PE 管道　φ110mm　0.6MPa	m	48.00
15	PE 管件　控制阀　φ110mm	个	190.00
16	PE 管件　冲砂阀　φ110mm	个	212.00
17	镀锌钢管　φ40mm	m	25.00
18	粘土	m^3	30.00
19	锯材	m^3	850.00

附表 3　　**次要材料预算价格计算表**

项目名称：（案例二）××项目

编号	名称及规格	单位	预算价格（元）
1	组合钢模板	kg	5.50
2	铁钉	kg	5.70
3	铁件	kg	5.50
4	预埋铁件	kg	5.70
5	铁丝	kg	6.00
6	卡扣件	kg	5.20
7	铁垫块	kg	5.70
8	电焊条	kg	6.50
9	氧气	m^3	4.60
10	乙炔气	m^3	17.00
11	型钢	kg	5.70
12	刺铁丝隔离栅	m^2	22.00
13	阀门	个	20.00
14	法兰盘	副	100.00
15	管件	kg	5.00

附表 4

机械台班预算单价计算表

项目名称：（案例二）××项目

编号	名称及型号	台班费合计	一类费用小计	二类费用												二类费用小计
				人工费		汽油		柴油		电		水		风		
				53.74 元/工日		5 元/kg		4.5 元/kg		0.4 元/kWh		2.00 元/m^3		0.01 元/m^3		
		元	元	数量	合计	数量	合计	数量	合计	数量	合计	数量	合计	数量	合计	元
1003	单斗挖掘机　油动　斗容 0.5m^3	511.18	187.7	2	107.48			48	216							323.48
1004	单斗挖掘机　油动　斗容 1m^3	767.89	336.41	2	107.48			72	324							431.48
1014	推土机　功率 74kW	562.47	207.49	2	107.48			55	247.5							354.98
1022	拖拉机　功率 74kW	633.76	224.78	2	107.48			67	301.5							408.98
1031	自行式平地机　功率 118kW	820.69	317.21	2	107.48			88	396							503.48
1032	轮胎碾 9～16t	633.76	224.78	2	107.48			67	301.5							408.98
1036	内燃压路机 6～8t	272.30	56.82	2	107.48			24	108							215.48
1037	内燃压路机 8～10t	291.09	62.11	2	107.48			27	121.5							228.98
1039	蛙式打夯机　功率 2.8kW	121.57	6.89	2	107.48					18	7.2					114.68
1051	刨毛机	353.88	78.1	2	107.48			37.4	168.3							275.78
3002	混凝土搅拌机 0.4m^3	189.59	62.11	2	107.48					50	20					127.48
3005	插入式振捣器 2.2kW	19.20	14.4							12	4.8					4.80
3008	风水（砂）枪　耗风量 2～6m^3/min	48.22	3.22									18	36	900	9	45.00
4004	载重汽車　汽油型　载重量 5t	292.47	88.73	1	53.74	30	150									203.74
4040	双胶轮车	3.22	3.22													0.00
5002	塔式起重机　起重量 10t	544.51	385.03	2	107.48					130	52					159.48
5007	履带起重机　油动　起重量 15t	483.16	195.7	2	107.48			40	180							287.46
5008	履带起重机　油动　起重量 20t	578.05	245.57	2	107.48			50	225							332.48

续表

编号	名称及型号	台班费合计	一类费用小计	二类费用													
				人工费		汽油		柴油		电		水		风		二类费用小计
				53.74 元/工日		5 元/kg		4.5 元/kg		0.4 元/kWh		2.00 元/m^3		0.01 元/m^3		
		元	元	数量	合计	数量	合计	数量	合计	数量	合计	数量	合计	数量	合计	元
7001	电焊机交流 20～25KVA	87.29	3.15	1	53.74					76	30.4					84.14
7004	电焊机直流 30KVA	129.24	8.3	1	53.74					168	67.2					120.94
7007	对焊机电弧型 150KVA	281.04	22.88	1	53.74					440	176	14	28	42	0.42	258.16
7014	钢筋调直机 4～14kW	82.04	21.5	1	53.74					17	6.8					60.54
7017	钢筋切断机 20kW	108.68	14.94	1	53.74					100	40					93.74
7018	钢筋弯曲机 6～40mm	76.33	8.59	1	53.74					35	14					67.74

附表 5　**混凝土、砂浆单价计算表**　金额单位：元

序号	名称标号	单位	水泥		砂		卵（碎）石		水		合价
			（kg）	单价	（m^3）	单价	（m^3）	单价	（m^3）	单价	
1	纯混凝土 C15　2 级配　粒径 40　水泥 32.5　水灰比 0.65	m^3	284.83	0.3	0.56	60	0.84	60	0.180	2	169.81
2	纯混凝土 C20　2 级配　粒径 40　水泥 32.5　水灰比 0.55	m^3	340.15	0.3	0.53	60	0.84	60	0.180	2	184.61
3	纯混凝土 C25　2 级配　粒径 40　水泥 32.5　水灰比 0.5	m^3	364.87	0.3	0.51	60	0.84	60	0.180	2	190.82
4	砌筑砂浆 M7.5　水泥 32.5	m^3	279.27	0.3	1.11	60			0.157	2	145.21
5	砌筑砂浆 M10　水泥 32.5	m^3	326.35	0.3	1.10	60			0.183	2	157.87
6	接缝砂浆 M10　水泥 32.5	m^3	434.42	0.3	1.08	60			0.270	2	187.14

附表 6

工程施工费单价表

人工挖沟槽（一、二类土）上口宽度 3m

定额编号：10017

单位：100m³

编号	定额名称	单位	数量	单价（元）	合价（元）
一	直接费				814.38
（一）	直接工程费				786.08
1	人工费				786.08
（1）	甲类工	工日	0.9	53.74	48.37
（2）	乙类工	工日	17.2	40.88	703.14
（3）	其他费用（以定额编号 10017 子目人工费为计费基础）	%	4.6	751.51	34.57
2	材料费				0.00
（1）	其他费用（以定额编号 10017 子目材料费为计费基础）	%	4.6	0.00	0.00
3	机械使用费				0.00
（1）	其他费用（以定额编号 10017 子目机械使用费为计费基础）	%	4.6	0.00	0.00
（二）	措施费	%	3.6	786.08	28.30
二	间接费	%	5	814.38	40.72
三	利润	%	3	855.10	25.65
四	材料价差				0.00
五	税金	%	3.25	880.75	28.62
	合计				909.37

人工挖基坑（一、二类土）上口面积 80m²，深度 4m

定额编号：10020

单位：100m³

编号	项目名称	单位	数量	单价（元）	合价（元）
一	直接费				949.14
（一）	直接工程费				916.16
1	人工费				916.16
（1）	甲类工	工日	1.1	53.74	59.11
（2）	乙类工	工日	20	40.88	817.60
（3）	其他费用（以定额编号 10020 子目人工费为计费基础）	%	4.5	876.71	39.45
2	材料费				0.00
（1）	其他费用（以定额编号 10020 子目材料费为计费基础）	%	4.5	0.00	0.00
3	机械使用费				0.00
（1）	其他费用（以定额编号 10020 子目机械使用费为计费基础）	%	4.5	0.00	0.00
（二）	措施费	%	3.6	916.16	32.98
二	间接费	%	5	949.14	47.46
三	利润	%	3	996.60	29.90
四	材料价差				0
五	税金	%	3.25	1026.50	33.36
	合计				1059.86

挖掘机挖土（一、二类土）

定额编号：10203　单位：$100m^3$

编号	定额名称	单位	数量	单价（元）	合价（元）
一	直接费				175.60
(一)	直接工程费				169.50
1	人工费				28.21
(1)	乙类工	工日	0.6	40.88	24.53
(2)	其他费用（以定额编号10203子目人工费为计费基础）	%	15	24.53	3.68
2	材料费				0.00
(1)	其他费用（以定额编号10203子目材料费为计费基础）	%	15	0.00	0.00
3	机械使用费				141.29
(1)	单斗挖掘机　油动　斗容$1m^3$	台班	0.16	767.87	122.86
(2)	其他费用（以定额编号10203子目机械使用费为计费基础）	%	15	122.86	18.43
(二)	措施费	%	3.6	169.50	6.10
二	间接费	%	5	175.60	8.78
三	利润	%	3	184.38	5.53
四	材料价差				35.83
	柴油	kg	11.52	3.11	35.83
五	税金	%	3.25	225.74	7.34
	合计				233.08

人工挖沟渠（一、二类土）上口宽4m以内

定额编号：10029　单位：$100m^3$

编号	定额名称	单位	数量	单价（元）	合价（元）
一	直接费				990.55
(一)	直接工程费				956.14
1	人工费				956.14
(1)	甲类工	工日	1.1	53.74	59.11
(2)	乙类工	工日	21	40.88	858.48
(3)	其他费用（以定额编号10029子目人工费为计费基础）	%	4.2	917.59	38.54
2	材料费				0.00
(1)	其他费用（以定额编号10029子目材料费为计费基础）	%	4.2	0.00	0.00
3	机械使用费				0.00
(1)	其他费用（以定额编号10029子目机械使用费为计费基础）	%	4.2	0.00	0.00
(二)	措施费	%	3.60	956.13	34.42
二	间接费	%	5.00	990.55	49.53
三	利润	%	3.00	1040.08	31.20
四	材料价差				0.00
五	税金	%	3.25	1071.28	34.82
	合计				1106.10

田埂修筑

定额编号：10042　　　　单位：$100m^3$

编号	定额名称	单位	数量	单价（元）	合价（元）
一	直接费				2350.54
（一）	直接工程费				2268.86
1	人工费				2222.88
（1）	甲类工	工日	2.5	53.74	134.35
（2）	乙类工	工日	48.5	40.88	1982.93
（3）	其他费用（以定额编号10042子目人工费为计费基础）	%	5	2117.03	105.85
2	材料费				0.00
（1）	其他费用（以定额编号10042子目材料费为计费基础）	%	5	0.00	0.00
3	机械使用费				45.98
（1）	双胶轮车	台班	13.6	3.22	43.79
（2）	其他费用（以定额编号10042子目机械使用费为计费基础）	%	5	43.79	2.19
（二）	措施费	%	3.6	2268.86	81.68
二	间接费	%	5	2350.54	117.53
三	利润	%	3	2468.07	74.04
四	材料价差				0
五	税金	%	3.25	2542.11	82.62
	合计				2624.73

人工挖、挑、抬运

定额编号：10045　　　　单位：$100m^3$

编号	定额名称	单位	数量	单价（元）	合价（元）
一	直接费				1017.48
（一）	直接工程费				982.12
1	人工费				982.12
（1）	甲类工	工日	1.1	53.74	59.11
（2）	乙类工	工日	21.5	40.88	878.92
（3）	其他费用（以定额编号10045子目人工费为计费基础）	%	4.7	938.03	44.09
2	材料费				0.00
（1）	其他费用（以定额编号10045子目材料费为计费基础）	%	4.7	0.00	0.00
3	机械使用费				0.00
（1）	其他费用（以定额编号10045子目机械使用费为计费基础）	%	4.7	0.00	0.00
（二）	措施费	%	3.6	982.12	35.36
二	间接费	%	5	1017.48	50.87
三	利润	%	3	1068.35	32.05
四	材料价差				0
五	税金	%	3.25	1100.40	35.76
	合计				1136.16

挖掘机挖土（一、二类土）

定额编号：10203　　单位：$100m^3$

编号	定额名称	单位	数量	单价（元）	合价（元）
一	直接费				187.58
（一）	直接工程费				181.06
1	人工费				28.21
（1）	乙类工	工日	0.6	40.88	24.53
（2）	其他费用（以定额编号10203子目人工费为计费基础）	%	15	24.53	3.68
2	材料费				0.00
（1）	其他费用（以定额编号10203子目材料费为计费基础）	%	15	0.00	0.00
3	机械使用费				152.85
（1）	单斗挖掘机　油动　斗容$0.5m^3$	台班	0.26	511.18	132.91
（2）	其他费用（以定额编号10203子目机械使用费为计费基础）	%	15	132.91	19.94
（二）	措施费	%	3.6	181.06	6.52
二	间接费	%	5	187.58	9.38
三	利润	%	3	196.96	5.91
四	材料价差				38.81
	柴油	kg	12.48	3.11	38.81
五	税金	%	3.25	241.68	7.85
	合计				249.53

机械挖土方

定额编号：10303A　　单位：$100m^3$

编号	定额名称	单位	数量	单价（元）	合价（元）
一	直接费				137.39
（一）	直接工程费				132.62
1	人工费				8.59
（1）	乙类工	工日	0.2	40.88	8.18
（2）	其他费用（以定额编号10303A子目人工费为计费基础）	%	5	8.18	0.41
2	材料费				0.00
（1）	其他费用（以定额编号10303A子目材料费为计费基础）	%	5	0.00	0.00
3	机械使用费				124.03
（1）	推土机　功率　74kw	台班	0.21	562.47	118.12
（2）	其他费用（以定额编号10303A子目机械使用费为计费基础）	%	5	118.12	5.91
（二）	措施费	%	3.6	132.62	4.77
二	间接费	%	5	137.39	6.87
三	利润	%	3	144.26	4.33
四	材料价差				35.92
	柴油	kg	11.55	3.11	35.92
五	税金	%	3.25	184.51	6.00
	合计				190.51

推土机推土（一、二类土）推土距离 10～20m

定额编号：10303B　　单位：$100m^3$

编号	定额名称	单位	数量	单价（元）	合价（元）
一	直接费				169.82
（一）	直接工程费				163.92
1	人工费				8.59
（1）	乙类工	工日	0.2	40.88	8.18
（2）	其他费用（以定额编号 10303B 子目人工费为计费基础）	%	5	8.18	0.41
2	材料费				0.00
（1）	其他费用（以定额编号 10303B 子目材料费为计费基础）	%	5	0.00	0.00
3	机械使用费				155.33
（1）	推土机　功率　74kw	台班	0.263	562.47	147.93
（2）	其他费用（以定额编号 10303B 子目机械使用费为计费基础）	%	5	147.93	7.40
（二）	措施费	%	3.6	163.92	5.90
二	间接费	%	5	169.82	8.49
三	利润	%	3	178.31	5.35
四	材料价差				45.00
	柴油	kg	14.438	3.11	45.00
五	税金	%	3.25	228.66	7.43
	合计				236.09

建筑物土方回填　松填不夯实

定额编号：10332　　单位：$100m^3$

编号	定额名称	单位	数量	单价（元）	合价（元）
一	直接费				411.66
（一）	直接工程费				397.36
1	人工费				397.36
（1）	甲类工	工日	0.5	53.74	26.87
（2）	乙类工	工日	8.6	40.88	351.57
（3）	其他费用（以定额编号 10332 子目人工费为计费基础）	%	5	378.44	18.92
2	材料费				0.00
（1）	其他费用（以定额编号 10332 子目材料费为计费基础）	%	5	0.00	0.00
3	机械使用费				0.00
（1）	其他费用（以定额编号 10332 子目机械使用费为计费基础）	%	5	0.00	0.00
（二）	措施费	%	3.6	397.36	14.30
二	间接费	%	5	411.66	20.58
三	利润	%	3	432.24	12.97
四	材料价差				0
五	税金	%	3.25	445.21	14.47
	合计				459.68

建筑物土方回填 人工夯实

定额编号：10333 单位：$100m^3$

编号	定额名称	单位	数量	单价（元）	合价（元）
一	直接费				2237.23
（一）	直接工程费				2159.49
1	人工费				2159.49
（1）	甲类工	工日	2.5	53.74	134.35
（2）	乙类工	工日	48	40.88	1962.24
（3）	其他费用（以定额编号 10333 子目人工费为计费基础）	%	3	2096.59	62.90
2	材料费				0.00
（1）	其他费用（以定额编号 10333 子目材料费为计费基础）	%	3	0.00	0.00
3	机械使用费				0.00
（1）	其他费用（以定额编号 10333 子目机械使用费为计费基础）	%	3	0.00	0.00
（二）	措施费	%	3.6	2159.49	77.74
二	间接费	%	5	2237.23	111.86
三	利润	%	3	2349.09	70.47
四	材料价差				0
五	税金	%	3.25	2419.56	78.64
	合计				2498.20

建筑物土方回填 机械夯填

定额编号：10334 单位：$100m^3$

编号	定额名称	单位	数量	单价（元）	合价（元）
一	直接费				1476.05
（一）	直接工程费				1424.76
1	人工费				1145.27
（1）	甲类工	工日	1.3	53.74	69.86
（2）	乙类工	工日	25.1	40.88	1026.09
（3）	其他费用（以定额编号 10334 子目人工费为计费基础）	%	4.5	1095.95	49.32
2	材料费				0.00
（1）	其他费用（以定额编号 10334 子目材料费为计费基础）	%	4.5	0.00	0.00
3	机械使用费				279.49
（1）	蛙式打夯机 功率 2.8kw	台班	2.2	121.57	267.45
（2）	其他费用（以定额编号 10334 子目机械使用费为计费基础）	%	4.5	267.45	12.04
（二）	措施费	%	3.6	1424.76	51.29
二	间接费	%	5	1476.05	73.80
三	利润	%	3	1549.85	46.50
四	材料价差				0
五	税金	%	3.25	1596.35	51.88
	合计				1648.23

轮胎碾压实　土料干密度 1.7t/m³ 以上

定额编号：10342　　单位：100m³ 实方

编号	定额名称	单位	数量	单价（元）	合价（元）
一	直接费				441.87
（一）	直接工程费				426.52
1	人工费				173.83
（1）	甲类工	工日	0.2	53.74	10.75
（2）	乙类工	工日	3.5	40.88	143.08
（3）	其他费用（以定额编号 10342 子目人工费为计费基础）	%	13	153.83	20.00
2	材料费				0.00
（1）	其他费用（以定额编号 10342 子目材料费为计费基础）	%	13	0.00	0.00
3	机械使用费				252.69
（1）	轮胎碾 6～19t 拖拉机 74kw	台班	0.19	562.47	56.25
（2）	推土机 功率 74kw	台班	0.1	633.76	120.41
（3）	蛙式打夯机 功率 2.8kw	台班	0.18	121.57	21.88
（4）	刨毛机	台班	0.11	353.88	38.93
（5）	其他费用（以定额编号 10342 子目机械使用费为计费基础）	%	13	117.06	15.22
（二）	措施费	%	3.6	426.52	15.35
二	间接费	%	5	441.87	22.09
三	利润	%	3	463.96	13.92
四	材料价差				29.90
	柴油	kg	9.614	3.11	29.90
五	税金	%	3.25	507.78	16.50
	合计				524.28

浆砌块石　护坡　曲面

定额编号：30017　　单位：100m³

编号	定额名称	单位	数量	单价（元）	合价（元）
一	直接费				17516.19
（一）	直接工程费				16907.52
1	人工费				7436.27
（1）	甲类工	工日	8.9	53.74	478.29
（2）	乙类工	工日	169.3	40.88	6920.98
（3）	其他费用（以定额编号 30017 子目人工费为计费基础）	%	0.5	7399.27	37.00
2	材料费				9471.25
（1）	块石	m³	108	40.00	4320.00
（2）	砌筑砂浆 M7.5 水泥 32.5	m³	35.15	145.21	5104.13
（3）	其他费用（以定额编号 30017 子目材料费为计费基础）	%	0.5	9424.13	47.12
3	机械使用费				0.00

续表

编号	定额名称	单位	数量	单价（元）	合价（元）
(1)	其他费用（以定额编号 30017 子目机械使用费为计费基础）	%	0.5	0.00	0.00
(二)	措施费	%	3.6	16907.52	608.67
二	间接费	%	5	17516.19	875.81
三	利润	%	3	18392.00	551.76
四	材料价差				3886.61
	块石	m^3	108	28.00	3024.00
	水泥 32.5	kg	9816.341	0.06	550.45
	中砂	m^3	38.236	8.00	312.16
五	税金	%	3.25	22830.37	741.99
·	合计				23572.36

浆砌块石　基础

定额编号：30019　　单位：$100m^3$

编号	定额名称	单位	数量	单价（元）	合价（元）
一	直接费				15545.43
(一)	直接工程费				15005.24
1	人工费				5606.95
(1)	甲类工	工日	6.7	53.74	360.06
(2)	乙类工	工日	127.7	40.88	5220.38
(3)	其他费用（以定额编号 30019 子目人工费为计费基础）	%	0.5	5301.84	26.51
2	材料费				9398.29
(1)	块石	m^3	108	40.00	4320.00
(2)	砌筑砂浆 M7.5 水泥 32.5	m^3	34.65	145.21	5031.53
(3)	其他费用（以定额编号 30019 子目材料费为计费基础）	%	0.5	9351.53	46.76
3	机械使用费				0.00
(1)	其他费用（以定额编号 30019 子目机械使用费为计费基础）	%	0.5	0.00	0.00
(二)	措施费	%	3.6	15005.24	540.19
二	间接费	%	5	15545.43	777.27
三	利润	%	3	16322.70	489.68
四	材料价差				3874.30
	块石	m^3	108	28.00	3024.00
	水泥 32.5	kg	9676.706	0.06	542.62
	中砂	m^3	37.692	8.00	307.68
五	税金	%	3.25	20686.68	672.32
	合计				21359.00

浆砌块石　挡土墙

定额编号：30020　　单位：100m³

编号	定额名称	单位	数量	单价（元）	合价（元）
一	直接费				16428.56
（一）	直接工程费				15857.68
1	人工费				6459.39
（1）	甲类工	工日	7.7	53.74	413.80
（2）	乙类工	工日	147.1	40.88	6013.45
（3）	其他费用（以定额编号30020子目人工费为计费基础）	%	0.5	6427.25	32.14
2	材料费				9398.29
（1）	块石	m^3	108	40.00	4320.00
（2）	砌筑砂浆 M7.5 水泥 32.5	m^3	34.65	145.21	5031.53
（3）	其他费用（以定额编号30020子目材料费为计费基础）	%	0.5	9351.53	46.76
3	机械使用费				0.00
（1）	其他费用（以定额编号30020子目机械使用费为计费基础）	%	0.5	0.00	0.00
（二）	措施费	%	3.6	15857.68	570.88
二	间接费	%	5	16428.56	821.43
三	利润	%	3	17249.99	517.50
四	材料价差				3906.14
	块石	m^3	108	28.00	3024.00
	水泥 32.5	kg	9676.706	0.06	542.62
	中砂	m^3	37.692	8.00	307.68
五	税金	%	3.25	21673.63	704.39
	合计				22378.02

浆砌块石　桥闸墩

定额编号：30021　　单位：100m³

编号	定额名称	单位	数量	单价（元）	合价（元）
一	直接费				17189.71
（一）	直接工程费				16592.38
1	人工费				7194.09
（1）	甲类工	工日	8.6	53.74	462.16
（2）	乙类工	工日	163.8	40.88	6696.14
（3）	其他费用（以定额编号30021子目人工费为计费基础）	%	0.5	7158.30	35.79
2	材料费				9398.29
（1）	块石	m^3	108	40.00	4320.00
（2）	砌筑砂浆 M7.5 水泥 32.5	m^3	34.65	145.21	5031.53
（3）	其他费用（以定额编号30021子目材料费为计费基础）	%	0.5	9351.53	46.76

续表

编号	定额名称	单位	数量	单价（元）	合价（元）
3	机械使用费				0.00
(1)	其他费用（以定额编号30021子目机械使用费为计费基础）	%	0.5	0.00	0.00
(二)	措施费	%	3.6	16592.38	597.33
二	间接费	%	5	17189.71	859.49
三	利润	%	3	18049.20	541.48
四	材料价差				3874.30
	块石	m^3	108	28.00	3024.00
	水泥32.5	kg	9676.706	0.06	542.62
	中砂	m^3	37.692	8.00	307.68
五	税金	%	3.25	22464.98	730.11
	合计				23195.09

浆砌块石　排水沟

定额编号：30022　　单位：$100m^3$

编号	定额名称	单位	数量	单价（元）	合价（元）
一	直接费				17944.27
(一)	直接工程费				17320.72
1	人工费				7849.47
(1)	甲类工	工日	9.4	53.74	505.16
(2)	乙类工	工日	178.7	40.88	7305.26
(3)	其他费用（以定额编号30022子目人工费为计费基础）	%	0.5	7810.42	39.05
2	材料费				9471.25
(1)	块石	m^3	108	40.00	4320.00
(2)	砌筑砂浆 M7.5 水泥32.5	m^3	35.15	145.21	5104.13
(3)	其他费用（以定额编号30022子目材料费为计费基础）	%	0.5	9424.13	47.12
3	机械使用费				0.00
(1)	其他费用（以定额编号30022子目机械使用费为计费基础）	%	0.5	0.00	0.00
(二)	措施费	%	3.6	17320.72	623.55
二	间接费	%	5	17944.27	897.21
三	利润	%	3	18841.48	565.24
四	材料价差				3886.61
	块石	m^3	108	28.00	3024.00
	水泥32.5	kg	9816.341	0.06	550.45
	中砂	m^3	38.236	8.00	312.16
五	税金	%	3.25	23293.33	757.03
	合计				24050.36

浆砌渠（非岩石地基）块石　渠底宽≤1m

定额编号：30043　　单位：100m³

编号	定额名称	单位	数量	单价（元）	合价（元）
一	直接费				18280.87
（一）	直接工程费				17645.63
1	人工费				7822.46
（1）	甲类工	工日	9.4	53.74	505.16
（2）	乙类工	工日	177.1	40.88	7239.85
（3）	其他费用（以定额编号 30043 子目人工费为计费基础）	%	1	7745.01	77.45
2	材料费				9823.17
（1）	块石	m³	115	40.00	4600.00
（2）	砌筑砂浆 M7.5 水泥 32.5	m³	35.3	145.21	5125.91
（3）	其他费用（以定额编号 30043 子目材料费为计费基础）	%	1	9725.91	97.26
3	机械使用费				0.00
（1）	其他费用（以定额编号 30043 子目机械使用费为计费基础）	%	1	0.00	0.00
（二）	措施费	%	3.6	17645.63	635.24
二	间接费	%	5	18280.87	914.04
三	利润	%	3	19194.91	575.85
四	材料价差				4086.24
	块石	m³	115	28.00	3220.00
	水泥 32.5	kg	9858.231	0.06	552.80
	中砂	m³	38.399	8.00	313.44
五	税金	%	3.25	23857.00	775.35
	合计				24632.35

浆砌渠（非岩石地基）块石　渠底宽＞1m

定额编号：30044　　单位：100m³

编号	定额名称	单位	数量	单价（元）	合价（元）
一	直接费				17054.42
（一）	直接工程费				16461.80
1	人工费				6638.63
（1）	甲类工	工日	7.9	53.74	424.55
（2）	乙类工	工日	150.4	40.88	6148.35
（3）	其他费用（以定额编号 30044 子目人工费为计费基础）	%	1	6572.90	65.73
2	材料费				9823.17
（1）	块石	m³	115	40.00	4600.00
（2）	砌筑砂浆 M7.5 水泥 32.5	m³	35.3	145.21	5125.91
（3）	其他费用（以定额编号 30044 子目材料费为计费基础）	%	1	9725.91	97.26

续表

编号	定额名称	单位	数量	单价（元）	合价（元）
3	机械使用费				0
(1)	其他费用（以定额编号30044子目机械使用费为计费基础）	%	1	0.00	0.00
(二)	措施费	%	3.6	16461.80	592.62
二	间接费	%	5	17054.42	852.72
三	利润	%	3	17907.14	537.21
四	材料价差				4086.24
	块石	m^3	115	28.00	3220.00
	水泥32.5	kg	9858.231	0.06	552.80
	中砂	m^3	38.399	8.00	313.44
五	税金	%	3.25	22530.59	732.24
	合计				23262.83

浆砌砖（挡土墙、桥台、闸墩）

项目编号：30064　　　　单位：$100m^3$

编号	项目名称	单位	数量	单价（元）	合价（元）
一	直接费				23552.78
(一)	直接工程费				22734.34
1	人工费				6395.04
(1)	甲类工	工日	7.7	53.74	413.80
(2)	乙类工	工日	146	40.88	5968.48
(3)	其他费用（以定额编号30064子目人工费为计费基础）	%	0.2	6382.28	12.76
2	材料费				16339.30
(1)	标准砖	千块	53	240.00	12720.00
(2)	砌筑砂浆M7.5水泥32.5	m^3	24.7	145.21	3586.69
(3)	其他费用（以定额编号30064子目材料费为计费基础）	%	0.2	16306.69	32.61
3	机械使用费				0.00
(1)	其他费用（以定额编号30064子目机械使用费为计费基础）	%	0.2	0.00	0.00
(二)	措施费	%	3.6	22734.34	818.44
二	间接费	%	5	23552.78	1177.64
三	利润	%	3	24730.42	741.91
四	材料价差				4846.16
	标准砖	千块	53	80.00	4240.00
	水泥32.5	kg	6897.969	0.06	386.80
	中砂	m^3	26.869	8.00	219.36
五	税金	%	3.25	30318.49	985.35
	合计				31303.84

砌体砂浆抹面 ~平均厚2cm 平面

定额编号：30065　　单位：100m²

编号	定额名称	单位	数量	单价（元）	合价（元）
一	直接费				852.58
（一）	直接工程费				822.95
1	人工费				480.47
（1）	甲类工	工日	0.6	53.74	32.24
（2）	乙类工	工日	10.6	40.88	433.33
（3）	其他费用（以定额编号30065子目人工费为计费基础）	%	3.2	465.57	14.90
2	材料费				342.48
（1）	砌筑砂浆 M10 水泥32.5	m^3	2.1	157.87	331.53
（2）	其他费用（以定额编号30065子目材料费为计费基础）	%	3.2	342.26	10.95
3	机械使用费				0.00
（1）	其他费用（以定额编号30065子目机械使用费为计费基础）	%	3.2	0.00	0.00
（二）	措施费	%	3.6	822.95	29.63
二	间接费	%	5	852.58	42.63
三	利润	%	3	895.21	26.86
四	材料价差				56.91
	水泥32.5	kg	685.335	0.06	38.43
	中砂	m^3	2.264	8.00	18.48
五	税金	%	3.25	978.98	31.82
	合计				1010.80

砌体砂浆抹面 ~平均厚2cm 立面

定额编号：30066　　单位：100m²

编号	定额名称	单位	数量	单价（元）	合价（元）
一	直接费				1059.09
（一）	直接工程费				1022.29
1	人工费				647.19
（1）	甲类工	工日	0.7	57.32	40.12
（2）	乙类工	工日	13.2	44.47	587.00
（3）	其他费用（以定额编号30066子目人工费为计费基础）	%	3.2	627.12	20.07
2	材料费				375.10
（1）	砌筑砂浆 M10 水泥32.5	m^3	2.3	157.87	363.10
（2）	其他费用（以定额编号30066子目材料费为计费基础）	%	3.2	374.85	12.00
3	机械使用费				0.00
（1）	其他费用（以定额编号30066子目机械使用费为计费基础）	%	3.2	0.00	0.00
（二）	措施费	%	3.6	1022.29	36.80

续表

编号	定额名称	单位	数量	单价（元）	合价（元）
二	间接费	%	5	1059.09	52.95
三	利润	%	3	1112.04	33.36
四	材料价差				56.42
	水泥 32.5	kg	750.605	0.06	36.02
	中砂	m^3	2.479	8.00	20.40
五	税金	%	3.25	1201.82	39.06
	合计				1240.88

双胶轮车运混凝土

定额编号：40179　　单位：$100m^3$

编号	定额名称	单位	数量	单价（元）	合价（元）
一	直接费				543.32
（一）	直接工程费				543.32
1	人工费				503.65
（1）	乙类工	工日	11.2	40.88	457.86
（2）	其他费用（以定额编号 40179 子目人工费为计费基础）	%	10	457.86	45.79
2	材料费				0.00
3	机械使用费				39.67
（1）	双胶轮车	台班	11.2	3.22	36.06
（2）	其他费用（以定额编号 40179 子目机械使用费为计费基础）	%	10	36.06	3.61
	合计				543.32

搅拌机拌制混凝土

定额编号：40160　　单位：$100m^3$

编号	定额名称	单位	数量	单价（元）	合价（元）
一	直接费				2758.78
1	人工费				1938.85
（1）	甲类工	工日	12.9	53.74	693.25
（2）	乙类工	工日	30	40.88	1226.40
（3）	其他费用（以定额编号 40160 子目人工费为计费基础）	%	1	1919.65	19.20
2	材料费				0.00
3	机械使用费				819.93
（1）	混凝土搅拌机 $0.4m^3$	台班	4	189.59	758.36
（2）	双胶轮车	台班	16.6	3.22	53.45
（3）	其他费用（以定额编号 40160 子目机械使用费为计费基础）	%	1	811.81	8.12
	合计				2758.78

明渠衬砌（衬砌厚度 15 ~ 25cm）

定额编号：40008 单位：100m³

编号	定额名称	单位	数量	单价（元）	合价（元）
一	直接费				32564.12
（一）	直接工程费				31132.05
1	人工费				5553.35
（1）	甲类工	工日	29.8	53.74	1601.45
（2）	乙类工	工日	94.4	40.88	3859.07
（3）	其他费用（以定额编号 40008 子目人工费为计费基础）	%	1.7	5460.52	92.83
2	材料费				21364.26
（1）	锯材	m³	0.86	850.00	731.00
（2）	组合钢模板	kg	20.53	5.50	112.92
（3）	型钢	kg	49.06	5.70	279.64
（4）	卡扣件	kg	10.27	5.20	53.40
（5）	铁件	kg	1.52	5.50	8.36
（6）	预埋铁件	kg	76.56	5.70	436.39
（7）	电焊条	kg	1.63	6.50	10.60
（8）	纯混凝土 C20 2 级配 粒径 40 水泥 32.5 水灰比 0.55	m³	103	184.61	19014.83
（9）	水	m³	180	2.00	360.00
（10）	其他费用（以定额编号 40008 子目材料费为计费基础）	%	1.7	21007.14	357.12
3	机械使用费				813.38
（1）	电焊机直流 30KVA	台班	0.45	129.24	58.16
（2）	插入式振捣器 2.2kw	台班	11	19.20	211.20
（3）	风水（砂）枪 耗风量 2 ~ 6m³/min	台班	11	48.22	530.42
（4）	其他费用（以定额编号 40008 子目机械使用费为计费基础）	%	1.7	799.78	13.60
4	混凝土拌制	m³	103	27.59	2841.77
5	混凝土运输	m³	103	5.43	559.29
（二）	措施费	%	4.6	31132.05	1432.07
二	间接费	%	6	32564.12	1953.85
三	利润	%	3	34517.97	1035.54
四	材料价差				3231.01
	水泥 32.5	kg	35035.759	0.06	2102.13
	碎石 40	m³	86.664	8.00	692.16
	中砂	m³	54.405	8.00	436.72
五	税金	%	3.25	38784.52	1260.50
	合计				40045.02

涵洞顶板（净跨0～2m，洞顶填土高度0～4m）

定额编号：40023　　单位：$100m^3$

编号	定额名称	单位	数量	单价（元）	合价（元）
一	直接费				32373.44
（一）	直接工程费				30949.75
1	人工费				6408.73
（1）	甲类工	工日	30.8	53.74	1655.19
（2）	乙类工	工日	109.1	40.88	4460.01
（3）	其他费用（以定额编号40023子目人工费为计费基础）	%	4.8	6115.20	293.53
2	材料费				20746.65
（1）	锯材	m^3	0.33	850.00	280.50
（2）	组合钢模板	kg	8.8	5.50	48.40
（3）	型钢	kg	21.03	5.70	119.87
（4）	卡扣件	kg	28.25	5.20	146.90
（5）	铁件	kg	0.65	5.50	3.58
（6）	电焊条	kg	0.36	6.50	2.34
（7）	纯混凝土C20 2级配　粒径40 水泥32.5　水灰比0.55	m^3	103	184.61	19014.83
（8）	水	m^3	90	2.00	180.00
（9）	其他费用（以定额编号40023子目材料费为计费基础）	%	4.8	19796.42	950.23
3	机械使用费				393.31
（1）	电焊机直流30KVA	台班	0.19	129.24	24.56
（2）	插入式振捣器2.2kw	台班	8.9	19.20	170.88
（3）	风水（砂）枪 耗风量2～$6m^3/min$	台班	3.73	48.22	179.86
（4）	其他费用（以定额编号40023子目机械使用费为计费基础）	%	4.8	375.30	18.01
4	混凝土拌制	m^3	103	27.59	2841.77
5	混凝土运输	m^3	103	5.43	559.29
（二）	措施费	%	4.6	30949.75	1423.69
二	间接费	%	6	32373.44	1942.41
三	利润	%	3	34315.85	1029.48
四	材料价差				3231.01
	水泥32.5	kg	35035.759	0.06	2102.13
	碎石40	m^3	86.664	8.00	692.16
	中砂	m^3	54.405	8.00	436.72
五	税金	%	3.25	38576.34	1253.73
	合计				39830.07

涵洞底板

定额编号：40030　　单位：$100m^3$

编号	定额名称	单位	数量	单价（元）	合价（元）
一	直接费				31310.59
（一）	直接工程费				29933.64
1	人工费				5804.13
（1）	甲类工	工日	27.9	53.74	1499.35
（2）	乙类工	工日	98.8	40.88	4038.94
（3）	其他费用（以定额编号40030子目人工费为计费基础）	%	4.8	5538.29	265.84
2	材料费				20352.75
（1）	锯材	m^3	0.14	850.00	119.00
（2）	组合钢模板	kg	2.93	5.50	16.12
（3）	型钢	kg	7	5.70	39.90
（4）	卡扣件	kg	9.42	5.20	48.98
（5）	铁件	kg	0.22	5.50	1.21
（6）	电焊条	kg	0.08	6.50	0.52
（7）	纯混凝土 C20 2级配　粒径40　水泥32.5　水灰比0.55	m^3	103	184.61	19014.83
（8）	水	m^3	90	2.00	180.00
（9）	其他费用（以定额编号40030子目材料费为计费基础）	%	4.8	19420.56	932.19
3	机械使用费				375.70
（1）	电焊机直流30KVA	台班	0.06	129.24	7.75
（2）	插入式振捣器 2.2kw	台班	8.9	19.20	170.88
（3）	风水（砂）枪 耗风量 $2\sim6m^3/min$	台班	3.73	48.22	179.86
（4）	其他费用（以定额编号40030子目机械使用费为计费基础）	%	4.8	358.49	17.21
4	混凝土拌制	m^3	103	27.59	2841.77
5	混凝土运输	m^3	103	5.43	559.29
（二）	措施费	%	4.6	29933.64	1376.95
二	间接费	%	6	31310.59	1878.64
三	利润	%	3	33189.23	995.68
四	材料价差				3231.01
	水泥32.5	kg	35035.76	0.06	2102.13
	碎石40	m^3	86.66	8.00	692.16
	中砂	m^3	54.40	8.00	436.72
五	税金	%	3.25	37415.92	1216.02
	合计				38631.94

闸墩（整墩）墩厚0.8m以下

定额编号：40031　　单位：$100m^3$

编号	定额名称	单位	数量	单价（元）	合价（元）
一	直接费				37976.84
（一）	直接工程费				36306.73
1	人工费				10625.30
（1）	甲类工	工日	66.7	53.74	3584.46
（2）	乙类工	工日	163.2	40.88	6671.62
（3）	其他费用（以定额编号40031子目人工费为计费基础）	%	3.6	10256.08	369.22
2	材料费				25150.41
（1）	锯材	m^3	1.84	850.00	1564.00
（2）	组合钢模板	kg	87.9	5.50	483.45
（3）	型钢	kg	209.19	5.70	1192.38
（4）	卡扣件	kg	124.36	5.20	646.67
（5）	铁件	kg	191.35	5.50	1052.43
（6）	预埋铁件	kg	286.7	5.70	1634.19
（7）	电焊条	kg	8.14	6.50	52.91
（8）	纯混凝土C15 2级配　粒径40 水泥32.5　水灰比0.65	m^3	103	169.81	17490.43
（9）	水	m^3	80	2.00	160.00
（10）	其他费用（以定额编号40031子目材料费为计费基础）	%	3.6	24276.46	873.95
3	机械使用费				497.01
（1）	电焊机直流30KVA	台班	2.19	129.24	283.04
（2）	插入式振捣器2.2kw	台班	5.9	19.20	113.28
（3）	风水（砂）枪 耗风量2～$6m^3$/min	台班	1.73	48.22	83.42
（4）	其他费用（以定额编号40031子目机械使用费为计费基础）	%	3.6	479.74	17.27
4	混凝土拌制	m^3	103	27.59	28.42
5	混凝土运输	m^3	103	5.43	5.59
（二）	措施费	%	4.6	36306.73	1670.11
二	间接费	%	6	37976.84	2278.61
三	利润	%	3	40255.45	1207.66
四	材料价差				2913.85
	水泥32.5	kg	29337.902	0.06	1760.25
	碎石40	m^3	86.664	8.00	692.16
	中砂	m^3	57.742	8.00	461.44
五	税金	%	3.25	44376.96	1442.25
	合计				45819.21

肋形拱（含横系梁）

定额编号：40054　　　　单位：100m³

编号	定额名称	单位	数量	单价（元）	合价（元）
一	直接费				44655.85
（一）	直接工程费				42692.02
1	人工费				14161.43
（1）	甲类工	工日	80.5	53.74	4326.07
（2）	乙类工	工日	229.2	40.88	9369.70
（3）	其他费用（以定额编号 40054 子目人工费为计费基础）	%	3.4	13695.77	465.66
2	材料费				24886.22
（1）	水	m^3	120	2.00	240.00
（2）	卡扣件	kg	181.75	5.20	945.10
（3）	组合钢模板	kg	275	5.50	1512.50
（4）	铁钉	kg	0.98	5.50	5.39
（5）	铁件	kg	8.14	5.50	44.77
（6）	预埋铁件	kg	81.36	5.70	463.75
（7）	型钢	kg	178.06	5.70	1014.94
（8）	锯材	m^3	0.22	850.00	187.00
（9）	纯混凝土 C25 2 级配　粒径 40 水泥 32.5　水灰比 0.5	m^3	103	190.82	19654.46
（10）	其他费用（以定额编号 40054 子目材料费为计费基础）	%	3.4	24067.91	818.31
3	机械使用费				243.31
（1）	插入式振捣器 2.2kw	台班	11	19.20	211.20
（2）	风水（砂）枪 耗风量 2～6m^3/min	台班	0.5	48.22	24.11
（3）	其他费用（以定额编号 40054 子目机械使用费为计费基础）	%	3.4	235.31	8.00
4	混凝土拌制	m^3	103	27.59	2841.77
5	混凝土运输	m^3	103	5.43	559.29
（二）	措施费	%	4.6	42692.02	1963.83
二	间接费	%	6	44655.85	2679.35
三	利润	%	3	47335.20	1420.06
四	材料价差				3365.73
	水泥 32.5	kg	37581.61	0.06	2254.90
	碎石 40	m^3	86.664	8.00	693.31
	中砂	m^3	52.19	8.00	417.52
五	税金	%	3.25	48755.26	1584.55
	合计				50339.81

预制平板

定额编号：40076　　　　单位：$100m^3$

编号	定额名称	单位	数量	单价（元）	合价（元）
一	直接费				39751.01
（一）	直接工程费				38002.88
1	人工费				12101.04
（1）	甲类工	工日	97.7	53.74	5250.40
（2）	乙类工	工日	166.4	40.88	6802.43
（3）	其他费用（以定额编号40076子目人工费为计费基础）	%	0.4	12052.83	48.21
2	材料费				21983.41
（1）	水	m^3	240	2.00	480.00
（2）	铁钉	kg	10	5.50	55.00
（3）	锯材	m^3	2.76	850.00	2346.00
（4）	纯混凝土 C20 2级配　粒径40 水泥32.5　水灰比0.55	m^3	103	184.61	19014.83
（5）	其他费用（以定额编号40076子目材料费为计费基础）	%	0.4	21895.83	87.58
3	机械使用费				3918.43
（1）	混凝土搅拌机 $0.4m^3$	台班	4	189.59	758.36
（2）	插入式振捣器 2.2kw	台班	12.6	19.20	241.92
（3）	载重汽车　汽油型　载重量5t	台班	0.36	292.47	105.29
（4）	双胶轮车	台班	23.2	3.22	74.70
（5）	塔式起重机　起重量10t	台班	5	544.51	2722.55
（6）	其他费用（以定额编号40076子目机械使用费为计费基础）	%	0.4	3902.82	15.61
（二）	措施费	%	4.6	38002.88	1748.13
二	间接费	%	6	39751.01	2385.06
三	利润	%	3	42136.07	1264.08
四	材料价差				3266.99
	汽油	kg	10.8	3.36	36.29
	水泥32.5	kg	35035.759	0.06	2102.15
	碎石40	m^3	86.664	8.00	693.31
	中砂	m^3	54.405	8.00	435.24
五	税金	%	3.25	46667.14	1516.68
	合计				48183.82

预制栏杆扶手

定额编号：40105　　单位：$100m^3$

编号	定额名称	单位	数量	单价（元）	合价（元）
一	直接费				82588.58
（一）	直接工程费				78956.58
1	人工费				43933.66
(1)	甲类工	工日	330.4	53.74	17755.70
(2)	乙类工	工日	562.6	40.88	22999.09
(3)	其他费用（以定额编号40105子目人工费为计费基础）	%	7.8	40754.79	3178.87
2	材料费				34101.27
(1)	水	m^3	120	2.00	240.00
(2)	组合钢模板	kg	1390	5.50	7645.00
(3)	铁钉	kg	768	5.50	4224.00
(4)	锯材	m^3	0.6	850.00	510.00
(5)	纯混凝土C20 2级配　粒径40 水泥32.5　水灰比0.55	m^3	103	184.61	19014.83
(6)	其他费用（以定额编号40105子目材料费为计费基础）	%	7.8	31633.83	2467.44
3	机械使用费				921.65
(1)	混凝土搅拌机$0.4m^3$	台班	4	189.59	758.36
(2)	双胶轮车	台班	30	3.22	96.60
(3)	其他费用（以定额编号40105子目机械使用费为计费基础）	%	7.8	854.96	66.69
（二）	措施费	%	4.6	78956.58	3632.00
二	间接费	%	6	82588.58	4955.31
三	利润	%	3	87543.89	2626.32
四	材料价差				3232.13
	水泥32.5	kg	35035.759	0.06	2102.13
	碎石40	m^3	86.664	8.00	693.28
	中砂	m^3	54.405	8.00	436.72
五	税金	%	3.25	93402.34	3035.58
	合计				96437.92

预制混凝土板安装（体积0～0.2m^3）

定额编号：40132 单位：100m^3

编号	定额名称	单位	数量	单价（元）	合价（元）
一	直接费				14798.70
（一）	直接工程费				14147.90
1	人工费				5693.22
（1）	甲类工	工日	56.8	53.74	3052.43
（2）	乙类工	工日	52.4	40.88	2142.11
（3）	其他费用（以定额编号40132子目人工费为计费基础）	%	9.6	5194.54	498.68
2	材料费				4400.64
（1）	锯材	m^3	0.81	850.00	688.50
（2）	铁垫块	kg	85	5.70	484.50
（3）	纯混凝土 C20 2级配 粒径40 水泥32.5 水灰比0.55	m^3	13.5	184.61	2492.24
（4）	接缝砂浆 M10 水泥32.5	m^3	1.8	194.41	349.94
（5）	其他费用（以定额编号40132子目材料费为计费基础）	%	9.6	4015.18	385.46
3	机械使用费				4054.04
（1）	混凝土搅拌机0.4m^3	台班	0.6	189.59	113.75
（2）	双胶轮车	台班	3	3.22	9.66
（3）	履带起重机 油动 起重量15t	台班	7.4	483.18	3575.53
（4）	其他费用（以定额编号40132子目机械使用费为计费基础）	%	9.6	3698.94	355.10
（二）	措施费	%	4.6	14147.90	650.80
二	间接费	%	6	14798.70	887.92
三	利润	%	3	15686.62	470.60
四	材料价差				1403.13
	柴油	kg	296	3.11	920.56
	水泥32.5	kg	5374.022	0.06	319.37
	碎石40	m^3	11.359	8.00	90.88
	中砂	m^3	9.036	8.00	72.32
五	税金	%	3.25	17560.35	570.71
	合计				18131.06

预制混凝土柱安装（体积0～0.2m^3）

定额编号：40136 单位：100m^3

编号	定额名称	单位	数量	单价（元）	合价（元）
一	直接费				9138.73
（一）	直接工程费				8736.84
1	人工费				4711.78
（1）	甲类工	工日	48.4	53.74	2601.02
（2）	乙类工	工日	44.7	40.88	1827.34
（3）	其他费用（以定额编号40136子目人工费为计费基础）	%	6.4	4428.36	283.42
2	材料费				2004.10
（1）	预制混凝土构件	m^3	100	0.00	0.00
（2）	锯材	m^3	1.13	850.00	960.50
（3）	纯混凝土 C20 2级配　粒径40　水泥32.5　水灰比0.55	m^3	5	184.61	923.05
（4）	其他费用（以定额编号40136子目材料费为计费基础）	%	6.4	1883.55	120.55
3	机械使用费				2020.96
（1）	混凝土搅拌机0.4m^3	台班	0.3	189.59	56.88
（2）	双胶轮车	台班	2	3.22	6.44
（3）	履带起重机　油动　起重量20t	台班	3.8	483.18	1836.08
（4）	其他费用（以定额编号40136子目机械使用费为计费基础）	%	6.4	1899.40	121.56
（二）	措施费	%	4.60	8736.84	401.89
二	间接费	%	6.00	9138.73	548.32
三	利润	%	3.00	9687.05	290.61
四	材料价差				747.75
	柴油	kg	190	3.11	590.90
	水泥32.5	kg	1700.765	0.06	102.05
	碎石40	m^3	4.207	8.00	33.60
	中砂	m^3	2.641	8.00	21.20
五	税金	%	3.25	10725.41	348.58
	合计				11073.99

其他机械钢筋制作安装

定额编号：40159　　　　单位：t

编号	定额名称	单位	数量	单价（元）	合价（元）
一	直接费				4752.41
（一）	直接工程费				4543.41
1	人工费				664.47
（1）	甲类工	工日	5.7	53.74	306.32
（2）	乙类工	工日	8.6	40.88	351.57
（3）	其他费用（以定额编号40159子目人工费为计费基础）	%	1	657.89	6.58
2	材料费				3677.34
（1）	钢筋	t	1.02	3500.00	3570.00
（2）	铁丝	kg	4	6.00	24.00
（3）	电焊条	kg	7.22	6.50	46.93
（4）	其他费用（以定额编号40159子目材料费为计费基础）	%	1	3640.93	36.41
3	机械使用费				201.60
（1）	风水（砂）枪 耗风量2～6m^3/min	台班	0.3	48.22	14.47
（2）	载重汽车　汽油型　载重量5t	台班	0.03	292.47	8.77
（3）	电焊机直流30KVA	台班	1	129.24	129.24
（4）	对焊机电弧型150KVA	台班	0.08	281.04	22.48
（5）	钢筋调直机4～14kw	台班	0.12	82.04	9.84
（6）	钢筋切断机20kw	台班	0.08	108.68	8.69
（7）	钢筋弯曲机6～40mm	台班	0.08	76.33	6.11
（8）	其他费用（以定额编号40159子目机械使用费为计费基础）	%	1	199.60	2.00
（二）	措施费	%	4.6	4543.41	209.00
二	间接费	%	6	4752.41	285.14
三	利润	%	3	5037.55	151.13
四	材料价差				819.02
	汽油	kg	0.9	3.36	3.02
	钢筋	t	1.02	800.00	816.00
五	税金	%	3.25	6007.70	195.25
	合计				6202.95

PE 管道安装　直径 110mm 以内

定额编号：50099　单位：100m

编号	定额名称	单位	数量	单价（元）	合价（元）
一	直接费				24.86
（一）	直接工程费				23.68
1	人工费				20.44
(1)	甲类工	工日	0.2	53.74	10.75
(2)	乙类工	工日	0.2	40.88	8.18
(3)	其他费用（以定额编号 50099 子目人工费为计费基础）	%	8	18.93	1.51
2	材料费				3.24
(1)	密封胶	kg	0.1	30.00	3.00
(2)	其他费用（以定额编号 50099 子目材料费为计费基础）	%	8	3.00	0.24
3	机械使用费				0
(1)	其他费用（以定额编号 50099 子目机械使用费为计费基础）	%	8	0.00	0.00
（二）	措施费	%	5	23.68	1.18
二	间接费	%	5	24.86	1.24
三	利润	%	3	26.10	0.78
四	未计价材料费				4896.00
(1)	PE 管道 φ110mm（0.6MPA）	m	102	48.00	4896.00
六	税金	%	3.25	4922.88	159.99
	合计				5082.87

PP 管件安装　直径 110mm 以内

定额编号：50106　单位：10 个

编号	定额名称	单位	数量	单价（元）	合价（元）
一	直接费				23.16
（一）	直接工程费				22.06
1	人工费				19.04
(1)	甲类工	工日	0.2	53.74	10.75
(2)	乙类工	工日	0.2	40.88	8.18
(3)	其他费用（以定额编号 50106 子目人工费为计费基础）	%	0.6	18.93	0.11
2	材料费				3.02
(1)	密封胶	kg	0.1	30.00	3.00
(2)	其他费用（以定额编号 50106 子目材料费为计费基础）	%	0.6	3.00	0.02
3	机械使用费				0.00
(1)	其他费用（以定额编号 50106 子目机械使用费为计费基础）	%	0.6	0.00	0.00
（二）	措施费	%	5	22.06	1.10
二	间接费	%	5	23.16	1.16
三	利润	%	3	24.32	0.73
四	未计价材料费				1900.00
(1)	PE 管件控制阀 ¢110	个	10	190.00	1900.00
六	税金	%	3.25	1925.05	62.56
	合计				1987.61

焊接钢管安装　直径80mm以内

定额编号：50057　　　　单位：10m

编号	定额名称	单位	数量	单价（元）	合价（元）
一	直接费				165.80
（一）	直接工程费				157.90
1	人工费				46.21
（1）	甲类工	工日	0.4	53.74	21.50
（2）	乙类工	工日	0.6	40.88	24.53
（3）	其他费用（以定额编号50057子目人工费为计费基础）	%	0.4	46.03	0.18
2	材料费				7.93
（1）	钢管 φ40mm	m	10.1	6.50	1.56
（2）	阀门	个	0.07	4.60	2.12
（3）	法兰盘	副	0.07	17.00	4.25
（4）	管件	kg	0.32	7.93	0.03
（5）	电焊条	kg	0.24		103.76
（6）	氧气	m^3	0.46	292.47	11.70
（7）	乙炔气	m^3	0.25	87.29	91.65
（8）	其他费用（以定额编号50057子目材料费为计费基础）	%	0.4	103.35	0.41
3	机械使用费			157.90	7.90
（1）	载重汽车　汽油型　载重量5t	台班	0.04	46.21	30.04
（2）	电焊机交流20~25KVA	台班	1.05	76.25	2.29
（3）	其他费用（以定额编号50057子目机械使用费为计费基础）	%	0.4		4.03
（二）	措施费	%	5	3.36	4.03
二	间接费	%	65		254.10
三	利润	%	3	25.00	252.50
四	材料价差			5.00	1.60
	汽油	kg	1.2	261.18	8.49
五	未计价材料费				269.67
1	钢管 φ40mm	m	10.1		165.80
六	税金	%	3.25		157.90
	合计				46.21

砾石路基 ~厚度10cm　每增减1cm

定额编号：80007 + 80008 × 20　单位：1000m²

编号	定额名称	单位	数量	单价（元）	合价（元）
一	直接费				20854.93
（一）	直接工程费				20130.24
1	人工费				6744.80
（1）	甲类工	工日	12.3	53.74	661.00
（2）	乙类工	工日	148	40.88	6050.24
（3）	其他费用（以定额编号80007子目人工费为计费基础）	%	0.5	6711.24	33.56
2	材料费				12888.12
（1）	风化料	m³	366.4	35.00	12824.00
（2）	其他费用（以定额编号80007子目材料费为计费基础）	%	0.5	12824.00	64.12
3	机械使用费				497.32
（1）	内燃压路机8~10t	台班	1.7	291.09	494.85
（2）	其他费用（以定额编号80007子目机械使用费为计费基础）	%	0.5	494.85	2.47
（二）	措施费	%	3.6	20130.24	724.69
二	间接费	%	5	20854.93	1042.75
三	利润	%	3	21897.68	656.93
四	材料价差				142.75
	柴油	kg	45.9	3.11	142.75
五	税金	%	3.25	22697.36	737.66
	合计				23435.02

泥结碎石路面 机械摊铺 ~厚度10cm　每增减1cm

定额编号：80019 + 80020 × 10　单位：1000 m²

编号	定额名称	单位	数量	单价（元）	合价（元）
一	直接费				24590.36
（一）	直接工程费				23735.87
1	人工费				3758.02
（1）	甲类工	工日	6.9	53.74	370.81
（2）	乙类工	工日	82.4	40.88	3368.51
（3）	其他费用（以定额编号80019子目人工费为计费基础）	%	0.5	3739.32	18.70
2	材料费				19143.64
（1）	水	m³	64	2.00	128.00
（2）	砂	m³	28.79	60.00	1727.40
（3）	碎石	m³	257.05	60.00	15423.00
（4）	粘土	m³	59	30.00	1770.00
（5）	其他费用（以定额编号80019子目材料费为计费基础）	%	0.5	19048.40	95.24

续表

编号	定额名称	单位	数量	单价（元）	合价（元）
3	机械使用费				834.21
(1)	自行式平地机 功率118kw	台班	0.6	820.69	492.41
(2)	内燃压路机6～8t	台班	1.24	272.30	337.65
(3)	其他费用（以定额编号80019子目机械使用费为计费基础）	%	0.5	830.06	4.15
(二)	措施费	%	3.6	23735.87	854.49
二	间接费	%	5	24590.36	1229.52
三	利润	%	3	25819.88	774.60
四	材料价差				2543.48
	砂	m^3	28.79	8.00	230.32
	柴油	kg	82.56	3.11	256.76
	碎石	m^3	257.05	8.00	2056.40
五	税金	%	3.25	29137.96	946.98
	合计				30084.94

双胶轮车混凝土 运距40～50m

定额编号：40179 单位：$100m^3$

编号	项目名称	单位	数量	单价（元）	合价（元）
一	直接费				568.37
(一)	直接工程费				543.37
1	人工费				503.70
(1)	乙类工	工日	11.2	40.89	457.91
(2)	其他费用（以定额编号40179子目人工费为计费基础）	%	10	457.91	45.79
2	材料费				0
(1)	其他费用（以定额编号40179子目材料费为计费基础）	%	10	0.00	0.00
3	机械使用费				39.67
(1)	双胶轮车	台班	11.2	3.22	36.06
(2)	其他费用（以定额编号40179子目机械使用费为计费基础）	%	10	36.06	3.61
(二)	措施费	%	4.6	543.37	25.00
二	间接费	%	6	568.37	34.10
三	利润	%	3	602.47	18.07
四	材料价差				0
五	税金	%	3.25	620.54	20.17
	合计				640.71

0.4m^3 搅拌机拌制混凝土

定额编号：40160　　单位：100m^3

编号	项目名称	单位	数量	单价（元）	合价（元）
一	直接费				2885.68
（一）	直接工程费				2758.78
1	人工费				1938.85
（1）	甲类工	工日	12.9	53.74	693.25
（2）	乙类工	工日	30	40.88	1226.40
（3）	其他费用（以定额编号 40160 子目人工费为计费基础）	%	1	1919.65	19.20
2	材料费				0.00
（1）	其他费用（以定额编号 40160 子目材料费为计费基础）	%	1	0.00	0.00
3	机械使用费				819.93
（1）	混凝土搅拌机 0.4m^3	台班	4	189.59	758.36
（2）	双胶轮车	台班	16.6	3.22	53.45
（3）	其他费用（以定额编号 40160 子目机械使用费为计费基础）	%	1	811.81	8.12
（二）	措施费	%	4.6	2758.78	126.90
二	间接费	%	6	2885.68	173.14
三	利润	%	3	3058.82	91.76
四	材料价差				0.00
五	税金	%	3.25	3150.58	102.39
	合计				3252.97

附表 7　人工及主要材料用量汇总表（略）

附表 8　工程量统计表（略）